하프를 잃은 시인들

홍신선

1944년 경기도 화성에서 태어났다.

1965년 『시문학』 추천을 통해 시인으로 등단했다.

시집 『서벽당집』 『겨울섬』 『삶, 거듭 살아도』(선집) 『우리 이웃 사람들』 『다시 고향에서』 『황사 바람 속에서』 『자화상을 위하여』 『우연을 점찍다』 『홍신선 시 전집』 『마음經』(연작시집) 『삶의 옹이』 『사람이 사람에게』(선집) 『직박구리의 봄노래』 『가을 근방 가재골』, 산문집 『실과 바늘의 악장』(공저) 『품 안으로 날아드는 새는 잡지 않는다』 『사랑이란 이름의 느티나무』 『말의 결 삶의 결』 『장광설과 후박나무 가족』, 비평에세이집 『하프를 잃은 시인들』, 저서 『현실과 언어』 『우리 문학의 논쟁사』 『상상력과 현실』 『한국 근대문학 이론의 연구』 『한국시의 논리』 『한국시와 불교적 상상력』을 썼다.

서울예술대학, 안동대학교, 수원대학교, 동국대학교 교수를 역임했다.

녹원문학상, 현대문학상, 한국시협상, 현대불교문학상, 김달진문학상, 김삿갓문학상, 노작문학상, 문덕수문학상, 이형기문학상 등을 수상했다.

belles-lettres 1 홍신선 하프를 잃은 시인들

1판 1쇄 펴낸날 2025년 9월 20일
지은이 홍신선
인쇄인 ㈜두경 정지오
디자인 이다경
펴낸이 채상우
펴낸곳 ㈜함께하는출판그룹파란
등록번호 제2015-000068호
등록일자 2015년 9월 15일
주소 (10387) 경기도 고양시 일산서구 중앙로 1455 대우시티프라자 B1 202-1호
전화 031-919-4288
팩스 031-919-4287
모바일팩스 0504-441-3439
이메일 bookparan2015@hanmail.net

ⓒ홍신선, 2025, printed in Seoul, Korea

ISBN 979-11-94799-10-8

값 33,000원

*이 책 내용의 전부 또는 일부를 재사용하려면 반드시 저작권자와 ㈜함께하는출판그룹파란 양측의 동의를 받아야 합니다.
*잘못된 책은 바꾸어 드립니다.
*지은이와의 협의 하에 인지는 생략합니다.

하프를 잃은 시인들

홍신선 비평에세이집

책머리에

꼭 다시 십 년 만의 일이다. 지난번 『장광설과 후박나무』를 문세(問世)한 뒤 십 년의 세월이 흘렀다. 그동안 나는 쉬엄쉬엄 산문들을 써 왔다. 줄곧 주문생산에 의한 것이지만 매번 딴에는 된 힘들을 들였다.

그런데 단행본으로 묶으려 다시 읽어 보니 어설픈 대목이 많다. 특히 같은 내용, 동일 어사들이 자주 눈에 띈다. 처음부터 일관된 주제로 기획한 글들이 아닌 탓이 크다. 부디 읽어 주시는 분들의 혜량(惠諒)이 있으시기 바란다.

이 자릴 빌어 개인적인 변명 한 토막도 해 두자. 벌써 내 나이도 노질(老耋)에 들었다. 비록 변변한 글들은 아니나 차제에 모아 두지 않으면 산일(散逸)을 걱정할 처지가 됐다. 독자들 앞에 나서기 전 우선 그런 염려가 앞섰음도 밝혀 둬야 하겠다.

2025년 초가을
지은이

차례

책머리에 - 5

제1부 우리 시의 얼굴들 1
근대 자유시의 두 개성―홍사용과 주요한 - 13
도시적 감성과 시의 새로움―김경린의 초기 시를 중심으로 - 16
문학사와 창조적 비평의 예술혼―조연현론 - 26
기억의 소환과 생명의 리듬―전봉건의 시와 삶 - 40
탐미와 풍자의 시학―김영태 시의 한 독법 - 51
이치의 시학과 형이상 시법―박진환론 - 57
보유 비판적 상상력과 풍시조 - 70
바다와 삶의 길고 오랜 극들―김명인 시의 한 독법 - 78
환한, 그리고 드높은―김윤배 시인의 초상 - 88

제2부 우리 시의 얼굴들 2
자아 성찰, 혹은 '춤'의 미학―이숙이론 - 97
일상의 성찰과 '당신'의 호명―정재영의 시 세계 - 115
일상성과 자아의 성찰―김용구론 - 127
여성적 삶과 앎의 시학―최병숙 작품론 - 141
타자 지향, 혹은 '너'의 시학―서정임의 시 세계 - 155
지적 통찰과 서정의 구조화―조승래 작품론 - 169
가족사, 혹은 사랑의 시학―박인옥론 - 184
일탈과 회귀, 혹은 '찰떡같은' 삶―이우근의 시와 삶 - 199
내 '안'의 성찰과 정언(定言)의 시법―이원로의 작품 세계 - 211

제3부 내 시의 밑그림과 시론들

내 시의 이즘 민낯들 – 223

시와 선, 하나 혹은 둘?―나의 시, 나의 부처님 – 227

앎의 시학과 선의 관법(觀法) – 237

연작 「마음경(經)」과 그 둘레 이야기들 – 246

시간이 고인 옛 마을과 느림의 미학―시 「누가 주인인가」의 밑그림들 – 249

절집 기행, 혹은 어떤 가야산 – 253

절집과 늙은 고양이―시 「내 안의 절집」과 관련한 일들 – 257

바다의 시, 바다의 상상력 – 260

나의 시 창작법―시 습작에서의 유의 사항 – 267

시의 반세기, 나그넷길에 서서 – 272

제4부 여행길의 낙수(落穗)와 지리지(地理志)

능안뜸, 과거로의 짧은 기행―옛 고향 마을을 찾아서 – 279

화성의 박물지, 혹은 나를 찾는 도정―『화성 소나타』를 읽고 – 284

삶의 무늬와 방법론적 대화―『한반도 소나타』를 읽고 – 293

화성문협, 문학의 장(場)을 열다―한국문협 화성지부의 창립과 뒷얘기들 – 305

노포의 아우라와 옛시조의 한 거봉―해남 기행 – 312

민어와 튤립, 혹은 작은 낙토―임자도 기행 – 317

제5부 오류헌 시화, 그리고 단장들

시화(詩話) 세 토막 - 325

오류헌 시화 - 329

운보시실(耘甫詩室) 명(銘) - 334

약졸(若拙)과 '참' - 336

하프를 잃은 시인들 - 338

봄꽃과 꽃달력 - 341

하프와 서권기(書卷氣) - 345

산골 자연과 보내는 한 시절 - 348

고졸(古拙)과 인식 - 350

시업(詩業)과 헛발질 - 353

귀촌 제1장 제1과 - 357

자연도 경전이다 - 360

당음과 폭염 - 363

시업의 품새와 글 나이—수상 소감 두 편 - 365

제6부 내가 짓고 만든 인연들

열정과 방황, 그 길고 짧았던 한 시절—나의 등단 전말기 · 371

술, 혹은 독서와 스포츠—박제천의 젊은 날 초상 · 377

강직한 기개와 미완의 꿈들—정의홍의 인간적 면모 · 380

글의 서슬과 은일의 정신—조정권의 삶과 시 · 384

근본 성찰과 시인의 농사—장옥관 시의 한 독법 · 391

설국 또는 한 편의 추억—이홍섭과의 만남 · 393

일상과 기억—김린주의 시를 읽고 · 396

일러두기

인용문 가운데 일부는 읽기의 편의를 위해 현행 맞춤법 규정에 따라 띄어쓰기를 수정했습니다.

제1부 우리 시의 얼굴들 1

근대 자유시의 두 개성
— 홍사용과 주요한

1.

　홍사용은 우리 근대문학 벽두의 선구적 시인이자 극작가의 한 사람이었다. 그는 1900년 경기도 용인에서 출생했으나 화성군 동탄면 석우리 본적지로 이주하여 성장했다. 석우리는 현재 노작홍사용문학관이 소재하고 있으며 돌모루라고도 불린다. 홍사용은 노작, 소아(笑啞), 백우(白牛), 새별 등의 아호를 사용했다. 유소년기에는 사숙(私塾)에서 맹자, 통감 등을 읽으며 한학을 수학했다. 그러다가 1916년 상경하여 휘문의숙(뒤에 고등보통학교로 개편됨)에 편입학해 졸업했다. 3.1 운동에 참여했다가 피체, 구금되기도 했으며 그해 6월 낙향해서 수필 「청산백운」과 시 「푸른 언덕 가으로」를 썼다. 그는 휘문고보 재학 시절 벗인 정백 박종화 등과 『문우』를 펴내기도 했으며 1923년엔 동인지 『백조』를 창간, 주관했다. 이 동인엔 휘문고보의 홍사용, 박종화, 배재고보의 나도향, 박영희, 그리고 이상화, 현진건 등이 참여했으며 이들은 우리 근대 자유시의 한 국면을 새롭게 열었다. 곧 자아 중심과 감성 위주의 낭만주의적 작품 세계를 보여 준 것이다. 『백조』 3호에 게재된 「나는 왕이로소이다」는 노작의 대표작으로 당시 많은 이들에게 회자된 바 있다. 일제강점기 삶의 비애와 허무를 뛰어나게 노래한 탓이다.
　홍사용의 작품 활동은 시작(詩作)과 극작(劇作, 연출)의 두 영역으로 나눠진다. 물론 소설과 수필 등도 있으나 소품들이어서 논외로 한다. 먼저 시작 활동으로는 『백조』

를 중심으로 「백조는 흐르는데 별 하나 나 하나」, 「푸는 강물에 물노리 치는 것은」(1호) 등 여러 편의 작품을 발표했다. 이후 그는 당시의 민요시 운동에도 적극 호응, 여러 편의 민요시 작품을 『동명』 등에 싣고 있다. 그러나 이 같은 시작 활동은 극작과 극단 활동에 몰입하면서 뒤로 밀렸다.

그는 1924년 일본서 귀국한 박승회의 '토월회'에 문예부장으로 참여하면서 극단 활동을 시작했다. 이어서 박진, 이소연 등과 '산유화회'를 조직해 창작극 「향토심」을 공연하기도 했다(1927). 그의 극작품은 현재 「할미꽃」, 「출가」, 「제석」만이 남아 전한다. 다시 1930년에는 신흥극회를 조직, 남달리 극단 활동에 진력했다. 그러나 연극 공연의 실패와 잡지사 경영 등으로 그는 고향의 꽤 많던 가산을 탕진해야 했다. 1935년부터는 세검정에서 한의 노릇으로 생계를 꾸리기도 했으나 그도 잠시 그는 방랑을 시작, 경향 각지를 떠돌았다. 해방 후에는 근국청년단에 가담했지만 지병인 결핵으로 1947년 향년 48세로 작고했다. 그는 일제강점기 문학에 자신의 온 삶을 걸었고 이른바 부일(附日)의 글 한 편 남기지 않은 문사(文士)였다.

2.

송아(頌兒) 주요한은 우리 근대시문학사의 맨 앞줄에 선 시인이다. 널리 알려진 대로 그가 『창조(創造)』지에 발표한 시 「불노리」, 「새벽꿈」, 「해의 시절」 등은 계몽적인 그간의 신체시 틀을 깬 본격적인 자유시 작품들이다. 이 같은 시적 성취에 힘입어 그는 우리 근대시 논의의 장에 뚜렷한 한 획을 그었다. 주요한은 1900년 10월 평양에서 출생했다. 그의 부친 주공삼(朱孔三)은 당시 유력한 목사의 한 사람으로 한때 도쿄 조선인 유학생 선교사로 일하기도 했다. 주요한은 이러한 부친 탓에 1912년 재학하던 평양 숭덕소학교를 6학년에서 접고 일본으로 건너가 메이지학원(明治學院) 중학부와 도쿄제일고교를 졸업했다. 그는 메이지학원 재학 중 가까운 벗들과 회람지를 만들며 습작을 하고 시인의 꿈을 키웠다. 특히 이 무렵 일본 시인 카와치류 우쿄오(川路柳虹)에게 작품의 첨삭 지도를 받기도 했고 또 그가 주재한 시지(詩誌) 『현대시가』에 일본어 작품을 선보이기도 했다. 뒷날 그는 자신의 문학 수업을 회고한 글(「나의 문학 수업」)에서 작품을 만드는 과정에서 첨삭 지도가 얼마나 중요한가를 언급한 바 있다. 또 자신의 시조 작품 역시 이광수의 첨삭 지도를 받은 바 있다고도 했다. 이 같은 첨삭 지도나 고쳐쓰기 되풀이 등은 시적 의장(意匠)의 세공을 뜻하는 것으로 그 나름 미학적 자의식의 발로라고 할 터이다.

근대문학 초창기인 탓이겠지만 주요한은 소설에도 뜻을 두어 『청춘』에 단편소설 「마을집」을 발표하기도 했고(1917) 『학지광』에 번역소설 「밤」을 게재하기도 했다. 그러나 본격적인 작품 활동은 같은 평양 출신이자 도쿄 유학생들인 김동인, 전영택 등과 함께 발간한 동인지 『창조』를 통해서였다. 그는 이 동인지에 위에 적은 「불노리」 외 다수의 시를 발표했다. 이들 작품을 통해 그는 우리 근대시문학사상 자유시의 틀을 비로소 완성한 시인으로 평가받는다.

주요한은 3.1 독립운동 직후인 1919년 5월 중국 상하이로 망명한다. 거기서 그는 임시정부 기관지 『독립신문』 기자로 일하면서 '송아지' 또는 '목신' 등의 필명으로 작품 활동을 했다. 그러는 한편 호강대학에 입학, 학업을 계속하기도 했다. 1925년 귀국 이후 그는 각종 지상(誌上)에 작품들을 활발하게 발표했는데 당시 시단의 흐름을 좇아 시조와 민요시 창작에도 주력했다. 첫 시집 『아름다운 새벽』, 시조집 『봉사꽃』은 이 시기를 대표한다. 1929년 이후부터는 『동아』와 『조선』 두 신문사의 편집국장에 취임, 그는 언론인의 길을 걸었다. 해방 전후로는 상공인, 정치인으로 변신하며 굴곡 많은 우리 근현대사와 궤를 같이한 삶을 살다가 향년 79세로 1979년 작고했다. 이 글에서는 상공인, 정치인으로서의 삶은 논외로 하였다.

도시적 감성과 시의 새로움
―김경린의 초기 시를 중심으로

1.1. 왜 모더니즘인가. 일반적으로 모더니즘은 20세기 초 유럽에서 일어난 일련의 문학적 트렌드를 통칭한다. 곧 영국의 네오 클래식과 유럽 대륙의 아방가르드 등을 일컫는 것이다. 이들 모더니즘의 두 갈래는 그간 뒤섞여 논의돼 왔다. 우리가 1930년대 모더니즘 논의에서 보인 혼란 양상도 그랬다. 주지주의를 지향한 시인들이 있었는가 하면 아방가르드에 더 치우친 경우도 있었다. 해방 이후 등장한 '후반기' 동인들을 중심으로 한 모더니즘도 사정은 마찬가지였다. 아방가르드의 자장 속에서 활동한 일군이 있었는가 하면 일군은 주지주의적 태도를 견지했다.

그동안 이들을 통틀어 우리는 모더니스트라고 일컬어 왔다. 그리고 모더니즘의 일반적 특성으로 '새로움' 내지 신미학의 추구를 꼽았다. 이들은 과거의 문학적 유산 내지 전통을 해체하고자 했다. 그러면서 새로운 예술 작품들을 선보이고자 했다. 이는 인간과 세계에 대한 해석을 달리하는 데 따른 자연스런 현상이었다. 이를테면 아방가르드 운동이 지난날의 합리주의를 전면 해체한 자리에서 새로운 미학을 추구 정립하려 한 일 등이 그 예일 터이다. 뿐만 아니라 이들은 계기적 시간관과 원근법도 해체해 냈다. 그런데 이들의 과도한 새로움의 추구는 난해성이란 자연스런 귀결로도 이어졌다. 이는 과거 합리성을 해체한 새로움이 결국 전통적 합리적 해석을 허용하지 않은 탓이라고 할 수 있다.

한편 모더니즘은 새로움의 추구와 함께 보다 명료한 미학적 자의식을 요구하기도 했다. 달리 말하자면 새로움이 어떤 세계관적 기반 혹은 방법론 위에 서 있는가를 인식해야 했던 것이다. 그래서 모더니스트들은 자신의 작업에 따른 일련의 방법적 이론 등을 제시해 왔다. 예컨대 초현실주의를 비롯한 아방가르드 운동의 선언 등이 그것이다. 이 같은 미학적 자의식은 결국 모더니즘의 난해성을 해독하는 관건이 됐지만 달리는 자기실현과 정립의 세계관적 토대가 되기도 했다.

1.2. 이 글은 시인 김경린의 모더니즘을 살펴보고자 써진다. 김경린은 함북 종성에서 태어났다. 그곳의 초등학교를 졸업하고 서울로 유학, 경성전기공업학교에서 수학했다. 이후 일본 유학과 해방 후 한국의 대학에서 토목공학을 전공했다. 이러한 전공은 그의 작품에도 일정 영향을 끼친 것으로 보인다. 또 이 같은 학력과 함께 일생 줄곧 시를 써 왔다.

그는 일찍이 1939년 『조선일보』에 「차창」 등을 발표하며 등단했다. 아마도 여기에는 동향 출신의 선배 시인 김기림의 주선이 컸을 터이다. 실제로 등단 전후의 시들은 김기림류의 주지주의적 자장(磁場) 안에 있었던 것으로 보인다. 해방과 더불어 그는 '새로운 시'를 기치로 모더니즘 운동의 앞줄에 섰다. 이는 그가 한국문학 제2기의 모더니스트로 주목받는 소이일 터이다.

주지하듯 그는 해방 후 문학 동네에서 '신시론' 동인, '후반기' 동인, '다이얼' 동인 등으로 활동하며 사화집 발간에 주력해 왔다. 곧 에꼴 형성을 위한 시운동에 힘써 왔던 것이다. 그러다 공직에 재직하며 20여 년간 작품 활동을 쉬게 된다. 그는 지난 1980년대부터 다시 작품 활동을 재개하며 3권의 시집을 출간한 바도 있다. 편집자의 주문대로 나는 여기서 김경린 시인의 초기 시 세계를 집중적으로 살펴보도록 할 것이다.

2.1. 과연 김경린 시의 새로움은 어떤 무엇인가. 그는 해방 후부터 시의 새로움을 적극 역설해 왔다. 비록 뒷날 회고의 글이지만 우리는 다음 대목에서 그의 새로움에 대한 추구가 어떠했는가를 확인할 수 있다.

2차 대전의 종식과 함께 우리에게 현실로 등장한 독립의 기쁨과 이에 부수하여 밀려온 사회의 불안과 혼돈 속에서도 일시에 불어닥친 자유의 물결과 과학 문명의 뜨거운 태양과 독립국가로서의 세계적인 동시성 속에 새로운 시 세계의 개척이 요구되었음은 당연한 일이기도 했다.

—「후기를 위한 메모랜덤」 중에서

인용한 글은 시집 『태양이 직각으로 떨어지는 서울』의 후기 가운데 한 대목이다. 이 대목에서 우리는 두 가지 사실을 주목할 수 있다. 하나는 해방 공간의 상황이고 다른 하나는 이 같은 상황을 담아낼 새로운 시가 요구됐다는 사실이다. 잘 알려진 바대로 해방 공간에는 좌우익 간의 체제 선택을 위한 극심한 대립이 있었다. 문학권 역시 민족문학 건설의 명제를 두고 '정치주의'(현실주의)와 순수문학론 간의 다툼이 치열하게 벌어졌다. 시의 경우도 정치주의를 표방한 행사시, 기념시 들이 범람하였다. 그런가 하면 생의 구경적 의의와 탐구를 표방한 순수문학권에서는 완성도 높은 작품들을 보여 주었다. 과거 서정주, 유치환 등의 생명파와 자연을 심미적으로 재구성한 청록파 등이 그들이다. 이들 두 경향의 시들이 주도한 해방 공간 시단에서 모더니즘은 제3의 길을 내걸었다. 1930년대 모더니스트 김광균을 비롯, 신시론 동인을 축으로 한 젊은 모더니즘 시인늘이 그러했다. 그러는 한편 김경린을 필두로 한 제2기 모더니스트들은 앞선 세대의 비판 극복도 함께 내세웠다. 결과적으로 그들 나름으로는 삼중고를 겪어야 했던 셈이다.

그러면 제3의 길은 구체적으로 어떤 무엇인가. 인용한 글에서도 우리는 그 해답의 일단을 엿볼 수 있다. 그것은 "과학 문명"과 "세계적인 동시성"이란 어사(語辭)에서 찾을 수 있는 것. 여기서 과학 문명은 양날의 칼처럼 상반된 의미를 내장한다. 곧 인간 삶에 풍요와 편리를 가져온 반면 핵이나 환경 파괴 같은 부정적 결과도 안아 온 것이다. 우리 모더니즘이 운위한 문명 비판은 바로 여기서 비롯됐다. 또 문명 비판은 '국제적 동시성'을 띤 명제로 간주됐다. 이들 명제에서 모더니스트들은 당시 좌도 우도 아닌 제3의 시의 길을 모색한 것이었다. 말이 좋아 문명 비판이었지

이는 뒷날 모더니즘 비판의 단초를 제공한 것이기도 했다.

인용한 위의 글은 다음과 같이 이어진다. 곧 "새로운 시 세계의 전개를 위하여 과학 문명 속에서의 인간성 회복"과 "현대 의식 속에서 체득되는 경험의 새로운 질서를 구상화"해야 한다는 언사가 그것이다. 과학 문명은 그것이 고도화될수록 각종 비인간화의 소외 현상을 초래할 마련이었다. 그러한 소외 현상을 극복하고 상실된 주체성을 회복하는 일—김경린은 그것을 인간성 회복이라고 본 것이다.

한편 현대 의식 속에서의 경험을 구조화/구상화한다는 것은 무엇인가. 영국 주지주의의 'dry and hardness'를 연상시키기도 하는 이 대목은 바로 실제 작시의 문제를 거론한 것으로 봐야 할 것이다. 이 작시 문제를 검토해 보자. 우선 현대 의식 속에서의 경험이란 과연 무엇인가. 그것은 일단 도시적 감수성과 관련된 것으로 가늠된다. 굳이 따지자면 이는 현대성 혹은 현대 의식이란 광범하고도 난해한 하나의 성향이고 의식일 터이다. 그런데 이 자리에서 거기까지 논의를 펼치기는 꽤 어렵다. 지면 제약 탓뿐만 아니라 논의의 집중도를 위해서이다. 그래서 실제 김경린의 시를 통해 살펴보는 데서 그치게 될 터이다.

그다음 경험을 구조화한다는 것은 무엇인가. 영국 주지주의는 시가 정서의 표현이 아닌 정서로부터의 도피라고 했다. 그것이 감정의 질척거림을 걷어 낸 메마른 시였다. 그런가 하면 지성과 감정을 균형 있게 조화시켜야 한다고도 주장했다. 그 균형과 균제를 사궤 맞추듯 완벽하게 짜맞춰 내는 것—그것이 구조화일 터이다. 이에서 몰개성론에 기댄 신비평이 발아한 것은 이미 널리 알려진 사실. 김경린의 경험의 구조화도 이 같은 주지주의적 태도에서 먼 거리에 놓인 것은 아닐 터이다.

2.2.

오늘도
성난 타자기처럼
질주하는 국제열차에

나의
젊음은 실려 가고

보랏빛
애정을 날리며
경사진 가로에서
또다시
태양에 젖어 돌아오는 벗들을 본다.

옛날
나의 조상들이
뿌리고 간 설화가
아직도 남은 거리와 거리에

불안과
예절과 그리고
공포만이 서품 일어
꽃과 태양을 등지고
가는 나에게
어둠은 빛발처럼 내려온다.

—「국제열차는 타자기처럼」 부분

　　인용한 시는 김경린의 시 가운데 널리 알려진 「국제열차는 타자기처럼」이다. 산문적인 풀이부터 먼저 해 보자. 이 시의 화자는 어둠이 내린 거리를 걷는다. 그 거리엔 조상들의 설화가 잔존하는가 하면 돌아오는 벗들도 있다. 시간 과정도 태양에 젖는 시점에서 어둠이 내리는 시점, 그리고 아침까지다. 이에 더해 화자는 '옛날'에서 '오늘', '먼 앞날'에까지의 시간 의식을 드러낸다. 특히 '오늘'의 경우 화자는 젊음을 국제열차에 실려 보낸다. 여기 젊음을 국제열차에 실려 보낸다는 언술은 주목을 요한다. 그것은 국제열차의 세부적인 사항들이 제시돼 있지 않아 더욱 그렇다. 곧 시발과 도착은 물론 열차의 디테일이 전혀 드러나 있지 않은 것이다. 이는 두 가지 해독을 가능케 한다. 화자의 젊음이 열차에 실려 가듯 덧없이 빠르게 지나갔다는 의미인가. 아니면 실제 국제열차로 이동해 간다는 의미인가. 그만큼 1연은 모호성을 지니고 읽힌다. 아마도 실제적 정황 아닌 장식적 설정은 아닐 것인지. 곧 국제적 동시성을 위한 장치는 아닐 것인지. 이에 반해 2연 '벗', 3연 '조상', 4연 '나' 등은 그 정황들이 비교적 구체적으로 제시돼 있다. 곧 '벗들'은 경사진 가로를 걸어 돌아온다. '조상들'은 설화를 거리와 거리에 남겨 놓았다. 그에 비해 '나'는 불안, 예절, 공포 탓에 꽃과 태양을 등지고 있다는 언술 등이 그것이다.

우리는 대략 이렇게 이 작품을 읽을 수 있을 것이다. 또 실려 가고/돌아오고 '조상'의 설화/'나'의 방황 등도 짝패로 구조화되어 있다. 여기서 우리는 다음 몇 가지 사실을 확인할 수 있다. 우선 시적 공간이 도시란 점이다. 여기엔 이 무렵 청록파나 생명파의 작품들이 보여 주는 자연물/현상들이 없다. 이는 아마도 전통적 자연 서정시들에 대한 대타의식/현상의 일환으로 봐야 할 터이다. 그리고 이것이 김경린이 추구한 현대 의식이자 새로운 시 세계의 실상일 것이다.

2.3. 흔히 1930년대 모더니스트들이 '도회의 아이들'로 불렸듯 김경린 초기 시의 시적 공간 역시 도시로 일관되어 있다. 일련의 작품 속에는 거리, 플라타너스, 페이브먼트, 가각(街角) 등등 도시 공간의 뭇 풍물이 등장하고 있는 것이다. 그의 대표작 중 하나인 「태양이 직각으로 떨어지는 서울」만 해도 시 전편이 도시적 정서로 채워져 있다. 해가 대형 빌딩 뒤로 질 수밖에 없는 도시적 현상을 그는 "태양이/직각으로 떨어지는/서울의 거리"라고 표현하고 있는 것이다.

암튼 이 같은 시적 공간은 당연한 결과지만 도시적·현대적 풍물로 채워질 마련이다. 실제로 그의 시에는 많은 빌딩 숲과 시민들, 비둘기, 포도(鋪道) 등등의 어휘/

이미지들이 동원되고 있다. 그런가 하면 외래어도 빈번하게 사용된다. 곧 모멘트, 에고이즘, 휴매니티, 로직크, 로맨스, 유니폼 등등의 어휘가 그것이다. 이는 토착적 생활말을 즐겨 시에 동원한 당시의 서정주, 조지훈, 박목월, 박두진 등과도 극명한 대비를 이루는 점이다. 그러면 왜 외래어인가. 적절하게 우리말로 옮길 어사가 없어서인가. 반드시 그런 이유 때문만은 아닐 터이다. 짐작건대는 그보다 시어로서의 특정 효과를 의도했을 것이다. 더러 이국정조를 노렸을 경우도 있지만 필자의 생각으로는 그와는 거리가 있어 보인다. 단순한 이국정조보다는 낯설고 이채로운 어휘 동원을 통해 새롭고 참신한 시적 정조나 분위기를 기획한 것이었다. 달리는 그가 말한 현대성 혹은 현대 의식의 표지로써 기능한다고 봐야 할 것 같다. 이 모두는 그 자신이 말한 "언어의 새로운 기능에 대한 재질의 탐구"였을 터이다.

여기서 말이 난 김에 "언어의 새 기능에 대한 탐구"를 좀 더 검토해 보자. 김경린에게 언어의 새 기능이란 과연 무엇인가. 아마도 그 기능은 시 문장의 독특한 어법, 곧 시성(詩性)을 담보한 것일 터. 흔히 시적 조사(措辭)의 경우 통상적 어법이나 구문을 극력 일탈한다. 이를테면 언어와 언어, 또는 이미지와 이미지 사이의 돌올한 폭력적 연결도 그 한 예일 것이다. 일반적으로 돌올한 폭력적 언어 연결은 의미론적 긴장(tension)을 초래한다. 곧 서로 친연성이 없는 두 낱말이 결합될 경우 외연과 내포는 상호 충돌하고 그 충돌량이 클수록 거기엔 의미론적 에너지가 발생하는 것이다. 그리고 이 같은 에너지는 시 구문에 일정 정도 긴장을 초래해 심리적 쾌감을 유발한다. 이러한 사실은 앞서 인용한 "성난 타자기처럼/질주하는 국제열차"나 "불안과/예절과 그리고/공포만이 거품 일어"와 같은 표현을 읽을 때 우리가 맞닥뜨리는 긴장이나 쾌감에서도 확인되는 점이다. 이 같은 언어 사용, 곧 시적 조사를 김경린은 언어의 새로운 기능으로 지칭했던 것으로 보인다.

드문 예이긴 하지만 김경린은 형태적 새로움을 추구하기도 했다. 곧 양행걸림을 보여 준 다음의 시가 그것이다.

하나의 새로움

을 영원히 향유할 수 없는

외로움이 마치

사랑의 에필로그와 같이

존재할 때

수많은 트러블

과 어휘

와의 중간 지대를 배회하며

—「흐르는 감성을 위하여」부분

    이 시는 시 쓰는 친구를 염두에 둔 듯하다. 아마도 후반기 동인들을 시적 대상으로 삼지 않았을까 싶다. 그러나 여기서 우리가 주목하는 것은 인용한 대목에 보이는 양행걸림의 시도이다. 곧 행갈이에서 '~을', '~과', '~의' 등의 토씨를 몸말인 명사와 분리해 행 구분을 해 놓은 것이다. 이러한 행 구분은 시 읽기에서 지체 현상을 가져온다. 그 결과는 의미 해독을 거듭 반추토록 만드는 것. 하지만 이 같은 형태 실험은 자주 시도되지는 않은 듯싶다. 시의 새로움을 추구한 여느 시인들의 형태 실험과는 다르다고 할 일이다.

    2.4. 오늘날 도시는 현대적 뭇 문물의 집산지다. 또한 여러 사회적 문화적 기능들이 중층적으로 복합된 공간이기도 하다. 그런가 하면 갖가지 생활 동선이 짧아 근대 이래로 많은 사람들이 선호한 편의와 효율성을 축으로 한 취락 구조를 지닌다. 일반적으로 도시는 산업화, 공업화에 따른 사회적 동원의 결과였다. 그리고 이 같은 도시적 취락 구조야말로 근대 모더니즘이 싹튼 온상이자 그 배경으로써의 구실을 톡톡히 해낸 바 있다.

    서구의 경우 도시는 20세기 초 주지주의와 아방가르드란 쌍생아를 낳고 키웠다. 이러한 사정은 우리 모더니즘의 경우도 크게 다르지 않다. 1930년대 제1기 모더니즘이 그러했고 해방 후 2기의 모더니즘 역시 그러했다. 이 글의 주체인 김경린 시인도 그 예외는 아니었다. 특히 그는 토목공학을 전공한 시인으로 도시의 갖가지 양태와 문제들을 잘 들여다보고 이해한 것으로 보인다. 이 같은 그의 시각은 앞서 살핀 대로 뭇 도시적 풍물을 시에 끌어들였다. 그런가 하면 도시적 삶의 여러 국면들도 다양하게 제시했다. 곧 도시 생활자로서의 삶의 정서를 잘 드러냈던 것이다. 예컨대 아직 자기 정체성이 확립 안 된 불안과 혼돈한 현실에 대한 공포 등이 자주 등장하는데 이는 초기 시가 젊은 시절에 쓰인 사실과도 무관치 않을 것이다. 그런가 하면 무료와 권태 역시 도시 생활에서 빼놓을 수 없는 정서적 품목들이다. 잘 알려진 대로 도시의 일상은 반복적이면서 병리적인 구석이 많기 마련이다. 말하자면 도시적 삶에는 규칙적이고 반복되는 생활 패턴만이 자리 잡고 있는 것. 따라서 도시민들은 이러한 일상에서 오는 여러 정서들에 함몰될 마련인 것이다. 그 결과 무료와 권태, 우울과 고독 같은 병리적 현상들이 삶을 지배하는 것이다.

김경린은 이 같은 도시적 병리 현상을 마주하면서도 젊음의 건강한 희망을 노래했다. 특히 현대 문명에서의 속도를 강조해 말하기도 했다. 이는 그가 말한 현대시가 진보해 나갈 수밖에 없다는 주장에 따른 것일 터이다. 여기서 우리는 이탈리아 미래파들이 기계문명과 그 속도를 찬양한 사실을 상기해도 좋을 터이다.

3. 시금까지 우리는 김경린의 초기 시를 중심으로 그 시 세계를 살펴보았다. 그는 1939년 등단 이후 끊임없이 새로운 시를 찾아 시작을 해 왔다. 그러면서 당시 시의 주류라고 할 현실주의와 전통서정시와는 다른 모더니즘적 시 세계를 모색했고 그 앞줄에 서 왔던 것이다. 말하자면 시단의 주류에 대한 대타의식 하에 제3의 길이라고 할 모더니즘 시운동에 진력한 것이다. 그는 '신시론', '후반기', '다이얼' 동인 등등 시작(詩作)과 함께 줄기찬 동인 활동을 해 왔다. 뒷날 이를 두고는 우리 현대시의 에꼴을 형성한 일이라고 평가되기도 한다.

그동안 우리 모더니즘 시는 주지주의와 아방가르드가 혼재된 것으로 논의돼 왔다. 그리고 이 같은 혼재 현상은 모더니즘에 대한 잘못된 인식과 왜곡을 가져오기도 했다. 이러한 잘못된 인식은 이내 바로잡히고 정리될 터이다. 김경린은 모더니스트이되 주지주의 경향을 보인 시인이었다. 그는 과격한 형태 실험이나 근대 예술의 합리적 기반을 전복하지는 못했다. 대신 도시 공간에서의 시민적 삶의 애환과 그 정서를 충실하게 새로운 방법으로 제시코자 노력했다. 그 같은 시 작업에서 도시 문명어와 외래어를 무람없이 사용했다. 그런가 하면 시어의 긴장을 높이기 위한 독특한 시적 조사(措辭)를 구사하기도 했다. 시어들의 돌올하고 폭력적인 결합을 통한 시성(詩性)의 추구가 그것이다. 이는 그가 새로운 시 세계의 추구이자 국제적 동시성을 주장한 사실과 궤를 같이한다.

지난 제1기 모더니스트들은 문명 비판을 내걸었다. 현대 기계문명 하에서의 뭇 병리 현상과 비인간화 현상을 비판하고자 한 것이다. 제2기 모더니스트들 역시 국제적 동시성을 추구하는 가운데 이를 수용했다. 그런 반면, 제1기 모더니즘을 극복해 넘어서고자 했다. 문명 비판이 당대 우리의 구체적 현실과는 일정 정도 괴리되었다는 비판에 직면한 탓이다.

필자는 언어의 기능 확대나 새로운 시 세계의 마련에 진력한 김경린의 노력은 그 나름의 평가를 받아야 한다고 생각한다. 말하자면 당대 현실에 의도적으로 눈 감거나 회피한 것이 아니라 일종의 미학적 저항을 시도한 것으로 봐야 하는 것이다. 이 지점에서도 김경린의 모더니즘 시학은 재음미되어야 할 터이다.

문학사와 창조적 비평의 예술혼
— 조연현론

           판서(板書) 뒤 짤막한 설명 끝에
           방백(傍白)하듯 그는 덧붙였다.
         "문학 제대로 알고 가는 사람 몇이나 돼?
            어느 시대나 극소수였지"
          강의실 꽉 메운 썰렁한 한기에
            우리들의 잡담에
          그 말은 이내 빗발 잦듯 묻히고
       그렇게 종강을 하고 석조관 건물 밖 비탈길
       늦가을 오후를 조연현(趙演鉉)은 걸어 내려갔다
        치올라 간 그의 야윈 두 어깨에 얹혀
         힘겹지 않게 출렁이던
     6.25 전쟁을 갓 통과한 두어 폭 화독(火毒) 든 하늘이 붉었다
           —졸시「마지막 강의」부분

1.

 석재(石齋) 조연현(1920-1981)은 생전에 세 가지 면모를 보여 주었다. 하나는 잡지 미디어의 편집자 겸 경영인이고 다른 하나는 평론가이자 에세이스트로서의 면모이다. 그런가 하면 생평 문학 교수로서 일관한 일면도 있다. 특히 평론가로서 그는 한국 근대문학사의 체계화란 탁월한 업적을 쌓았다. 이는 백철의 문예사조사와 함께 당대 쌍벽을 이룬 저작으로 평가받고 있다.
 연보에 의하면 그는 경남 함안에서 출생했다. 그리고 고향의 함안공립보통학교

를 마치고는 서울로 유학했다. 서울에 와 보성고등보통학교, 중동중학, 배재중학을 전전했다. 그 나름의 청소년기 방황을 한 셈이다. 그는 배재고보를 졸업하고는 만주로 갔다. 거기서 한동안을 지냈다. 방랑의 행각일 터인데 박종석의 『조연현 평전』에 따르면 마뜩잖은 상급 학교 진학과 당시의 암울한 시대적 분위기 탓이었다고 한다. 조연현은 만주에서 돌아와 동국대학교 전신인 혜화전문에 입학했다. 그러나 그가 주관한 학생 행사가 문제돼 중퇴하고 다시 낙향을 했다. 고향에서 그는 면서기로 잠시 일을 하기도 했다.

 해방 이전의 이 같은 조연현의 행적은 두 가지 사실로 읽힌다. 하나는 미래에 대한 역사적 전망이 없던 세대와 관련한 것이고 다른 하나는 그의 청소년기 나름의 방황을 확인할 수 있다는 점이다. 우선 미래 역사적 전망이 부재한 세대에 관련한 것은 이렇다. 두루 알려진 대로 1920년에서 해방기까지 대략 25년 기간은 일제강점기 한복판이었다. 19세기 말 동학과 갑오개혁이 근대의 시작이라면 이들 세대는 근대의 제2세대들이라 할 수 있을 터이다. 그러니까 갑오년에서 삼일운동까지 25년여를 한 세대라 한다면 그런 계산이 가능한 것이다. 이들 근대의 제2세대들은 그들 나름대로 문제적이랄 수 있다. 곧 일제강점기의 한복판을 통과하며 산 그들의 정신사적 의미가 그것이다. 이들은 출생에서부터 일상화된 식민지 현실을 살아야 했다. 그 결과는 개개인이 의식적이든 아니든 미래 전망이 부재한 현실 상황 속에 함몰되는 것이었다. 어쩌면 이들은 식민지란 자의식을 원죄처럼 지닐 수밖에 없었던 것이리라. 해방 이후 한 시인은 "일본어로 작품을 쓰고 그것을 번역하듯 우리말로 옮겨야 했다"고까지 고백하지 않았던가. 그만큼 식민지 일상들이 잠재 의식화되기도 했던 것. 아미도 이는 이들 세대의 비극이면서 정신사적 한계이기도 할 터이다. 누가 그랬던가. 그 한계란 개인의 경우 장대높이뛰기로도 뛰어넘을 수 없는 운명적인 것이라고.

 이 점은 삼일운동 직후인 1920년에 출생한 조연현의 경우도 크게 다르지 않을 마련일 것이다. 그의 청소년기 방황은 따라서 이중적인 의미를 지닌다. 하나는 성장기에 들어선 인간 일반이 겪는 청소년기 방황일 것이며 다른 하나는 자아가 확립되면서 깨닫게 된 현실 상황 탓에 치뤄 낸 방황인 것이다. 일반적으로 발달심리학이 말하는 청소년기의 방황은 기성세대에 대한 반항을 축으로 한다. 곧 기성세대로 기표된 가치체계나 제도적 관습을 거부하는 것이다.

이는 자아 형성에 그대로 직결되는 문제이기도 하다. 자신이 자기 주변 세계와 다름을 인식하고 자아의 정체성을 구축하기 때문이다. 조연현이 중학 시절 여러 학교를 옮겨 다닌 사실도 그 같은 행동 발달의 한 과정이었을 것이다. 학교보다는 영화관을 즐겨 찾고 출석보다는 결석이 잦았다는 고백이 이를 확인케 해 준다. 특히 조연현에게 당시는 식민지 시절이었다. 그는 고향을 떠나 서울이란 낯선 공간에 홀로 내던져지지 않았던가. 그가 보성중학 시절 고향에 내려와,

"왜 천황 앞에서 허리를 굽혀야 하느냐."

고 강한 거부감을 토로하였던 사실도 주목할 만하다. 그것은 자아 정체성 형성 과정에서 조연현이 맞닥뜨린 이중고의 현실을 뜻하는 것. 한복 차림으로 서울 출입이 잦던 조부를 롤모델로 삼고 있었지만 그는 감성이 예민한 소년이었다. 서울 유학에서 이 소년은 이중고의 현실을 감내해야 했다. 곧 앞에서 적은 대로 기성의 가치체계나 관습에서도 벗어나야 했지만 다른 한편에선 식민지 현실 역시 감당키 힘든 억압 체계였을 것이다. 결국 그는 고향 후배에게 앞에서 적시한 대로 강한 저항 의식을 토로했던 것이다. 이 같은 세계의 이중적 억압 체계에 대한 저항은 현실에서는 보성과 중동, 그리고 배재중학 등을 옮겨 다니도록 만든 것이었다.

그러면 그가 저 같은 억압적 세계에서 찾아낸 탈출구는 무엇이었는가. 그것은 다름 아닌 문학이었다. 조연현은 중동중학에서 시인 김광섭을 만났다. 교단을 사이에 한 사제간의 만남이었다. 이 만남에서 조연현은 나름의 문학적 세례를 받았을 것이다. 그렇기도 했지만 이 무렵 조연현 소년은 탐정소설류에 탐닉했고 그 독서 경험은 이내 문학에 홀리도록 만들었다. 특히 오스카 와일드의 「옥중기」를 탐독하면서 문학의 아취에 깊이 빠져들었다고 한다. 뿐만 아니라 보들레르나 랭보, 그리고 앙드레지드, 발레리 등을 접하며 본격적인 문학 수업으로 나아갔다.(전집 1, p.122.) 그러면서 시를 써 당시 조선, 동아, 매일신보 등에 투고했다. 이들 작품들은

주로 학생난에 발표됐다. 배재중학 시절엔 정태용 등과 함께 『아(芽)』란 동인지를 발간해 주위를 놀라게 했다고도 한다. 그런가 하면 고향에서도 또래들과 어울려 문학 활동을 펼쳤다. 방학이면 귀향해 아동문학가 이원수를 자주 찾았고 또 강학중, 조진대, 채낙현 등 친우들과 어울려 문학의 꿈을 공유하기도 한 것이다. 그렇게 조연현은 중학 시절 문학 소년으로서의 꿈을 열정적으로 키우며 자기 정체성을 확립해 나갔다.

두루 알려신 대로 그가 문학 청소년으로 통과해 간 1930년대는 본격적인 근대 문학이 전개된 시기였다. 일본 군국주의 체제가 들어선 시기였지만 우리 문학은 본격 문단이 형성돼 많은 문학적 성과를 거둔 시기였던 것. 이 무렵 청년기에 접어든 조연현 역시 문학에 나름 심취해 가고 있었다. 특히 그가 혜화전문 시절 조선문학연구회를 조직하고 활동한 사실은 주목할 만하다. 그는 이 모임에서 시 낭송과 웅변대회를 개최했다. 그러나 내용이 민족주의적인 것이어서 일경에 체포됐고 옥고를 치뤄야 했다. 이 무렵 그는 철학에도 관심을 기울여 니체, 쉐스토프 등에 깊이 빠져들기도 했다. 이 니체나 쉐스토프와의 만남은 뒷날 그의 비평의 세계관적 기반이 되기도 했다. 한편 일제 말기 조연현은 일어로 된 몇 편의 글을 『동양지광』, 『국민문학』 등에 발표했다. 이 글들은 낙향 후 면서기로 잠시 재직했던 사실과 함께 작금 친일 논란을 불러오기도 했다.

2.

과연 잡지 미디어의 편집인이란 무엇인가. 조연현은 해방 후 삶의 거의 전 기간을 편집자로 일관한 바 있다. 이 일련의 과정은 그의 「내가 살아온 한국문단」에 상세하게 기술되어 있다. 조연현은 해방 공간에서 『민주일보』, 『민중일보』 기자와 『민국일보』 사회부장 등 민족 진영 언론사들을 전전했다. 특히 그는 극심한 이념 갈등의 당시 현실에서 시보다는 평론에 주력했다. 그 과정에서 과거 카프계의 이론 분자인 김동석, 김병규 등과 치열한 논쟁을 벌이기도 했다. 그만큼 그는 민족 진영의 앞줄에 서서 누구보다도 활발하게 평론 활동을 전개한 것이다. 또한 청년문학가협회 발족에 적극 참여하여 문학적·이념적 좌표를 분명히 하기도 했다. 알려진 대로 청문협은 김동리, 서정주, 박목월, 조지훈 등 젊은 문인들이 주축이 된 단체였다. 여기서 주목할 사실은 청문협의 문학적 지향이 저 생의 구경적 형식에 근거한 순수문학론이었다는 점이다. 이 이론의 핵심은 일찍이 1930년대 말 김동리에 의해 천명된 바 있다. 순수문학론의 요지는 문학은 정치적 현실 추수나 특정 이념에 종속되어서는 안 된다는 것이었다. 대신 삶의 구경적 의의를 문제 삼아야 하며 이 같은 문학만이 본령(本領) 정계(正系)의 문학이란 주장이었다. 당연히 해방 공간에서 민족문학의 건설은 이 같은 순수문학이어야 한다는 것. 해방 공간에서의 민족문학 논쟁은 결국 이념 추수적인 문학과 순수문학 가운데 어느 것이 민족문학일 것이냐를 다툰 것이었다.

  1948년 정부 수립이 되면서 이 논쟁은 자연스럽게 순수문학론으로 귀착되었다. 당시 상황을 조연현은 이렇게 기술하고 있다.

    첫째는 정부의 수립으로써 해방 직후의 혼란과 좌우익의 격렬한 대립과 투쟁이 일단락되어 안정된 방향과 자세가 갖추어지기 시작한 것, 둘째는 이 때문에 그 이전까지의 구호적인 문학운동의 시기로부터 벗어나 구체적인 창작 활동의 시기에 접어들고 있는 것.
                                              —「『문예』지의 창간과 폐간」 일부

  이 간결한 언급에서 보는 것처럼 정부 수립 직후 문학 동네의 좌우익 투쟁은 진정 국면으로 접어들었다. 그에 따라 대다수 시인 작가들의 창작 욕구가 팽배해졌다. 이는 본격적인 순문예지 출현 요구로 이어졌다. 그만큼 당시 순문예지 발간은 나름의 당위성을 지니고 있었던 것. 순문예지 『문예』는 이러한 시대적 요청과 당위에 따라 출범했다. 그 출범에 조연현은 극력 참여했다. 당시 이 순문예지의 진용은 이랬다. 발행인에 모윤숙, 주간 김동리, 편집책임 조연현 등등의 면면이 그것이다. 모윤숙은 발행 자금과 사무실을 마련했다. 거기에 김동리는 주간 직책을 맡았고 창간사를 썼다고 한다. 김동리는 창간사에서 『문예』지가 민족문학 건설의 제1보임을 자임

하면서, 시인 작가들의 창작을 독려하고 지원하는 것이 그 목표이자 취지임을 밝혔다. 이는 앞에서 본 대로 그 무렵 문학 동네의 당위적 욕구에 부응한 것이기도 하다.

그런데 『문예』의 진용은 창간 뒤 얼마 가지 않아 재편되었다. 그것은 김동리가 서울신문사의 『신천지』지의 주간으로 자리를 옮긴 탓이었다. 이에 조연현이 『문예』의 주간 직책을 뒤이어 맡아 이끌기 시작했다. 이로써 본격적인 순문예지 편집과 경영인으로서 조연현의 문단 활동이 시작된 것이었다.

단적으로 말해 문예지의 사명과 역할이란 그 당대의 문학적 스타일을 집약하고 드러내는 일이라 할 것이다. 조연현은 문학성 위주로 수월(秀越)한 작품들을 게재하고자 노력했다. 이 같은 편집 자세는 문학의 핵심이 바로 수월한 작품들에 있음을 드러낸 것이었다. 『문예』는 통권 21호를 끝으로 폐간되었다. 험난한 한국전쟁기를 통과하면서도 지속적으로 간행됐지만 『문예』는 경제적인 어려움을 더는 견딜 수 없었던 때문이다. 『문예』는 1949년에서 1954년까지 5년 동안 많은 신인들을 추천제를 통해 배출했다. 이는 전쟁을 통해 재편된 그 무렵 문학 동네에 새로운 활력을 불어넣기에 넉넉한 것이었다. 순문예지의 사명은 이처럼 신인 발굴을 통해 문학의 새로운 트렌드를 구축하는 일에서도 찾을 수 있을 것이다.

조연현이 그의 종신(終身)까지 이끌었던 『현대문학』은 1955년에 창간되었다. 『문예』가 폐간된 1954년 여름 조연현은 대한교과서주식회사의 우석(愚石) 김기오(金琪午) 사장을 만날 수 있었다. 소설가 오영수의 주선이었다. 오영수는 언양 출신으로 김기오와는 고향 선후배 간이었다. 김기오는 "문화적 교육적 사업의 일환"으로 잡지 발간을 뜻하고 있던 참이었다. 이를 알고 있던 오영수가 조연현을 소개한 것이었다. 결국 김기오와 조연현의 만남은 『현대문학』의 창간으로 이어졌다.

조연현은 「내가 살아온 한국문단」에서 『현대문학』의 창간은 김기오의 전폭적인 후원과 배려의 산물임을 밝히고 있다. 조연현은 『현대문학』 창간사에서 그 목표가 우리 현대문학 건설임을 천명하였다. 이 목표 달성을 위해 그는 "아무리 빛난 문학적 유산일지라도 반성 없이 추종"커나 "아무리 눈부신 새로운 문학적 경향"이라도 맹종하지 않을 것임을 강조하였다. 또한 "무정견(無定見)한 백만 인의 박수

보다 문학에 대한 깊은 애정과 올바른 식견을 가진 한 사람의 지지"를 더 영광스럽게 생각할 것임도 표명했다. 이는 결국 문학성 위주의 텍스트들과 담론 생산이 『현대문학』의 지향점임을 밝힌 것으로 보인다. 또한 그는 이 잡지가 우리 문학 동네의 범문단적 공기(公器)임을 자임하고 천명했다. 이는 잡지 편집과 경영에 있어 나름 공평무사를 기하고자 한 것이었다. 조연현은 작품성이 우수한 창작들을 위주로 『현대문학』의 지면을 꾸몄다. 이 역시 『문예』의 경우와 마찬가지로 순수문학의 흐름을 집약한 편집 태도라 할 것이다.

그러는 한편으로 『현대문학』은 추천제를 두어 신인 발굴과 그 양성에 많은 노력을 경주했다. 이 점은 6.25 이후 당시의 황량한 문학적 풍토에서 그 나름 현대문학 건설의 일환이라고 할 만한 사실이었다. 곧 우리 문학의 새 세대 등장을 통해 한층 더 높은 질적 도약을 도모한 것이었다. 그 결과 『현대문학』을 통해 능력 있는 시인 작가들이 대거 등장했다. 더 나아가 『현대문학』은 수많은 독자층을 확보, 이 나라 문학 인구의 저변 확대에도 일정 부분 기여를 했다. 그러나 조연현은 『현대문학』이 제 궤도에 올라 그 나름의 여러 성취를 이룩한 시점에 그만 타계하고 만다. 일본 여행 중 향년 61세로 급서(急逝)한 것이었다.

3.

①

작품 이상으로 창조적인 비평도 있는 것이 아닌가, J M 말리의 「기독론」이나 「도스토예프스키론」 같은…… 남에의 관심을 통하여 자신의 철학을 논리화하는 것이 아니라 예술품처럼 형상화하는 그 놀라운 능력! 나도 이런 능력을 갖출 수만 있다면 평론가로서 나는 또 얼마나 영광스러운 창조자가 될 수 있을까.

— 「나와 나의 비평」 부분

조연현은 생전에 자신의 비평관을 천명한 바 있다. 위에 인용한 언술이 그것이다. 비록 짧은 글이지만 이만큼 자신의 비평에 대한 생각을 단적으로 드러낸 경우도 없을 터이다. 조연현은 학창 시절 시를 쓰고 또 그것을 당시 여러 신문에 발표했었다. 주로 학생난이거나 독자난을 통해서였다. 그러다 조연현은 『조광』지에 기성 대우를 받으며 작품을 발표하기도 한다. 그의 술회에 따르자면 1938년도의 일이었다. 그해 『조선일보』 신춘문예에 시를 응모했지만 낙선했다. 그런데 학예부장인 이원조가 낙선한 작품이 아깝다며 『조광』 기성시 난에 발표를 시켜 준 것이었다. 조연현의 이 같은 시인 노릇은 해방과 더불어 끝이 났다. 그것은 좌우 대립의 혼란 속에 본격적인 평론 활동을 시작한 탓이었다. 앞에서 적은 대로 해방 공간에서 구카프계의 조선문학가동맹과 김동리 중심의 청년문학가협회는 민족문학 건설을 두고 치열한 논쟁을 벌였다. 이 시기 문학가동맹은 그들의 '정론문학'이 민족문학이어야 함을 내세웠다. 반면 청년문학가협회는 본령정계로서의 순수문학이 민족문학이 돼야 함을 역설했다. 이러한 논쟁 속에서 조연현은 한 논객으로 누구보다도 날카로운 평필을 휘둘렀다. 여기서 그는 '면도날'이라든가, '대담성'이 넘친다, '명석한 판단과 재빠른 결론'을 내리곤 했다란 평판을 얻기도 했다.

조연현의 저러한 논쟁을 축으로 한 현장비평은 이내 막을 내렸다. 정부 수립과 『문예』지 창간 등에 따른 자연스런 결과였다. 그리고 그 현장비평의 담론들은 얼마 뒤 『문학과 사상』이란 저작물로 정리된 바 있다.

②

어쨌든 과학주의적인 방법에의 의존은 현대비평의 맹목적인 한 경향이고 이러한 경향은 과학적 기능을 그 외형적 형식적인 방법이나 절차만을 흉내 낸 방법적 절차적인 아류들에 의하여 진정한 과학적 작업과는 상관없는 도식화된 지식, 도식화된 방법, 도식화된 비평의 홍수를 만들어 내고 있다. (중략) 학술적인 논문이 비평을 대신하고 도식적인 비평이 문학 현장을 좌우하는 것은 어느 정도는 어쩔 수 없는 일이다. 그러나 그러면 그럴수록 삶의 몸부림으로서의 비평은 더욱 생동하게 자신의 창조적 기능을 발휘해야 될 것이 아닐까.

— 「삶의 몸부림으로서의 비평」 부분(전집 4, p.19)

그동안 조연현의 비평은 창조적 비평으로 불려 왔다. 과연 창조적 비평, 혹은 창조비평이란 무엇인가. 인용한 윗글 ①은 그 같은 물음에 나름의 답을 제시하고 있다. 곧 비평도 예술품처럼 형상화되는 것—그것이 비평의 가장 바람직한 모습이란 언술이 그것이다. 물론 이 같은 비평관은 그 시절 조연현 나름의 독특한 견해였지만 그 연원은 달리 살펴볼 수 있다. 일찍이 학창 시절의 조연현은 오스카 와일드에 매료되었고 니체에 깊이 경도됐었다. 아마도 와일드에게선 그 미문들에, 그리고 니체의 경우는 저 격렬한 도덕적 가치 전도의 생철학에 홀렸을 터이다. 이는 이미 앞에서 살펴본 그대로이다.

윗글 ②에서는 과학주의란 미명 아래 도식화된 비평과 논문 형태의 강단비평을 비판하고 있다. 그 비판의 근거는 이렇다. 비평은 어느 때나 위기의 산물이며 그 위기를 극복하려는 노력의 하나이기도 하다. 따라서 비평은 위기 앞에 선 인간이 탈출구를 모색하는 삶의 한 몸부림이란 것이다. 삶의 몸부림으로서의 비평—이는 궁극에 있어 도식과 개념 위주의 문학을 거부할 마련이다. 대신 삶의 구체적인 발현과 그 창조적 표현이 비평이어야 하는 것. 그가 초기 비평에서 '생리'나 '생명'을 문학의 핵심적 요소로 강조한 사실은 이러한 연유에서일 것이리라. 그의 이러한 태도는 다음 인용 글에서도 확인할 수 있다.

논리가 한 개의 개념이라면 생리한 인간의 현실 그 자체인 것이다. 아무리 현실을 완벽하게 이론화하였더라도 이론은 현실은 아닌 것이다. 그러나 생리는 어느 인간이고 자기의 생리를 벗어날 수 없다는 점에 있어서 생리는 인간의 최초의 그리고 가장 직접적인 현실인 것이다. 그러므로 논리가 모든 문제를 합리적으로 규정할 수 있는 데 반하여 생리는 생명적으로 영위하는 도리밖에 없는 것이다.

—「논리와 생리」 부분

이 글에서 보듯 조연현은 삶의 구체적인 현실을 영위하는 인간의 생리를 중요시하고 강조했다. 결국 문학이 인간의 표현인 한에서 생리는 그 중심적인 요소라는 것이다. 이는 일찍이 김동리가 순수문학론에서 강조한, 개성을 축으로 한 구체적인 생의 구경에 닿아 있는 점이기도 하다.

아무튼 평론가 조연현은 이념문학을 거부하고 삶의 구체적인 생리에 기반한 문학을 옹호했다. 비평 역시 이 같은 문학을 대상으로 한 예술적 형상화를 지향해야 한다고 했다. 곧 비평을 예술 창작의 경지로 끌어올리고자 한 것이다. 이 점에서 그는 우리 문학사에서 누구도 추종키 힘든 창조비평의 선구였다고 할 것이다. 여기서 한 가지 사실을 더 지적하자면 이렇다.

조연현은 범박한 의미의 에세이스트로서도 많은 작품을 남겼다. 이는 본격 비평과는 달리 가장 자기 고백적 성격이 강한 수필 창작으로 나아간 결과였다. 이 역시 개인적 삶의 구체적 표현을 중시한 그의 비평적 자의식의 또 다른 표출이라고 하리라. 실제로 그는 비평이든 수필이든 "내가 인생을 어떻게 체험하고 어떻게 표현했는가"가 문제라고 수필에 대한 생각을 밝히기도 했다. 그의 남겨진 저작 가운데 상당수가 바로 수필집들이었음은 주지의 사실인 것.

4.

평론가 조연현의 가장 두드러진 업적은 우리 근대문학사의 정리라고 할 것이다. 『문예』지 폐간 뒤 조연현은 평소 기획했던 문학사의 관련 자료 수집과 그 체계화에 골몰할 수 있었다. 이 문학사는 1957년부터 『현대문학』지에 제1부가 연재되기 시작했다. 그리고 1961년 단행본으로 출간되었다. 이 『한국현대문학사』는 1969년 제1부와 제2부가 합책되어 출간됨으로써 완성을 보았다. 백철의 『조선신문학사조사』와 함께 이 문학사는 우리 근대문학을 사적(史的)으로 정리한 것으로 그 업적이 높이 평가돼 왔다. 특히 그는 문학사 기술에 있어 방법론에 고심을 거듭한 것으로 알려지고 있다. 그렇다면 그 방법론은 어떤 것이었는가.

우리는 신문학사를 통하여 형식적으로는 신문학의 내력을 이해하지만 실질적으로는 이 반세기에 긍한 우리 민족의 통곡과 비원의 내력을 읽을 수 있어야 한다. 일반 역사가 정치적 내력만을 중심함으로써 정신의 내력을 망각하는 것과 같이 문학사가 문학상의 문제만에 한정되어 그 속에 정신의 역사가 입상(立像)되지 않는다면 정신의 표현인 문학을 문학사가 그릇 해석하고 있는 것이 될 것이다. 그러므로 역사를 과거에 대한 설명이나 '기록'으로서가 아니라 '과거의 정신적 입상'으로서 만들어야 하는 것이 문학사가의 정신이어야 한다.

―「서론. 7. 문학사가의 정신」 부분

다소 인용이 길었지만 윗글에는 조연현의 문학사에 관한 고심이 잘 나타나 있다. 곧 문학사란 지난날의 문학적 사상(事象)들에 관한 단순한 기록이 아니다. 왜냐면 문학은 삶과 그 삶에 내장된 정신의 표현이기 때문이다. 따라서 문학사는 이 같은 문학의 특성을 제대로 해석하고 체계화하는 일에 다름 아닌 것이다. 조연현은 이를 '정신의 입상(立像)'이란 말로 일컫는다. 그러면 정신의 입상이란 무엇인가. 그것은 비평의 창조적 형상화를 언술한 연장선상에서 읽어야 될 터이다. 말하자면 문학사란 형상화된 정신/문학의 선조적인 모습인 것. 이 점에서 일반 역사와 문학사는 확연히 다를 수밖에 없는 것이다.

문학사의 이 같은 특성을 전제로 한 『한국현대문학사』는 과연 어떤 방법론과 기술 내용을 담고 있는 것일까. 조연현은 서론에서 문학사 방법론을 여섯 가지 유형으로 개괄한다. 곧 ① 정치적 사회적 변천 과정에 기초를 두는 방법, ② 문학 자체의 변천 과정에 기초를 두는 방법, ③ 중요 작품 및 중요 작가에 기초를 두는 방법, ④ 문예사조에 기초를 두는 방법, ⑤ 각 분과별 정리, ⑥ 종합적 방법 등이 그것이다. 그러나 조연현이 실제로 적용한 방법론은 ①과 ②의 절충이었다. 이는 문학이 사회적 산물이며 따라서 ①과 ②는 상호 인과관계에 놓여 있다는 입장이었던 것. 그러면서 각 시대별 중요 작가 및 중요 작품들을 개괄하는 방법도 곁들이고 있다.

한편 문학사에서 시대 구분 역시 매우 중요한 문제의 하나다. 그것은 문학 내부의 변모를 기준으로 삼는가, 아니면 정치·사회적 변화를 기준으로 삼는가의 문제이기도 한 때문이다. 더 나아가 현대나 근대라고 할 때의 그 시대 구분의 근거는 무엇인가. 단순히 시대의 선후만을 따지는 문제인가. 아니면 근현대가 내장한 제반 가치의 문제인가. 이런 여러 물음들이 여기에는 함축돼 있는 것이다. 그러나 잘 알려져 있듯 우리의 근대는 특정 시기로 확정하기 어려운 문제가 있다. 그만큼 우리 근대의 역사 전개가 심한 굴곡/왜곡을 보였던 탓이다. 곧 서구와 달리 우리 근대사는 균형과 정상적 상궤를 벗어난 기형성과 불균형으로 얼룩져 있는 것. 따라서 지금까지도 근대와 그 기점 문제는 다양한 논란이 거듭되고 있다.

조연현의 『한국현대문학사』는 근대 기점을 갑오개혁으로 잡고 있다. 그러면서 대략 10년 단위로 시대를 구분했다. 곧 개화기, 1920년대, 1930년대로 시대 구분을 한 것이 그것이다. 이 연대기적 시대 구분은 문학사 서술 당시를 고려하면 불가피했을 수밖에 없을 터이다. 그만큼 반세기 남짓의 일천한 시간 속에 축적된 문학적 자산들을 정리해야 했던 탓이리라.

어느 때나 길이 없는 길을 가는 일은 지난한 행정(行程)이다. 조연현의 문학사 작업이 바로 그러했다. 사실 그 무렵의 문학사 정리란 황무한 땅에 없던 길을 내는 작업이었기 때문이다. 언제 어디서나 선구란 늘 그래 왔던 것. 조연현이 저 심혈을 기울여 문세(問世)한 『한국현대문학사』는 그 선구적 위상만으로도 우리 문학사에서 단연 크고 높은 한 봉우리이리라.

5.

5.1. 글의 끝자리에 일화 세 편만 말해 보자. 이는 물론 필자 나름의 경험을 바탕으로 한 것이기도 하다. 1970년대 초 어느 날이던가. 선생님을 댁에서 뵈었을 때였다. 여느 때와 달리 말씀 끝머리에 이런 얘기를 하셨다.

"홍 군, 자네는 내 보기엔 평생 무난하겠네. 그냥 월급쟁이면 월급쟁이로 열심히 살게나. 상(相)이 그렇다."

"아, 예 알겠습니다."

나는 얼결에 이렇게 대답했다. 그리곤 이내 당황하고 말았다. 무난하다니? 난데없이 이 무슨 말씀이시지. 나는 종래 떨떠름한 기분이었다.

선생님의 이 말씀이 실은 내 관상을 봐 주신 것임을 나는 한참 뒤에야 알았다. 그것도 선생님과 가까운 분의 귀띔을 듣고 나서였다. 그분 말로는 선생님이 꽤는 관상에 밝으신 분이란 것이었다. 두루 알려지진 않았지만 주변의 알 만한 이들은 다 아는 사실이랬다. 아, 그랬었구나.

선생님 자신도 이러한 사실을 기록으로 남기셨다. "이 무렵 나는 김성욱(金聖旭) 형과 곧잘 관상쟁이를 찾아다녔다. 모든 현대인이 미신이라고 경멸하는 관상술을 내가 믿는 때문은 결코 아니었다. 그런 말을 그대로 믿을 만치, 나는 순진하지도 무식하지도 않다. 내가 관상에 흥미를 느낀 것은 이 방면에 지식이 많은 김성욱 형의 이야기를, 만나면 듣곤 한 때문이었는지도 모른다."(전집 1, p.314.) 이 같은 계기 탓에 선생님은 당시 내로라하던 김경운, 백운학, 백영제 등을 매일 찾아다녔다고 한다. 끝내는 백운학, 백영제 등과는 친구처럼 지내게 됐다. 선생님은 또 이들이 관상 보는 걸 옆에 앉아 종일 지켜보기도 했다. 『문예』가 폐간된 뒤 일정한 직장 없이 지내던 시절의 일이었다고 한다.

이런 연유로 관상에 일가견을 지닌 선생님의 저 말씀을 지금도 나는 생생히 기억한다. 선생님 말씀대로 직장 생활은 내 나름 무사히 마무리 지었다. 그리고 이제는 저 당나라 시인 위응물(韋應物)의 시 "산공송자락(山空松子落, 빈산에 솔방울 떨어지니) 유인응미면(幽人應未眠, 숨어 사는 이 응당 잠 못 들 것을)"에 나오는 유인이 되어 살고 있지 아니한가.

5.2. 생전 선생님은 바둑을 너무 즐기셨다. 집이나 사무실—당신이 머무는 장소엔 반드시 바둑판이 있었고 늘 지인들과 바둑을 두셨다. 심지어는 학교 교수 휴게실에서 바둑에 열중, 강의를 놓치는 일도 있었다고 한다. 내가 이따금 뵐 때마다 선생님은 어김없이 바둑을 두고 계셨다. 주로 이석, 김윤성 시인이 대국자였.

그런데 이 바둑 취미가 당신의 유일한 도락이란 걸 내가 안 것은 한참 뒤의 일이었다. 선생님은 생전에 술 한 모금을 입가에 대지 않으셨다. 젊은 시절 폐를 다쳤고 늘 허약한 체질이어서 술을 전혀 할 수 없었다고 한다. 문인들 대부분이 술 탓에 병을 얻기도, 때론 단명하기도 한 우리 문학 동네의 예로 보자면 매우 이례적인 일이 아닐 수 없다.

암튼 선생님의 바둑 애호는 생전에 널리 알려진 일이었다. 일본 여행 중 급서하신 뒤 매장으로 모실 때 『현대문학』지와 바둑돌을 부장(副葬)으로 넣어 드렸던 일은 아직까지 선명한 기억으로 소환된다. 선생님은 지금도 저 극락 어느 곳에선가 생시 그대로 바둑을 즐겨 두고 계신 것은 아닌지. 생각하면 수수롭기만 하다.

5.3. 이 글 앞부분에서 언급한 대로 선생님은 평생 편집인으로 또 대학 교수로 일관해 사셨다. 특히 편집인으로 일하면서 당신은 많은 사달을 겪어야 했다. 과거 6.25 전쟁 통에 겪은 일은 널리 알려져 있다. 그 당시 선생님은 북한군의 급작스런 서울 점령에 미처 피난을 하지 못했다. 이른바 도강 못 한 잔류파가 되어 국군의 서울 수복 때까지 숨어 사는 고초를 겪어야 했던 것이다. 그런데 정작 위험에 든 것은 국군이 진주해 왔을 때였다. 적 치하에서 그동안 피신해 숨어 살던 동네에서의 일이었다. 동네 사람들이 선생님을 북한군 낙오병으로 오인해 군에 고발했던 것. 그래서 당신은 신분을 밝힐 유일한 물품으로, 마침 소지하고 있던 『문예』 6월호를 보여 줬다. 거기엔 백영수 화백이 그린 당신의 초상화가 실려 있었다. 선생님은 군인들에게 그 초상화를 보이고 그간의 숨어 지내야 했던 사정을 얘기했다. 다행히 군 장교가 선생님을 알아보았다.

"조 선생님이세요. 저도 압니다. 제가 신문 배달을 할 때 선생님 댁에 신문을 넣었습니다. 연건동에 사셨지요?"

군 장교는 이렇게 말하고 신변 경호병까지 배치해 주었다고 한다. 생사 갈림길에서 『문예』의 덕을 톡톡히 봤던 것이다. 이는 생전 선생님이 왜 편집인으로 남다른 자긍심을 갖게 됐는지를 일러 주는 또 하나의 일화일 터이다.

기억의 소환과 생명의 리듬
— 전봉건의 시와 삶

1.

　범박하게 말해 전봉건의 시 세계는 두 기둥이 떠받치고 있다. 하나는 폭력에 관한 깊은 성찰이고 다른 하나는 '생명의 리듬'인 에로스의 천착이 그것이다. 전봉건 시의 폭력 성찰은 이미 잘 알려진 그대로다. 그는 6.25 전쟁에 사병으로 참전했다. 전쟁도 폭력의 양상만으로 치자면 집단 폭력이다. 그것도 국가 간의 인적·물적 자원을 쏟아붓는 폭력 행위다. 이 같은 폭력 앞에 개인은 무참히 침탈될 마련이다. 곧 역사의 수레바퀴 밑에 참혹하게 깔리고 일방적인 희생물이 되는 것이다. 전봉건은, 그의 회고에 따르자면, 23세 되던 1950년 12월 징집돼 입대했다. 그리고 이듬해 중동부 전선에서 부상을 당하고 제대한다. 이 개인적 체험은 커다란 정신적 외상(外傷)으로 남는다. 그의 시적 역려(逆旅) 40여 년 동안 이 체험은 기억의 소환 형식으로 끊임없이 얘기된다. 말하자면 평생 지울 수 없는 정신적 외상으로 덧나곤 했던 것이다. 후년 돌밭을 헤맬 때에도 이 전쟁 체험은 불쑥불쑥 나타나곤 했지 않던가. 그만큼 깊고 어둡게 6.25는 그의 내면에 드리워져 있었던 것이다.

　그러면 과연 그에게 6.25는 어떤 무엇이었는가. 참전에서 막 돌아온 직후 그는 겪고 보았던 전장에 대한 기록들을 제시한다. 그것도 상황의 세부를 잘 그려 낸 전쟁시들을 써 보여 준 것이다. 이를테면 「그리고 오른쪽 눈을 감았다」, 「장난」, 「BISCUTIS」, 「0157584」 등등 1950년 전후(戰後)의 작품들이 그것이다. 이들 일련의 시편들은 당시 시 동네 트렌드로 보면 가히 혁명적이었을 터이다. 우선 시 속에 거침없는 전쟁 용어나 외래어의 과감한 도입, 사용이 획기적이었던 것이다. 그런 가 하면 주정적 태도 없는, 그러면서 디테일을 잘 살린 전장의 정황 제시도 한몫했을 터이다. 이 같은 시적 스타일 등장은 충격적인 전쟁 체험을 과거 낡은 시의 틀로는 담아낼 수 없었던 탓이었다. 특히 그는 당시의 전쟁을 두 개의 사물, 곧 'JET, DDT'로 압축해 제시하기도 했다. 그 무렵 하늘을 무시로 누빈 비행기와 박래품인 쾌는 낯선 소독약을 통해 6.25의 핵심을 간파했던 것이다.

일의 이치대로 인간은 어떤 대상의 핵심을 짚고 또 그것을 추상화하는 일에 매달린다. 이는 그 대상이나 세계가 뜻하는 바 의미란 무엇인가를 묻는 첫 단계이다. 곧 인간의 지적 욕구가 작동하기 시작하는 것이다. 여기서부터 인간은 앎에 대한 성찰을 꾀해 나간다. 전봉건 역시 6.25의 상처가 깊으면 깊은 만큼 그 전쟁의 의미가 무엇인가를 두고두고 캐물었을 마련이었다. 그는 만년에 이르러 연작시 「6.25」를 통해 이 전쟁의 의미가, 그것도 자신에게 있어 무슨 뜻을 갖는가를 두루 성찰한다. 더 나아가 그는 과연 폭력이란 게 인간에게 어떤 무엇인가를 묻는다. 말하자면 폭력의 일반적이고 보편적인 의미까지를 살펴봤던 것이다.

"선생님 마카로니 웨스턴 연작을 쓰시더군요."

"그게 결국 폭력이란 어떤 것인가를 살펴보고 싶어 쓰는 거요."

지난 1970년대 초 어느 날 나는 현대시학사를 찾았다. 그 무렵 사무실은 서대문 뒷골목 끝자락 목조건물 2층에 있었다. 나는 예의 삐걱거리는 나무 계단을 걸어 올라갔다. 마침 전봉건 선생은 교정지를 앞에 두고 그린 듯 앉아 있었다. 간단한 인사말 끝에 나는 이런 작품 얘기를 꺼냈다. 선생은 입가에 알릴락 말락 웃음을 문 채 덤덤히 대꾸했다. 폭력이라. 당시는 유신 체제가 막 들어서던 시기였다. 그 체제의 폭력성을 선생은 그 무렵 갓 수입돼 상영되던 서부극의 정황에 빗대고 싶었던 것이었을까.[1] 과묵한 성품대로 선생은 그날 그 이상의 설명이 없었다. 이처럼 전봉

---

[1] 이 글 작성의 저본은 남진우 편, 『전봉건시전집』(문학동네, 2008)이다. 여기서 한 가지 밝혀 둘 사실은 오자에 관한 것. 작품 「또다시 마카로니 웨스턴」에서 '악당'이 모두 '악의'로 표기돼 있다. 악의는 모두 악당으로

건의 폭력에 관한 성찰은 6.25에서 정치적·사회적 폭력에까지 이르렀던 것.

  나라 간의 전쟁이든 정치적 억압이든 폭력의 근본 성격엔 변함이 없을 터이다. 갖가지 물리적 힘에 의한 폭력은 개인이나 뭇 사상(事象)들의 훼손 내지 말살인 것이다. 이를테면 "두레박줄은 끊어지기 위해서 있고/손은 짓이겨지기 위해서 있고/눈은 감겨지기 위해" 존재한다는 사실이 그것이다(「다시 마카로니 웨스턴」). 그랬다. 폭력이란 뭇 사상들을 상처 입히고 절멸에 이르도록 한다. 그가 하세하기 전까지 썼던 연작시 「6.25」에는 죽음과 살육, 동무로 불리는 기존 사회체제의 해체, 그 와중에서도 변함없는 인간애 등등 전쟁의 실상이 적나라하게 드러나 있다. 말하자면 30여 년 한 세대를 건너뛰어 전쟁의 참상을 여과 없이 보여 준 것이다. 기억의 소환 형식이어서 그 기억은 일정 정도 가공을 거쳤을 수도 있다. 그러나 워낙 충격적인 전쟁 경험이어서일까. 그 가공은 크지 않았을 수 있다. 기억이 살과 피, 그리고 어둠 등에 고착된 탓이다. 고착된 기억은 연작시 전반을 지배하는 이미지로 곳곳에서 확인되고 있다.

2.

  이듬해 1946년 여름 어느 날 이른 새벽 짙은 안개 낀 청천강 하구를 소리 없이 빠져나가는 작은 목선, 숨 막히는 선창 바닥에 나는 쭈그리고 앉아 있었다. 배는 무사히 바다로 나가더니 뱃머리를 남으로 잡았다.

—「외골쑤 못된 넋두리」에서

  인용한 글에서 보듯, 전봉건은 광복 이듬해인 1946년 월남해 왔다. 그 전후 일을 그의 회고담을 통해 알아보자. 뱃길을 통해 감행한 그의 월남길이 순탄한 것만은 아니었다. 해상에서 월남민들은 폭풍을 만나 고생한다. 열아홉의 전봉건 역시 힘든 항행을 하기는 마찬가지였다. 특히 릴케 시집 『과수원』을 버린 얘기는 인상

바로잡아야 옳다.

적이다. 그의 손위 형 전봉래는 일본 동경 아테네 프랑스 유학생이었다. 그는 동생에게 평생 고황(膏肓)에 든 문학병을 옮겨 준 장본인이었다. 학업을 도외시하다시피 하며 전봉건이 탐독한 각종 문학서들은 모두 그의 것이었다. 오죽하면 월남길에서도 전봉건은 릴케의 시집을 품 안에 간직해야 했을까. 그런데 그 시집은 뱃길에서 만난 폭풍우 탓에 깨진 계란을 뒤집어썼고 결국 못쓰게 돼 버렸다고 한다. 그래 그는 "못쓰게 된 『과수원』을 거짓말처럼 잔잔하게 가라앉은 바다의 짙은 감청빛으로 묻어 주"었던 것이다.

그러면 이 같은 월남행은 전봉건에게 무엇이었을까. 그것은 6.25 뒤 '민족의 재편성'이라고 불린 숱한 월남민, 곧 실향민으로 정착해 사는 일이었다. 시집 『북의 고향』은 그 삶의 절절한 기록으로 읽힌다. 과연 남으로 와 실향민으로 사는 삶은 어떤 것일까. 그것은 꿈에서나 고향을 찾고 혈육을 만나는 삶이다. 그 시절 실향민에게 꿈이란 분단 현실을 건너뛸 수 있는 유일한 통로였다. 그 통로를 통해서만 실향민들은 고향집을 찾고 두고 온 제 조상을 만날 수 있었다.

그러면 고향집, 혹은 고향이란 공간은 어떤 무엇인가. 물론 고향이란 근대에 들어와 기획된 공간 개념이란 설명도 있다. 하지만 작품 「국어사전」에서 전봉건은 그 공간을 '제가 나서 자란 곳'만이 아닌 '제 조상이 오래 누려 살던 곳'이라고 썼다. 그러하기에 고향을 찾는 일은 조상/제 뿌리를 찾고 확인하는 일이 되기도 하는 것이다.

오늘
아버님을 뵈러
경기도 양주군 진접면 장현리
산소엘 갔더니
아버님은 안 계시고
무덤만 텅 비어 있더군요
지난밤 꿈속에서

> 아버님께서는 거러기 비낀
> 달빛 받아 술을 빚으시더니
> 그걸 들으시고
> **훨훨**
> 날아
> 평안남도 안주군 동면 오학리
> 선산 조상님들 뵈러
> 떠나셨나 봅니다.
>
> ―「성묘」 부분

    인용한 작품은 앞에서 말한 고향의 의미를 단적으로 드러낸다. 곧 고향이란 제가 태어나 자란 곳, 조상이 오래 누려 살던 곳임을 곧바로 드러내고 있는 것. 아마 실향민들은 누구나 분단이 고착화하고 장기화될 것으로 예상치 못했을 것이다. 전봉건 역시 월남과 6.25를 거치며 분단이 고착화, 장기화되리라고는 생각지 못했다. 그러나 분단은 북의 고향을 집중적으로 노래한 시점까지만 해도 삼십 년간 지속됐다. 그 시간은 "풀숲에 숨은 단단한 쇠가시"로 상징되는 소통 불가능의 것이었다. 결국 분단은 개인에겐 쉽게 뛰어넘을 수 없는 벽이었던 것이다. 따라서 실향민들에게 통일이란 월남 이전, 분단 이전의 원상회복 외에 다른 무엇일 수가 없었다. 잘 알려진 대로 통일 논의가 분단 장기화에 따라 기능주의로 변질된 것은 그 뒷날 이야기다.

    암튼 전봉건 역시 시집 『북의 고향』에서 꿈을 줄기차게 말한다. 그것만이 분단을 뛰어넘어 고향에 닿는 유일한 길이자 통로였기 때문이다.[2] 조상들을 만나고 그 옛날 산천을 둘러보는 일은 오로지 꿈을 통해서만 가능한 일이었다. 그도 아니면 죽어서나 가닿을 수 있는 공간으로 고향은 변질될 마련이었다. 전봉건의 이 시집

---

[2] 이 점과 관련해 전봉건의 새에 관한 시적 관심이 남달랐던 사실도 흥미롭다. '쇠가시'로 상징되는 분단의 벽을 넘나들 수 있는 유일한 존재가 바로 새들이었기 때문일 것이다.

은 6.25를 노래한 또 다른 탁월한 성취로 평가해도 될 것이다. 나는 이 시집을 6.25의 참상과 그 의미를 방향과 관점을 달리해 형상화한 것으로 읽고 있다. 또 연작시 「6.25」가 보다 집단 기억의 소환이라면 이 『북의 고향』은 사적이고 개인적 기억의 세계라고 읽어도 좋을 터이다.

3.

언어는 존재인가 의미인가. 한 시기 전봉건은 "보통 인간의 언어가 의미하는 어떤 의미도 지니고 있지 아니한 언어"를 지향한 적이 있었다. 그 자신의 언급대로 1959년부터 1966년까지의 일이다. 이 무렵 그는 연작시 「속의 바다」를 집중적으로 썼다. 특히 13번은 언어 표현의 절대적 갱신까지 의도한 바 있다고 했다. 그러면 언어 표현의 절대적 갱신이란 무엇인가. 그의 말을 더 따라가 보자. 그는 시적 언어란 "의미하지 않는 언어로 시작하고 끝나는 것"이라고 했다.[3] 그러면서 이 언어는 그 촉수를 가지고 나름의 꿈, 비전, 이미지를 찾는다고도 했다. 그러나 이 같은 언어가 과연 존재할 것인가. 저 사르트르식으로 말하자면 사물언어일 터인데 실제로 가능할 일인가. 흔히 그 같은 언어의 예를 우리는 초현실주의의 언어 사용에서 찾고자 했다. 자동기술이나 백일몽, 이어 쓰기 게임 등등의 기법이 그것이다.[4] 이를 내 식대로 설명하자면 이렇다. 곧 기존 언어 사용에서 의미의 두 영역인 외연과 내포를 완벽하게 파괴하는 방식이다. 그 결과는 언어 간의 폭력적 결합이나 우연성만의 문맥으로 나타날 것이다. 기존 의미의 간섭 없이, 아니 합리성의 간섭 없이 말들이 우연에 기대어 사용되는 것이다. 마치 비유에서 고도의 텐션을 위해 기존 의미 영역이 엄청나게 파괴되는 현상과 같다고나 할까.

암튼 이러한 언어 사용은 그러나 실제에서는 이론처럼 가능하지 않다. 여러 가지 전위적 실험이 그동안 시도됐지만 그 성공은 드물었다. 그 무렵 누구보다 명민

---

[3] 전봉건·이승훈, 『대담시론』, 문학선, 2011, pp.36-37.
[4] 전봉건은 뒷날 회고에서 초현실주의에 경도된 것은 사실이나 주로 기법에 관한 것이었다고 했다. 사상적인 것, 내용적인 것에는 관심이 적었다고 술회했다. 「메모—나의 시, 나의 시론」.

했던 전봉건은 이내 이런 사실들을 깨닫는다. 그래서 "의미하지 않는 언어에서 물러나 다시 의미하는 언어에로 전진(轉進)해" 간 것이다. 연작시 「속의 바다 22」는 이 전환의 본보기를 보여 준 작품이었다. 왜 시작의 방향을 그는 바꿔 나가야 했을까. 그 뒷사정은 이렇다. 앙리 미쇼를 알고 난 뒤 전봉건은 나름의 고민에 빠졌다. 잘 알려진 대로 앙리 미쇼는 초현실주의 시를 썼다. 그런데 그는 여느 시인들과 달리 독특한 시작 방법을 구사했던 것. 그는 시작을 하기 위해 메스칼린이란 환각제를 복용했다. 그리고 환각 상태에 들어 작품을 만들었던 것이다. 그 결과 그는 아무것도 의미하지 않는 언어를 구사할 수 있었으리라.

"이게 미쇼 작품이라고. 난 실망인데······."

1980년대 초 무렵이었을 것이다. 내가 시 몇 편을 번역해서 가져갔을 때 선생의 반응은 남달랐다. 여느 때와 달리 원고를 몇 번이고 들여다봤다. 그리곤 혼자 말처럼 나직하니 말씀을 건넸다. 그 작품은 앙리 미쇼의 작품이긴 하되 영어로 번역된 것을 옮겨 본 것이었다. 「왕과 나」란 작품이었다.

전봉건은 1950년대 우리 모더니즘 시의 앞줄에 섰었다. 연작시 「속의 바다」와 장시 「춘향연가」를 통해 그는 의미하지 않는 언어를 선보이고자 했다. 이들 작품을 통해 그는 내면의식 속에 파편/파도처럼 떠도는 이미지들을 보여 주었던 것이다.[5] 기존 의미의 간섭이나 문맥의 합리성을 극력 도외시하고자 한 시적 노력을 통해서였다. 그 노력은 진술의 심한 반복, 짧은 구문과 툭툭 끊어지는 문장의 병치 등으로 지금도 읽힌다. 그런 전위적 실험에 몰두하던 그가 앙리 미쇼를 만나 감당키 힘든 충격을 받았던 것이다. 결국 시의 전위를 위해 환각제 복용도 불사했던 미쇼-전봉건은 여기서 자신의 한계를 절감할 마련이었다. 말로나 손쉽게 떠들고 선언으로나 거창하게 내건 전위, 혹은 시적 실험을 그는 결코 용인할 수 없었다. 미쇼처럼 자신의 모든 것을 걸(賭) 수 없다면 과감하게 뒤돌아서는 게 되레 마땅했던 것이다. 그것이 시인의 양심이고 성실성이던 것이었다.

---

[5] 연작시 「속의 바다」의 '바다'는 그 말 그대로 내면 무의식 세계라고 해야 할 터이다. 1960년대 우리 시의 주요 이미지인 바다는 흔히 내면의 무의식 세계를 상징하는 것으로 알려져 있다.

그가 김수영과 치열하게 벌인 「사기론」 논쟁도 따지고 보면 이 양심의 문제였다. 일련의 시평을 통한 김수영의 언술은 자신이 말한 바와 실제 그의 작품들이 상호 모순 관계에 있다, 더 나아가 그가 말하는 현실 참여도 시인과 시가 혼연일체가 돼야 하는데 사실은 그렇지 못하다는 것이었다. 이는 전봉건이 보기에 말과 실제가 어긋난 모순이자 사기처럼 보인다는 것이었다. 말하자면 시인의 양심, 혹은 성실성에 반하는 것일 수밖에 없다는 주장이었다.

4.

왜 에로스인가. 갓 스물을 넘긴 나이에 참전했던 6.25는 전봉건에게 평생 치유하기 힘든 정신적 외상이었다. 그에게 이 전쟁은 죽음과 피와 어둠으로만 상징되는 비극이었다. 그의 시 전편에 걸쳐 이들 이미지는 반복해 깔려 있다. 그리고 이들 전쟁의 기억을 털고 치유할 수 있는 방법론적 기제가 그에게 있었다. 바로 에로스였다. 그래서 그의 시에는 여자, 살, 밝음이 전쟁 못지않게 도처에 등장한다. 어쩌면 이는 전봉건에게 '생의 찬가'와 같은 것이기도 했으리라. 그는 이승훈과의 대담에서 본격적인 에로스론을 피력했다. 곧 에로스는 "생명의 리듬이다, 생명의 실상을 그대로 보려는 노력이다"라고 주장했다. 실제로 그는 에로스의 본보기를 장시 「춘향연가」를 통해 보여 준다. 이 작품에서 전봉건은 춘향을 기존 관점들과 달리 에로스의 상징이자 그 전형으로 그려 낸 것이다. 말하자면 옥 속에 갇힌 춘향의 꿈과 욕망을 통해 생명의 충일한 상태, 아니 '생명 본능의 이유와 가치의 최정점'을 보여 준 것이다.

이 작품과 달리 다음의 짧은 시도 한번 읽어 보자.

해가 있습니다. 구름이 있습니다. 하늘이 있습니다. 강이 있습니다. 강기슭에는 모래밭이 있습니다, 모래밭에는 여자의 팬티가 있습니다. 여자는 없습니다.

뜨거운 햇살에 짓눌린 강이 거품을 물고 크게 잘게 흔들리는 뒤틀리는 왼 몸뚱어리에

짙푸른 땀을 흘리고 있습니다.

이윽고 황새 긴 모가지가 그 땀방울 하나를 물고 구름 해 지나더니 하늘 아득히 곤두박였습니다.

—「여름」 전문

인용한 시를 나는 두 가지로 읽는다. 우선은 여름날 강변을 그린 서경시로, 다른 하나는 자연/강을 여성적 에로스의 실체처럼 상상한 시로 읽는 것이다. 1연은 카메라의 줌인 효과를 잘 살려 보여 준다. 화자의 시선이 하늘에서 강변으로 서서히 이동하는 형식이 그것이다. 그것도 특정 대상을 끌어당겨 확대해 보여 주는 줌인 형식을 통해 효과를 낸다. 2연은 이 작품의 초점에 해당한다. 강변 모래밭에 팬티를 벗어 놓은 여인, 그녀는 종적이 없다. 그러나 실은 그녀가 다름 아닌 강물임을 화자는 육감적인 묘사를 통해 보여 준다. 그 강물/여인은 생명의 리듬을 역동적으로 드러낸다. 그 역동적 리듬 탓에 우리는 강물을 여인으로 읽는 것이다. 그렇듯이 여기서 강물은 에로스의 한 본보기다. 아마도 불교식 어법대로 하자면 무정물이 에로스를 설법하는 형국인 것이다. 뿐만이 아니다. 여름 역시 뭇 생명들이 가장 충일한 상태를 보여 주는 때 아닌가.

이처럼 전봉건의 시에는 여성성을 내장한 뭇 자연물들이 에로스의 기표로 등장한다. 그것이 돌이든 강물이든 항아리든 모든 무정물들이 동원되고 있는 것이다. 특히 이들은 생산을 전제로 한 성애의 분위기나 정황을 보여 줄 때 더욱 이채롭기까지 하다. 이는 에로스가 생명의 리듬이긴 하되, 일차적으로 성애적 충동임을 뜻하는 일이기도 한 것.

전봉건은 나이 사십 무렵부터 평생 지병이었던 당뇨로 고생했다. 그는 찻집에서나 동행한 식사 자리에서나 당뇨에 대한 각별한 조심성을 보였다. 예컨대 고기류나 차 종류도 꼭 가려서 들고는 했던 것이다. 그가 탐석을 위해 단양, 충주, 여주 일원의 돌밭을 찾았던 일도 그랬다. 새벽 청량리역에서 출발한 탐석 기행은 온종일 돌밭을 누비는 강행군이었다고 한다. 그 같은 활동량은 결과적으로 자신의 혈당을 많이 낮춰 주었다고 했다. 당시 지방대학에서 일하는 나에게도 선생은 탐석 기행에 끼기를 권했었다.

"새벽부터 밤늦게까지 일정이라 무척 힘들어. 그래도 난 당뇨가 완치된 것 같애. 홍 형도 한번 끼어 봐."

"다행이시네요. 신선한 공기에 운동을 많이 하신 덕인가 봅니다."

"거기다 스트레스도 다 돌밭에서 날리고 오는 거지."

선생은 입가에 웃음을 물고 아주 득의한 말투로 저간의 사정을 설명했다. 특히 건강을 어떻게 되찾게 됐는지를 돌밭 얘기를 겸해 들려주었다. 결국 그의 탐석은 지병을 치유하기 위한 셈이었다. 하지만 나는 끝내 그 탐석 기행에 끼지를 못했다. 일터에서 매주 서울 오르내리기도 꽤나 벅찼던 탓이었다.

전봉건은 이 탐석에 얽힌 많은 얘기를 연작시 「돌」에 담았다. 1980년대 초였다. 그는 돌밭에서 1951년 도강작전에서 죽은 전우를 만나기도 하고 돌멩이를 들고 싸운 동학군을 만나기도 했다. 뿐만이 아니었다. 돌 속에서 치의(緇衣) 행색의 스님을 만나기도, 또 일곱 색의 큰 새를, 혹은 돌올한 남근(男根)을 보기도 한다. 굳이 말하자면 돌 속에서 삼라(森羅)의 뭇 사상(事象)들을 찾아내고 완상했던 것이다. 마치 하늘의 섭리가 자연계 가운데 그대로 실현돼 있다는 유교식 사물관(事物觀)처럼 말이다.

그는 20년 가까운 탐석에서 이처럼 많은 무늬의 돌을, 또 탐석 과정의 여러 에피소드 등을 연작시로 기록한 것이다. 내가 읽기에 그 기록들은 단순화하자면 역시 6.25와 에로스 두 축의 기록에 포함된다. 작품 도처에 6.25의 기억이 소환되고 또 삶의 원초적 리듬들이 살아 있기 때문이다. 끝으로 우리는 다음 시편을 천천히 읽어도 좋을 터이다.

　　살은 모래로 보내고 피는 물로 보내고
　　그리고 넋은 하늘로 보낼 수가 있다면
　　아마도 나는 먼 훗날 작은 하나의 돌이 되어

다시 이 하늘 아래 모래와 물 결으로
돌아올 것이다.

그때는 곱디고운 꽃빛 소리 스스로 자아내는
하늘 살갗의 돌이 되어 돌아올 것이다.

—「돌 55」전문

시인 전봉건은 1988년 서울대 병원에서 지병 악화로 하세한다. 지금 그는 어느 돌밭에 다시 돌아와 있을까. 아니 사람들 마음밭에 "하늘 살갗"의 찬란한 시로 돌아와 있는 것일까.

탐미와 풍자의 시학
—김영태 시의 한 독법

　시인 김영태(金榮泰, 1936-2007)의 생전 면모는 다양했다. 정규 미술교육을 받은 화가였고 시인이었고 음악과 무용 평을 쓴 평론가였다. 그런가 하면 희곡을 써 무대에 올렸다고도 한다. 그의 자전 격인 작품 「느리고 무겁게 그리고 우울하게」에 따르자면 그렇다. 그는 이처럼 예술의 여러 장르를 횡단하며 작품 활동을 전개했다. 과연 이러한 혼종 갈래의 횡단은 무슨 의미를 띠는가, 어떤 예술적 성취를 이뤘는가, 지금도 우리는 이런 물음 앞에 설 수 있다. 그러나 이 물음들을 감당할 만한 자리에 나는 서 있지 못하다. 그것은 개인적 능력 부족 탓일 수밖에 없다. 회화와 음악, 그리고 무용에 관한 한 나는 면무식에도 이르지 못한 문외한이기 때문이다. 다만 이 자리에서는 시인으로서의 김영태를 다시 읽고 그의 시적 성취를 짚어 보는 게 고작일 것 같다.

　그러면 왜 다종의 예술 장르를 횡단해 가며 시작 활동을 했던 것일까. 일찍이 김영태는 '문화인'이란 말을 즐겨 썼다. 그가 의도한 문화인은 단순히 인문적 교양을 갖춘 사람을 뜻한 것일까. 아니면 예술 각 영역을 두루 꿰뚫고 있는 또 다른 인물형일까. 나로서는 후자에 가까운 뜻으로 이해한다. 그것은 그의 작품 전반을 통독할 때 일련의 시적 대상이 회화나 음악, 그도 아니면 무용, 연극 등의 작품이거나 그로부터 비롯된 교양 체험들이기 때문이다. 이 점에서 그는 다종의 예술 영역을 아우른 예술지상주의자 내지는 명상적 심미주의자라고 할 만하다. 그의 말 그대로는 '문화인'이라 할 만하다. 특히 그는 속악한 현실에 대한 좌절과 실망을 경험하면서 그 대척적인 보상을 앞에서 말한 예술 세계에서만 구하고자 했다. 이는 19세기 말 서구의 보헤미안이나 댄디즘에 견줄 만한 김영태의 기품이라 할 만하다. 두루 알려진 대로 보헤미안들은 예술을 고유한 별도의 공간/세계로 이해하고 그 세계에서는 일상적 가치나 삶을 무의미한 속류의 것으로 여겼다. 그런가 하면 부르주아 생활 방식을 거부하며 거기서의 좌절을 예술의 창조 활동을 통해 극복하고 보상받고자 했다. 이러한 그들의 삶의 태도와 김영태의 정신적 지향은 서로 일맥상통한다. 실제로 그는 선배 시인 가운데 우리 시대의 보헤미안이라고 불린 김종삼이나 박용래에게서 말할 수 없는 정신적 근친성을 느꼈다고 한다. 김종삼에게서는 내용 없는 아름다움을, 박용래로부터는 '나이 50에 날 샌' 동류의식을 품었던 것이다. 그의 시편들에서 공공연히 읽히는 이 같은 사실은 실은 그가 이들에게서 정신적 친연성 내지 동류의식뿐만 아니라 자기 자신을 발견한 행위이기도 하다.

1.

김영태의 시는 두 개의 기둥으로 떠받쳐져 있다. 하나는 분위기의 시학이라고 할 묘사를 축으로 한 기둥이고 다른 하나는 자기 풍자의 기둥이다. 이 둘 가운데 우선 분위기의 시학을 살펴보자. 두루 알려진 대로 이미지란 단순히 영상이나 정보만을 제시하지 않는다. 그 정보나 영상에서 환기되는 정서 혹은 분위기 또한 일깨운다. 특히 시각적 이미지인 경우 이 같은 몫은 더 강화된다. 그래서 우리는 일련의 회화적 묘사시들이 영상과 분위기들을 함께 제공하는 것을 알고 있다. 김영태 상당수의 작품들 역시 분위기와 영상을 보여 준다. 그 영상들은 대체로 밝고 윤곽 분명한 것들이 아니다. 그가 그림으로 보여 준 "걸어 다니는 피아노"나 "토슈즈", "반동강이 허리 곡선"들처럼 그의 시에 등장하는 영상들 역시 온전한 풍경이나 대상 전부를 그리지는 않는다. 풍경의 극히 일부거나 별로 눈에 안 띄는 허드레 사물, "잡동사니"들을 보여 준다. 그러면서 이들을 통해 쓸쓸하고 파세틱한 분위기들을 읽는 이들에게 제공한다. 널리 알려진 다음 시를 읽어 보자.

> 풀밭은
> 그 뒤에 있다
> 말뚝이 하나 매어져 있었다
> 말뚝 아래 아무것도 없는
> 魂이 나간 듯한
> 꽃이
> 하나, 그 뒤에 어느
> 것도 音樂은 만지어지지 않았다
>
> ―「非具象」전문

비구상이란 제목에 걸맞게 이 작품은 일정한 관념이나 정보가 없다. 일종의 추상화라고나 할 분위기 내지 정서를 전달할 뿐이다. 말뚝 하나 덩그러니 "매어져" 있는 풀밭, 그리고 이름 없는 꽃 한 송이―굳이 구상화로 옮기자면 이런 그림일 터이다. 이 그림에서 우리는 막막한 공허감이나 쓸쓸한 분위기를 감지한다. 특히 마지막 두 행, 곧 "그 뒤에 어느/것도 音樂은 만지어지지 않았다"라는 진술에서 우리는 음악을 들을 때의 울림이나 감동이 없는 삭막함을 감지한다.

이상의 예에서 보듯 김영태의 시들은 분위기와 정서의 환기를 노림수로 삼고 있다. 그 분위기와 정서도 초기 시에서는 김종삼의 경우처럼 이국적인 정조들을 강하게 환기한다. 낯선 나라의 식물, 지명, 인명 등을 동원한, 이곳이 아닌 미지의 공간을 보여 주는 것이다. 더 나아가 그에서 비롯되는 이국정조 내지 신비감들을 제시하는 것이다. 그 이국정조는 후기에 오면 조각, 회화, 연극 등등의 예술 작품 교양 체험들로 대치된다. 그런가 하면 이 분위기 시들도 시적 화자/주체의 해석적 진술이 적극 삽입되면서 작품 틀의 변모를 겪는다. 이를테면 주관성이 강한 묘사와 진술이 함께 한 시적 공간을 빚는 것이다. 일반적으로 묘사를 축으로 시적 대상을 해석하는 경우 그 대상의 디테일을 감각적으로 포착하는 것이 통례다. 일찍이 정지용 시의 특장(特長)으로 잘 알려진 대상의 감각적 해석은 디테일의 선택과 집중을 통하여 그 미적 정점을 보여 주지 않았던가. 김영태의 시 역시 위의 작품에서 보듯 꽃의 디테일을 감각적으로 날카롭게 제시함으로써 그 효과의 정점을 이룩한다.

2.

그러면 김영태 시의 두 번째 기둥은 어떤 무엇인가. 그것은 "살다 보면 외면해 버리고 싶은 잡종"들과 "좀생이" 내지 "인간 이하의 것"들에 대한 풍자이다. 그러나 이 잡종과 인간 이하의 것들은 바로 현실 그 자체가 아닌가. 김영태는 예술 이외의 이들 세계나 현실을 극도로 폄하하고 경멸했다. 그는 현실이나 세계를 속악하고 광포한 삼류의 것으로 치부한다. 그것은 명상적 심미주의자로서 예술 세계의 순수함이나 진정성에 기댄 현실 인식이다. 그러면서 그는 현실 세계에서 자신은 음지에 칩거할 뿐이라고 여긴다. 이를테면 "음지에서 겨우/밥 먹고 살지만(문학판도 마찬가지)"과 같은 진술이 그것이다. 이러한 음지에 사는 자신에 대한 풍자는 일단 그 자신의 왜소함/비루함을 고백하는 방법론적 전략을 택한다. 일종의 아이러니 방식을 취하는 것이다. 그는 "음지에서 정적을 지키며 살 뿐"이라고 진술하지만 이는 어디까지나 짐승스런 물신 사회에 맞선 그 나름의 존재 방식이자 자신이 그 사회에 결코 함몰되지 않는 진정성의 존재임을 고백하는 일이다. 결국 여기에서 김영태는 속악한 물신 사회를 끝없이 부정하고 비판할 나름의 토대를 마련한다.

나는 망가졌습니다
자꾸 자꾸 망그러뜨리니까 망가졌습니다
나는 떡입니다
몸과 마음이 다
말을 안 듣습니다
너는 파르스름한 卒이야
記錄官의 말입니다
노랗게 부어

막가는 마당에 하얗게
나는 반죽이 되어

이 뜨내기 같은 반죽에다
쑥을 넣어 살짝 데치면 됩니다
떡이요, 나는 경기미 메떡입니다
보시는 바와 같이

—「떡」전문

　인용한 시는 김영태의 자기 풍자가 어떤 것인가를 단적으로 보여 준다. 그 풍자는 망가질 대로 망가진 나는 별수 없이 "경기미 메떡"이라는 자기 인식에 이른다. 타자들이 양지에서 잘나갈 때 자신은 망가진 떡, 그것도 거대 현실이 주물렀다 놓은 떡 같은 존재라는 것이다. 특히 시적 자아가 통과한 1970년대 정치적 억압·폭력에 일방적으로 당하는 비애를 그는 이렇게 에둘러 진술하는 것이다. 자기 비하와 비아냥의 형식을 빈 김영태의 풍자는 주로 식물(食物) 이미지를 대동한다. 그의 오랜 자취 생활 체험이 이 식물 이미지들의 밑그림은 아닐까. 그는 일찍이 처자식을 미국에 보내 놓고 독신으로 오래 살았다. 그 생활의 경험들이 생멸, 초고추장, 누룽지, 보리밥 등등의 이미지 부림을 가져왔다. 이들 식물 이미지들을 통해 그가 노린 것은 자기가 쇄말한 존재이자 동시에 거대 현실에 먹히는 존재에 지니지 않는다는 사실의 제시였다. 이렇듯 그는 일상의 쇄말한 이미지들을 부려 자기 풍자를 펼쳐 나갔다. 그리고 이 풍자를 통해 자기가 몸담고 있는 거대 현실이 얼마나 속악하고 폭력적인가를 폭로했던 것이다.

　이상의 얘기들을 간추려 마무리하자면 이렇다. 시인 김영태는 시뿐만이 아니라 예술의 여러 영역을 자유롭게 횡단해 가며 살았다. 그리고 이 예술 세계 밖의 현실을 언제나 삼류의 속악한 것으로 비판하고 풍자했다. 그의 대부분 작품들은, 앞서 말한, 두 기둥 사이를 진자처럼 오간 기록이다. 그 기록들을 오늘에 다시 읽다 보면 그는 삶 역시 예술처럼, 마치 "내용 없는 아름다움"처럼 심미주의자로 일관해 살았다는 느낌을 떨칠 수 없다.

이치의 시학과 형이상 시법
— 박진환론

1.

　박진환 시인이 시랍(詩臘) 60년을 맞았다. 말이 쉬워 한 갑자(甲子)이지 그 역려는 얼마나 유장하며 곡절 많았을 것인가. 그는 일찍이 1960년 『동아일보』 신춘문예에 「가을 시」, 「해바라기 찬가」 등이 당선되어 등단했다. 그런가 하면 『자유문학』지에 평론 「수난기의 유산」이 신인상 모집에 당선되어 평론가로도 데뷔했다. 이 같은 시와 평론 두 갈래의 당선으로 그는 당시 문단의 화제를 모으기도 했다. 또한 그 무렵 그는 동인지 '신년대'에 참여, 이를 이끌기도 했다. 이렇게 시작된 그의 문학 활동은 꾸준히 지금까지 이어져 왔고 이제 60년의 시랍을 헤아리게 된 것이다.

　그는 그동안 시집과 평론집, 그리고 연구 학술서 등에 걸쳐 명실상부, 등신대의 업적을 쌓고 있다. 시집으로는 첫 시집 『귀로』 이후 근년의 『이도집』에 이르기까지 오백여 권을 상자하고 있다. 평론집 역시 『한국시와 전통』을 비롯하여 『풍시조시학』까지 대략 20여 권을 출간하였다. 이 같은 방대한 작품 양은 한국 현대시사에서 대단히 이례적인 일이라 할 것이다. 한 시절 조병화 시인의 40여 권 시집이 그 다량의 시집 수에 있어 우리 문단에서 회자된 바 있다. 그러나 박진환 시인의 저러한 작품 양과 시집 수에 비하면 그 40여 권 시집을 많다 할 수는 없을 터이다.

여기서 나는 박진환 시인의 삶과 문학적 이력을 셋으로 구분코자 한다. 하나는 시인으로서의 이력이며 두 번째는 평론가로서의 면모이다. 끝으로 세 번째는 문학 교수와 편집인으로서의 각별한 풍모라 할 것이다. 이 세 가지 면모를 함께 고려할 때 비로소 우리는 진정 박진환의 전반적인 문학과 삶을 이해하게 될 마련이 아닐까. 그러나 여기가 시인 박진환의 문학 한 갑자를 결산하는 마당이긴 하지만 나로서는 능력 부족을 절감할 따름이다. 곧 위의 세 면모를 아우르며 그의 생애를 총체적으로 읽어야 마땅할 일인데 그게 불가능한 것이다. 주어진 시간도 또 할애된 지면도 턱없이 부족하기 때문이다. 그래서 나는 그의 시적 역려 가운데 후반의 풍시조를 제외한 부분들을 다루어 내 숙제를 면해 보고자 한다.

다만 여기서 한 가지 사항만은 짚고 가야 할 것 같다. 곧 그의 평론 활동, 특히 시론과 관련된 일이 그것이다. 돌이켜보면 지난 1960년대 젊은 시인들 가운데 회자된 얘기는 이런 것이었다. 시인은 모름지기 자기 시론을 가져야 한다, 또는 시론을 쓸 수 있어야 한다는 당위론이 그것이었다. 당시엔 왜 그 같은 문제의식들이 횡행할 수밖에 없었는가. 이 물음엔 여러 해답이 있을 수 있을 터이다. 그렇긴 하지만 내 나름의 한 가지 의견만은 내놓고 싶다. 그것은 당시 현장의 한구석에 나도 끼어 있었던 탓이다.

그 무렵 시 동네의 추세는 그랬다. 곧 미당류의 서정시, 특히 전통서정시는 시단의 변두리로 밀려나고 있었다. 대신 젊은 시인들을 중심으로 한 모더니즘이 대세처럼 군림했다. 또 다른 한편에서는 전후 비평가들을 중심으로 참여문학론이 활발하게 펼쳐졌고 그에 힘입어 참여시도 등장했다. 이 같은 추세 속에 시론을 갖자는 움직임은 주로 모더니즘에 경도된 시인들에게서 나타났다. 이는 모더니즘 특유의 미학적 자의식이라고 할 것이었다. 모더니즘의 새로움을 명분으로 한 과도한 실험은 그 나름의 미학적 근거를 갖출 마련이었다. 그것은 모더니즘의 자기 존립 근거이기도 했다. 그리고 이런 미학적 자의식이 시론 갖기 내지는 시론을 써야 한다는 움직임으로 당시 시 동네에 나타났던 것이라 할 것이다.

그러면 박진환 시인의 평론가 겸업은 어떤 의미일까. 나로서는 위에서 살핀 미학적 자의식이란 연장선상에서 그 겸업을 이해하고 싶다. 그는 작품 제작에 있어 누구보다도 투철한 방법론을 일관해서 보여 주고 있는 것이다. 그는 특히 주지주의 계열의 지적 제작 태도를 보여 준다. 이 점은 앞으로의 실제 작품 분석 과정을 통해 점검될 터이다.

2.

정작 사물의 새로움이란 어떤 무엇인가. 사물은 그것이 자연물이든 혹은 인공 소산물이든 새롭기는 한 것인가. 우리는 일상에서 자연물이나 인공물들에 둘러싸여 지낸다. 그것도 반복적으로 계속해 보고 듣고 접할 마련인 것이다. 그리고 이내 그들에 대해 익숙해져 버린다. 곧 자동화 현상이 오는 것이다. 이 자동화 현상 탓에 우리는 사물을 새롭게 보지 못한다. 아니 갖가지 고정관념과 상투성에 의해 사물의 본모습을 놓치고 마는 것이다.

시는 어쩌면 이 같은 고정관념/상투성을 걷어 내고 사물을 새롭게 보려는 노력의 일환일 것이다. 과연 그러할까. 우선 작품부터 읽어 보자.

엎드려뻗쳐
일어서

일어서
엎드려뻗쳐

흩어져
모여

흩어졌다
다시 모여

선착순 집합

삼열 횡대로
헤쳐 모여

앞줄 앉아
뒷줄 앉아
다음 줄 앉아

앞줄 일어서
뒷줄 일어서
다음 줄 일어서

별명이 없는 한
계속 반복

—「바다」부분

 이 작품의 제목은 "바다"이다. 그러나 텍스트엔 어디에도 제목인 바다와 관련한 언술이 없다. 다만 군 훈련 시의 여러 구령만 제시되어 있다. '엎드리고 일어서고' 또 '흩어지고 모여'라는 명령어들이 그것이다. 여기서 이 시의 산문적인 번역을 조금만 해 보자. 화자는 지금 바다를 앞에 하고 섰다. 그 바다엔 파도가 일었다가 잦고 또 부서진 포말이 흩어졌다 다시 모여들곤 한다. 바다의 이 통상적인 광경을 보며 화자는 문득 군 생활 시절 훈련받던 기억을 소환한다. 아니다. 훈련 아닌 연병장에 집합당해 기합받던 모습을 떠올린 것인지도 모른다. 엎드려뻗치고 앉았다 일어서를 반복하는 행위는 기합 동작이기 때문이다. 텍스트의 겉 문맥은 이렇게 읽힌다. 그것이 전부처럼 보인다. 그러나 이 같은 독법은 축자적인 해석일 뿐이다.

그러면 이 작품의 속 문맥은 어떻게 읽어야 할까. 바다는 누구로부터 왜 기합을 받는가. 신화적인 상상을 덧씌워 포세이돈이 제우스에게 벌을 받는다고 할 것인가. 허나 이런 과대 해석보다는 바다의 속성이, 아니 본성이 그렇다 하고 읽는 게 더 나을 터이다. 다른 말로 하자면 바다의 존재 이치가 그렇게 돼 있을 뿐이다. 물론 동작만으로 보면 기합에 유사하지만 꼭 그런 것만도 아니다. 그 행위는 계속 반복되는 양상을 보이기 때문이다. 이 계속의 무한 반복이란 행위는 바로 그의 존재 양상이자 본질일 마련인 것이다. 마치 끊임없이 바위를 산정까지 밀어 올려야 하는 행위가 바로 삶의 방식인 시시포스 같다고나 할까. 알려진 대로 시시포스도 역시 삶을 형벌로써 꾸려 간다. 그러고 보면 바다뿐이겠는가. 두두물물 일체가 자기 존재 자체를 형벌처럼 감내하며 살아 낸다고 할 수는 없을까.

이 작품에서 주목되는 것은 이 같은 텍스트의 문맥 읽기만이 아니다. 그것은 바다를 기합받는 병사들로 제시한 그 시적 방법론이다. 이 시는 비유로 치자면 근본 비교의 형식을 취하고 있다. 곧 제목인 바다가 원관념이고 시 본문이 보조관념인 것이다. 두루 알려진 대로 원관념과 보조관념 간의 거리는 극단으로 멀수록 효과적인 것. 원관념과 보조관념 간의 극적인 먼 거리는 시적 텐션을 고양시킨다. 왜냐면 그 관념들의 의미론적 외연과 내포들이 상호 충돌할 때 충돌의 폭과 양이 극대화되기 때문이다. 이 시의 바다와 사단 연병장 역시 그렇다. 바다와 연병장 사병들이란 유사성이나 친연성이 거의 없다. 따라서 두 관념 간의 의미론적 충돌과 조정은 극대화되고 그 결과 작품의 긴장을 한껏 높이는 것이다.

박진환 시인은 누구보다도 이처럼 시적 방법론을 확고하게 견지한다. 대학의 시학 교수로, 또 평론가로서 오래 시론을 온축해 온 결과일 터이다. 실제로 상당수 시 작품들에서 우리는 이 같은 방법론을 확인할 수 있다. 그의 시가 견고한 시적 긴장을 유지할 수 있는 것도 실은 이 같은 방법론이 뒷받침된 후과일 것이다. 또 달리는 앞에서 설명한 대로 자기 시학에 대한 미학적 자의식을 분명히 지니고 있는 탓이리라.

3.

이치(理致)란 무엇인가. 왜 이치를 말하는가. 박진환의 시들은 이치의 시학이라고 할 만하지 않은가. 필자는 이번 그의 시를 읽으며 문득 이런 물음들을 떠올렸다. 이치란 사전적인 의미로만 따지자면 사물의 정당하고 당연한 조리를 뜻한다. 일반적으로 성리학에서 이(理)는 사물에 두루 내재한 근본원리 혹은 합목적성을 일컫는 용어이다. 그리고 이는 변하거나 바뀌는 게 아니다. 개개의 사물을 지배하되 초경험적으로 존재한다. 게다가 불변성을 가지고 있다. 이 같은 이(理)의 지배를 받는 당연한 원리가 이치가 아닐까. 실제로 작품을 살펴보자.

    떨어지는 무게는
    잴 수 없다.

    가을의 저울로 재기 전엔
    중량은 미지수다

    눈금에 새겨지는
    순금의 순도
    그런 무게와 빛깔쯤으로
    낙엽은 진다

    더러 중량 미달의 낙엽 하나
    그러나 그 속엔
    가을의 무게가 들어 있다.

                                      —「낙엽의 이미지」 전문

인용한 시는 짧고 간결해 손쉽게 잘 읽힌다. 화자는 지는 낙엽을 보며 그 무게를 생각한다. 범박하게 말해 지상으로 떨어지는 모든 것들은 무게를 지닐 마련이다. 달리 말하자면 무게가 있기에 떨어진다고 하리라. 낙엽 역시 예외는 아니다. 그 지는 잎에도 무게가 있어 떨어지는 것. 화자는 그래 가을이란 저울로 낙엽의 중량을 잰다. 여기서 화자의 가을, 곧 저울이란 상상은 얼마나 빛을 발하는가. 아무튼 여느 낙엽들은 가을이란 저울에 달 때 '순도 높은 순금' 같은 무게를, 빛깔을 보여 준다. 그러나 세상의 이치 그대로 낙엽에도 예외적인 존재가 있다. 바로 중량 미달의 불량품 같은 낙엽이 그것이다. 화자는 이쯤에서 새로운 깨달음을 토로한다. 실은 그 낙엽에도 제 나름의 무게가 들어 있는 사실을 깨닫는 것이다. 이 깨달음을 일반화 시키자면 낙하하는 뭇 것들은 하나같이 무게를 지니고 있다는 사실이다. 하다못해 "눈물을 흘리며 우는" 경우에도 매한가지로 그 이치는 있다(「울어 보면 운다」). 그런가 하면 비 오는 소리를 소 울음소리로 듣느냐 빗선으로 달리는 빗소리로 듣느냐 하는 문제를 두고는 "세상 이치란 게 큰 틀로 보면/하나 됨의 일원론에서 그러하고/쪼개어 나누면 핵화·분화·개체화로/다름 됨"도 그러하다고 한다(「비 오는 날」). 이처럼 뭇 현상에도 불변의 이치는 내장되어 있는 것. 그런 점에서 시인에게 시는 이치를 담는 그릇이기도 할 것이다.

　대저 시란 시적 대상의 복사/묘사이거나 감성적 대응, 혹은 웅숭깊은 사유를 제시할 마련이다. 그러나 어느 경우의 시든 그것은 결국 이치의 궁구이자 발견이 아닐까. 말하자면 대상을 복사한 서경의 경우에도 그 근저에는 시인의 세계관적 기반이 있고 또 감성을 축으로 한 서정의 경우도 이 점은 마찬가지다. 문제는 그것을 얼마나 깊이 있게 드러내고 있는가일 터이다. 필자가 시랍 60년의 박진환 시인에게서 확인하는 사실도 시적 대상을 통해 이치들을 깊이 있게 제시한다는 점이다. 그것은 오랜 시업을 통해 얻은 원숙한 경지요, 인식의 깊이라 할 터이다. 낙엽에 관한 시를 읽는 끝에 한 작품 더 읽어 보자.

　　중량 없는 황금
　　액면 없는 수표

아무것도 살 수 없다.

다만 비매품
사랑과 추억을 거래한다.

—「낙엽」 전문

　이 시는 굳이 산문적 번역이 필요치 않을 것이다. 그만큼 압축 생략을 축으로 하되 잘 읽히기 때문이다. 낙엽은 황금이나 수표에 비유된다. 그 재화는 무슨 거래에 쓰일 것인가. 화자는 비매품인 사랑과 추억을 거래할 때만 쓰인다고 넌지시 일러 준다.
　대상이나 대상 상호 간에 내재하는 이질적인 요소나 속성을 순간적으로 포착하는 지적 능력을 흔히 위트라고 한다. 그 같은 지적 능력은 때로는 놀라움을 때로는 웃음을 촉발케 한다. 그래서 C. 브룩스 같은 신비평가는 시의 중요 핵심 품목이라고 봤었다. 특히 이 위트는 대상에서 상투성을 벗기고 새로운 모습을 드러내 준다. 시에서 이 같은 위트의 활용은 극적 반전이나 긴장감을 높여 준다고 할 터이다. 한 대상에서 양극단의 속성/요소를 발견해 보여 주기 때문이다. 우리는 위 시에서도 이 같은 사실을 확인할 수 있다. 곧 낙엽에서 '살 수 없음'과 '살 수 있음'을 동시에 봐 내는 것이다.
　가을날 시나브로 지는 낙엽을 통해 사랑과 추억을 비매품으로 거래하거나 더 나아가 낙엽 나름의 무게, 곧 존재 가치를 깨닫는 일―이 같은 일이 바로 우리네 삶이나 세계의 이치를 성찰하고 궁구하는 일이 아니겠는가.

4.

　하(夏) 덥다

야(夜) 시원하다

하야보다 더 시원한 건 없을까? 하야(下野)

―「하야」 전문

　인용한 시를 읽으며 우리는 입가에 웃음을 문다. 그러나 그 웃음은 얼마간 쓴맛을 주는 것. 화자는 여름밤이란 한자어 하야를 덥고 시원타고 짐짓 제시하지만 이내 동음이의어로 반전을 꾀한다. 곧 여름밤 아닌 정치적 의미의 하야로 의미를 전복시키는 것이다. 하야라니. 그렇다. 국민들 원성의 대상인 권력이 무너질 때 우리는 얼마나 시원해했었는가.

　그런데 이 같은 지적 통찰력은 그간 박진환의 시 도처에서 번득인다. 특히 부정적인 현실이나 대상을 비판할 때 그러하다. 그가 오랫동안 힘써 창발(創發)한 풍시조가 대표적인 예일 터이다. 우리 시에 풍시조란 갈래 하나를 새로 정착시키며 그는 종횡무진 현실 악에 대한 비판을 가해 왔다. 하지만 이 글에서는 풍시조에 관련한 언급을 접어 두고자 한다. 이미 다른 필자께서 풍시조에 관한 본격적인 고찰을 한 것으로 알기에 그렇다. 하지만 그의 시 세계 가운데 한 기둥인 풍자를 얼마간 여느 작품들을 통해 살펴보기로 한다.

　그러면 왜 풍자인가. 일반적으로 풍자는 현실 악이나 짐승스런 대상에 대한 비판 공격을 위한 수단으로 쓰인다. 말하자면 사회체제나 제도 혹은 부정적인 인물이나 사실 등을 비판하기 위한 한 방편인 것이다. 다만 그 비판은 직접적이 아닌 에둘러 하는 방식을 취하는 것. 그래서 풍자에는 아이러니, 야유, 조소 등등의 여러 수사적 장치들이 늘 동원된다. 다음의 시는 어떤가.

입을 머리의 항문이라 했던가
허니 입으로 뱉어 내는 말
어찌 구리지 않겠는가

구리(口痢)가 구리(久痢)되는 소이나

구변(口辯)이 구변(口便)되는 소이가

다르지 않음인 것을

헛소리·잡소리·상소리로 뱉어 내는

구변(口辯)과 구변(口便)

구리(口痢)와 구리(久痢)가

구리구리 구린 소이

그걸 미처 몰랐었네

—「그걸 몰랐었네」부분

    진정성을 상실한 사람의 말은 한갓 타락한 소리 덩어리에 불과하다. 인용한 시는 그 사정을 극명하게 보여 준다. 우선 타락한 말은 "말은커녕 소리도 못" 된다. 그리고 그런 말은 구릴 수밖에 없는 것. 여기서 그런 말에 대한 화자의 야유가 시작된다. 그것도 비속한 어사들을 동원한 야유이다. 입은 "머리의 항문"이란 전제 아래 구리(口痢)와 구리(久痢), 구변(口辯)과 구변(口便)이 열거된다. 열거된 이들 말의 뜻풀이는 이렇게 될 터이다. 곧 입에서 설사처럼 말을 뱉어 내다 보면(口痢) 이내 만성의 입 설사병이 되고(久痢) 솜씨 좋은 말이라지만(口辯) 결국 입에서 쏟는 변(똥오줌)에(口便) 불과하다는 것이다. 그런데 짐짓 화자는 이 같은 까닭을 '미처 몰랐노라'고 시치미까지 떼며 야유를 하는 것이다. 특히 동음이의의 한자말을 반복적인 엮음조로 엮어 가는 화자의 입담/어롱(語弄)이 대단 돋보인다. 아마도 이런 입담이 작품의 극적 긴장, 곧 해학미를 높여 준다고 할 것이다.

    다시 말하지만 박진환 시인은 이 같은 시적 방법론을 너무도 명료하게 인식하고 또 사용한다. 그 탓에 현실 악이나 불성실한 대상들을 공격할 때 어떤 시인보다도 시적 효과를 극대화해 보여 주는 것이다. 이는 오랫동안 여러 방법론적 의장(意匠)들을 탐구해 낸 결과일 터이다.

5.

　이제까지 필자는 시력 60년간 박진환 시인이 보여 온 대표적 특장들을 살펴보았다. 거듭되는 말이지만 한 갑자 시업의 작품 양은 지나칠 정도로 방대하다. 그 방대한 작품들을 각 시기별로 개괄하고 변모 양상을 살피는 작업도 이제는 필요할 터이다. 그것은 한 시인을 통시적으로 성찰하는 일이면서 동시에 문학 세계를 온전히 드러내는 한 방편이기 때문이다. 그러나 이 글은 조선문학사의 청탁대로 시인의 여러 특장들을 점검하는 데서 그치고 말았다. 아마도 공시적인 조감 정도라도 이뤘다면 다행일 것이다.

　앞에서 살핀 대로 박진환 시인의 시 세계는 두 개의 큰 기둥으로 떠받쳐져 있다. 그 한 기둥은 비유의 시학이라 할 만한 것이다. 특히 비유 중 근본 비교나 기상(奇想, conceit) 같은 형이상 기법들을 즐겨 사용한다. 이는 일상이나 주변 자연물들을 시적 대상으로 하되 그들에게서 상투성을 걷어 내고 새로운 모습이나 의미들을 발견하려는 시적 노력일 것이다. 그의 작품들은 바다, 달, 꽃, 노을 등등의 자연물이나 일상의 쇄말한 일들을 자주 제재로 삼고 있다. 그 결과 우리는 새롭게 제시된 사상(事象)들의 모습에 놀라기 일쑤다. 가령 "우리네 고달픈 삶/하루도 그와 같아서/고해 저쪽 서녘 바다에서/벌겋게 쏟아 낸 코피"(「노을」)도 그 한 본보기일 터이다. 이 작품은 노을=고달픈 삶=코피란 은유를 보여 준다. 여느 서녘 바다에 뜬 노을이지만 그 노을이 보여 주는 모습과 그 모습에 함축된 의미를 참신하게 드러내 주는 것이다. 이처럼 박진환의 많은 시들은 비유를 시의 핵심 요소로 삼고 있다.

　여기서 하나 더 우리가 주목할 사실은 그의 시들이 과거 정서 위주의 담론을 탈피하고 있다는 점이다. 흔히 서정을 축으로 한 과거의 시들이 정서 과잉에 함몰된 것과는 일정한 거리를 유지하고 있는 것. 곧 질척거리는 감정을 걷어 낸 드라이한 시적 품새를 견지하는 것이다. 이는 시작에 있어 감성보다는 지적 의장을 늘 앞에 한 결과일 터이다. 말하자면 지적인 통찰을 우선한 또는 감성과의 적절한 융합을 내세운 것이다. 박진환 시인 자신의 말대로 하자면 형이상 시법(詩法)의 구사인 것이다. 이 시법은 지난 1930년대 모더니즘의 주지적 성향에 그대로 연결되는 것이기도 하다. 알려진 대로 영국의 주지주의자들은 형이상학파 존 던의 시를 재평가했다. 그의 시가 지닌 지적인 특성을 주목한 것이다. 그러면서 현대시가 감성과 지성의 융합을 추구할 것을 주장했다. 결국 이 주장은 지난날 우리 시단에도 소개되어 일정한 파장을 드리웠다. 이제는 이 같은 주지적 성향 내지 태도가 우리 시에서도 일반화되었다고 봐도 되지 않을까 싶다.

 시인은 사물의 새로운 모습과 의미를 성찰한다. 그것이 시인의 주어진 한 역할일 수도 있다. 필자는 박진환 시인이 기상(奇想)을 통해 보여 준 일련의 사물의 새로운 모습이 함축한 의의를 설명했다. 그리고 그 작업이 세계나 현실의 이치를 성찰하는 데로 이어짐도 살폈다. 결국 그러고 보면 시도 삶과 세계의 구경적 의의를 궁구하는 일 아닐까. 김동리는 지난 1930년대 말 문학이란 생의 구경적 의의를 탐색해야 한다고 주창한 바 있었다. 그에 따르자면 문학의 궁극적인 목표는 삶과 세계의 웅숭깊은 의미를 성찰해 제시하는 데 있다는 것이다. 이는 자신의 생관이나 세계관에 따라 얼마든지 생각을 달리한 주장일 수도 있다. 그러나 두두물물의 깊은 이치를 궁구하고 더 나아가 그에 대한 도저한 인식은 원숙한 시업의 정점이 아닐 것인가. 여기서 우리는 박진환 시를 이 같은 경우의 한 본보기로 평가해도 좋을 것이다.

 각설하고 박진환 시업의 다른 한 기둥은 풍자의 시학이라 할 것이다. 그는 일찍이 풍시조란 시의 한 갈래를 제시하고 이에 대한 작품적 실천 또한 남달리 왕성하게 전개해 왔다. 이 글에서는 그러나 순수 '통징(痛懲)'의 시편만을 살펴봤다. 그러면서 필자는 특히 이들 시편의 방법론에 주목했다. 그것은 불의한 사상(事象)에 대한 비판 공격을 직접적이기보다는 에두른 풍자를 통해 하고 있기 때문이다. 그는 야유나 빈정거림을 위해 어롱(pun)을 즐겨 사용한다. 주로 동음이의(同音異義)의 한자말을 반복적으로 엮고 있다. 그 결과 작품에서 말놀음의 재미를 더하며 탁월한 풍자의 효과를 거두고 있는 것이다.

 지금까지 살펴본 대로 박진환 시인의 미학적 자의식은 특히 돋보인다. 그는 시작업에 있어 미학적 자의식 탓에 누구보다도 철저한 방법론들을 천착하고 실천해 온 것이다. 이를테면 기상이나 위트, 펀 등등 현대시의 여러 주지적인 기법들을 적극 활용하고 있는 것이다. 그리고 이 점이야말로 시인이자 평론가로서 한 갑자를 지나온 박진환 시학의 남다른 성취라 할 것이다.

그렇다. 산이 높을수록 골이 깊은 데에는 다 그만한 이유가 있는 법이다.

보유 비판적 상상력과 풍시조

1.

왜 풍시조인가. 말의 사전적 의미로만 보자면 시조는 시조이되 풍자를 주된 품목으로 삼는다는 뜻일 터이다. 바로 풍자시조라고 할 것이다. 이 경우 풍자는 악에 대한 우회적 비판일 것이다. 그것도 우리가 매일 힘겹게 살아 내는 문제적 현실의 악에 대한 비판이다. 이미 잘 알려진 사실이지만 과거 시조에도 풍자는 있었다. 흔히 해학과 골계라고도 지칭된 옛시조의 품목이 그것이다. 이를테면 웃음을 자아내는 가운데 악에 대한 공격과 비판을 가한 것이 그 예이다. 이는 달리 말하자면 웃이 기며 상대의 배를 쥐어지르는 수법인 셈이다. 풍시조는 이러한 옛시조의 맥을 무람없이 잇는다고도 할 것이다. 그 맥을 잇되 보다 현대화된 시적 기법들이 동원된다. 그민큼 풍자의 격을 높여 작품의 문학성을 담보하려는 것이다.

그간 박진환 시인은 풍시조단의 가장 앞줄에 서서 누구보다 작품을 활발하게 선보여 왔다. 교과서적인 소리지만 풍자는 신랄할수록 그 힘을 배가한다. 특히 문제적 현실을 직시해 그 핵심을 짚고 이를 풍자할 때 읽는 이들은 크게 공감한다. 그것도 몇 줄의 짧은 시 형식일 경우에 있어서랴. 같은 풍자일지라도 현실 문제의 정곡을 간파하고 그 의미까지를 몇 줄 시 형식으로 제시하는 일—이는 마치 비단 위에 꽃을 놓는 일만큼 바람직한 일이 될 터이다.

이번 필자가 읽은 박진환의 풍시조 시집은 그러한 면모를 단적으로 보여 준다.

실제로 작품을 읽어 보자.

> 체중 10㎏쯤 빠져나갔으면 깊은 병 있음이 아닐지
> 그보다는 병인 줄도 모르고 육덕(肉德)만을 건강으로 알았던 탓 아닌지
> 탓해 뭣하랴 육신 버리란 뜻으로 알고 마음 살찌우는 일 벗할 수밖에
> ─「벗할 밖에」전문

이 작품은 풍시조들 가운데서는 드물게 화자 자신의 근황을 들려준다. 화자는 최근 급격한 체중 감소를 경험한다. 이 체중 감소는 건강의 이상 증후다. 그러나 화자는 그 의미를 '육신을 버리고' 마음을 살찌워야 한다는 의미로 받아들인다. 이는 일종의 의미 반전이다. 동일한 대상도 그 입장과 관점을 달리하면 얼마든지 의미가 달리 해석된다. 이를테면 물 반 컵을 앞에 하고도 우리는 관점에 따라 고작 반 컵이라거나 아직도 반 컵이나 남아 있다라고 하는 게 그 예다. 이 작품의 화자 또한 자신의 체중 감소를 두고 이는 마음을 살찌우라는 반전된 의미로 받아들인다. 굳이 더 말하자면 이 의미 반전은 달관의 소치일 터이다. 곧 박진환의 긴 시력(詩歷)과 정신 경영에서 비롯된 일인 것이다.

그런데 이러한 자신의 내면 응시는 이번 시집에서 드문 편이다. 그보다는 풍자에 걸맞게 시인의 시선은 줄곧 외부 문제적 현실에 집중돼 있다.

> 10m 넘는 선거 벽보, 꼬리에 꼬리 물고 길기도 해라
> 긴 꼬리 틀며 대망(大望) 좇아 기어가는 대망(大蟒) 대열 같아서
> 길기만 하면 뭘 하나 절장보단의 지혜는 씨가 말라 버린 걸
> ─「씨가 말라 버린 걸」전문

지난 5월에 우리는 헌정사상 그 예가 없었던 대통령 보궐선거를 치렀다. 선거의 벽보 역시 유례없이 길었다. 그만큼 후보가 난립했다. 시인은 후보가 난립한 벽보

앞에서 긴 탄식을 토한다. 이 작품은 그 탄식을 그대로 들려준다. 우선 10m가 넘는 벽보가 "길기만 하면 뭘 하나"란 풍자의 대상이 된다. 시인에게 긴 벽보는 뭇 대망(大蟒, 큰 이무기)들의 긴 꼬리 정도로 밖에 보이지 않는다. 허니 그 가운데서 시인이 발견하는 것은 희망보다는 좌절과 실망뿐이다. 물론 대권의 큰 야망을 지닌 후보군이 많은 것을 탓할 일만은 아니다. 경륜이나 비전이 부족한 인물들이 문제일 터이다. 그런가 하면 이 인물군들을 절장보단(切長補短)식으로 활용할 수도 없는 게 현실을 더욱 딱하게 만든다. 시인의 탄식은 이 같은 현실 탓에도 이뤄진다. 곧 현실에 대한 좌절과 실망—그것이 이 작품을 풍자로 나아가게 만들고 있는 것이다. 여기서 우리가 주목할 한 가지 사실은 '긴 벽보=이무기'/'대망(大望)=대망(大蟒)'이란 시적 의장(意匠)이다. 일반적으로 유사성 없는 이미지 간의 폭력적 결합을 컨시트(奇想, conceit)라고 한다. 컨시트는 작품에서 충격과 시적 긴장을 유발하는 중요한 장치다. 인용한 작품에서 벽보를 이무기로 비유란 점도 일종의 컨시트라 할 것이다. 그 컨시트가 '대망'이란 펀(pun)과 함께 이 작품의 시적 긴장을 한층 더 끌어올리고 있다.

2.

이즘의 우리 시 동네에는 지난 한 시절 풍미했던 사회적 상상력이 자취를 감춘 듯 희귀해졌다. 지난 세기말 사회주의권의 붕괴 후 사회적 상상력의 시들은 급격히 그 동력을 상실했다. 흔히 현실주의 시들로 불린 작품의 생산이 급격하게 준 것이다. 그리고 일의 이치대로 현실주의 시의 자리를 새로운 성향의 시들이 메워 나갔다. 신서정을 표방한 시들이 그 새 성향의 대표 선수 격이었다. 그러면서 대다수 시인들은 자기 내면과 일상을 들여다보기에 바빠졌다. 그 와중에 '시와 정치'란 어젠다로 사회적 상상력을 축으로 한 논의가 일었으나 미미한 것이었다. 그런 터에 시와 정치 논의와는 궤를 달리한 풍시조가 등장했다. 곧 박진환 시인을 중심으로 한 일군의 시인들 작품이 그것이다. 이들은 현실 풍자에 관심을 두고 그동안 꾸준하게 시 작업을 펼쳐 오고 있다.

이번에 읽는 박 시인의 풍시조들은 특히 정치적 상황에 대한 비판을 주로 하고 있다. 그것도 국정농단과 그에 따른 대선에 나타난 문제점들을 짚는다.

> 대선 외침 파이팅, 파이팅 좋아하시네 페인팅인 것을
> 선거는 장미선거인데 장미향 아닌 페인팅 기름내 못 면하니
> 어찌 장미선거겠나. 장밋빛 허구로 페인팅한 꼼수 선거지
> ―「꼼수 선거지」 전문

인용한 작품은 지난번 대선을 파이팅이란 구호를 매개로 풍자한다. 화자는 선거 구호인 파이팅이 페인팅이 아니냐고 비아냥댄다. 그만큼 대선이 진정성이나 비전을 결여한 정치 행사였던 까닭이다. 말하자면 거기엔 "장밋빛 허구"와 "꼼수"밖에 없었던 것. 화자의 이 같은 인식은 파이팅 대신 기름내 도는 페인팅이나 외치라는 조롱에서 드러난다. 이는 화자가 선거 구호 속에 은폐된 거짓, 혹은 모순을 간파한 결과이다.

작품을 한 편 더 읽어 보자.

> 삶을 고해라 하던가. 격랑·노도를 헤쳐 피안으로 나아가는 삶
> 일엽편주로 도강하기엔 전복·좌초·파선의 아픔과 동행해야
> 허니 어찌 뱃멀민들 면하겠으며 시이식 씨익씩 숨차 하지 않겠는가.
> ―「숨차 하지 않겠는가」 전문

이 작품은 앞의 작품과 달리 우리네 고통에 찬 삶의 항행(航行)을 진술한다. 박 시인의 상당수 풍시조 작품은 「꼼수 선거지」에서 보듯 정치적 이슈를 다루고 있다. 정치가 우리의 삶을 결정짓는 중요 기제란 점에서 이는 타당한 선택일 터이다. 그러나 때로는 한심한 세태들을, 때로는 삶의 성찰이나 그 정황을 다루기도 한다. 인용한 작품은 그 같은 시적 주제 가운데 삶에 관한 성찰을 보여 준다. 그 성찰이 읽는 이에게 울림을 주는 것은 '시이식(sea sick)=씨익씩'이란 결말 탓이 크다. 아마 뱃

멀미는 항행에 필요악일 터이다. 그 뱃멀미의 영어 음과 고통에 찬 신음 씨익씩을 병치해 시적 효과를 높인다. 그 효과는 그대로 이 작품의 울림에로 연결되고 있지 않은가.

무릇 시의 새로운 실험이나 갈래 개척에는 미학적 자의식이 필수적이다. 거기엔 시적 의장을 왜 어떻게 구사하고 또 할 것인가 하는 논리가 밑받침돼야 하기 때문이다. 이는 독자를 의식한 것이기보다는 새로운 시적 실험의 존립 근거를 위함이다. 그리고 이 미학적 자의식을 통해 시인의 생관 또한 드러날 마련이다. 지난 20세기 초 서유럽을 휩쓴 전위예술운동들이 모두 그랬다. 굳이 멀리 갈 일도 아니다. 지난날 무의미시를 주창한 김춘수를 한 본보기로 삼아도 될 일이다. 그는 자기 시학에 대한 명징한 자의식과 그에 따른 논리를 끊임없이 펼치지 않았던가.

풍시조를 힘껏 주창하고 선보이는 박진환 시인의 경우도 예외는 아니다. 그는 풍시조에 현대적인 시적 기법들을 적절히 구사해야 한다고 주장한다. 이미 앞에서 언급한 컨시트나 위트, 곁말 등의 구사에서 보듯 실제로 그는 이들 현대적 기법을 적극 활용하고 있다. 이는 풍시조가 시조는 시조이되 나름의 현대성을 담보하기 위한 노력일 터이다. 달리 말하자면 시인의 미학적 자의식에 기인한 당연한 시적 논리/기법인 것이다. 이와 관련한 작품을 하나 더 읽자.

> 75세 이상 한국 노년층 고용률 OECD 연속 1위 차지, 소이인즉
> 생계를 위한 자구책, 덴마크는 75세 이상 고용률 0%로 지상낙원
> 15.5% 코리아는 낙원 저쪽의 실락원
>
> ―「실락원」 전문

이즘 우리 사회의 노인 문제는 심각하다. 그만큼 노령 세대가 급격히 증가한 탓이다. 특히 이들 세대의 경제적 빈곤은 커다란 사회문제로 대두되어 있다. 인용한 작품은 이 같은 세태를 풍자한다. 그것도 지상낙원인 덴마크와 열악한 우리의 정황을 대조시키는 수법을 통해 이뤄진다. 일반적으로 대조는 상반된 정황을 견줌으

로써 극적인 효과를 꾀하는 수사법이다. 화자는 이러한 대조의 기법을 구사해 나름의 울림 큰 효과를 가져오고 있다. 지상낙원/실락원의 병치 대조를 통한 공감대가 그것이다. 인용한 「실락원」은 세태 풍자를 대조의 기법을 통해 보여 준 작품의 예가 될 것이다.

그러면 이처럼 풍시조에 동원되고 있는 수사 기법의 의미와 값은 무엇인가. 이는 풍시조 나름의 미학적 자의식에 의거한 당연한 현상일 터이다. 곧 풍시조란 새로운 갈래를 실험하면서 모색한 박 시인 나름의 시적 방법론인 것이다. 그리고 그 방법론을 통해 풍시조는 석 줄 형식의 한계를 극복하는 한편 의도하는 바 문제적 현실에 대한 보다 효과적인 풍자를 꾀하는 것이다.

그런데 그릇된 세태와 현실에 대한 비판적 상상력은 일반적으로 감성보다는 지적 태도를 요구한다. 그동안 이러한 지적 태도 내지 기법들은 우리 시에서 현대성과 동의어로 이해돼 왔다. 범박하게 말해 지난 1930년대 우리 모더니즘 시들이 그 단적인 예가 아닌가. 이들 시는 문명 비판을 명분으로 컨시트나 위트, 유모어, 펀 등등의 기법을 탁월하게 사용한 바 있다.

이번 박진환의 풍시조들을 통독하며 필자는 앞에서 살핀 시작(詩作)의 주지적 기법들이 왜 비판적 상상력에서 효율적인가를 이해하게 됐다. 그리고 그러한 지적 태도가 풍시조를 풍시조답게 만드는 나름의 미학적 자의식에 의한 것임도 확인했다.

3.

한 러시아 형식주의자에 의하면 문학의 갈래는 진화한다고 한다. 이 경우 갈래란 기본형이 아닌 그 하위 갈래들을 뜻한다. 이를테면 우리 시 갈래의 시조나 가사, 자유시 등등이 바로 그 같은 하위 갈래다. 이들 갈래는 일의 이치대로 문학의 장(場)에서 서로 다툰다. 그 결과 중심 갈래는 변두리 갈래로, 또 변두리에 자리했던 갈래는 중심으로 치고 들어온다. 그런가 하면 새롭게 등장하는 갈래가 있고 경쟁에서 밀려 소멸하는 갈래도 있을 수 있다. 우리 근대문학의 장에도 이런 예들이 있다. 한 예를 들어보자.

국문풍월이 애국계몽기에 있었다. 신구 문학의 교체기에 새로운 시 형식을 모색하는 과정에서 생겨났던 갈래다. 5, 7자 한시 절구 형식을 빌어 한자 아닌 국문으로 지었던 시다. 주로 시적 자아의 내면을 서정적으로 표현코자 했다. 현상을 걸고 작품을 모으기도 했고 사화집도 냈다. 그러나 당대의 갈래들 간 경쟁에서 밀려 한 시대를 넘기지 못하고 말았다. 이 같은 예에서 보듯 새로운 갈래의 등장이 결코 만만한 일만은 아닐 마련인 것이다.

그러면 이즘 새로운 우리 시의 한 갈래라고 할 풍시조의 경우는 어떠할까. 잘 알려져 있듯 풍시조는 박진환 시인을 중심으로 한 일군의 시인들에 의해 새롭게 주창되고 있는 우리 시의 한 갈래이다. 작품은 주로 『조선문학』지에 발표되고 있고 정기적으로 사화집도 출간된다. 이 새로운 갈래의 등장과 그 작품들은 우리 시 동네에서 주목에 값한다고 할 일이다. 하지만 풍시조의 등장과 그 시적 성취는 지금보다는 앞으로의 시공간에 더 많은 가능성으로 놓여 있지 않을까 싶다. 왜냐면 시 갈래로서의 풍시조의 미학은 좀 더 긴 시간과 저변 확대 속에서 완성될 것이기 때문이다.

그러면 지금까지 보인 풍시조의 미학은 어떤 것일까. 이번에 시집으로 엮는 박진환의 풍시조는 시조의 정형을 따르고 있다. 일관되게 석 줄 형식을 지켜 내고 있는 게 그것이다. 주지하듯 시조의 석 줄은 그냥 석 줄이 아니다. 곧 단순 행갈이가 아닌 것. 이는 시상(詩想)의 전개가 그 석 줄 형식에 압축미 있게 반영되기 때문이다. 곧 석 줄 형식에 시적 주제가 기승전결로 처리되는 것이다. 이러한 예를 박 시인의 작품을 통해 확인해 보자.

    서로 헐뜯고, 비방하고, 깎아내리고, 조소하고, 물고 늘어지면
    속은 시원하겠지만 마음도 속처럼 개운할까.
    개운(開運)이라도 됐으면 좋으련만 이전투구 개팔자 개운이 될 수도 있어서
                          ─「개팔자 개운될 수도 있어서」 전문

이 시의 화자는 판소리 엮음처럼 첫 줄에서 이전투구의 세속적 행태들을 열거한다. 그리고 이 열거된 행태들에 대한 화자의 생각이 둘째 줄에서 잇대어 제시된다. 마지막 줄에서는 이들 내용을 반전시킨다. 곧 화자는 생각을 전환해 이전투구가 열린 운세/개운은 아닐까 생각하는 것. 그러나 이내 이전투구는 개 팔자 개 운세에 지나지 않는다고 조롱을 퍼붓는다. 흔히 말하는 3장(章) 구조를 보이되 이즘 정치판을 비롯한 일련의 세태에 대한 신랄한 풍자를 펼치고 있는 것이다.

이렇듯 박진환의 풍시조 작품들은 석 줄 형식을 고수한다. 이는 시조로서의 갈래적 성격을 유지하기 위한 배려일 터이다. 시상의 전개도 대체로 기승전결의 틀을 유지하고 있다. 반면 기존 시조의 율격 형식은 과감하게 파괴된다. 이른바 시조의 전통적인 4음보 형식들이 잘 지켜지지 않고 있는 것. 마치 일부 현대시조가 형식 파괴로 일관하듯 풍시조 또한 재래의 율격에서 자유로운 형식을 지향하고 있는 것이다.

필자는 우리 시 동네에서 박진환 시인이 야심 차게 시도하고 있는 풍시조가 시조의 정형을 따르되 그 압축미를 잘 살렸으면 싶다. 일의 이치 그대로 압축된 완성도 높은 작품일수록 의도한 바 풍자의 효과도 함께 커질 터이기 때문이다. 이번 풍시조 시집을 읽으며 나는 이 같은 기대를 더욱 많이 하게 됐다. 그만큼 이번 시집은 여러 가능성을 내장하고 있는 것이다. 특히 지금 우리 시에서 위축 일로를 걷는 사회적 상상력/비판적 상상력은 이 풍시조의 실험 속에서 개화할 마련이기 때문이다. 그리고 거기에서 개성적이고 특출한 박진환 시인의 시적 성취도 이룩될 것이다. 개별적 시적 자아를 축으로 한 작금의 서정시학 못지않게 비판과 저항의 미학 역시 우리 시의 중요하고 커다란 한 자산이다. 그런 의미에서 이번 박진환의 풍시조 시집은 우리 시 동네에서 그 같은 시적 성취의 한 지남(指南)으로 자리매김될 일이다.

바다와 삶의 길고 오랜 극들
—김명인 시의 한 독법

1.

꽤 알려진 얘기지만, 우리 시 동네에서 노래 잘하는 시인을 꼽으라면 박재삼 선생과 조정권을 들 수 있을 터이다. 박재삼 시인은 생전에 트로트를 구성지게 잘 부른 것으로 알려졌다. 조정권 시인은 홍안의 미남이면서도 타고난 미성을 자랑했다. 주로 술자리에서였지만 나는 그의 깔끔한 노래에 곧잘 홀리곤 했었다. 말이 난 끝에 덧붙이자면 노래 실력이 뛰어난 이로 나는 정현기 평론가도 들고 싶다. 그 역시 타고난 미성이면서 감미로운 노래가 일품이었다.

그러나 한 시절의 내 이런 생각은 지금 많이 바뀌었다. 그것은 지난 이십여 년 넘게 김명인 시인을 만나면서부터였다. 시인 김명인은 노래를 잘 부른다. 딱히 청아한 미성은 아니지만 저음의 맛깔나는 음색은 앞에 든 이들에 뒤지지 않는다. 그런가 하면 그는 지난 195,60년대 유행한 가요를 거의, 그렇다, 거의라고 할 만큼 꿰고 있다. 여행길의 저녁 술자리 끝에 들린 노래방에서 그는 수수십 곡을 메들리로 잇대어 부르지 않던가.

몇 년 전 삼척을 들렀을 때도 그랬다. 대게를 맛보자는 여행길이었다. 동해 특산 대게를 근량으로 산 뒤 우리는 그걸 전문으로 쪄 주는 식당엘 찾아 들어갔다. 그 식당에서 우리는 말 그대로 질펀한 저녁 판을 벌였다. 우리로서는 근년 드물게 가져 본 게와 술, 그리고 저녁이 어울린 흥성한 자리였던 것이다. 그동안 여행길이 늘 그랬듯 일행은 그 자리서 문학을 한동안 신나게 데리고 놀기도 했다. 아마 모처럼의 도도한 취기 탓이었을 것이다. 우리는 숙소 인근의 노래방을 찾아들었다. 황동규 선생은 고사 끝에 먼저 숙소로 들어간 뒤였다. 김윤배, 김명인, 이숭원, 그리고 필자 네 사람만 어울린 자리였다. 가사를 아는 노래 한두 곡이면 나는 매번 끝장이었다. 김윤배, 이숭원도 그랬지만 이날은 김명인이 독판을 벌이듯 노래를 이어 나갔다. 그리고 그는 잠시 쉬는 짬에 이렇게 말했다.

"중학 2, 3학년 무렵에 난 집안 형편 때문에 상급 학교 진학을 엄두도 못 냈어요. 그러니 시골서 할 수 있는 게 뭐 있겠어요. 또래들과 어울려 대중가요 노래책 하나 사 들고 밤낮없이 노래만 불렀지요."

혼자 마이크를 독점한 변명일까. 그러나 나는 이 변명 아닌 변명 속에서 문득 그의 신산(辛酸)한 사춘기 소년 시절을 엿봐야 했다. 후포의 한 중학교 교모를 쓴 그의 모습이 떠올랐던 것이다. 아니, 일순 그의 어머니가 사시던 고향집을 생각했다. 산자드락 두어 집 밖에 안되는 작은 마을에 시인 김명인의 고향집은 있었다. 풍신 좋은 그의 어머니가 한때 기도원으로 운영하기도 했다는 그 집은 크고도 넓었다.

대개 여름방학이면 우리 사당패는 그 집을 찾았다. 그리고는 인근 바닷가를 둘러보거나 아니면 모기향을 피운 집 마당에서 꽤나 거나한 술판을 벌였다. 이 여름밤 모임에는 대구의 문인수 시인이 멀리서 이따금 합류하기도 했다.

외지고 한적한 후포 바닷가 마을 집에서 앞날이 보이지 않았던 소년 김명인이 할 수 있었던 일이란 과연 어떤 일이었을까. 아마도 학교가 끝나면 그의 말처럼 혼자 솔밭 속을 헤매이거나 또래들과 어울려 시간을 죽였을 터였다. 아니 수첩 크기의 대중가요집을 들고 파도 소리 곁에서 노래를 목청껏 불렀던 것은 아닐까.

우리들 노래방의 노래 놀이는 두 시간 남짓 만에 끝이 났다. 자정 가까운 소읍의 밤거리를 걸어오면서 나는 새삼 김명인 시인의 한결같은 수준 높은 그의 시 세계를 떠올렸다. 끝이 없을 것 같은 그의 노래 실력 그대로 그는 지금껏 동년배 시인 누구도 추종키 어려운 시 세계를 열어 오고 있지 않은가. 마치 그의 노래처럼 중후하고 울림 큰 작품들을 끊임없이 한결같은 시적 토운으로 우리에게 들려주고 있는 것이다.

2.

  시력 40여 년을 올해로 넘긴 김명인 시의 밑그림은, 내가 읽은 바로는 바다와 가족사였다. 울진의 한 소읍이 고향인 그에게 바다는 어릴 적부터 숱한 이미지들로 각인돼 왔을 터이다. 그의 바다는 "생멸을 모르는 파도가 타고 앉아 아코디언"을 연주하는가 하면 "거대한 축제"처럼 장례식이 치러지기도 한다. 그런가 하면 바다는 청소년인 그에게 일찌감치 시 공부의 길로 인도한 장본인이기도 했다. 역시 어느 여행길에서 그는 이렇게 털어놓은 적이 있었다.

  "아마 고2 때였을 게지. 동네에서 한날은 고기잡이를 나간다고 해서 멋도 모르고 따라나섰어요. 바다에서 한 이삼 일 작업하는 고기잡인데 난 뱃멀미와 거친 노동에 완전 탈진에다 초죽음이 됐어요. 바닷일이란 십 대 소년이 감당하기엔 너무 힘들고 벅찬 노역이더라고."

  결국 이 혹독한 바다 체험은 그에게 학교 졸업 후의 행로를 결정케 만들었다고 한다. 자기 능력으로는 마을 여느 어부들처럼 고기 잡아 먹고살기엔 아예 글렀다는 자각을 하도록 만들었다는 것. 그는 공부밖에 달리 뭐 할 일이 없겠다는 사실을 깨달았고 그 체험이 대학 진학도 하게 만든 것이었다. 그는 고려대 국문학과에 입학했고 거기서 운명처럼 시의 스승인 조지훈 선생을 만났다고 한다. 김명인 시인의 본격적인 시 수업은 이 스승을 만난 뒤부터였다고 한다.

  그의 시를 읽다 보면 바다의 심상(心象)들을 수시로 만나게 된다. 초기 시로부터 최근 시에 이르기까지 바다는 줄곧 작품의 밑그림 노릇을 해 오고 있다. 가령 해거름 녘에 책을 읽다 문득 바닷속에 든 것 같다는 착란만 해도 그렇다. 이 같은 착란은 단적으로 그가 평소 얼마나 심층 무의식 속에 바다 체험을 가득 쟁여 두고 있는가를 증거하는 것. 굳이 말을 덧붙이자면 저 1930년대 이상(李箱)이 자연물/현상도 도시적 풍물을 매개로 그려 냈던 사실과 닮았다고나 할지. 그는 뭍의 일들을 물을 매개로 묘사한다. 당대 일급의 시 비평가 이숭원이 말하는 탁월한 표현미학은 그렇게 출발했다. 시적 정황을 세밀하게 묘사하되 독특한 비유를 구사한 그의 작품 스타일은 이숭원의 말처럼 가히 독보적인 것이다.

이 바다와 관련된 얘기 가운데서 나는 그의 낚시와 어류에 관한 실력담도 빼놓을 수 없겠다. 벌써 십여 년 저쪽 일이다. 백령도 여행길에서였다. 우리는 숙소에 짐들을 풀고는 곧장 선착장으로 다시 되나왔다. 그리곤 하응백이 주선한 낚싯배를 타고 한 시간 남짓 달렸을까. 일행은 소청도 인근 바다에 도착했다. 풍랑은 심한 편이 아니었고 배는 바다 한곳에 멈췄다. 낚시꾼들이 흔히 말하는 포인트였다. 나는 생전 처음 뱃길의 멀미에 이미 정신 줄을 놓고 있었다. 그러나 일행들은 하응백이 일러 준 요령대로 낚싯줄을 바다에 던졌다. 아마 한 십여 분 정도 지났을까. 낚시 초보인 황동규 선생과 김윤배, 이숭원 등이

"이크, 왔다 왔어,"

란 탄성과 함께 번갈아 낚싯줄을 끌어올렸다. 낚싯줄 끝에는 어른 손바닥보다 큰 우럭들이, 과장 조금 섞어, 쉴 새 없이 달려 올라왔다. 그러나 정작 이날 전문 어부다운 실력을 보여 준 것은 김명인과 하응백 두 사람이었다. 초보들과 달리 그들은 뱃전에 그린 듯이 서서 그것도 묵묵히 연신 우럭들을 낚아 올렸다. 이들의 조과(釣果)는 백여 수(首)를 훌쩍 넘겼다. 숙소에 돌아와 박스 둘에다 염장을 해 보관했을 정도의 어획량이었다.

잡은 우럭을 안주로 일행은 배 위에서 소주를 맛깔나게 나누어 마셨다. 이날도 나는 누구보다 어린 시절부터 바다와 친숙했던 김명인의 내공을 거듭 확인했다. 따지고 보면 그간 일행과 횟집에 들 때마다 그는 전문가적인 견식으로 생선을 골라내지 않았던가. 그 실력이 이날도 어김없이 발휘됐던 것이다. 이 우럭 낚시는 지금도 우리 일행들 사이에선 전설처럼 떠도는 얘기가 돼 있다. 그래서일까. 김명인 시들을 읽다 보면 낚시와 물고기를 시적 대상으로 삼은 경우들을 종종 만난다. 그때마다 나는 그의 바다 체험, 혹은 낚시 경력을 떠올려 가며 이들 작품을 더욱 큰 실감과 함께 읽고는 한다. 그의 또 다른 시의 밑그림인 가족사에도 바다는 역시 주요 이미지로 등장하고 있다.

그렇다. 흔한 말로 사연 한두 자락 깔지 않고 사는 이가 어디 있겠는가. 그 사연이란 때론 가슴 먹먹한 상처인가 하면 때론 폐허 같은 삶의 신산함일 수도 있다.

말하자면 누구나 갖가지 삶의 민낯들을 붙안고 살게 마련인 것이다. 김명인의 시를 통독하다 보면 역시 그의 신산한 가족사를 우리는 읽게 된다. 특히 최근 시집엔 얼마 전 작고하신 어머니의 말년이 꽤는 아프게 그려져 있다. 시 「살」에 따르면 어머니는 중증 치매로 요양원에서 힘겹게 지내야 했다. 김명인은 "몇 달 만에 요양원으로 면회 가서/구름처럼 가벼워진 어머닐 안아서 차로 옮기려다/문득 궁금해졌다, 그 살 죄다 어디로 갔을까."라고 게서 아픈 탄식을 발하기도 했다. 그런데 이처럼 실종된 그 살은 누구에게나 "이승에서 꿔 입는 것"에 불과한 것. 결국 그는 자신도 언젠가는 살처럼 시라지고 말 존재임을 깨닫는다. 이렇듯 어머니의 말년을 지켜보면서 시인은 개인사를 빌어 보편적 참에 이르기도 한다. 그러면서도 시의 행간엔 슬픔과 아픔을 빽빽히 묻어 놓고 있다. 그것은 한마디로 한(恨)이라고나 할 그런 것이 아닐 수 없겠다.

시인 김명인에게 그러면 어머니는 어떤 존재일까. 이 나라 모든 어머니가 그러했듯 그의 어머니도 많은 자식들을 도맡아 키우고 가르쳤다. 곧 "포목전으로 싸전으로 가족의 생계를 혼자 꾸려 간" 가부장과 다름없는 존재였다. 그런 어머니가 노경에는 후포 못 미처 야트막한 산 자드락에 기도원을 일구고 사셨다. 우리는 황동규 선생을 앞세워 모시고 여름방학이면 그 집엘 쳐들어가 술과 문학을 밤새워 데리고 놀았다. 꽤는 시끄럽고 꽤는 귀찮은 존재이기도 했을 우리 일행들에게 어머니는 언제나 뵙기 좋은 풍모에다 엷은 웃음을 입가에 무신 채 맞아 주시곤 했었다. 애재(哀哉)라, 이제 더는 이승에서 뵐 수 없는 분이 되고 만 것을.

그런데 어머니와 달리 일찍 하세(下世)한 아버지는 늘 자식들 관심 밖의 존재일 뿐이었다. 실제 일련의 시편들에서 아버지는 평생 어머니의 그늘에서, 혹은 빚보증을 잘못 선 탓으로 빚에 시달리고, 혹은 일제강점기 군대의 노무자로 혹독한 시대를 건넌 존재로 그려져 있다. 그런가 하면 사후에도 그는 자식들 앞에 나타난다. 고향집 인근으로의 이장과 그 한참 뒤, 강습한 태풍 탓에 "땅속이 못내 갑갑해" 유실된 봉분 속에서 모습을 드러냈던 것이다. 결국 천묘(遷墓)를 자시며 자식들 앞에 현신(現身)했던 것. 이 일련의 일들을 김명인은 몇 편의 시에 적고 있는데 이들 시편에 의하면 지난 역사의 상흔을 삶 속 깊이 새긴 존재이자 곤고한 현실을 말없이 견딘 그런 아버지였던 것이다. 위로 두 형이 있었음에도 김명인은 이 아버지의 대역을 일가(一家)의 중심에 서서 말없이 해냈던 것 같다. 여기서 나는 문득 김명인 시의 중후하고 의연한 목소리가 이 아버지를 대신코자 한 가부장적 책임 의식의 소산은 아닐까 하는 생각도 해 본다. 더 나이가 가족사의 작품들에 드러나듯 김명인은 늘 자기를 대상화해서 보여 주어 왔다. 끊임없이 작품 속에 시인 자신이 자신의 삶이, 그것이 폐허가 됐든 상처가 됐든, 묻어나 있는 것이다.

3.

>나는 저수지가 어째서 시시로 끓어 넘치는지
>순한 짐승이 되는지 어느 순간부터 깊은 잠에 빠져드는지
>경계를 알고 있다. 별자리 지키는 목동처럼
>오래고 외로운 관찰이
>마침내 그것을 일깨워 주었다.
>
>—「저수지 관리인」 부분

막 벚꽃이 필 때쯤이었을 것이다. 김명인의 일터인 고려대학교 서창캠퍼스로 우리 몇이 들이닥친 적이 있었다. 때맞춰 그는 연구실에 있었다. 구경 삼아 학교 교정을 둘러본 뒤 우리는 그의 안내로 학교에서 과히 멀지 않은 저수지를 찾았다. 저수지는 제 한옆에 작지 않은 규모의 공원을 끼고 있었다. 이른 봄답게 아직은 바람 끝이 찼다. 우리는 공원 옆 작은 마트 안에 둘러앉아 막걸리를 마셨다. 그리고 위 시의 밑그림인 저수지에 관한 얘기를 들었다.

"공강 시간이든 방과 후든 여길 자주 와요. 머리 식힐 겸 기분 전환도 할 겸 오다 보니 이젠 꽤는 친숙한 공간이 됐어요. 관리인하고도 이내 친해졌지요."

이런 얘기를 들으며 나는 모교이긴 해도 주말 출퇴근을 해야 하는 그의 고달픔

을 떠올렸다. 그는 월요일쯤 조치원행 기차를 타거나 승용차를 몰고 출근할 터였다. 그리고 주말쯤엔 다시 서울 자택으로 퇴근을 서두를 것이다. 말이 쉬워 출퇴근이지 그 먼 길의 노독과 피로란 결코 만만한 게 아닐 것이다. 나 역시 경북 안동으로 만 4년 출퇴근한 적이 있어 그 고단함을 익히 알고 있는 터였다. 그는 그 고단함을 이 저수지에 와 때때로 달래곤 했다는 것이다.

말이 잠시 에둘러 흘렀다. 나는 그의 최근 시들을 읽으며 관조(觀照), 혹은 심안을 통한 관법을 거듭 생각하곤 한다. 그리고 관조란 바로 인용한 시구 그대로임을 깨닫는다. 우리의 본다란 행위에는 두 가지가 있다. 하나는 말 그대로 단순히 시각만을 통해 대상을 보는 견(見), 곧 대상의 겉모습만을 인지하는 것. 다른 하나는 대상을 보되 마치 손전등을 들고 그 내부를 속속들이 살펴보는 것 같은 관(觀)이 그것이다. 이 관은 대상의 겉모습뿐만 아니라 그 속성, 가치, 함축한 의미까지를 들여다보는 것. 관조는 여기 두 번째의 관법일 터이다. 인용한 작품의 화자가 말하듯 저수지가 어느 때 순한 짐승인지, 깊은 잠에 빠지는지, 혹은 부글거리며 내면을 드러내는지 주의 깊게 살펴보는 바로 그런 관법인 셈이다. 이 관법을 위해서는 "오래고 외로운 관찰"이 필요할 터이다. 그러기 위해서는 아마 두 가지가 있어야 할 것이다. 하나는 육안이 아닌 심안(心眼)을 갖춰야 할 일이요, 다른 하나는 긴 시간으로서의 세월일 것이다. 결국 세월은 덧쌓여 진행하며 마음의 눈을 열어 준다.

김명인의 상당수 시에서 '세월'은 바다 못지않게 단골 고객처럼 등장한다. 그 세월은 때로는 폭력처럼 대상을 파괴하기도 하고 때로는 뭇 일의 변화와 변모를 가져오는 원흉이기도 한 것. 이 두 가지 세월의 양상이 모두 김명인 시에 자리 잡고 있다. 뿐만이 아니라 세월은 김명인의 시적 주체가 관조에 들게도 만든다. 앞에서 말한 관조가 최근 시들의 주요 시적 방법론/관법으로 자리 잡은 것이다. 그러면 언제부터 이 같은 시적 관법이 두드러졌는가. 나는 그가 3년여 간격으로 시집을 상자한 1990년대 이후부터라고 가늠하고 있다. 시 「파도」에서 말한 "한때 질풍노도가 내 삶의/열망이었던 적이 있다"란 고백 그대로 질풍노도를 지향하던 그 열망을 한참 지나서부터인 것이다.

두루 알려진 대로 1973년 등단 이후 김명인은 '1973' 동인과 '반시' 동인의 주축 멤버로 활발한 작품 활동을 해 왔다. 특히 이 시기의 대표작이자 널리 주목받은 연작시 「동두천」은 지금까지 많은 독자들에게 회자된다. 이 작품은 미군들이 주둔한 기지촌 동두천에서의 실제 교편생활이 그 밑그림이 되고 있다. 이후 그는 월남전에도 다녀왔고 대학원 학업을 계속했다. 이 질풍의 세월을 통해 그가 만난 것은 폐허나 유적처럼 황량한 세속과 그곳에서의 오욕에 찬 삶들이었다. 그 삶들을 시로 기록하며 그는 끊임없이 그 가운데서 진정성을 추구해 나왔다. 특히 그는 가열한 반성적 사고를 통해 자신과 세계를 성찰해 왔다. 곧 자신을 대상화하고 웅숭깊게 들여다보며 탐구했던 것이다. 이 반성적 회로를 통해 그는 자아와 세계에 대한 쉼 임 없는 탐색을 해 왔는데 이는 그가 초기 시부터 최근 시까지 일관되게 견지하는 시적 태도라고 할 만하다.

거듭된 말이지만 지난 1980년대 말부터 지금까지 김명인은 활발한 작품 활동을 해 오고 있다. 그러면서 거의 삼 년여의 간격으로 시집을 상자해 오고 있다. 그만큼 다작에 가까운 작품 활동을 해 온 것이다. 그는 한때 재직한 고려대 서창캠퍼스의 부총장 보직을 맡아 고생했던 적이 있었다. 말이 좋아 보직이었지 아마도 심신이 꽤는 고달팠던 나날이고 생활이었을 터였다. 그 무렵 사당동 남원추어탕집에 모이면 우리는 그의 이런 격무를 많이 걱정했다. 특히 황동규 선생이,

"김 선생이 걱정이야. 학교 일이 너무 힘든 것도 문제지만 시 하고 자꾸 멀어지는 건 더 큰 일인데……."

라고 안타까워했던 일이 내게는 지금도 생생하다. 그러나 우리의 걱정이 말 그대로 걱정에 그친 기우였음은 금방 확인됐다. 이즘도 그는 어느 때보다 활발한 작품 활동을 하고 있기 때문이다.

4.

나는 시 동네 전입신고 직후 김종길 선생의 짧막한 유치환론을 읽은 적이 있다. 그 글 서두에서 김종길 선생은 대가의 품격 몇 가지를 꼽았다. 그 가운데 이즘

도 기억에 생생한 것은 탁월한 수준의 작품들을, 그것도 얼마나 많이 생산했는가를 한 조건으로 꼽았던 일이다. 이번에 나는 김명인의 시들을 다시 한번 통독하며 이 조건을 떠올렸다. 그는 등단 이후 10여 권 넘게 시집을 냈다. 그 시집들의 시들은 한결같이 높은 문학성과 완성도를 유지하고 있다. 특히 톗말이라고 할 우리 주변 생활말들이 사궤를 짜맞춘 듯 빈틈없이 구사되고 있다. 시인이란 모국어/톗말의 발전에 적극 기여할 마련이란, 지난날 이데올로기가 실종된 작금의 시 동네 현실에 비춰 보면, 이는 매우 각별한 일이 아닐 수 없다. 일찍이 유치환이 특유의 한자말 시어를 구사해 수월(秀越)한 시의 품격과 스타일을 성취했던 사실과 혹사하다고 할까. 그는 시집 대부분의 작품에서 그만의 탁월한 우리말 구사를 보여 준다. 그러면서 높은 시적 품격을 견지하고 있다.

나는 그가 일러 준 정거장에서 마을버스를 내렸다. 그리곤 길 건너의 건물들을 살피며 천천히 걸어 오르기 시작했다. 오피스텔처럼 보이는 건물은 얼른 눈에 띄지 않았다. 두리번거리던 그때였다. 귀에 익은 목소리가 날아왔다.

"홍 선생 여깁니다."

"아, 예 건너가겠습니다."

길 건너 포도 위에 김명인이 서서 손을 흔들고 있었다. 나는 그가 이끄는 대로 그의 집필실 건물 1층 식당으로 들어갔다. 그렇게 점심을 한 뒤 우리는 집필실로 올라갔다. 말이 집필실이지 학교 연구실 못지않게 잘 꾸며져 있었다. 커피를 나눠 마시며 나는 그의 근황을 물었다.

"오전엔 이 뒷산을 한 시간 이상 걷지요. 그리곤 오후엔 여기 나와 책도 읽고 시도 쓰고 해요."

"이제 백수 노릇도 잘 적응이 되셨네요. 남들은 노는 것도 한 삼 년 지나야 적응이 된다고 하던데."

"이젠 지낼 만해요."

그는 건강해 보였고 매우 편안한 얼굴이었다. 집필실은 그가 시「집」이나「공중부양」에서 말한 "30년 넘게 견딘다"고 한 언덕길 막바지 끝의 그 집에서 가깝다고 했다. 집필실과 집을 그는 번갈아 오가며 지내는 터였다. 그렇게 은퇴 생활에도 이젠 완전 적응이 된 눈치였다. 오래 한 대학 선생에게 덤처럼 남는 게 있다면 언제 어디서나 책만 있으면 혼자 너무나 잘 논다는 일이 아닐까.

이따금 바다낚시를 다니는 것도 그의 또 다른 낙(樂)인 듯싶었다. 얼마 전 모임에서 그는 낚시 다녀온 얘기를 털어놓은 적이 있다. 한 번은 60㎝가 넘는 대구를 난바다에서 낚았다고, 기록을 세웠다고 스마트폰 사진을 보여 주던 것이었다. 그러면서 사당패 가운데 전문 어부 수준인 『나는 낚시다』의 저자 하응백 평론가와는 길이 엇갈린다고도 했다. 나는 용무에 앞서 낚시 얘기를 비롯해 몇 가지 근황을 더 나눴다. 그리곤 그를 찾은 내 용무를 마쳤다.

돌아간다고 내가 일어서자 그는 집필실에서 큰길까지 따라 나왔다. 그리고는 길 안내를 상세하게 해 준다. 오후의 된 햇볕 속에 그는 내가 탄 버스가 출발할 때까지 거기 서 있었다. 김명인은 그런 사람이었다.

환한, 그리고 드높은
― 김윤배 시인의 초상

1.

　세간에는 호남자, 상남자란 말이 있다. 종종 호남(好男)이라고도 일컬어진다. 사전적인 의미로는 '쾌활하고 씩씩한 잘생긴 남자'란 뜻이다. 김윤배 시인을 처음 만났을 때 나는 이 말부터 떠올렸었다. 훤칠한 키에 걸걸한 음성, 게다가 반듯한 이목구비는 영락없는 호남형이던 것이다. 혹시나가 역시나였다. 그와의 만남이 잦아지고 이런저런 면모를 알아 갈수록 내 가늠은 틀리지 않았다. 감히 말하지만 그는 우리 시 동네에 흔치 않은 호남자였던 것이다.
　이번에 그의 장시 「저 미치도록 환한 사내」가 단행본으로 상자(上梓)된다. 이 장시는 지난 2012년 한 해 동안 「길들의 축제」란 제목으로 계간지 『문학·선』에 연재됐던 작품이다. 연재 당시에도, 장시란 독특한 갈래 탓도 있었겠지만, 관심 있는 독자들에게 큰 주목을 받았었다. 이번에 나는 이 작품을 다시 통독했다. 우선 제목이 달라진 것에도 주목했다. 왜 "저 미치도록 환한 사내"일까. 글머리에 호남자를 들먹인 그대로 김 시인은 그 사내에게 자신의 자아를 은연중 투사코자 한 건 아닐까. 나는 그런 생각부터 떠올렸다. 이 장시는 김용배란 한 예인의 신산한 생애를 그린 작품이다. 특히 그 예인의 예술혼을 탁월하게 드러내고 있다. 온 나라를 출행과 걸립으로 누비며 '완미한 쇳소리의 원형'을 찾고자 한 주인공의 각고에 찬 생애. 아마 그 예술혼은, 읽기에 따라서는, 시만을 평생 이고 지고 모시고 산 시인 자신의 예술혼은 아닐 것인가.

　김윤배 시인과의 첫 만남은 안양의 어느 초등학교 교장실이었다. 시를 쓰는 교장 선생님—시인 교장 선생님이란 내게는 묘한 매력의 존재였다. 청마 유치환 역시 시인 교장 선생님으로 살았다지만 나와는 너무 먼 세대의 인물이었다. 막연했지만 그런 매력과 친근감 탓이었을까. 일행 몇 사람과 나는 급습이라도 하듯 그를 학교로 찾아간 것이다. 수인사를 나누고 우리는 집기들이 정연하게 놓인 집무실에서 융숭한 차 대접을 받았다. 첫 만남이다 보니 학교 업무나 시 동네 얘기가 주된 화제였다. 그렇게 우리는 일상적인 가벼운 대화만을 수인사 끝에 나눴다.

　김 시인과의 연을 나는 두 가닥으로 꼽곤 한다. 한 가닥은 수원, 화성을 중심으로 한 지연(地緣)이고 다른 한 가닥은 사당패를 중심으로 한 여행길의 길벗이 된 연이 그것이다. 알려진 대로 사당패는 여행 중심의 시인들 모임이었다. 학교에서 일하는 이들이 대부분이어서 주로 방학을 이용한 여행을 했다. 그러나 여행의 기억은 내 경우 여러 번 겹치고 뒤섞이다 보니 늘 확연치 않다. 다만 지금도 선명한 것은 울진의 김명인 시인 댁을 찾았던 경우 정도다.

　암튼 여러 계기와 연으로 만난 김윤배 시인은 자기 절제가 대단했다. 그의 절제와 자기 관리란 나로서는 족탈불급이었다. 새벽 세 시면 일어나 시와 논다라든지, 일과처럼 골프로 건강 관리를 하는 일 등등은 나로서는 뒤쫓기 힘든, 부러운 일이 아닐 수 없다. 이 절제된 정신에 과연 술이 끼어들 자리가 있기는 있었을까. 김 시인은 술이 좀 약한 편이다.

　"사당 모임 탓에 술이 많이 늘었어."

　그는 술판에서 이따금 이런 술회를 한다. 그러나 그 늘었다는 주량도 실은 위스키 두서너 잔에 지나지 않는 것. 나는 그가 술 탓에 실수란 걸 했을까 싶다. 일련의 이 같은 그의 절제와 자기 관리를 두고 나는 저 정지용의 말을 떠올리곤 한다. '안으론 열(熱)하고 겉으로 서늘하다'는 언술이 그것이다. 시인은 서늘해서 외양을 결코 흩트리지 않고 안으로는 뜨거워서 열정과 가열찬 정신을 작품에 담을 마련이란 것. 영락없는 선비상인 것이다.

2.

　이번 장시에도 김윤배 시인의 그런 성품이 그대로 드러난다. 우선 그 시 문장들이 그렇다. 그 문장은 짧은 단문들이어서 숨 가쁠 정도로 속도감 있게 읽힌다. 이는 호남자로서의 열(熱)한, 또 활달한 기질 탓이기도 하겠지만, 나는 그 속도감을 저 주인공의 타악기 연주―빠른 쇳소리의 리듬을 그대로 재현코자 한 것은 아닐까 생각한다. 장시의 주인공 '스승(김용배, 필자의 추정)'은 어려서는 장구, 성인 시절엔 주로 꽹과리를 일관해 쳤던 예인이기 때문이다.

　"길에서 나고 길에서 성장한" 스승은 어려서부터 타악기 연주에 타고난 재주를 드러냈다. 역시 유랑극단 예인이던 아버지의 재주를 그대로 물려받은 탓이었다. 뒷날 사물놀이패의 뜬쇠가 된 그의 솜씨는 남달랐고 그렇게 그 분야에서 걸출한 재인이 된 것이다. 결국 타악기 쇳소리에 녹아든 그의 삶을 드러내는데 이 같은 문장 스타일은 더없이 적격이었던 것 같다.

　가늠컨대 이 같은 시적 의장(意匠)은 김 시인 나름의 특장일 터이다. 여느 시인치고 작품에 그 나름의 의장을 고심하지 않는 경우란 없을 것이다. 그러나 장편이란 긴 분량과 서사를 아우른 장시의 경우, 이 같은 의장은 전체와 세부가 마치 사궤물림처럼 짜여야 할 마련일 것이다.

　김 시인의 이번 장시에서 두드러진 의장 하나를 더 지적하자면 이렇다. 곧 장시 전체를 단락 단락(segment)으로 짠 구성 방법이 그것이다. 이들 단락은 비유하자면 깨진 거울 조각 같은 것들이다. 이 경우 거울 조각들은 대상의 전체를 비추는 게 아니다. 그보다는 대상 전체를 비추던 상태에서 깨진 조각들이어서 대상의 일부, 곧 부분만을 각각 비추는 조각들이다. 하지만 그 조각들이 모여 본래 전체 거울이 되면 대상 역시 온전히 그대로 비춰진다. 여기서 이들 거울 조각들은 시인의 선택과 집중을 통해 텍스트에서 생략되기도, 선택 제시되기도 하는 것.

　이 거울 깨기의 방법론은 시간과 공간의 축에서 먼저 확인된다. 우선 '스승'의 일대기와 사후 20여 년에 걸친 '제자'의 긴 시간이 선조적인 순차를 깨고 배치된다. 공간 역시 깨진 시간을 따라 서울, 안동, 안성, 평택 등등 숱하게 엇바뀌며 제시된다. 출행과 걸립으로 온 나라를 떠돈, 행정(行程)에 걸맞은 공간들을 장면화했기 때문인 것이다. 이런 시공간을 조각난 거울인 듯 짜맞춰 복원할 때 저 장시의 일련의 전체 구도―스승과 제자의 생애사들이 확연하게 드러난다. 이른바 깨진 거울의 기법이 돋보이는 것은 이 때문이다.

장시 「저 미치도록 환한 사내」는 한 예인의 생애를 기록한 것이다. 흔히 한 인간의 생애를 다룬 경우는 객관 사실에 근거한 서사를 축으로 삼는다. 이는 서사시 일반이 보여 주는 시적 틀이기도 하다. 그러나 김 시인의 장시는 이런 서사시의 틀을 단연 도외시하고 있다. 인물과 생애적 사실들 위주보다는 등장인물 간의 대화나 일련의 삽화들, 그리고 화자의 주관적·정서적 반응이 집중적으로 표출된다. 말하자면 인물과 그의 생애사(生涯事)는 가급적 뒤로 놓이고 주관적·정서적 진술이 보다 전경화하고 있는 것이다. 이는 내면 심리를 축으로 한 서정시의 영역이기도 한데, 화자의 진술에서 환유나 은유 등 시적 수사가 빈번한 탓도 클 것이다. 가늠컨데 바로 이런 점이 이 작품을 장시로 갈래지은 이유는 아닐까.

알려져 있듯 근대시 이후 서사시와 장시는 그 명칭과 갈래 규정이 뒤섞여 왔다. 이는 장편이라는 작품의 규모 탓이 클 터이다. 지난날 김동환, 임학수, 김해강, 신동엽 등등의 선편 시인들이 누구는 서사시, 누구는 장시라고 제각각 일컫지 않았는가. 하지만 서사시는 사실과 사건을 중심으로, 장시는 서정성을 축으로 삼는다는 갈래 구분은 일단 가능할 것 같다. 실제로 김 시인은 지난번 장시 「사당 바우덕이」, 「시베리아의 침묵」도 장시로 갈래 규정을 했다. 이러한 갈래 의식은 이번 장시에서도 그대로 나타나는 셈이다.

말이 난 끝에 한 가지 사실만 더 지적해 보자. 이 장시에는 등장인물들이 구체적인 인명보다는 주로 인칭대명사나 추상적 호칭들로 등장한다. 이를테면 스승, 제자, 그미, 형, 아우, 화주, 스님 등등이 그것이다. 말하자면 익명성의 존재들로 제시돼 있는 것이다. 이 작품에서 스승과 제자는 실은 형과 아우 관계이기도 하다. 이 아우가 주로 형이자 스승인 주인공에 대한 대부분 진술을 도맡아 한다. 물론 일련의 정황과 생애사 등을 작품 전반에 걸쳐 진술하는 화자도 별도로 있기는 하다. 그러면 왜 구체적인 인명들이 보이지 않는가. 이에는 등장인물이 많지 않다는 탓도 있을 터이다. 곧 비극적 인물이자 주인공인 김용배에게 모든 것을 집중시킨 때문일 것이다. 그러나 나는 보다 근본적인 원인으로 민중예술인들의 숙명에 기인한 것이라고 가늠한다.

두루 알려졌듯 18세기로부터 조선조 신분 사회 하에서의 남사당패를 비롯한 일련의 예인 집단들은 기층민이었다. 그들은 개인보다는 집단을 이루어 출행하고 걸립을 하며 연희를 펼쳤다. 그래서겠지만 그들에게는 개인을 특정하기 위한 이름이 크게 중요하지 않았다. 이런 유습 탓인가. 근대에 들어와서도 이들의 사회적 처우나 관행은 크게 달라지지 않았다.

일반적으로 누군가가 구체적인 이름으로 호명된다는 것은 그 정체성이 정립돼 개별화되는 것을 뜻한다. 그 단적인 예를 우리는 서구 근대 자본제 사회에서 마치 상품 브랜드처럼 시인 작가들의 이름이 호명된 사실에서 볼 수 있다. 헌데 지난날 민중예술인들은 개인보다는 집단으로 연희를 해 왔고 게다가 기층민이란 신분 탓에 굳이 개인 호명을 하지도, 할 필요성도 없었던 것은 아닐까. 이들의 익명성은 대개 이런 연유는 아닐는지. 특히 현대적 변용보다는 전통 묵수(墨守)가 강한 이 연예계 인물들에 있어서랴.

이상에서 보듯 김 시인은 이 작품에 얼마나 치밀한 나름의 구도와 의장을 꾀했는지 나로서는 주목하지 않을 수 없었다.

3.

김윤배 시인과 나는 갑장(甲長)이다. 이는 그와의 교유가 잦아지면서 자연스럽게 안 사실이다. 굳이 이런 사적인 고백까지 하는 까닭은 이렇다. 두말할 필요 없이 동갑내기란 같은 시대, 같은 사회적 환경을 공유하는 관계인 것. 그와 나는 보릿고개로 소환되는 저 산업화 이전 농업사회에서 유소년기를 보냈다. 궁핍한 시절 그 소년기에 김윤배 시인은 사범학교에 진학했을 터이다. 당시 사범학교란 지역사회의 수재들이나 입학할 수 있던 특목고임은 지금도 아는 이들은 다 아는 일. 그렇게 교직에 몸담게 된 그는 얼마 뒤 수업 교사보다는 관리직으로 돌아섰다.

그와 수인사를 나눈 안양의 한 초교 교장직도 그러했고 이내 장학관으로, 이어서 한 지역의 교육장까지 역임한 사실이 그것이다. 굳이 이런 이력을 짚는 데는 그의 남다른 인품과 능력 때문이다. 그는 이런 이력을 통해 남다른 절제와 제반 업무에서의 치밀성을 체화(體化)했을 마련이다. 나는 이런 점을 시와 직업 간의 선순환 고리라고 이해한다. 때로는 보헤미안적인 삶으로, 때로는 사회적 규범에서의 일탈로 살았던 일부 시인들의 삶과 견줄 때 이 같은 생애란 영 남다른 것이 아닐 수 없다. 그가 이즘 남들이 별로 관심을 덜 둔 장시에, 그것도 치밀한 의장과 방법론으로 진력한 것도 실은 그의 저 이력이 상당 부분 결과한 일은 아닐까 싶다.

끝자락에 한 가지만 더 덧붙이자. 시랍 40여 년—김윤배 시인의 시업은 단형 서정 시편들과 장형 시편들 두 축으로 이뤄져 왔다. 특히 나는 그의 장시들이 보여온 시적 성취가 우리 현대시사에서 정당하게 평가되기를 기대한다. 일찍이 「국경의 밤」,「홍천몽」,「금강」 등등의 선편 작품들도 있지만, 일단의 민중예술인들을 다룬 김 시인의 탁월한 시적 성취는 가히 독보적인 것이 아닐 수 없기 때문이다.

4.

시인 김윤배의 작품엔 힘과 서슬이 서 있다. 과연 그 강렬한 힘은 어디서 오는 것일까. 작품들을 통독하며 나는 그걸 생각했다. 우선 그의 시 문장은 짧으면서 정언(定言) 형식을 취하고 있다. "교복은 소녀의 보이지 않는 몸이었다", "거미는 언제나 단문이다" 등등. 그 문장 예들은 텍스트들 도처에 있다. 짧은 문장엔 부가적인 요소들이 없을 마련이다. 그래서 그 정언 형식의 문장은 종종 숨 가쁜 육성처럼 느껴진다. 그런데 이 정언 형식의 단문들은 은유, 그것도 컨시트의 틀을 대부분 갖췄다. 여기서 우리는 말의 폭력적 결합에 따른 서슬/텐션을 맛본다. 뿐만인가. 이런 저런 전문용어, 이국의 지명, 인명 등등도 자주 읽힌다. 이런 비일상적 언어의 구사 역시 힘과 서슬을 우리에게 안겨 준다.

또 하나 이번 시집 『그녀들의 루즈는 소음기가 장착된 피스톨이다』의 힘은 광활

한 시적 공간에서도 비롯한다. 제주의 차귀도에서 백두고원, 카스피해, 우즈베키스탄 등등을 넘나드는 공간은 가히 글로벌한 것. 이 같은 시적 주체의 공간 이동은 미지에 대한 답사 겸 확인일 터이다. 곧 도처의 세계와 삶에 대한 성찰인 것이다. 그러면 이들 공간에서 견문하고 확인한 것은 무엇인가. "세상은 거짓으로 지어진 거대한 집"이자 "함정"이며 그래서 늘 "삐걱"댄다는 사실이다. 이런 세상을 통과하는 주체의 방략은 무엇인가. 때로는 고뇌와 혼돈을 때로는 절망과 죽음을 껴안고 날아오르는 일이 그것이다. 그 과정에는 살과 피, 뼈가 튀고 찢기기도 한다. 텍스트에 이들 이미지가 자주 출몰하는 것은 이 때문이 아닐까.

특히 이번 시집에서 주목되는 일―곧 여러 화가와 시인 작가들이 시적 주체로 소환되고 있다는 점이다. 이들 예인의 삶은 쇄말한 일상에 함몰된 평균인의 경우와 다르다. 남다른 창조적 고뇌와 성취를 함께 향유할 마련이기 때문이다. 달리는 이들이 역사와 세계의 가장 민감한 성감대 같은 존재들인 탓도 클 것이다, 그렇긴 해도 이들 또한 "굴신의 생"을 영위한다. 김 시인은 이들이 산 "삐걱대는 세상과 삶"의 의미와 값을 웅숭깊게 짚어 본다. 또 그는 그동안 여러 편 장시 작품을 통해 예인의 삶과 그 의미를 천착해 오지 않았는가. 하지만 이 자리서 나는 화가나 작가가 결국 시인 자신임을 알고 짐짓 바꿔 읽었음도 밝혀 두어야겠다.

제2부 우리 시의 얼굴들 2

자아 성찰, 혹은 '춤'의 미학
—이숙이론

1.

얼마간 해묵은 명제일 터인데 과연 일상성이란 무엇인가. 누구나 말하듯 일상에서는 매일 똑같은 일들이 반복된다. 이를테면 똑같은 주거 공간에 똑같은 이웃들, 출퇴근, 삼시 세끼와 매일 오가는 시장 보기 등등 쇄말한 뭇 일들이 그것이다. 이 같은 일들로 꽉 채워진 것이 누구나의 일상이다. 또 이 같은 일들은 쉼 없이 반복된다. 그것도 개미 쳇바퀴 돌 듯 끊임없이 되풀이되는 것이다. 이러한 반복이 지속되다 보면 인간은 지루함과 짜증마저 느끼게 된다. 뿐만인가. 권태와 질식할 듯한 답답함에 함몰되기 일쑤다.

우리는 이러한 일상성을 겪으면서도 한편으론 그 일상성을 놓칠까 불안해한다. 왜냐면 우리가 일상성을 벗어난다는 것은 주어진 편안함과 나날의 생활을 잃는 일이기 때문이다. 특히 여성의 경우 일상성은 가정이란 성곽 안에서 펼쳐질 마련이다. 매일 반복되는 끼니 준비와 청소, 그리고 세탁, 육아 같은 가사 노동들로 꽉꽉 채워지는 것이다. 지난날 한때 이를 두고 우리는 가부장제 하의 성별 분업이라고 치부한 적도 있다. 그러나 오늘날 이들 일련의 일상사는 분업이 아닌 사회적 인습과 제도 탓에 빚어진 일로 간주되고 있다. 잘 알려져 있듯 제2의 여성적 자질이라고 불린 뭇 일들은 모두 예외 없이 그 사회의 인습·제도에 의해 훈육되고 길러진 것이란 이야기이다.

필자는 이번 이숙이 시인의 작품들을 통독하며 여성의 일상성이란 과연 무엇이었나란 물음을 앞에 하지 않을 수 없었다. 그리고 과거 우리 사회에서 가부장제 하의 여성적 삶이 어떻게 왜곡된 길과 신산한 곡절들을 지녔었는가를 돌아보지 않을 수 없었다. 실제로 작품을 읽어 보자.

　　새벽 어스름 시골집 부엌에서 늙은 쥐를 밟아 죽였다.
　　죽은 쥐를 불집게로 집어 밭고랑에 내던졌다
　　불 땐 매캐한 연기의 눈물로 된장을 끓이고
　　나물을 무쳐 아침상을 차렸다
　　임신 팔 개월이었다
　　아랫도리는 퉁퉁 부어 먹고무신의 코가 자주 찢어졌다.
　　아궁이 앞에 앉아 찢어진 코를 깁고
　　장닭 목을 비틀고 이 빠진 식칼로 모가지를 내려쳤다
　　생고무보다 질긴 시간들이었다
　　임신 팔 개월이었다

　　흩어진 머리칼을 동여맬 틈도 없이
　　산더미 같은 하루가 전신을 깔아뭉갰다
　　순종이란 믿음밖에는 세상 아무것도 두려운 게 없었다
　　　　　　　　　　　　　　　　　―「붉은 가시」 부분

　인용한 시는 굳이 산문적 번역이나 설명을 할 필요가 없어 보인다. 그만큼 간결하면서도 구체적인 서사를 보여 주기 때문이다. 화자는 여성적 삶에서의 통과의례 가운데 하나인 결혼과 그 험난한 시가(媤家) 살이를 이야기한다. 지난날 시가 살이는 여성들에게 지워진 큰 멍에이기도 했다. 그것은 기존 가족 구성원과의 동화와 화합이 말처럼 쉽지 않았기 때문이다. 이 같은 갈등뿐이겠는가. 지난날 대가족 제도하에서는 가사 노동을 전담하다시피 해야 했다. 화자의 말처럼 "산더미 같은 하루"에 짓눌려 살아야 했던 것이다. 이 하루 일과에서 임신부도 예외는 아니었다. 되레 가사 노동에 더해 태교와 같은 임신부 특유의 책무도 걸머져야 했던 것. 화자는 이러한 혹심한 시가 살이의 힘난한 정황을 텍스트에서 생생하게 그려 내고 있다. 이 모든 문제는 과거 가부장 제도나 대가족 탓으로만 돌릴 수 없을 것이다. 그것은 '순종을 미덕'의 하나라고 훈육한 당대적 가치나 인습에서 비롯된 일이기 때문이다.

그런데 이 같은 여성의 문제적 삶은 비단 이 작품에서만 확인되는 게 아니다. 일찍이 서구 문학사나 우리 문학사에서도 몇몇 작가들이 다양하게 다뤄 온 서사인 것이다. 19세기 모파상의 「여자의 일생」이나 톨스토이의 「안나 카레리나」 등은 어떠했는가. 아니 멀리 서구까지 갈 일도 아닌 것이 근대문학 초기 이광수의 「그 여자의 일생」은 또 어떠했는가. 이들 일련의 고전 텍스트들이 보여 준 여성적 삶이란 한결같이 문제적이었다. 그만큼 그들이 통과해 간 삶은 기구하고도 힘난한 것들이었다. 인용한 이숙이 시인의 「붉은 가시」 또한 이 선상에 뚜렷이 놓일 작품이 아닐 수 없다.

그러면 그 문제적 삶을 화자는 어떻게 마무리했는가. "캄캄한 밤 마당에 엎드려" 기도했던 그 과거를 화자는 '지금 여기'의 아궁이에서 불사른다. 그리고는 타고 남은 "서기 짙은" 굵은 가시 하나를 가든그린다. 마치 다비(茶毘) 뒤에 남은 영롱한 사리처럼 말이다. 화자가 이처럼 숱한 고통을 가시 하나로 간직하기까지는 참으로 긴 시간이 필요했다. 아궁이에서 불사르는 '지금 여기'에 와서야 화자는 그 지난날들을 비로소 소환해 온 것이다. 이번 시집에는 이렇듯 기억에서 소환한 시편들이 상당수 읽힌다.

2.

대저 기억이란 무엇인가. 사전적인 의미대로 기억은 사물에 대한 인지나 경험 내용을 잊지 않고 마음속에 쟁여 둔 것이라고 한다. 그런데 이들 내용은 일정한 가공을 거친다. 쟁여 두는 과정에서 또는 쟁이는 수순에서 심리적인 호불호에 따라 일부 내용이 생략되기도 혹은 매끄럽게 다듬어지기도 한다. 이 같은 기억은 어떤 계기에 종종 소환된다. 더러는 연상 작용으로 더러는 일정한 자극을 통해 소환되는 것이다. 이 기억의 소환은 연륜이 많아질수록 빈번해진다. 흔히 나이 들면 과거와 산다는 말은 그래서 생겼을 터이다.

이숙이 시인은, 그의 연륜 탓이겠지만, 이 소환된 기억들을 작품을 통해 자주 보여 준다. 특히 필자에게 인상적인 것은 유년 시절 기억을 소환한 시편들이다. 작품을 읽어 보자.

①
부두에서 명주 수건으로 눈물을 닦던 은발의 그를 남겨 두고
떠나오던 날
푸른 바다에서 우리가 탄 통통배만 적막했다
통통배가 울 때마다
연기가 도넛처럼 피어올랐다
하늘을 둥둥 떠다니던 그 도넛은 금세
수평선 너머로 사라지고
은발의 그가 흔들던 가뭇없는 손길만 나를 따라온다
　　　　　　　　　　　　—「다이아몬드 알갱이와 떠돌이별」 부분

②
탱자나무 그늘에 등짝을 대고 주저앉아
다른 세상을 꿈꾸는 아이
침을 흘리며 깜박 까무러친다
할머니는 뜨거워진 내 머리를 찬 수건으로 닦으며
—내 강생이…… 내 강생이…… 더위 먹을라…

그날의 할머니만큼 내 머리도 세었고

하얗게 센 내 귀밑머리에 할머니 애잔한 목소리 감긴다.

—「그날로 돌아가고 싶다」 부분

인용한 ①, ② 작품 모두 화자는 유년 시절 기억을 소환하고 있다. 마치 목전의 현실처럼 그 기억을 작품 속에다 펼쳐 놓는다. 그 현실 정황은 이런 것. ①은 고향을 떠날 때의 정황이다. 곧 은발의 그/할머니가 멀리 떠나는 어린 손녀를 부두에서 전송한다. 화자에게 이 정경은 깊고 오래 각인되어 있다. ②는 한여름 할머니가 더위 먹은 화자를 간병해 주었던 기억이다. 필자는 이들 작품에서 두 가지 사실을 읽는다. 하나는 각별한 조손(祖孫) 관계이며 다른 하나는 그 관계 속에서 누렸던 어린 시절 행복이다. 먼저 조손 관계가 각별해 보이는 것은 할머니의 존재가 유난한 탓이다. 모르긴 해도 할머니는 화자에게 모성을 대신했던 존재가 아니었을까. 그런 탓이리라. 유년은 그 나름의 고통이 있었음에도 화자에게는 할머니와 함께 뒷날 이상적인 행복한 시공간으로 기억되고 있다.

이번 시집의 시편들을 나는 시인 나름의 생애사로 읽는다. 한 여성 시인이 유년에서 가정주부, 그리고 노년인 현재에 이르기까지를 진술하게 보여 주기 때문이다. 그것도 더러는 소환된 기억의 형식으로 더러는 이곳의 현재 일인 듯 진술하고 있어 그렇다. 갖가지 기억을 소환하고 그것을 기록으로 제시하는 일—이는 범박하게 말해 한 인간의 생애사일 터이다.

뿐만인가. 이 생애사 속에서 우리는 전쟁 통의 뼈저린 서사들도 읽게 된다. 일제강점기에 징병 간 식민지 청년, 한국전쟁에서 산화한 소년병 등등을 다룬 시편들이 그것이다. 물론 이 서사들 또한 시인이 직접 보고 들었던 경험담들일 터이다. 장마당에서 바늘 백 땀을 뜨기 위해 헤갈을 한 어미와 그 백 땀 뜬 무명천을 두르고 징병에 끌려간 아들, 그 아들은,

먼 태평양 섬 팔라우 해변가에는 하얗게 바랜 뼈가 뒹굴고 있다

어미의 가슴에 칼이 되고 가시가 되어 떠돌던 바늘땀은
2019년 지금도 우리를 찌르고 할퀴며 떠돌고 있다.

— 「무명천」 부분

위 대목에서 보듯, 결국 이역의 해변에 한낱 "뼈"로 뒹군다. 이 비극은 지금도 살아 있는 역사로 우리에게 아프게 남아 있다. 그런가 하면 한국전쟁은 어떠했는가. 갓 혼인한 뒤 남편은 입영했고 홀로 남은 그 젊은 아낙은 유복자를 출산한다. 그리고는 전쟁 뒷세대 누구나처럼 갖은 역경과 고난을 헤치며 삶을 꾸린다. 마침내 그런 삶을 마감한 뒤에는 역시 남편 옆에 앙상한 촉루(髑髏)로 누워 묻히고 있다(「어떤 할머니의 6.25」). 반면 열일곱 나이에 총을 거머쥔 소년병은,

산 자들은 두려움에 침묵하며 상처를 봉합하고
골골이 숨어 있는
열일곱 이름 없는 저 불발탄!

— 「계곡에 핀 꽃」 부분

이 되어 골짝 골짝에 묻혀 있다. 그는 뒷날을 사는 우리에게 "누가 우리를 찾아 줄 것인가"라고 세월과 함께 "편지지"처럼 낡아 가는 망각 속에서도 소리친다. 말하자면 이들은 역사란 수레바퀴에 깔린 무고한 희생자들이 아닐 수 없다. 그런데 이 같은 무고한 희생은 특정 시대에만 국한된 일이 아니다. 지금 현재에도 어디에나 있을 수 있는 것. 작품 「2018」은 그 한 예를 보여 준다. "네가 지나간 자리 한 번만 돌아봐/러시아 엄마를 둔 건 네 죄"가 아닌 한 소녀의 죽음이 그것이다. 화자는 "주위로부터 왕따에 집단 폭행을 당하고" 극단적 선택을 한 열네 살 소녀의 비극 앞에 분노한다. "내가 어떻게 해야 하지?/어떻게 그 찢겨진 상처를 꿰매 주지?"라는 노여움에 찬 진술이 그것이다.

대체 이 같은 현실에 대한 분노는 무엇인가. 그것은 자신에 대한 성찰과 달리 이

웃이나 문제적 현실에 대한 분노이고 저항인 것이다. 아마도 시인으로서 한 시대를 사는 이들의 공분이기도 할 터이다. 일찍이 누군가 시인의 내면에는 창조적 자아와 사회적 자아가 뒤섞여 공존한다고 했다. 시인은 창조하는 존재이기도 하지만 또한 사회의 문제적 현실에 비판적인 참여를 한다는 담론이 그것이다. 이숙이 시인 역시, 지금껏 우리가 읽어 온 그대로, 시인이면서 동시에 문제적 사회 현실을 비판/저항해 오고 있다. 어쩌면 이는 동서고금 없이 '시인 됨'의 피할 수 없는 한 숙명이기도 할 것이다.

3.

①
합천 야로 정대리 선산에서 배롱나무 그늘 속을 걸어오다가

지 아버지 쏙 빼닮은 아들이 내 손을 잡으며 하는 말,

"아버지는 얼마나 집에 오고 싶을까"
　　　　　　　　　　　—「아버지는 얼마나 집에 오고 싶을까」 전문

②
캐나다에서 잠시 다니러 온 큰애가 아버지 뵈러 가서
"엄마, 아버지가 전화 바꿔 달래요" 한다
"이봐요, 그곳은 지낼 만해요? 우린 다 잘 있어요. 내가 갈 때까지 기다려요"

전화기 너머 그이가 잠든 무덤 옆 목련나무 잎 지는 소리만 둥글다.
　　　　　　　　　　　—「멀리서 온 전화」 전문

인용한 ①, ②는 시적 조사(措辭)가 짧고 간결하다. 그 짧고 간결함은 행간의 함축을 극대화한 탓에 가능해 보인다. 일반적으로 서정의 기본 틀은 대체로 짧다. 그리고 짧은 만큼 간결 명료할 마련이다. 시적 자아의 고양된 정서란 찰나에, 그리고 짧은 틀 속에도 너끈히 토로될 수 있기 때문이다. 그 좋은 예로 한시의 절구를 보라. 불과 20자, 28자이지 않은가. 여기엔 물론 표의문자인 한자의 특수성 탓도 클 것이다. 암튼 짧고 간결한 시적 조사는, 거듭된 소리지만, 우리 서정시의 기본이라 할 것이다. 읽고자 위에 인용한 시들 역시 짧고 간결하다. 그만큼 생략이 크게 이뤄졌고 함축성 또한 극대화돼 있다.

　이제 이들 두 작품을 산문적으로 번역해 가며 읽어 보자. 특히 행간에 생략, 함축된 내용을 복원해 가며 살펴보자. 이들 두 작품의 화자는 '그이'/남편의 성묘를 하는 중이다. ①은 그이를 빼닮은 아들의 말을 제시한다. 성묘가 끝난 뒤 아들은 귀가를 앞두고 무심결에 말을 던진다. "아버지는 얼마나 집에 오고 싶을까"라고.

　여기서 집으로 돌아온다는 것은 무슨 뜻인가. 그것은 일상 속으로, 삶의 한복판으로 다시 복귀한다는 의미일 터이다. 화자는 그이가 귀가할 수 없음을 잘 알고 있다. 이는 아들의 경우도 매한가지이다. 흔히 말하듯 금생(今生)의 세상과 명계(冥界)는 얼마나 서로 다른 별개의 세계인가. 그걸 알면서도 굳이 아버지의 귀가를 말하는 것—그 언술은 빼어난 위트가 돋보인 가운데 이 작품의 시적 울림을 한껏 끌어올려 주고 있다. 결코 건너뛰거나 극복될 수 없는 한계를 잘 알면서도 아들은 친연스럽게 아버지의 귀가를 말한다. 그래서 더 울림이 크지 않은가.

　②의 경우 역시 성묘 중에 벌어진 정황을 제시하고 있다. 큰아들은 짐짓 고인이 된 아버지 전화라며 전화기를 화자에게 건네준다. 화자 역시 천연스럽기는 마찬가지다. 여느 때의 통화처럼 고인이 된 그이와 대화를 한다. '그곳은 어떠냐고. 여기는 다 잘 있다'고, 또한 하세(下世)하면 자신도 이승에서처럼 함께할 거라고. 이처럼 시치미를 떼며 안부를 건네고 있다. 생과 사의 두 세계를 동일 시공간처럼 여기는 화자와 아들의 심적(心的)인 움직임—이 마음의 움직임이야말로 작품의 울림을 한층 고조시킨다.

그러면 이 같은 성묘란 무엇인가. 어떤 의미인가. 여기서 시의 시공간 문제도 한 번 짚어 보자. 인용한 ①, ② 작품은, 이미 살펴본 대로, 묘소 공간에서의 성묘 중 삽화들이다. 말하자면 일상과 동떨어진 성화(聖化)된 시공간에서의 얘기인 것이다. 흔히 성묘란 일상과 달리 신성(神聖)의 차원에서 행해지는 전통적 의식이다. 그래서 사자와 산 자 간의 교감이나 교류도 극적으로 이뤄진다. 우리가 이러한 전통의 배후 문맥에 기댈 때 인용한 작품들은 그 울림이 강화될 마련인 것이다. 일상에서 끊어 낸 히에로파니의 공간은 그래서 중요한 시적 의장(意匠)의 하나인 것이다.

이상에서 살핀 대로 시공간에 대한 시인의 인식은 마음의 움직임을 결정한다. 곧 작품 속 상상력의 크기와 폭을 결정하는 것이다. 시적 대상을 디테일 중심으로 제시하는가, 아니면 폭넓은 시공 속에서 전모를 드러내는가. 이 같은 문제 역시 시공간에 대한 인식을 통해 선택되는 것이다. 다음의 작품을 읽어 보자.

> 이 빠진 괘종시계가 낮 한 시를 흘릴 때
>
> 말라 가는 내장에서는 마른 모래 냄새가 역겹다
> 대추야자나무 밑 샘가
> 신기루에 홀린 사막을 헤매던 어떤 대상이
> 약속을 지키지 못한 채 널부러져 해골이 되었다
> 이제는 거친 자갈들로 메워져 가는 웅덩이
> 마른 가지 사이로 비명들이 몸을 비틀며 흩날린다
> 흩어진 뼛조각들은 신이 쓰다 버린 쓰레기
> 매섭고 찬 모래바람이 불어온다
> ―「괘종시계가 밤 한 시를 물고 버틸 때」 부분

이 시에는 "낮 한 시"와 "밤 한 시"라는 두 양상의 시간이 병치돼 있다. 인용한 낮 한 시의 경우는 어느 사막의 샘가, 오아시스의 황량한 정경이 펼쳐져 있다. 메워진 웅덩이와 흩어진 해골 등등이 그 정경의 주된 축이다. 반면 밤 한 시의 양상은 어떤가. 같은 샘가에 '나'라는 화자가 등장한다. 낙타를 몰고 온 그녀는 엎드려 기도에 열중한다. 마침 돌풍이 인다. 그 바람에 기도하는 그녀의 옷자락이 출렁인다. 같은 공간이지만 이 시간대에는 이런 정경이 펼쳐져 있는 것이다.

시간을 달리한 동일 공간의 이들 정경은 매우 이국적이다. 짐작건대 성경의 주 무대인 중동 사막의 어느 샘가일지도 모른다. 그런데 이 정경은 객관적인 외계의 것이 아닌 그녀의 내면 풍경임이 곧 드러난다. 작품 후반의 "그녀도 한때는 낙타가 목을 적시던/만년설이 녹아 스며든 그런 오아시스"란 언술 때문이다. 그러면 내면 풍경으로서 이 두 정경의 의미는 무엇인가. 이 두 정경은, 병치란 말 그대로, 명시적 맥락이 생략된 채 제시돼 있다. 다만 읽는 이에 따라서 이 두 정경은 시간 경과에 따른 단순 변화로 읽을 수도 있을 터이다. 그러나 그보다는 "약속을 지키지 못한 대상/상인"과 뒤늦어 와 기도밖에 할 수 없는 '그녀' 간의 후일담으로 읽을 수도 있지 않을까. 후일담이란 현실/현장과 일정한 시간적 거리가 확보된 뒤의 뒷이야기다. 그런데 이 시간적 거리는 현실/실제의 많은 디테일을 사상(捨象)토록 만든다. 그래서 기억 혹은 추억은 늘 아름답게 제시될 수 있는 것이다. 이것이 시간의 힘이다.

그리고 이 힘 탓에 시간은 대단한 폭력성을 드러내기도 한다. 예부터 시인들은 그 폭력성 앞에 무력하기만 한 인간의 삶을 노래했다. 이번 시집 여러 작품에서 이숙이 시인 역시 시간이 훑고 지나간 뒤의 자기 삶을 되살피며 아쉬워한다. 세월 앞에 변하고 망가지지 않는 사상(事象)들이 어디 있겠는가. 이 같은 시간의 폭력성 앞에 시인이 체념도 하고 한스럽다고 하는 것은 어쩌면 당연한 일이다. 그래서일 터이다. 이숙이 시인은 때로는 대중가요 노랫말과 시적 진술을 상호텍스트성에 가깝게 제시하고(「노래는 메아리가 없다」, 「나를 버리고 가시는 님은」) 때로는 지나간 삶의 쓸쓸함과 비애를 드러내 보이기도 한다(「등의 쓸쓸함에 대하여」). 이상에서 본 바와 같이 시인은 시공간에 대한 인식이 텍스트 속에 실제로 어떻게 구현되는가를 보여 준다. 더 나가서는 자신을 대상화하고 성찰하는 마음의 움직임도 읽게 만드는 것이다.

4.

　여기서 다시 말머리를 일상성으로 돌려 보자. 사람들 누구나 나날의 삶을 묻고 사는 일상은, 앞에서 말한 바, 똑같은 일과 똑같은 행동의 반복이다. 그래서 개미 쳇바퀴 돈다라고 언명되기도 한다. 이 반복 지속하는 숱한 일과 행동은 사람을 지루함과 권태감 속에 몰아넣는다. 실제로 작품을 골라 읽어 보자.

①
일월화수목금토 다시 일월화수목금토
또다시 1월2월3월4월5월6월7월8월9월10월11월12월
1년이 가고 2년이 가고 3 4 5……
10년 20년 30년 40년 50년 60년,
옛날 사라호 태풍처럼 세월은 혼비백산해 버렸다.

—「무정 부르스」 부분

②
달력의 날짜는 바꿀 수 없지요
김치찌개를 몇 번 데우다 보면 목구멍까지 치미는 권태
참다 참다 뛰쳐나가 거리에서 헤갈을 치면

—「귀 좀 빌려주세요」 부분

　이끌어 적은 시의 화자는 일상과 권태의 정황을 생생하게 보여 준다. ①은 세월의 덧없음과 빠름을 통해 그간의 쳇바퀴 같았던 일상들을 보여 준다. 화자는 이제 늙음의 반열에 올라선 처지이다. 그래서 현장에서 일탈한 노령 세대의 정황을 지하철 무임승차로 제시한다. 화자는 그 무임승차가 "비굴한 것", "탈락한 무리"임을 확인시켜 준다고 진술한다. ②는 매일의 똑같은 식사 준비가 실은 권태의 다른 기표였음을 드러내 준다. 우리가 똑같은 일의 반복에서 맛보는 것은 단조로움과 따

분함, 그리고 심심함 등인데 이 같은 권태는 표면적인 권태이리라. 화자는 이런 권태 탓에 일상에서의 일탈을 꾀한다. 이 작품에서는 권태가 "거리에서 헤갈"하거나 매일 보는 사람을 "미움"의 대상처럼 여기도록 만들고 있다.

그런데 이 같은 표면적인 권태와 달리 본래적인 권태는 작품 ①에서 보는 것과 같은 긴 시간 자체를 의미한다. 곧 시간의 긴 연속에서 오는 불만족, 불안, 초조 등이 그것이다. 어떤 권태든 그 권태를 벗어나는 길은 무엇인가. 이번 시집에서 필자는 그 탈출의 한 방법이 세계여행이었음을 읽는다. 이숙이 시인은 일본, 벤쿠버, 지중해, 남미, 미국 등지를 두루 여행한다. 아마도 이는 고되고 힘든 여성적 삶의 끝에서 이 시인이 만난 여유로운 보상이기도 할 터이다. 실제로 한 작품을 읽어 보자.

> 한 달 동안 계속되었다. 낮에는 정박지에서 관광을 하고
> 밤에는 선상에서 파티가 계속된 크루즈 여행길,
> 2012년 코스타 퍼시피카호에서다.
>
> 터키 이즈밀의 해변 도시에서 화관을 쓴 처녀처럼
> 야생적이고 아름다운 딸과, 딸의 딸과, 딸의 아들과, 딸의 남편과
> 나는 행복했다.
>
> ―「이즈밀의 한낮」 부분

이 작품에서 화자는 딸 부부, 그리고 외손들과 함께 크루즈 여행을 즐긴다. 독자는 짐작하시겠지만, 여기서 화자는 이숙이 시인 자신일 터이다. 이번 시집의 상당수 작품들에서 화자와 시인은 동일한 인물로 읽힌다. 그만큼 화자 곧 시인이란 등식으로 읽어도 작품 해석에 큰 무리가 없는 탓이다. 이는 작품들이 자기 고백적임을 시사하는 것이기도 하다. 실제로 시인은 노경에 들어 때로는 기억을 소환하기도 하고 때로는 그간의 일상이 덧없었음을 차탄(嗟歎)하기도 한다.

위의 「이즈밀의 한낮」은 행복한 노년의 여행 경험을 들려준다. 다른 시편들에서

회상을 통해 들려준 여성의 험난한 문제적 삶과는 판연히 다르다. 여기서의 행복은 일상성을 일탈한 데서, 그리고 자손을 통해 맛보는 모성 특유의 성취감에서 비롯된 것이리라. 일반적으로 여행시는 세계나 삶의 새로운 발견을 축으로 삼는다. 그 발견은 새롭게 접하는 자연 경물에서 시작된다. 우선 경물을 통해 맛보는 심미적 경험이 그것이다. 그리고 그 속에서 영위된 인간들의 삶을 확인하고 또 그 삶이 지닌 의미를 발견하는 것. 이는 일종의 '옆으로의 초월'이라고나 할까. 암튼 이 같은 과정에서 시의 화자는 즐겁고 흐뭇한 일련의 정황을 "행복"이라고 표현한다.

물론 이숙이 시인의 여행시들이 모두 행복을 노래하고 있는 것은 아니다. 여행지의 낯선 경물을 만나 옛 기억을 소환하거나 '너'로 대상화시켜 속내를, 다시 말하자면, 자기 고백을 하기도 한다. 이를테면,

> 내가 좋아했던 바다, 끌어안고 같이 통곡하고 싶었다
> 수수천만의 내 눈물로 너를 위로할 수 있을까
> 그와 나 사이
> 견고한 문명의 창을 부수고 어떻게 달려갈 수 있을까
> 꿈꾸듯 불빛이 혼절하고 있다
> —「지중해의 밤」부분

와 같은 대목에서 보듯 사나운 밤바다를 대상화한 것도 한 예이다. 지중해 여행 중 화자는 밤바다를 지켜보고 있다. 갈기를 세운 성난 사자가 거기 우짖고 있는 것 같다고 한다. 그런가 하면 거센 "영혼이 절규한다"라고도 진술한다. 이는 과거 빛나던 바다거나 화자가 좋아했던 바다와는 사뭇 다른 모습이다. 이렇듯 다양한 면모를 지닌 바다이지만 이 작품에서 화자는 바다의 또 다른 처절미(悽切美)를 새삼 발견하고 놀라워하는 것이다. 그런가 하면 여행길에서 우연히 마주친 사람과 소통하며 그 훈훈한 정감에 느꺼워하기도 한다. 곧,

> 내 옆자리에 중년의 여인이 샌드위치를 물고 밖을 바라본다
> 불현듯 나는 '아메가 후리후리 사비시이 데스네.'
> 낯선 그녀에게 마음을 전했다
> 활짝 웃는 얼굴로 '혼또니 사비시이 데스요.'
> 일어서며 그녀가 다정하게 건넨 몇 마디의 말
> 항상 건강하고 행복하라는,
> 내 짧은 일본어 실력으로 짐작했다
> 나는 슬픔이 뚝뚝 떨어지는 우장을 벗어던지고
> 하꼬네행 기차를 탔다
>
> ―「하네다 공항 작은 카페에서」 부분

와 같은 만남이 그것이다. 화자는 낯선 일본 여행지에서 현지인을 만난다. 그와 말을 주고받으며 서로의 속내를 소통한다. 그 소통은 피차간 인간적인 정감을 공유토록 만든다. 이는 낯선 이들에게서 문득 자신을 발견하는 일이기도 하다. 달리 말하자면 사람들 사이에서 '옆으로의 초월'을 경험하는 것이다. 이처럼 여행은, 앞서 살핀 대로, 일상성에서의 방법론적 탈출의 한 통로가 된다. 그리고 그 탈출을 통해 세계와 삶의 의미를 새삼 발견하고 확인하기도 할 마련인 것이다.

5.

특이하게도 이번 시집에는 이숙이 시인의 춤 얘기가 자주 등장한다. 이를테면 숨이 꼴딱 넘도록 추는 '탱고'(「까딱 않는 바위, 갈등의 탱고를 추다」), 비트에 맞추어 흔드는 춤(「나는 래퍼」), 북극 오로라를 펼쳐 놓고 추는 춤(「이 무대에서 못할 건 아무것도 없다」) 등등이 모두 그것. 흔히 춤은 몸 근육의 움직임 자체를 목적으로 삼는다. 그래서 일과 춤은 그 목적 여하에 따라 구분된다. 별도 목적을 이루기 위한 몸동작을 일러 일이라고 한다. 반면에 춤은 그 움직임 자체 하나하나가 목적이다. 그러면 왜 춤을 추는가. 그것은 몸 내부의 일정한 감각과 정서 탓이다. 이때의 감각이나 정서는 대

체로 파동 형식을 띤다. 흔히 손발이 절로 움직인다고 할 때의 파동 치는 정서가 그것이다. 이 정서는 흥, 혹은 흥겨움이라고도 종종 불리는 것.

말할 나위 없이 흥겨움의 몸동작/춤에도 인간은 일정한 격식과 절주를 덧붙여 왔다. 각종 무용 형식과 패턴들은 모두 그렇게 결정됐거나 완성돼 온 것이다. 그러면 과연 이숙이 시인의 춤은 어떤 것일까. 먼저 작품 한 편을 읽어 보자.

> 내가 가지고 있는 것 모두
> 탁탁 털어 팔고 팔다 땡처리하고
> 마지막에는 내 마음도 팔고 내 사랑도 팔고 내 몸도 팔고
> 시장통 생선 가게 좌판 위에 누워 소리소리 질러도 안 팔리면
> (중략)
> 소금 알갱이 같은 갈등과 갈등이 만나
> 내 빈 속에는 용암이 쿨렁쿨렁 터져 나오고
> 나는 활화산처럼 뜨거워져 골분이 다 삭도록
> 엉기고 엉긴 스텝으로 탱고를 추고 싶다.
> ―「까딱 않는 바위, 갈등의 탱고를 추다」 부분

이 시의 화자는 탱고를 추고 싶다고 말한다. 그것도 숨이 꼴딱 넘어가거나 스텝이 꼬일 대로 꼬인 그런 춤을 추고 싶어 한다. 이 같은 춤은 왜 추고 싶은 걸까. 작품의 겉 문맥을 따르자면 이렇다. 화자는 그동안 아무것도 '팔아 본 적'이 없다는 자각과 한순간 맞부딪힌다. 그는 오로지 '많은 것'을 사들이고 소유만 해 왔을 뿐이다. 여기서 사고파는 대상이란 단순 물질만을 뜻하지는 않을 터이다. 정신적인 것, 이를테면 소유욕이나 집착 같은 마음의 품목일 경우도 있는 것이다. 그런데 이러한 소유나 집착이 실은 얼마나 고통스런 것이었나. 또 '나'란 자아를 얼마나 억압해 왔는가. 사고판다는 화자의 진술 배면에는 이러한 뜻이 내장돼 있다.

이제 화자는 살면서 '사서' 소유한 모든 것들을 팔고자 한다. 심지어는 마음과

몸도 매각의 대상으로 삼는다. 그러면 왜 이들을 팔겠다고 하는가. 비록 사고파는 상거래 형식을 빌었지만, 필자에게 이는 집착을 끊고 내려놓겠다는 의미로 읽힌다. 인간은 가진 것들에 대한 회의와 그 한계를 시시때때로 절감한다. 그것도 오랜 물리적 시간을 통과해 노경에 이르다 보면 누구나 그럴 마련인 것.

암튼 이 작품에서 모든 걸 시원하게 팔겠다는 화자의 언술은 내려놓는 일에 다름 아닐 터이다. 내려놓는 일―선불교식으로 말하자면 방하착(放下着)인 것이다. 뿐만인가. 화자는 내려놓는 데에서 더 나아가 '주어 버린다'고 한다. 여기서 팔거나 주는 행위는 춤, 그것도 탱고를 동반한다. 그 탱고란 "골분이 다 삭도록/엉기고 엉긴 스텝"의 춤이다. 필자는 여기서 샤먼들이 경험한다는 엑스터시를 연상한다. 그 엑스터시는 강렬한 춤동작을 통해 나를 탈각하는 순간 겪는 일이라고 한다. 이 시의 화자 역시 자신을 완전하게 잊는 순간을 맞는다. 일종의 무아(無我) 상태에 이른 것이다. 그러면서 마치 '활화산'처럼 뜨겁게 자신을 분출하고 싶다고 한다. 마무리하자면 이 일련의 진술은 엑스터시를 통해 정화에 이르는 과정을 보여 준다고 할 것이다.

그러면 무엇이 이 같은 춤을 추게 하는가. 일반적으로 춤은 내부 정서가 폭발할 때 나타난다. 이 폭발한 내부 정서가 몸을 절로 움직이도록 만드는 것이나. 이숙이 시인의 경우는 '갈등과 갈등이 용암'처럼 터질 때 춤이 나온다. 특히 작품 「나는 래퍼」의 경우는 기성 체제에서 일탈한 화자를 통해 그 갈등 양상을 극명하게 보여 준다.

　―엄마는 무슨 생각할까 아빠는 날 보고 한숨 쉬고, 서울대생 누나는 외면, 나는 자퇴생, 나는 자퇴생……

　쉴 새 없는 넋두리가 실타래를 풀고 하이패스가 거리와 요금을 정산하듯 우리의 등판에 순위와 점수가 점광된다.

　눈 밑까지 덮인 머리카락 틈새로 내가 읽는 것은 비애, 경쟁이 싫어 숨어든 곳에서 내가 읽는 것은 박탈감, 이것이 내 삶의 방식.

―「나는 래퍼」 부분

이 시의 주체인 래퍼는 끝없이 경쟁만을 강요하는 현실이 싫다. 그래서 마치 레지스탕스처럼 비밀 아지트를 찾아든다. 바로 래퍼 지망생들이 경연을 펼치는 무대 공간이다. 거기서도 화자는 비애와 박탈감만을 만끽한다. 여전 경쟁과 순위가 지배하기 때문이다. 경쟁만을 강요하는 엄마와 아빠가 있는 가정을 벗어났어도 도처의 현실은 그 모양인 것. 일찍이 앙드레 지이드는 "탈출하라 너의 가정에서 학교에서"라고 일갈한 바 있다. 가정 혹은 학교라는 기성 체제나 기성 관습에 안주하지 말 것을 강력히 권고했던 것이다. 이 경우 기성 체제란 자아실현을 어렵게 하는 억압 기제일 따름이다. 누구나의 그 흔한 젊은 한 시절 반항은 그래서 정당화된다.

이 시의 래퍼 역시 "욕망과 분노, 갈등" 끝에 결국 가정을 뛰쳐나왔다. 그동안 그가 저항의 수단으로 선택한 것은 "약"과 "자살 시도"였다. 그리고 거기서 말미암은 신경증마저 앓는다. 그런 그가 지금 찾아든 아지트는 어떤가. 역시 밖의 기성 체제와 크게 다를 바 없다. 뛰쳐나온 현실 세계 못지않은 억압들이 존재하기 때문이다. 여기 막다른 공간까지 떠밀린 그에게 남은 것은 좌절과 절망뿐이다. 다만 유일한 탈출구로 남은 건 노래와 춤이다. "마이크를 잡고 비트에 맞추어 몸을 흔들" 수 있는 탓이다. 아마도 이 "몸 흔드는 춤"은 시의 주체로 하여금 엑스터시를 겪고 그를 통한 정화에까지 이르도록 만들 것이다. 그러면 춤을 통한 정화가 목적일 것인가. 아니다. 이 단계에 이르러 인간은 예(藝)의 세계로 흔히 빨려 들 마련이다. 그것도 블랙홀처럼 말이다. 범박하게 말해 예술이 인간 역사와 함께 자리해 온 까닭도 이런 것 아니었을까. 암튼 이 예의 세계에서 이숙이 시의 주체들은 '나'를 찾고 '나'를 실현한다. 다음의 작품도 그 한 예를 보여 준다.

나는 이 무대에서 날 선 메스를 쥐고
목 밑에서 배 밑까지 집도의가 되어 주욱, 그어 펴 보이며 나를 만나겠다. 내 갈 길을 가겠다.

—「이 무대에서 못할 건 아무것도 없다」 부분

인용한 시의 화자는 지금 나를 찾는 중이다. 그것도 "북극의 찬란한 오로라"를 배경으로 한 춤을 통해서다. 그 춤은 블랙홀처럼 화자를 빨아들인다. 앞서 본 바, 춤은 궁극에서 엑스터시와 맞닥뜨릴 마련인데 이 작품에서는 저 엑스터시가 블랙홀 형식을 취했을 뿐이다. 화자는 빨려 든 블랙홀 속에서 자기 마음의 끝이 어딘가를 찾는다. 말하자면 춤의 궁극에 빠져 "무한대의 추잡과 비굴"을 정화하며 진정한 나를 찾는 것이다. 여기서 진정한 나를 찾는 방식이 필자의 주목을 끈다. "목 밑에서 배 밑까지" 메스로 몸을 가른다는 언술 탓이다. 얼마간의 과격함이 그 진술에서는 번뜩이고 있다. 이처럼 화자는 자신이 선 무대/현실에서 집도의처럼 '나'를 과감하게 해체한다. 그리곤 비로소 새로운 나, 곧 진정한 자아를 만나 "내 갈 길을 가겠다"고 다짐하는 것이다.

여기 이쯤서 필자의 개인적인 소회가 용인된다면 얘기 한 자락쯤 하고 넘어가자. 이숙이 시인을 나는 삼십여 년 넘게 지켜봐 오고 있다. 이 시인은 그간 뭇 일에서 늘 한결같았다. 그만큼 사려 깊고 의연한 인품을 보여 주었던 것. 특히 시에서는 힘 있는 시어 구사나 강렬한 표현들을 추구했다. 말하자면 시적 조사(措辭)의 상투성을 부단히 깨고자 한 것이다. 우리가 지금까지 읽어 온 바, 무미건조한 일상성을 전복하거나 문제적 현실에 강한 저항 의식을 드러내는 등의 시적 태도도 모두 이같은 평소 삶의 품새에서 기인한 것이리라. 이에서도 우리는 이숙이 시인의 저간의 시적 태도나 내면의 정신적 풍경을 얼마쯤 이해할 수 있을 것이다.

일상의 성찰과 '당신'의 호명
―정재영의 시 세계

1.

  도(道)란 무엇인가. 도는 어디에 있는가. 꽤 거창한 물음 같지만 실은 그렇지도 않다. 도는 한자 훈(訓) 그대로 '길'이다. 흔히 길은 시종이 분명한 선조의 형태를 취한다. 시간의 진행과 닮아 있는 것이다. 그래서 길은 우리 삶의 진행과 흡사하다. 곧 인간이 걸어가는 행로와 유사한 것이다. 이렇게 도는 우리 삶의 행로에서 꼭 지켜야 할 가치나 합목적성이라 할 것이다. 달리 말하자면 도는 우리 삶의 행정에서, 특히 영위되는 일상에서 지켜야 하는 기준이나 이법(理法)을 뜻한다 할 것이다. 옛말 그대로 도란 어디 하늘 높은 초월적 공간에 따로 존재하는 게 아니다. 일상 속에, 곧 밥 짓고 청소하고 뭇 일들 처리를 하는 그 가운데에 있는 것이다.

  이번에 나는 정재영 시인의 작품을 통독하다 문득 이 도를 떠올렸다. 그것은 그의 작품들이 일상적 삶에, 그 삶의 이치에 깊이 뿌리내린 탓이었다. 일 마친 퇴근길 노정을 얘기하는가 하면 선친에 대한 남다른 공경과 그리움을 토로한다. 또 아내와의 나들이, 주례 선 감회 등도 나온다. 특히 시령제(時令題)하고 할, 때의 변화에 따른 절절한 정감이 두드러진다. 명절이나 성탄절 전야, 섣달그믐 등 일상에 매듭을 지은 시간들에 대한 감회가 각별한 것이다. 이들 일련의 작품들은 한마디로 일상을 깊이 있게 성찰한 시적 결과물일 터이다.

  그러면 일상이란 무엇인가. 일반적으로 일상은 반복적이고 자동화된 삶의 연속이다. 매일 겪는 삼시 세끼와 출퇴근, 익숙한 사람들과의 어울림 등등이 그 세목들이다. 그런데 그 세목들로 채워진 일상에 묻히다 보면 우리의 의식은 자동화된다. 곧 익숙해지고 길들어 주체의 자의식이 마비되는 것이다. 따라서 일상은 인간을 안일과 관습에 함몰되도록 만든다. 거기 함몰된 인간은 주체로서의 자기 정체성이나 본분을 망각하기 쉽다. 그래서 일찍이 니체는 위험하게 살기를 가르쳤다. 바닥 모를 심연 같은 일상으로부터의 탈출을 권한 것이다. K. 야스퍼스 역시 일상의 자동화 현상을 깨트려야 비로소 본래 자기를 되찾는다고 했다.

정재영 시인은 이러한 자동화된 일상을 벗어나 되레 그 일상들의 의미와 값을 웅숭깊게 탐색하고 성찰한다. 실제로 작품을 한 편 읽어 보자.

> 열정의 지난 잠들지 못한 날 모두
> 뜨거운 것이 뜨거움을 잉태하는 축제여서
> 열매를 맺어 풍성한 가을 서늘한 날은
> 노을 불길이 들판을 태우는 곳도
> 항상 설렘의 잔치일 거다.
> 어느 한순간 축제가 아니었던 날 있었던가
> 한 장 들판 그림 위에
> 서로 붙잡은 손길로 붉은 태양을 낙관 삼아
> 마지막 그림 한 획을 그어 걸어 둘 거다
>
> ―「말복」 부분

말복은 여름 가운데 가장 뜨거운 절기다. 화자는 그 뜨거움에 대해 각별한 의미를 성찰한다. 과연 뜨거움이란 무엇인가. 우리 삶의 과정에 견준다면 뜨거움은 젊은 날의 열정이다. 열정이야말로 사람의 삶을 역동적이고 풍요롭게 만드는 원동력이다. 그래서 화자는 폭염이 축제임을 깨닫는다. 뿐만인가. 폭염이 아닌 가을의 서늘함도 축제이자 잔치임을 깨닫는다. 그것은 가을이 수확의 철이자 쇠락의 시점이기에 그렇다. 이런 깨달음에 닿고 보면 화자는 "어느 한순간 축제가 아니었던 날 있었던가"라는 더 큰 깨달음에 이른다. 누구나 심상하게 지내기 쉬운 말복을 통해 화자는 이처럼 남다른 의미를 탐색해 내는 것이다.

 대저 시인에게 세계란 그 의미를 판독해야 할 대상에 지나지 않는다. 서구 상징주의자들 이래 시인은 세계를 판독할 상징체계로 인식한다. 그 시적 관습은 우리나라 현대시에 와서도 일정 부분 굴곡을 겪기는 했지만 그대로 답습된다. 그동안 시적 대상으로서의 삶이나 세계에 대한 도저한 인식에 도달코자 한 일군의 시적 노력들이 그것이다. 세계는 언제나 일정한 의미나 값을 함장(含藏)한다. 시인은 그 의미나 값을 탐색하고 성찰하는 존재다. 이러한 시관(詩觀)은 뜻밖으로 우리 시 동네에 폭넓게 자리하고 있다. 흔히 일컫듯이 젊은이의 시는 감수성에 의지하지만 나이 든 시인은 세계에 대한 도저한 인식을 작품에 깔게 마련이다. 그 도저한 인식에 닿고자 하는 열망 역시 시인의 본능이 아닐까. 아니 본능이기에 앞서 인간이 지닌 호기심의 산물일 터이다. 그리고 이 앎을 위한 호기심은 시인에게 있어 일상에서부터 초월적 세계에까지 두루 작동한다.

  하현달도 구름이 같이 가며
  덮어 주는 몸짓 덕에
  조용히 삭아지듯

  태어날 때보다
  더 낮은 한 칸 방
  모든 걸 용서로 덮은 잔디처럼

  따스함이란
  온도의 높낮음이 아니라
  덮어 줌이다
               —「덮어 줌」 부분

이 시 역시 「말복」처럼 화자의 깨달음에 바탕을 두고 있다. 화자는 "태어날 때보다/더 낮은 한 칸 방"에 누운 누군가를 생각한다. 그는 가난하게 단칸방에 살다 갔다. 그리고 이제는 생시보다 더 낮은 한 칸 방에 묻혀 있다. 그는 잔디(떼)를 덮고 조용히 모든 걸 용서한 처지다. 결국 이 같은 마음의 움직임은 "따스함이란/온도의 높낮음이 아니라/덮어 줌이다"란 인식에 도달한다. 그렇겠다. 사람이 모든 걸 까발리고 시비만을 따지다 보면 갈등과 증오밖에 남는 게 없다. 당연한 소리지만 따뜻한 화해는 그보다는 상대를 용서하고 감싸 주는 데서 온다. 그래서 화자는 따뜻함이란 물리적인 단순한 온도 차이만이 아님을 깨닫는다. 그것은 용서의 다른 언술인 덮어 줌의 행위 속에 있는 것이다.

이처럼 나날의 우리 삶을 이루는 일상이야말로 그것이 시간 속의 절기이든 망자에 대한 회억이든 그 나름의 깊은 의미들을 함장하고 있다. 다만 관습화되고 익숙한 탓에 그 의미들을 간과하고 있을 뿐이다. 정 시인의 상당수 시편들은 바로 이 같은 일상에 대한 성찰을 통해 도저한 인식에 이르고 있다.

2.

당신은 누구인가. 어디에 존재하는가. 정 시인의 시를 읽다 보면 '당신'이 끊임없이 호명된다. 그만큼 당신은 시인의 의식 세계를 폭넓게 점유한다. 달리 말하자면 화자인 나의 존재를 좌우한다. 나의 일련의 행동이나 생각이 당신에 의해 결정되는 탓이다. 그러면 과연 당신은 누구인가. 결론부터 말하자면 당신은 특정이 가능한 어떤 인물이거나 존재가 아니다. 그리고 쉽게 특정이 안 되는 만큼 읽는 이의 입장에서 보면 다의적(多義的)인 존재이다. 이는 만해 시의 임이 상징성을 획득해 다의적이고 포괄적 존재로 읽히는 경우와 흡사하다. 만해가 그리운 모든 게 다 임이라고 했을 때 그 임은 조국에서부터 떠나간 연인에 이르기까지로 폭넓게 해석된다. 마찬가지로 정 시인의 당신 역시 아버지에서 자연이나 신적인 존재에 이르기까지 광범위하게 읽힌다. 이를테면 다음과 같은 일련의 시구들이 그것이다.

①
하늘을 바치던 산이 힘에 부쳐
감추어 둔 붉은 마음 속살 드러내는 날
희미하던 당신은
천연색 그림으로 하늘에 걸린다.

—「만추」 부분

②
생전에 이름 하나쯤 가졌을 텐데
산정을 잡고 있는 하늘에 올렸는가
오르던 길 계곡에 주어 버렸는가

고개 숙인 잡풀을 쓰다듬는
달도 멈췄을 능선 구석에
산이라는 동네 이름에 묻혀
잠들고 있는 당신

—「당신 계신 곳」 부분

③
해가 지면 밤이라서 모두 잠들 때라 하지만
당신은 가슴 안 골목 외톨 전구로 깨어 계시는 가로등입니다.

—「당신은 지금도」 부분

우선 인용한 시구들의 산문적인 번역부터 해 보자. ①은 늦가을 단풍 든 산과 하늘을 통해 당신을 발견한다. 곧 산의 붉은 마음인 단풍을 통해 당신은 평소 희미했던 모습을 선명하게 드러낸다. 더 나아가 그 붉은 단풍은 하늘을 떠받치던 산이 힘겨운 나머지 드러낸 속마음이라고 한다. 그렇게 감추었던 붉은 단풍 색깔과 그 빛깔이 되비친 하늘, 거기 당신은 나타난다. 여기서 우리는 두 가지 해석이 가능할 터이다. 하나는 당신을 자연의 이법으로 읽는 것이고 다른 하나는 전능한 신적 존재로 읽는 것이 그것이다. 특히 후자식의 독법은 정 시인의 개인적 신앙에 근거한 것. 그는 독실한 신앙인으로도 널리 알려져 있다. 암튼 신은 단풍을 통해서도 그 속마음과 섭리를 펼쳐 보여 준다.

②의 경우는 이제는 고인이 된 인물을 당신으로 호명하고 있다. 전후의 문맥으로 보자면 그 인물은 아버지이다. 실제 정 시인의 시집에서 아버지를 그리는 시편들이 꽤 읽힌다. 그것은, 모르긴 하지만, 아버지가 일찍 하세한 탓이 아닐까 싶다. 사부곡(思父曲) 부제가 있는 ③도 같은 예라고 할 것이다. 이 작품은 직접 진술보다 이미지만으로 당신의 면모를 드러내고 있다. 인용한 시구는 생시 외톨 전구처럼 어둠 속에 홀로 깨어 있던 당신을 보여 준다. 그 깨어 있음은 읽기에 따라 가족의 부양과 안위를 책임진 탓일 수도 있고 세상의 미몽 가운데 홀로 앞날을 선구하는 정신적 품새일 수도 있는 것.

널리 말하듯 아버지는 기성의 가치체계를 상징한다. 아버지는 권위 자체이기도 하지만 외부 위험으로부터 나를 보호하는 방어기제이기도 하다. 따라서 아버지의 부재는 현실에서 보호받지 못했음을 뜻한다. 달리는 인간이 의탁하고 기대야 할 가치의 부재를 의미한다. 정 시인의 경우도 예외가 아니었을 터이다. 그러나 이번 시집을 통해 확인하는 아버지의 부재는 결국 청소년기의 가난을 가져왔고 그렇게 현실화됐던 것으로 읽힌다. 대신 신앙의 길에 들어서면서 전능한 존재이자 이 세상의 제일원인인 또 다른 아버지를 만난다. 곧 하나님 안에 귀의한 것이다.

그런데 정 시인의 경우 자주 호명되고 있는 당신은 부재와 침묵의 형식으로 존재한다. 왜 당신은 현실 가운데 굳이 부재와 침묵의 형식을 취하는가. 혈육인 아버지는 일찍이 하세했다. 그런가 하면 신앙의 길에서 만난 아버지는 어디에서도 쉽게 모습을 드러내지 않는다. L. 골드만에 의하면 신은 언제나 숨어 있으며 침묵으로 늘 말씀한다고 한다. 그가 귀의한 아버지인 신은 항상 숨어 있다. 인간이 아무리 찾고 불러도 대답 없는 존재인 것이다. 곧 "우주보다 멀어서 보이지 않던/수억 광년 당신께서/어느 순간 내 속에 와/보이지 않는 한 분"이고(「임재」), "바람의 손으로 흔들어도 당신은 숨긴 침묵으로" 오며(「꽃잎에게」), "정작 돌풍을 만든 당신은/그 눈 안에/고요히 계시는" 분인 것이다(「어느 날 작은 돌풍이」).

그러면 부재와 침묵이란 당신의 존재 형식은 화자에게 어떤 정서적 반응을 가져오는가. 그것은 바로 그리움이거나 기다림이다. 작품 「기다리는 사람」, 「기다림 4」, 「기약」 등등을 통해 우리는 그 기다림의 정서를 확인한다. 또한 그리움은 늦은 귀향길에서 "만월이 배불러 그리움마저 체한 오늘 같은/그리움은 장소가 아닌 사람인" 것을 깨닫게 되는 정서이다(「늦은 귀향」). 작품 「늦은 귀향」에서 화자는 지난날 찾았던 고샅길 끝 집에 와 그 고향집이 텅 빈 것을 확인한다. 그래서 과거와 달리 오늘의 그리움은 고향집 아닌 부재한 사람들에 대한 것이 된다. 곧 가족들에 대한 그리움인 것이다.

이상에서 살펴본 바와 같이 이번 시집에서 호명된 당신은 아버지이고 신적 존재이고 더 나아가 자연의 이법이자 섭리 그 자체이다. 이러한 당신은 따라서 세상 모든 것에 자리 잡고 있다고 할 것이다. 꽃잎이나 들풀에도, 달빛에도, 강물에도 더 나아가 봄이나 가을 같은 계절적 시간 속에도 존재하게 되는 것이다. 마치 도가 뭇 일상사에 내재하듯이 말이다.

3.

> 하루 종일 울고 웃는 5월 넝쿨장미 얼굴처럼
> 당신에게 드리는 하소연 열지 못해
> 정작 보여 주지 못한 마음
> 시로 만드는 것을
>
> ―「사랑처럼」 부분

시인에게 시란 무엇인가. 널리 알려졌듯이 시에 관한 생각은 산문으로만 써지지 않는다. 때에 따라서는 시로도 써진다. 메타시가 그것이다. 이번 시집에도 메타시로 읽히는 몇 편의 작품이 있다. 정 시인은 시뿐만이 아니라 시론도 누구보다 열심히 쓴다. 그럼에도 불구하고 이론적인 본격적인 글보다 자신의 시관(詩觀)을 시로 쓴 메타시편들이 이번 시집에서 읽힌다. 인용한 「사랑처럼」도 그 가운데 한 편이다. 이 작품의 화자에 의하면 시란 당신에게 "정작 보여 주지 못한 마음"을 작품화한 것이다. 말하자면 내 진정성 있는 속마음을 제시하는 것이 시란 것이다. 이렇게 읽고 보면 시는 당신에게 드리는 하소연이자 진정성 그것일 뿐이다. 시이기에 당신이 아닌 짐짓 독자에게도 보여 주는 진정성은 아닐까.

이 같은 시관은,

> 설혹 연락 끊어진 산속에 혼자 누워 있어도
> 어느 날 당신은 낮은 대문을 열고 들어와
> 나의 좁은 정원에 심을 꽃씨 봉투 내밀고
> 지금처럼 웃고 서 있을 거라고
> 꼭 그럴 거라고 생각하면
> 비바람 불고 눈에 덮인 어떤 경우에도
> 여전히 당신 향한 시를 만들고 있을 것이다
>
> ―「먼 훗날 그날에」 부분

에서도 확인된다. 이 작품 역시 산문으로 단순 축약하자면 시란 당신에게 향한 내 진정성의 소통 회로인 것이다. 비록 "~ 그럴 거라고 생각하면"이란 구체적 조건이 선행하지만 그렇다. 낮은 대문을 열고 들어와 웃으며 꽃씨 봉투를 당신은 내민다. 당신이 그럴 거라고 생각하는 한 화자는 어떤 어려운 상황 속에서도 시를 만든다. 생각이 들어 사는 집을 짓는다. 여기서 생각이란, 앞에 말한 문맥에서 보듯, 진정성이다. 말하자면 시는 진정성이 사는 집이다라고 정 시인은 생각하는 것이다.

이미 시작한 시에 관한 얘기이니 좀 더 해 보도록 하자. 이번 시집의 정 시인 시들은 줄글 형식과 단련(單聯) 형식, 그리고 짧은 형식들로 대략 그 형식을 가를 수 있다. 여기서 줄글 형식의 시는 산문시라고 할 터이다. 산문시는 압축과 생략을 시적 조사(措辭)의 축으로 삼지 않는다. 그보다는 부연과 열거를 주된 수사법으로 한다. 그 결과 좀 더 직접적이고 명시적인 언술이 두드러지게 마련이다. 이를테면 다음의 시구들은 어떤가.

지지미 부치는 일상을 베란다로 옮기면 접어 둔 옛일들이 새삼 분주해져 좁은 거실은 넓은 마당이 되어도 어머니! 부르고 들어가던 대문은 토라져 허물어지고 부모님 해후도 성묘 정도로 끝낼 빈약한 만남이어서 제각각 나들이해야 할 적막 속 유배에 갇히면 나이가 나를 먹어 헛배가 부르다.

—「명절 소감」 부분

이 작품은 소감이란 제목 그대로 명절의 변화한 세태를 감회 깊게 그린다. 한 문장이지만 몇 어절이 대등 관계로 열거되는 부연의 형식을 통해서다. 그 형식을 통해 지난날과 현재가 교묘하게 대비되어 읽는 이의 시적 긴장을 촉발한다. 행 가름이 없는 형식 탓에 화자는 자신의 소감을 은폐함 없이 자유롭게 진술하는 것이다. 그만큼 사실을 사실 그대로 얘기하는 셈이다.

이에 비해 짧은 시 형식은 "너무 길어 다 쓰지 못하는 서사 이야기"를 한 줄에 응축한다(「비석」). 정 시인에 따르자면 단행시인 것이다. 우리 시단에는 얼마 전부터 극서정시 논의가 일고 있다. 이 경우 극(極)이란 극히 짧다는 극소의 뜻이다. 짧은 두서너 줄에 압축과 생략을 축으로 대상의 핵심을 표출하는 것이 극서정시다. 지금까지 논의대로라면 극서정시는 시적 자아의 진정성을 내장한다. 다음의 작품을 읽어 보자.

열병 없이 자란 아이 없듯 사랑의 고통 없는 아름다운 청춘은 없다.

마디 없는 대나무 없듯 아무리 고운 꽃도 갈라지지 않은 꽃잎은 없다.

밝은 불을 오래 피우는 관솔은 세월이 만든 아픔을 송진으로 남겨서다.

—「공간의 빛」 부분

몇 행 경구(警句)들로 짜인 이 작품은 병치(竝置)의 미학을 잘 살리고 있다. 화자는 청춘이 왜 아름다운지, 꽃잎은 왜 갈라져야 하는지, 또 관솔불은 왜 밝은지를 간명하게 말한다. 그것들은 모두 제 나름의 고통과 아픔을 썩 잘 극복한 탓에 아름답고 밝다. 이는 시적 대상에 대한 시인의 남다른 직관으로 도달한 인식이고 깨달음일 터이다. 그리고 우리는 독립된 언술들이 하나의 일관된 배후 문맥을 통해 통일성 있게 읽히는 사실에 주목한다. 곧 남다른 병치의 미학을 구축하고 있기 때문이다.

이처럼 짧은 형식들은 그 나름의 미학을 구축한다. 그것이 삶이나 세계에 대한 도저한 인식이거나 간절한 당신의 호명이거나 서정 양식 나름의 형식미를 제시하는 것이다.

4.

이번 시집은 정재영 시인의 열네 번째 시집이다. 그만큼 시 동네 전입신고를 한 이후 정 시인은 누구보다 시작에 몰두해 왔다. 의사로서 현업에 종사하는 한편 시 업에도 각별히 전심으로 진력하고 있는 것이다. 특히 정 시인은 정규 신학대학의 수학을 통해 누구보다 웅숭깊은 신앙의 길을 가고 있어 이채롭다고 할 것이다. 그가 보여 주는 당신의 호명으로 일관한 일련의 시편들을 우리는 이 의미선상에서도 읽을 수 있다. 정 시인은 작품에서 신앙에 대한 직접적인 진술이나 명시적인 담론은 일체 제시하지 않는다. 대신 체화(體化)된 자기 신앙을 통해 인지한 현실 인식이나 삶에 대한 깨달음을 일관되게 보여 준다. 말하자면 기독교적 세계관이 밑받침된 세계나 삶에 대한 깊이 있는 해석을 제시하는 것이다. 이 같은 시적 품새는 그의 시가 여느 기독교 시인들의 시와 어떻게 다른가를 보여 준다. 곧 그의 시는 보다 깊이 있게 자기식의 육화된 신앙을 통해 삶이나 세계를 얘기한다. 반면 여느 기독교시들은 겉 문맥에 신앙 관련 어구들을 명시적으로 나열한다. 이런 점에서 우리는 정 시인의 시들이 기독교 사상을 세계관적 기반으로 삼으면서도 왜 더 자연스럽고 웅숭깊이 읽히는가를 알게 된다.

애초에 옳고 그름을 만든 적 없어
어떤 경우에도
탓하지 않고 감사해지는 일

설명 불가능한 이론과
늘 곁에 있어
보고 만질 수 있는 실재

주근깨 하나라도 버릴 것 없는
바로
당신처럼

—「사랑의 초상화」 전문

이 시를 읽다 보면 겉 문맥 어디에도 신앙과 관련한 어구가 없다. 그렇다면 제목 그대로 연인의 초상를 그려 낸 작품으로만 읽어야 할까. 이 경우 연인은 누구라고 구체화되거나 특정되지 않는다. 다만 앞에서 얘기한 바 당신만으로 호명되고 있을 뿐이다. 그렇지만 당신은 1연과 2연에 의해 사랑으로 독해할 수 있는 것. 여기서 사랑은 연인 간의 사랑만을 뜻하지 않는다. 시비(是非)가 없어 뭇 일에 감사해야 하는 사랑이란 기독교의 핵심 가치밖에 더 있겠는가. 아무튼 호명된 당신은 다의적으로 해독될 수 있음을 이미 언급했다. 그 다의적 의미 가운데 이 작품은 박애란 뜻으로 해석해야 할 터이다.

　이번 시집의 길 안내를 자처한 이 글도 이제 마무리할 계제에 이르렀다. 일상을 통해서 그 일상이 함의한 깊은 의미를 성찰하고 깨닫는 일—실은 그것이 도를 탐구하는 길이자 바로 시업(詩業)임을 정 시인은 잘 보여 준다. 더욱이 오랜 기간 체화한 기독교의 핵심 가치들이 그의 시편들에는 무람없이 녹아 있다. 아마도 그 점에서 이 시편들은 기독교시의 한 전범일 터이다. 그러나 이 자리에서 돌아보건대 내 길 안내 역시 "줄이고 줄이려다 정작 침묵으로 말하는 마음을/해설해 준다고 숨겨 둔 속마음까지 들을 수 있을까./가방끈 길다고 혀도 길어진 것일까/제 혼자 생각으로 재단하는 잔소리"가(「사랑처럼」) 되지 않았을까 저어스럽다.

일상성과 자아의 성찰
―김용구론

1.

사람들의 일상이란 무엇인가. 흔히 직장을 오가고 지인들을 만나고 또 가정에서 가족들과 어울린 일련의 일과 행동 등이 일상인가. 그 일상을 영위하는 사람에게 삶의 의미는 어떤 것인가. 이런 물음들은 전혀 새롭지 않다. 그러면서도 우리는 일상을 새삼 돌아본다. 그것은 일상이 삶의 구체적 세목들이고 실체인 탓이다. 일상에 대한 돌아봄은 그래서 삶의 의미 성찰에 다름 아닌 것이 된다. 그동안 철학과 문학이 일상성을 문제 삼은 것도 그런 까닭이었으리라.

김용구 시인의 이번 시집들을 읽다 보면 그가 얼마나 일상을 진지하게 돌아보고 담론을 끌어내는가를 알게 된다. 우선 작품 한 편을 읽어 보자.

지나간 서른 몇 해 직장 생활
그 울타리 벗어나자 피차 오가는 소식 없네
오십 중반, 몸도 마음도 아직 젊은데

부지불식간
미운 정 고운 정 담금질하다가
그냥 내팽개쳐진

왁자지껄, 한솥밥 먹던 뭇 시간들!

　　맨몸으로 풍화작용 겪으며
　　무시로 푸석푸석 으깨져 부서지는가
　　외진 산길, 그 바위 덩어리처럼

　　　　　　　　　　　　　　―「바위처럼 부서지다」 전문

　인용한 시는 간결하면서도 쉽게 읽힌다. 그러나 간결하고 쉬운 반면 시적 메시지는 결코 가볍지 않다. 화자는 우선 "서른 몇 해"의 직장을 물러난 소회를 말한다. 나이로 치면 오십 중반이어서 아쉽기만 한 퇴직이다. 그런 퇴직 후 화자는 연락이 끊긴 동료들을 걱정한다. 아마도 그들은―자신을 포함해―어떻게 지내고 있는 걸까. 여기서 그는 문득 산행에서 만난 바위를 떠올린다. "맨몸으로 풍화작용 겪"는 바위―이 바위에서 그는 자신과 동료들의 정황을 발견한다. 이 작품의 산문적인 번역은 여기까지다. 그러나 이 같은 겉 문맥 읽기와 달리 우리는 현대에서의 직장이 과연 무엇인가라는 속 문맥을 읽어야 할 것이다.
　무릇 직장 혹은 일터란 M. 베버식으로 말하자면 자기에게 주어진 소명을 다하는 공간이다. 그 자기만의 소명 완수를 위한 일은 그래서 천직이라고 불리기도 한다. 헌데 현대의 직업 혹은 일이란 어떤가. 오늘날의 일터란 두루 알려진 바, 극도로 세분화된 분업과 조직, 기구 탓에 소외의 단순 기표에 불과해졌다. 이 양극단의 직업관은 그러나 일상에서는 잠재화될 마련이다. 위 시의 화자 역시 그렇다. 그에게 직장은 생계의 전부이며 동료들과 애환을 나누던 일상적 삶의 전부였다. 곧 천직이란 생각이나 소외는 크게 드러나지 않는다.
　오히려 그 직장을 접은 뒤의 정황이 가긍하게 드러난다. 각박한 현실 속에 이런저런 풍화작용만을 겪는 정황이 그것이다. 그러면 으깨지고 부서지는 풍화작용의 비바람들이란 과연 무엇일까. 그것은 단적으로 말하자면 곤비한 일상일 터이다.
　과연 김용구 시인에게 일상이란 어떠어떠한 것인가. 그 일상의 세목들은 이렇다. 곧 퇴직 후 나가고 있는 비정규적 업무, 출퇴근길에서 만나는 이런저런 삽화들, 틈틈이 하는 산행, 소소한 가정사 등등이 그것들이다. 특히 등산/산행은 그의 일상 가운데 꽤는 주요한 품목이다. 그에게 산행은 일상을 벗어난 일종의 정신적 깨우침의 길이다. 말하자면 일상의 여러 얽매임을 끊고 자신의 또 다른 나를 만나는 고양의 오르막길인 것이다. 그 길에서 그는 뭇 자연물들을 만난다. 그리고 그 자연물을 매개로 거듭 자신을 성찰하고 삶의 뜻마저 헤아린다. 짤막한 시 한 편을 더 읽어 보자.

    등산길 짙은 안개, 폭풍우 악천후 속
    환상방황이라 했던가

    똑바로 오르려고 해도 무시로 또 제자리 뱅뱅 맴도는
    대피소도 하산길도 찾지 못하고 언제 조난당할지 모르는

    베이비부머, 그 사내의 구직 활동도
    시 쓰기도

    모두 링반데룽

                                              —「링반데룽」전문

왜 링반데룽인가. 등산인들은 산행에서 드물게는 환상방황을 겪는다고 한다. 산중에서 방향을 잃고 제자리를 맴돌며 헤매는 조난이 그것이다. 위 시의 화자는 짐짓 자신도 그 같은 방황 중이라고 말한다. 퇴직 후 또 다른 일자리 찾기에서, 아니 평생 업이라고 할 시업에서마저도 링반데룽을 경험한다는 것이다. 베이비붐 세대의 일원으로서 그리고 열악한 현실에서 그는 갈 길과 방향을 잃고 있다는 것이다. 한마디로 링반데룽이라고 볼 수밖에 없는 상황에 처한 것. 화자는 그래서 "모두 링반데룽"이란 탄식 아닌 탄식을 발한다. 특히 이 시는 극도의 절제와 압축을 수사의 축으로 삼고 있다. 짤막한 가운데 일련의 정황을 선명하게 드러내고 있는 것이다. 이 점이 이 작품의 울림을 강화하고 있다고 할 것이다.

다른 한편 산행을 통해 김용구 시인은 각별한 계절 감각도 드러낸다. 특히 봄과 가을을 감동적으로 만난다. 물론 단순 계절감을 시로 만든다는 느낌이 없는 것은 아니다. 그러나 깊게 텍스트를 읽다 보면 시인 나름으로 목도한 자연의 새로운 면모를 확인케 된다. 굳이 말하자면 거기엔 생기 도는 생강나무가 있고 구름 관중처럼 가지마다 핀 새잎들을 보게 되는 것이다. 반면 가을은 어떤가. 일반적으로 가을은 조락과 결실/풍요란 두 얼굴을 지닌다. 우리는 조락 앞에서 내면으로 깊이 침잠한다. 풀 마르고 낙엽 지는 자연현상은 인간들에게 고독이나 죽음을 떠올릴 마련이다. 그런 감성과 인식이 자신의 내면에 집중토록 하는 것이다. 그래서 시인은 고독을 말하고 먼 누군가를 그리워하게 마련이다.

그런데 "가을엔 편지를 하겠다고/누구라도 그대가 되어 받아 달라는/그런 노래도 있지만//나는 아침마다 PC 켜서 메일 지우는/일로 일과를 시작한다/색시 클럽이다 비아 뭐다 해서 밤새 싸여 있는……"(「가을엔 편지 쓰지 마세요」) 진술에서 보듯 이즘 화자가 PC에서 만나는 편지—그것은 모두 선정성 광고들뿐이다. 결국 그는 '편지 쓰지 말라'고 힘주어 말한다. 그것은 피차간 진정성의 통로였던 그래서 "마흔 해 지나"서도 간직할 마련인 편지의 진정성이 '타락'했기 때문이다. 이는 현대에 와 보게 되는 세태 변모의 한 사례이기도 하다. 하지만 가을은 시인에게 이렇듯 부정적인 일상만을 겪도록 하는 건 아니다. 그는 어느 가을날 방생 차 아내가 자리 비운 공간에서 마치 "산새나 붕어"처럼 자유를 만끽하기도 해서 우리에게 웃음을 물게 하지 않는가(「어느 가을날」).

2.

때로는 비속하고 때로는 자잘한 일들에 우리는 묻혀 산다. 그것도 자신을 중심으로 한 사적인 일들로 촘촘하게 채워진 일상을 삶으로 영위하는 것이다. 그러나 드물게는 이 같은 개인의 사적 차원을 넘어선 사회적 큰 사건 혹은 정치적인 이슈와 맞닥뜨리기도 한다. 그 거대한 사건/문제에 시가 맞서고 응수하는 것은 극히 마땅한 일일 수밖에 없다. 이른바 시에서의 거대 담론은 그렇게 생산된다. 이번 시집에서 김용구 시인 역시 거대 담론으로 읽히는 시편들을 보여 주고 있다.

>1
>배가 침몰해
>엄마
>어떡해
>………
>방파제 데트라포트에 부딪쳐 부서지는 카톡 문자 알갱이들처럼
>한 달 넘게 그냥 공중으로 흩어지는 팽목항의 파도 소리여!
>
>2
>43번 지방도로 옆 산비탈 아카시아 가지마다
>그렁그렁 매달린 하얀 눈물방울들이여!
>
>―「팽목항 파도 소리」 전문

여기서 새삼 세월호 사건을 설명하는 일은 부질없는 짓이리라. 그만큼 지난날 우리 사회를 강진처럼 뒤흔든 사건인 때문이다. 인용한 시는 침몰하는 세월호 배 안에서 한 학생이 띄운 카톡 문자부터 제시한다. 그 문자는 어떤 상황 제시보다도 극적이다. 시시각각 덮쳐 오는 죽음의 공포 앞에서 인간은 대체 어떤 말을 건넬 수 있는가. 텍스트 내의 말없음표는 그래서 등장한 것일 터이다. 알려진 그대로 침묵은 때로는 수많은 언술을 대신한다. 화자는 뒤이어 사고 현장의 무심한 파도 소리만을 짐짓 불러온다. 그리곤 다시 시적 정황은 급변한다. '2'로 구분된 마지막 연이 그것이다. 이 연에서 화자는 출퇴근길에 본 아카시꽃들도 눈물방울이라고 인지한

다. 이는 참담한 일 앞에서 두두물물이 그 참담함의 기표됨을 진술한 것이리라.

그런데 우리는 이 작품을 읽으며 저 간결한 압축과 생략의 어법에 대해서도 주목한다. 잘 알려진 대로 압축과 생략 어법은 시 행간의 간격을 넓혀 준다. 그리고 이 간격은 넓을수록 효과적이다. 왜냐면 이 넓은 행간 간격은 오롯이 독자들 몫이자 차지인 까닭이다. 독자들은 이 드넓은 간격에서 맘껏 상상력을 작동하고 숨겨진 메시지들을 복원해 읽는다. 이 같은 시적 효과를 위 시는 무람없이 거두고 있어 주목할 마련이다.

이 같은 예를 하나 더 살펴보자.

> 다 타 버렸다, 시꺼멓게
> 시장 길바닥에 물건들 산더미처럼 쌓였다.
> 큰일이다.
>
> 다 탔다, 나는 괜찮다
> 엄마가 보낸 문자다.
> 다행이다.
>
> ―「다 탔다」 부분

이 작품에도 핸드폰 문자 메시지가 등장한다. "다 탔다, 나는 괜찮다"란 짧은 어구가 그것이다. 딸은 대구 서문시장에서 큰 화재를 당한 엄마에게 안부를 묻는다. 그 안부에 대해 엄마는 위에 인용한 어구로 간략한 답을 띄워 보낸 것이다. 작품 가운데서 서문시장 화재는 시꺼멓게 탄 점포와 길바닥에 산더미처럼 쌓인 "큰일"로 제시된다. 하지만 그 참상을 일일이 어떻게 사연으로 엮을 것인가. 그래서 화자는 엄마의 메시지를 이끌어 와 제시하는 기법을 사용한다. 마치 세월호 참사의 경우처럼. 소실된 점포와 물건은 두말할 필요 없이 "큰일"이다. 그렇긴 해도 사람이 온전한 일은 그나마 다행한 일이다. 이 시는 이처럼 "큰일"과 "다행"이 짝패를 이루면서 시적 울림을 던져 준다.

작금 우리 사회의 큰일과 문제가 어찌 이뿐일 것인가. 시인은 젊은 세대의 취업난을 힐난하기도 하고 이른바 '장미 대선'을 언급하기도 한다. "이른 아침부터/죽은 자를 그리워하고 산 자를 미워하는"(『망향가 2』) 부박한 세태를 꼬집기도 하는 것이다. 굳이 지난 세기의 현실주의 상상력을 들추지 않더라도 문학이 현실 사회에 맞서는 일은 매우 당연한 일이다. 범박하게 말해 문학 역시 그 사회의 산물일 마련이기 때문이다. 그동안 얼마나 많은 문학작품들이 현실에 저항하고 비판을 행해 왔는가. 과거 우리 문학 동네 또한 그러했다. 하지만 동구 사회권의 몰락과 민주화가 진척되며 현실주의 상상력이 급속히 퇴조했음은 두루 잘 알려진 사실. 그 탓으로 개인 일상과 자기 실존을 되돌아보고 성찰하는 일이 시인들에게 더 빈번해졌다. 이러한 시 동네의 저간의 사정을 생각할 때 김용구 시인의 시가 보여 준 일상의 성찰, 그리고 거대 담론으로서의 현실 비판 시편들은 주목을 요한다.

3.

제 앞가림이라도 하려면
입에 풀칠이라도 하려면
어디 가서 이름 석 자는 쓸 줄 알아야 한다고
그러려면 고등학교는 나와야 한다고

그렇게 형한테 애원하던
50년 전, 아버지의 삼단논법

―「자화상」 부분

얼마간 사적인 자리가 예서 허용된다면 나는 인간 김용구 시인 얘기도 좀 하고 싶다. 나는 그를 내 일터였던 학교에서 만났다. 당연히 시를 통한 만남이었다. 그리고 그로부터 지금까지 20여 년 가까운 시간이 흘렀다. 결코 짧지 않은 시간이건만 그는 늘 모든 일에서 한결같았다. 학교에서도, 몇몇이 모이는 시 모임에서도 그는 결코 언행의 기복(起伏)을 보이지 않았다. 굳이 비유하자면 풍화작용에도 끄떡 않는 바위 같다라고 할까. 일찍이 공자는 인자(仁者)는 요산(樂山)이라고 했다. 후중불천의 품새로 산은 늘 제자리에서 의연할 뿐 섣불리 움직이지 않는다. 그래서 품새와 성정이 딱히 인자를 빼닮았다는 것. 그리고 보면 김용구 시인이 여느 때 등산을 즐겨 하는 사실도 꽤나 우연한 일만은 아닌 것처럼 나는 느껴진다. 이미 앞에서 검토한 바 시인은 산을 통해 많은 자기 성찰을 보여 주지 않았던가.

이번에 나는 인용한 위 시를 읽으며 입가에 가는 웃음을 물었다. 거기서 김용구 시인 나름의 진솔한 면모를 읽었기 때문이다. 이 시는 고향인 경북 상주를 떠나 그의 서울 유학이 어떻게 이뤄졌던가를 보여 준다. 그 무렵 형을 설득하던 아버지의 모습. 시인에게 그 모습은 반세기 지난 지금도 선명한 것이다. 그는 아버지의 "애원"보다는 주선으로 덕수상고를 졸업한다. 그 탓에 은행 일이 평생의 업이 된다. 지금은 평생직장인 은행도 퇴직해 하남의 또 다른 직장으로 출퇴근한다.

일반적으로 자화상은 자기가 직접 그림 그린 자신의 모습이다. 그것이 색채이든 언어든 표현 매재(媒材)와 상관없이 그렇다. 특히 예술가들의 자화상은 그의 외모보다는 내면이 짙게 드러날 마련이다. 우리 시의 경우에도 자화상은 서정주 이래 여러 시인들에 의해 써졌다. 따지고 보면 시인에게는 그의 온 작품이 자화상이랄 수 있을 것이다. 그러나 직접 자신을 텍스트 가운데 드러내고 그린다는 점에서 자화상은 각별하다고 할 터이다. 그러면 김용구 시인이 그린 자화상은 어떤가.

그의 자화상 앞부분은 인용한 대목 그대로이다. 이 대목에서 우리는 전후(戰後)의 베이비붐, 그리고 높은 교육열을 우회적으로 읽게 된다. 그 무렵 여느 집안 대부분은 이 같은 시대의 추세에서 자유로울 수 없었다. 화자는 바로 그 같은 추세의 한 단면을 아버지의 간곡한 어사를 빌려 보여 준다. 작품의 후반에 와 화자는 아버지의 교육열이 가져온 후과를 그대로 진술한다. 그는 고교 진학과 졸업으로 "끼니를 거르지" 않는 직장인으로서의 충실한 삶을 누렸다는 것이다. 그러면서 화자는 출신 고교의 한자 뜻풀이를 빌어 자신의 처지를 해학적으로 진술한다. 곧 "큰 덕/목숨 수/윗 상/높을 고//와는 영, 팽 돌아앉은/꼬락서니"란 어사가 그것이다. 이는 세속의 입신양명과는 거리를 많이 두었던, 해학에 기댄 자기 고백일 터이다. 그러나 읽기에 따라서는 자신을 낮춘 겸양의 품새와 그 그림이라고도 할 것이다.

이번 시집에서 위의 「자화상」을 비롯한 일련의 작품들은 시인의 가족사로 읽어도 좋을 것 같다. 그만큼 진솔한 집안 가족들 얘기가 담겨 있는 것이다. 살갱이란 할머니 작명으로 가족 간에 더 많이 불린 그는 누구인가. 아마도 아버지로부터 동생의 고교 진학을 설득당한 손위 형은 아닐는지(「별초」). 그 형은 소년 시절 '아이스케끼'를 팔았다고도 하고 십 년 전 이미 하세했다고도 한다. 또 시인은 그 옛날 기동차 다니던 뚝섬에 터 잡고 살아오면서 이 지역의 과거와 현재를 극명하게 대비시켜 감회에 젖기도 한다. 특히 이 공간에서는 삼 남매가 한 초등학교의 동문으로 성장하기도 했다(「뚝섬 찬가」). 정원의 수종 변경을 통해서는 건물의 재건축을 기억하기도 한다. 그런가 하면 작품 속에는 취업 준비에 여념 없는 딸, 겨울 저녁나절 "인형 안고 뒹구는 손주" 등도 등장한다. 뿐만이 아니다. 어느 등산길의 절집에서 시인은 어머니의 절절한 기억을 소환하기도 한다.

이처럼 일상을 함께 공유하고 살아온 가족들 가운데 가장 빈번한 이야기의 주인공은 단연 아내일 수밖에 없다.

역류성 식도염과 기관지 확장증으로
마음도 같이 쇠약해진 아내,
두어 달 만에 반쪽이 되어 간다.

생강나무 산수유 꽃 피고
개나리도 개화를 기다리는
이 환장할 봄날의 인생 경기장,

그 어느 언저리에서
팽팽하게 당겨진 테이프 아래 결승선을
짐짓 잘못 본 듯한 아내와 나

―「어디가 결승선인가」 부분

  이 작품은 두 벌의 짝패로 읽힌다. 곧 개화와 병약, 그리고 육상 달리기와 인생 경기가 그것이다. 생강나무와 산수유, 그리고 개나리 등 뭇 나무들은 봄날이어서 다투어 꽃을 피운다. 말하자면 소생의 계절답게 생명력이 폭발하는 것이다. 그에 비해 화자는 아내의 병약을 걱정한다. 이 같은 자연과 인간 간의 극명한 대비는 화자로 하여금 "환장"할 노릇이란 탄식을 발하게 만든다.
  과연 일상을 축으로 한 우리네 삶의 과정은 달리기 육상경기와 다름없는가. 이 시에서 화자는 시적 정황을 달리기 육상경기로 설정한다. 그리곤 달리기 과정과 삶의 과정을 짝패로 제시한다. 흔히 달리기에서 주자는 "전력 질주"한 끝에 트랙에 주저앉거나 드러눕는다. 마찬가지로 삶의 과정에서도 인간은 어느 언저리쯤 낙심도 하고 좌절도 한다. 그랬다. 아내와 나 역시 이제 결승선을 앞두고 잠시 주저앉은 형국은 아닌가. 그러나 화자는 이내 결승선을 "짐짓 잘못" 봤다고 속내를 밝힌다. 사실 아내와 나는 결승신 아닌 더 많은 인생 억정을 앞에 두고 있는 것. 왜냐면 아내와 나는 삶의 과정 중에서 "겨우 반환점 정도 돌았"기 때문이다. 그러면 반환점까지의 지난날은 어떠했는가. 시「죽고 사는 일」에 따르면 이 같은 일도 있었다. 나는 틈틈이 직장에서도 자상한 전화를 기다리는 아내에게 말한다. "사무실에서 쓸데없이………/죽고 사는 일 아니면 전화하지 말어!"라고. 이 퉁명스런 어사를 뒷날 고스란히 화자는 되돌려 받는다. 퇴근 후 아내의 외출로 집 앞에서 시간을 죽이며 기다린 끝이었다. 그걸 불평하는 그에게 아내는 "죽고 사는 일 아니면 전화하지 말라며 /나를 쏘아붙이"던 것이다. 이제 그 아내는 명리학 공부에 몰두한다고 한다.(「아내의 금강산」)
  이상에서 살핀 그대로 김용구 시인의 가족에 대한 시적 담론은 다양하다. 부모와 형제, 그리고 아내와 자녀 등에 걸친 여러 시편들이 그것이다. 나는 이 가족사라고 할 그의 작품에서 두 가지 사실을 주목한다. 하나는 시 또한 기록물이란 점이고 다른 하나는 이야기를 축으로 한 서사성이다. 여기서 시가 기록의 한 부류란 점은 그리 긴 설명이 필요치 않을 것이다. 우선 시는 그 표현 매재를 언어로 삼는다는 점이다. 그것도 지금의 시는 대부분 기억의 강력한 보존 수단인 문자언어를 사용한다. 이 기록으로서의 시는 과거 역사와 시가 쌍생아였다는 점, 그리고 지금까지 시사(詩史)란 갈래로 유지돼 왔다는 데서 확인된다. 김용구 시인의 시를 읽다 보면 앞에서 살핀 바대로 적지 않은 가족들 이야기를 만난다. 그것은 그가 가족들과 일상을 같이 누리고 생을 공유한 때문일 터이다. 더 나아가 그들과 함께 이룩한 삶과 그 담론은 바로 자신의 웅숭깊은 의미이자 정체성인 것을.

한편 시에서 서사성이란 무엇인가. 이는 일정한 사연이 있는 이야기를 지칭하는 것이기도 하다. 그래서 이 서사를 축으로 한 경우는 이야기시라고 통칭해도 될 일이다. 김용구의 상당수의 시편들은 이야기를 담지하고 있다. 그는 시적 대상의 세부 묘사나 추상적인 정서, 혹은 관념의 진술에 주력하는 것 같지 않다. 쇄말한 일상사나 가족사라 할지라도 이야기의 단편들을 통해 주로 보여 준다. 이야기의 단편화는 거기에 일정 정도 압축과 생략이 가해진 탓이다. 그리고 이 서사성은 시의 구체성을 높이고 울림을 강화한다고 할 것이다. 여기서 나는 김용구 시인의 시의 한 특장으로 이 점도 지적하고 싶다.

4.

시에 관한 생각은 누구나 지닐 마련이다. 일반 여느 독자도 시에 관심을 두다 보면 나름의 시적 견해를 갖추게 되는 것이다. "그놈의 시가/마냥 좋아서"(「그게 뭐냐고 물으신다면」) 시를 쓰는 시인들의 경우는 더 말할 나위가 없을 터이다. 시 작품이든 이론적 골격의 줄글이든 시인은 그래서 시에 관한 생각을 글로 표출하게 마련이다. 특히 시로 그 생각을 표출한 경우 우리는 그것을 메타시라고 일컫는다. 다르게는 시론시라고 범칭해도 될 터이다.

이번 시집에서도 우리는 시론시라고 할 작품들을 읽을 수 있다. 그 작품들을 읽어 가는 일은 시인 김용구의 시에 관한 생각과 태도를 직접 가늠하는 일일 터이다. 우선 작품부터 읽어 보자.

내 시를 보던 큰애가 묻는다.
―아빠 시 한 편에 얼마 줘요
옆에 있던 아내가 기다렸다는 듯
―돈은 무순 돈이야, 그냥 취미 활동이지!

순간 마른하늘에 번개가 쳤다
―「이상한 취미」 부분

과연 시를 쓰고 읽는 행위는 취미 활동인가. 인용한 시의 화자는 어느 날 겪은 삽화 한 토막부터 소개한다. 실제 현실에서 시는 얼마의 값을 받는가. 화자의 큰애가 따져 묻는다. 그러자 시는 단순 '취미 활동'이란 아내의 단호한 대답이 뒤이어 떨어진다. 이 같은 큰애와 아내 간의 문답은 물론 상반된 시관(詩觀)에 근거한 것이다. 곧 큰애는 누누불불 일체를 교환가치로 계량해 이해한다. 반면 아내는 경제적 값만으로 따질 수 없는 세상일도 있음을 언급한 것. 그런 아내이기 때문에 시는 취미 활동이라고 얘기한 터이다.

그러면 취미 활동이란 무엇인가. 일반 통념상 취미 활동은 본업과는 무관한 행동이다. 곧 본업과 달리 여기(餘技)쯤 되는 것. 따라서 틈틈이 즐기며 하는 일 정도인 것이다. 여기서 우리는 취미와 관련해 그것이 딜레탕티슴이 아닌 비평의 영역에 속한다는 사실을 떠올려도 좋다. 취미는 예술 작품이든 자연물이든 그것이 내장한 미적 속성을 감식하고 판단하는 행위에 속한다. 말하자면 비평의 한 기능을 담당한 활동인 것이다. 19세기 월터 페이터 류의 감상비평이 그 좋은 예이다.

그렇기는 해도 통념화한 취미의 뜻이란 단순 애호한다는, 그러면서 여기 정도로 하는 일 정도이다. 하지만 시를 본업으로 삼는 시인의 입장은 다를 것이다. 곧 시작은 자신의 모든 것을 건(賭) 치열한 삶의 행위인 탓이다. 그래서일 것이다. 화자는 뜻하지 않은 큰애와 아내의 말에 '마른하늘에 치는 번개'와 같은 충격을 경험하고 마는 것이다.

시는 굳이 말하자면 무상(無償)한 인간 행위다. 시작(詩作)은 어떤 대가나 값을 전제로 한 행위가 아니다. 그것은 대상에서 심미적 속성을 발견하기도 하고 웅숭깊은 의미를 성찰하기도 하는 창조 행위일 뿐이다. 어느 경우든 거기엔 어떠한 값도 매길 일이 아니다. 일찍이 문학 원론에서 시는 철저하게 쓸모없고 철저하게 무가(無價)의 무엇이라고 하지 않았던가. 지금도 우리는 시인의 말 그대로 "그냥/시를 읽고/시를 쓸" 뿐인 것이다. 마치 산이 있어 인간은 산에 가고 산을 오를 뿐이라는 사실과 조금도 다를 바 없는 것이다.

그런데 시인이 시를 통해 "중학교 시절 국어 선생님"을 만나고 "흰 종이봉투에 담아 온 마음의 답장"을 받는 일 등은 또 무엇인가. 이는 시의 무형한 효용 가치라고 할 터이다. 더욱이 그 가치는 무형인만큼 앞서의 큰 딸애 말대로 유형의 재화로 계량화할 수는 없는 것. 그래서 거듭된 소리지만 시는 일종의 무상 행위의 소산이고 무목적의 창조 행위일 뿐이다.

그럼에도 시인은 시를 찾아 "얼마나 더 유랑을 해야 할지" 영 가늠을 할 수 없다고 푸념도 한다. 이를테면

> 작장 다니며 문예대학원으로 시를 배우러
> 조바심과 감격을 안고 종종걸음 쳤고
> 그리고 이어지는 한 달 두 번의 시 수업, 십수 년……
>
> ―「이상한 취미」 부분

과 같은, 끝없는 역려(逆旅)로서의 시의 길을 절감하기 때문이다. 그런 한편으로 시인은 도처에서 시를 발견한다. 화자가 서울숲에서 조우한 "잔디밭에서 어린애들

이 넘어지기도 하면서 가지고 노는/커플들이 자전거를 타고 달리며 까르르 날리는/연못 속에 헤엄치고 있는 팔뚝만 한/이따금 마치 이제 봄날은 간다처럼 흩날리고 있는"(「시상에」) 등등 주변 곳곳의 숱한 시적 대상들이 그것이다. 마치 파랑새처럼 시는 멀리 별도로 존재하는 게 아닌 우리 일상 도처에 산재하는 것이다.

　이처럼 김용구 시인은 곳곳에서 시의 글감들과 만난다. 그러면서 또한 창작 과정에서의 고심도 토로한다. 곧 "굵고 튼튼한" 시적 사유는 언제쯤 완성될 것인가 노심초사하는 것이다. 그것이 자기를 온전히 다 걸어야(賭) 하는 시인의 장인적 숙명인 것이다.

여성적 삶과 앎의 시학
― 최병숙 작품론

1.

 여성적인 삶은 과연 어떤 것인가. 그 삶은 왜 문제적인가. 두루 알려진 대로 여성적 삶은 그 문제성 탓에 종종 문학적 상상력의 좋은 대상이었다. 일찍이 프랑스의 작가 기 드 모파상이 그러했다. 그의 「여자의 일생」은 서구 근대사회에서의 여성적 삶이 어떻게 왜곡되고 일그러졌는가를 잘 보여 준다. 아니다. 멀리 갈 것 없이 우리 문학사에서도 이런 예는 많았다. 일련의 조선조 고전소설이 그러했고 근대 이광수의 소설 역시 그러했다. 그만큼 여성적 삶은 시간과 공간을 달리해서도 늘 문제적이었다. 이미 알려진 대로 이 문제의 근저엔 가부장 제도가 있을 터이다. 여러 천년 동안 가부장 제도는 인간이 누리고 지켜온 가족체계이자 사회체계였다. 그런 만큼 장기간에 걸쳐 인류 삶의 골격을 이뤄 왔다.

 그러나 가부장제는 지난 세기 페미니즘의 등장과 함께 여성들의 삶을 억압해 온 질곡 심한 기제로 폄하되었다. 돌이켜보면 과거 조선조 사회에서 가부장제의 억압 기제는 정점에 달한 바 있다. 여성을 가장에 종속된 존재로 간주했고 각종 불합리한 제도의 희생양이 되게 했던 것이다. 여기에서 여성들의 삶은 일그러지고 곡절 많은 비극들을 안게 되었다. 이른바 정한(情恨)이란 정서 또한 이 비극적 삶에서 유로됐다. 이 같은 폐단에 페미니즘의 비판 논의는 그 정당성을 확보해 오고 있다.

각설하고 이번 최병숙 시집에는 여성적 삶을 다룬 작품들이 여러 편 읽힌다. 우선 다음 작품을 읽어 보자.

> 한순간 굳은 허리를 쭈욱 펴자
> 구불구불 지나온 지난한 여자의 길이 굴러떨어졌다.
> 새파란 미나리 같은 애기가 소녀가 되고
> 여자가 되고 어느덧 엄마가 되어
> 아줌마가 되고 할머니가 되어
> 다시 애기가 되어 살아가는 오래된 그 길
>
> —「애기 할머니」부분

이 작품은 늙어서도 일손을 놓지 못하는 진산댁을 주인공으로 한다. 그녀는 평생 일에서 놓여나지 못했다. 가사로부터 농사일까지 숱한 노동을 감당했던 것이다. 그런가 하면 애기에서 엄마, 아줌마, 할머니 등등 끊임없이 여성의 역할을 달리해 왔다. 결과적으로는 주체로서의 자기 정체성을 확립하지 못했던 것. 그녀에게 주어진 삶은 그때그때의 구실과 입지에 따른 피동적 생에 지나지 않았다. 지난날 여성들은 누구나 그랬듯 "**구불구불**"한 지난한 여자의 길을 걸었다. 그 구불구불한 길에는 얼마나 많은 사연과 정한이 있었을 것인가. 물론 이 시의 화자는 그 사연과 정한을 구체적으로 언술하지는 않는다. 우리가 행간을 통해 가늠할 따름이다.

그런데 여기서 주목할 것은 진산댁의 자기 삶에 대한 자세이다. 그것은 "늙어서도 죽어서도 애기로 살고 싶다"라는 저 심리적 태도 때문이다. 그러면 애기로 살고 싶다 혹은 "이삐"로 살고자 하는 심리는 무엇인가. 그 심리는 단적으로 말해 여성 특유의 인형 의식은 아닐 것인가. 인형은 일정한 보호 틀 속에서 안정을 누리고 자신을 가꾼다. 그리고 타자의 관심과 사랑 속에서만 존재하고자 한다. 말하자면 주체적 삶이나 태도가 결여된 존재로 사는 것이다. 여성은 가부장제 아래서 저 같은 인형처럼 애기로, "이삐"로 키워진다. 실제로 진산댁의 삶은 작품 겉 문맥에 드러난 그대로 인형 의식을 바탕에 깔고 있는 것이었다.

  그러나 가부장제 속 여성들이 다 인형 의식에 함몰된 것은 아닐 터이다. 여성은 성별 역할 분화에 따라 가족 관계에서 독자적 자율성을 누리기도 했다. 그리고 이러한 삶의 태도와 가치는 지난 시절 '부덕'이란 말로 기려진 바 있다.

>무명 앞치마를 두른 어머니는
>정월 대보름날 저녁이면
>마른 수숫대 사스락거리는 뒤란에서
>장독대 위에 정한수를 떠 놓고
>허연 달빛으로 바늘귀에 실을 꿰어
>한지에 곱게 싸서
>반닫이 속 깊숙이 부적처럼 넣어 두곤 했었다.
>
>새벽 눈길을 걸어가는
>아버지의 잿빛 바지저고리와 검은 두루마기를
>사그러드는 질화롯불에 인두질해 가며
>밤새도록 곱게 곱게 바느질해서
>반닫이 속에 차곡차곡 접어 넣어 두곤 했었다.
>
>―「오동나무꽃 향내 나는」 부분

  이 작품의 화자는 황학동 벼룩시장에서 오동나무 반닫이를 발견한다. 아마 중고품 점포에 진열된 물건일 터이다. 화자는 이 중고 반닫이를 매개로 어머니를 떠올린다. 인용한 대목은 어머니와 그 반닫이 간 얽힌 사연을 극명하게 보여 준다. 곧 어머니는 반닫이에 식구들 안녕을 위한 기복(祈福)의 부적을 넣어 두기도, 정갈하게 손질한 가장의 의복을 갈무리해 두기도 한다. 그래서 반닫이는 어머니의 다른 기호로까지 읽힌다. 이 작품은 가부장제 하의 성 역할 또한 극명하게 보여 준다고 할 것이다. 어머니는 식솔들의 의식주 모든 영역에서 가족들 뒷수발을 한다. 그것도 모범적으로 한다. 이 시는 가정에서의 여성의 역할이 어떠해야 하는가를 정답처럼 제시하는 것이다. 이 나라 전통 사회체계에서 이 역할은 부덕이란 말로 그 값이 높이 매겨지기도 했다. 하지만 부덕이란 명분 아래 감당했던 가사일들은 노동이란 말에 걸맞은 결코 만만한 것이 아니었다.

이번 최병숙의 시집에서 그러한 가사 노동은 '고무장갑'과 '나무 도마'를 통해 그 실상을 드러낸다. 다음의 시구들이 그것이다.

①
날카로운 칼끝이 무디어지도록 찍혀진
저 무수한 내상(內傷)의 사선(斜線)들
그 여자 축축한 가슴 한가운데가 움푹 패여
오래된 우물처럼
푸른 슬픔이 고여 있다.

②
때로는 뼛속까지 시린 물살 흘러들어 와
한없이 질척대기도 했었지
빨래판처럼 골이 패인 손목의 주름이
의미 없는 일상의 반복을 노래하고 있었지

인용한 ①은 작품 「나무 도마」에서 ②는 시 「분홍색 고무장갑」에서 가져왔다. 화자는 이즘 가사 노동의 필수적인 소도구들을 통해 여성의 일상이 얼마나 고단한 것인지를 보여 준다. 작품 「나무 도마」의 경우 그 여자는 내상으로 가슴이 움푹 패여 있다. 어느 삶인들 사연과 곡절이 없을까마는 여성의 삶은 특히 그렇다. 그것은 주체적이기보다는 수동적 성격이 짙은 탓이다. 마치 도마가 쉴 새 없이 식칼의 칼

날에 자상(刺傷)을 입듯 말이다. 지난날 여성은 그렇게 가부장제에서 늘 피동적 위치에서 삶을 꾸리기 마련이었다. 「분홍색 고무장갑」 역시 가사일에 시달리는 여성의 고단한 일상을 잘 보여 준다. 그녀들은 "우툴두툴한 손바닥으로/빨래를 비비고/매콤한 김치"를 버무린다. 이 가사일은 늘 일상에서 반복된다. 그 반복 속에서 때로는 행복감을, 때로는 "뼛속까지 시린" 고통을 감내하는 것. 하지만 이 시의 화자는 이 같은 가사일이 의미 없는 일상이라고 말한다. 그러나 과연 의미가 없는 것일까. 우리는 이 시집에서 실은 그 일상, 혹은 일상을 구성하는 삶의 세목들을 심도 있게 성찰하는 또 다른 작품들을 읽게 된다. 이는 뒤에서 살펴보기로 하자.

2.
　여성의 성 역할은 일상사보다는 출산과 육아로 대표된다. 그것은 '어머니' 혹은 '모성'을 구현하는 일일 터이다. 다음 시는 반달이의 경우와는 또 다른 어머니상을 보여 준다.

>　그녀의 푸른 물관부에 흐르던
>　살냄새 나는 달착지근한 수액을 빨아먹고
>　컸던 자식들은 다 어디로 갔을까.
>　여러 겹으로 주름진 시간의 수액 속에
>　잠겨 있던 이야기들
>　손등 위에 툭툭 불거져 나온
>　푸른 힘줄을 타고 혈흔처럼 튀어나온다.
>　　　　　　　　　　—「늙은 고로쇠 나무」 부분

　지금 구순(九旬)이 넘은 늙은 어머니는 중환자실에 누워 있다. 팔에 링거줄을 몇 가닥 달고 있다. 그녀는 마치 이른 봄 고로쇠나무 같다. 화자는 고로쇠 수액을 채취하기 위해 "몸에 구멍을 뚫"고 비닐 호스를 꽂은 그 나무를 연상하는 것이다. 어머니는 노쇠할 대로 노쇠한 상태다. 곧 착 달라붙은 배와 빈 자루처럼 늘어진 젖가슴, 중증의 골다공증 등등의 초췌한 모습으로 병고에 시달리고 있는 것이다. 화자는 여기서 어머니가 그렇게 된 것은 "살냄새 나는 달착지근한 수액을 빨아먹"은 자식들 탓이고 말한다. 모성이란 본디 자식들에게 자신의 전부를 내주는 것. 그런가 하면 자식에게 모든 것을 내주고 난 어머니에게도 나름은 숱한 사연이 있었을 터이다. 그 사연들이 위의 시에선 손등 위로 도드라져 올라온 힘줄에 쟁여 있다고 한다. 거칠고 힘줄이 튀어나온 깡마른 손에는 그녀가 생평에 걸쳐 겪은 고통과 뭇 곡절이 새겨져 있는 것이다.

대체로 시인들의 상상력은 어머니에 관한 한 인고와 희생, 헌신의 이미지로 일관한다. 그만큼 어머니상은 우리의 오랜 심층 무의식 속에 그렇게 굳어져 온 것이다. 사실 여성들에게 있어 어머니로서의 역할은 삶의 거의 전부라고 할 마련이다. 어느 날 버진로드를 걸어 생의 제2막 서문을 열고 이어 출산과 육아의 과정을 여성들은 힘들여 통과한다. 그 일련의 과정이 바로 여성적 삶의 실체인 것이다. 우리 시인들은 이런 여성적 삶을 그동안 다양하게 노래해 왔지 않은가.

이번 최병숙 시집에서도 그 사정은 크게 다르지 않다. 작품 「날마다 빌어야 사는 여자」, 「버진로드」, 「착한 여자」, 「엄마의 일생」 등등 꽤 많은 시편이 모두 어머니에 대한 절절한 사모곡으로 읽힌다. 그 사모곡들은 때로는 부덕이란 명분으로, 때로는 인고와 헌신의 미명 아래 가부장제의 힘겨운 삶을 살아온 기록으로 읽힌다. 최병숙 시인에 따르면 우리의 어머니들은 "나 혼자만 참고 살면 된다는 착각으로/가슴에 커다란 돌덩이" 하나씩 들어앉히고 살았던 사람들이다. 그러나 그것이 과연 여성적 삶의 본모습일 건가.

그동안 나 하나 참고 살면 집안이 평화로워지겠지
착각 속에 살아왔던 당신
위경련이 일어나서 응급실에도 불려 가고
속으로만 참고 참아서 드디어

터져 버린 중증의 그 여자
알 수 없는 내일의 시간은
무표정하게 흘러갈 뿐
나 혼자만 참고 살면 된다는 착각으로
가슴에 커다란 돌덩이 하나 들어앉히고 살아왔다.

—「착한 여자」부분

과연 여성에게는 가정에서 또 사회에서 인고(忍苦)만이 미덕인가. 인용한 시에서 보듯 그동안 여성들 대다수는 주체로서의 역할과 몫을 일상에서 담보해 내지 못했다. 다만 수동적 입장에서 주어진 삶을 숙명처럼 견디며 살아온 것이다. 그리고 거기서 정한의 정서들을 표출해 왔다. 굳이 말하자면 "힘들 때마다 불구덩이 건너뛰어 가듯/다시 일어나서 따뜻하게 껴안고/걸어가는 게"(「엄마의 일생」) 여자의 일생 삶이었던 것이다.

그러나 이 같은 삶은 주체로서 자기 생을 사는 일이 아니다. 그 같은 삶은 근대적 자아의 등장과 함께 과감히 깨야 할 굴레에 지나지 않는 것. 그 각성을 최 시인은 다음과 같이 힘 있게 노래한다.

가슴부터 울컥하지 말고
말하고 싶었던 것 다 얘기해 봐요.
더 이상 상처받지 말아요
타인의 시선을 의식하지 말아요
오롯이 당신 자신이 되어야 해요

—「착한 여자」부분

라고.

3.

　대체로 시인은 세계나 삶과 불화한다. 그리고 그 불화의 기록이 시일 수도 있다. 이러한 불화를 통해 시인은 삶과 세계에 남다른 성찰을 하게 마련이다. 나는 앞에서 최 시인이 시에서 말한 여성적 삶이 어떤 것인가를 나름 살폈다. 미각성(未覺醒) 주체가 보인 인형 의식, 인고와 희생 등으로 대표되는 어머니로서의 삶은 곤비하고 험난하기만 한 것이었다. 그렇게 곤비하고 험난하기만 한 삶은 자아가 세계와 맞닥트린 불화의 한 정점일 터이다. 그런데 그 불화하고 있는 세계와 삶은 불화의 도가 심할수록 그 의미와 값을 더욱 따지고 가늠해 낼 마련이다.

　그래서 시인은 곤비한 삶의 일상과 그 세목들을 깊이 있게 성찰한다. 예컨대 최 시인의 경우 마늘을 까며 삶에서 껍질을 벗는 것이 무슨 의미인가를 생각하고 여행지 톤레삽 호수에서 만난 보트피플을 통해 인간의 지향점 잃은 부랑의 뜻을 새삼 가늠하는 일 등등이 모두 그것이다. 이 일들은 시적 자아가 외부의 사물을 매개로 자신을 성찰한 한 본보기이기도 할 터이다. 그러나 성찰과 사색은 때때로 시적 주체로 하여금 자신의 내면을 들여다보게 한다. 귀 기울이게도 만든다.

　　　가슴속에서 형체도 없이
　　　중얼거리고 있는 너는 누구냐
　　　만질 수도 볼 수도 없는 너는

　　　마음이 호수처럼
　　　나지막하게 가라앉을 때
　　　더 크게 들리는 맑은 목소리

　　　보이지 않는
　　　너를 만나고 싶다
　　　늙지도 않는

영원히 평행선이 될 수 없는 우리가

나이에 맞게 늙어 갈 수 있도록

내 안의 너에게 악수하고 싶다

—「목소리」 부분

인간의 능력 가운데 하나는 자신을 대상화할 줄 안다는 것이다. 마치 객관적 사물/존재처럼 자신을 되살피고 돌볼 수 있다는 것이다. 이 같은 능력 탓에 인간은 자신을 반성하고 성찰한다. 단순하게 말해 자의식의 존재들이라고 할 것이다. 인용한 시에서 화자는 내면에 존재하는 또 다른 '나'를 인식한다. 그 '나'는 "만질 수도 볼 수도 없는" 존재다. 그러나 끊임없이 목소리를 들려주는 존재다. 그것도 마음이 평온할 때 더 큰 목소리를 들려주고 있다. 이는 바로 대상화된 '나'라고 해야 할 터이다. 하지만 화자는 짐짓 대상화된 '나'를 '너'라고 호명한다.

그러면 때로 중얼거리거나 때로 맑은 목소리를 통해 '너'가 들려주는 얘기는 무엇일까. 아마도 그것은 자신과의 대화일 터이고 반성과 사색의 얘기들일 것이다. 그래서인가. 화자는 '너'를 만나고 싶고 악수하고 싶어 한다. 일찍이 이상(李箱)은 대상화된 자아를 분열 상태로 몰고 나갔다. 그리고 자의식 과잉에 빠져들었다. 그러나 최 시인은 대상화한 '너'를 자아분열 아닌 소통과 해후의 정황으로 이끌고 있다.

이 같은 소통과 해후는 내면에서의 일만은 아니다. 오히려 그보다는 외부 일상과 그 세목들을 시적 대상으로 삼아 그 의미와 값들을 천착한다. 최 시인은 비누 한 덩이를 통해 "둥글게 둥글게 원만한 모습으로 깎이고 다듬어지는" 자신의 내면 정황을 상상해 내고 부안의 채석강 절벽을 마주해서는 대형 서고 도서관을 연상한다. 이들 일련의 시적 작업은 모두 대상이 내장한 의미와 값을 웅숭깊게 성찰하는 일이다. 여기서 이 시집 표제작인 「바닷가 도서관」을 읽어 보도록 하자.

어느새 생의 책갈피에서 후기를 적어야 하는 나는

움푹 패인 암반의 둥근 구덩이에 고인 투명한 바닷물처럼 남아 있는 시간의 바닥을 보았다.
그 깊이를 알 수 없는 바다 한가운데서 나는
검은 바위에 따닥따닥 붙은 흰 따개비들 같은
욕망의 부스러기들을 소리 없이 떼어 내고 있다.

친절한 사서도 없이
누구도 대여할 수 없는
아무도 펼쳐 보지 못한
박제된 시간의 고서들
빼곡히 비치되어 있는 바닷가 도서관

—「바닷가 도서관」 부분

  이 시는 채석강 절벽을 도서관 서고로 설정한 데서 시작한다. 화자는 아마 여행길에 채석강을 들렀으리라. 그리고 그 절벽의 형상과 아름다움에 찬탄했을 터이다. 또 찬탄하는 한편으로 도서관 서고를 떠올리고 상상했으리라. 서고에는 백악기의 고서들이 켜켜이 꽂혀 있다! 화자는 다른 여행객들처럼 바닷물에 씻기는 암반 위에 선다. 거기 구덩이에 남아 고인 바닷물을 보며 문득 자신의 시간을 떠올린다. 화자는 어느덧 자신이 삶의 후반부에 접어들었음을 새삼 깨닫는다. 동시에 이제는 자신도 뭇 욕망을 내려놓을 시기에 와 있음을 절감한다.
  여기서 우리는 영원과 찰나, 인간과 자연이란 짝패들을 찾아 읽어도 좋을 것이다. 곧 그 옛날 백악기부터 생성돼 온 자연/절벽의 유구함과 수유의 시간이나 누릴 마련인 인간의 덧없음이 짝패로 대비되고 있는 것이다. 이 같은 심회에 젖은 화자에게 "파도는 어제의 그 파도가 아니"란 사실이 얼마나 새삼스럽겠는가. 이처럼 작품 「바닷가 도서관」은 자연과 인간, 영원과 순간의 극적 대비를 통해 시적 긴장을 높여 준다.
  그러나 최 시인의 시가 늘 무거운 주제들을 다루는 것만은 아니다. 그의 시들은 따뜻한 가운데 삶의 뭇 기미(幾微)들을 주로 포착해 낸다. 특히 시간 속에 낡아 가는 것, 지난날 기억 속의 애환 등을 포착해 보여 준다. 그런 점에서 「바닷가 도서관」은 다소 예외적인 작품으로 읽힌다.

①
이제 더 이상 몸속의
냉각 순환 팬(fan)을 돌리지 못한다.
날개들은 부러지고
살과 살들 사이의 뼈들과
혈관들은 숨 쉬지 않는다
이젠 비워야 해
조금씩 조금씩 빈틈들을 남겨야 해
꽉 들어찬 욕망들 사이로
서늘한 냉기가 돌아야 해

—「늙은 냉장고」 부분

②
그 동네 좁은 골목길을 들어서면
술밥 찌는 냄새가 났다
골목 입구 담배 가게를 지나 양조장이 있던
어릴 적 오래된 골목
허기진 뱃속에 달착지근한
양조장의 술찌개미를 얻어먹고
술기운이 두 뺨에 불과하게 올라
등굣길에 괜스레 낄낄대며 쓰러지던
그 아이들은 다 어디 갔을까

—「골목길」 부분

인용한 ①은 노후된 냉장고의 정황을 실감 나게 그리고 있다. 화자의 언술에 따르자면 이제 냉장고는 늙었다. 마치 인간의 몸처럼 낡아서 제 기능을 못 한다. 비록 기계지만 나름으로 조금씩 비워 가며, 아니 욕망을 내려놓으며 자기 역할을 해야 한다. 결국 냉장고/주체는 인간과 동일시되며 비워야 살 수 있다는 깨달음에 도달한다. 반면 ②는 기억 속의 아픈 얘기 한 토막을 들려준다. 궁핍한 유년 시절 술찌개미로 허기를 달랜 아이들을 떠올린 일이 그것이다. 화자는 어느 날 그 옛 동네 오래된 골목길에 들어선다. 거기서 옛날과 다름없이 "술밥 찌는 냄새"를 맡는다. 그 냄새는 M. 푸르스트의 마들렌 과자처럼 화자에게 순간 먼 기억을 불러온다. 술찌개미로 허기를 꼈던 그러나 정겨웠던 아이들 모습을 기억해 내는 것이다. 그러나 회상된 기억은 기억일 뿐 지금은 재개발을 앞둔 폐가들만 남은 황량한 골목길이다. 이 시는 이 같은 두 가지 정황 대비를 통해 읽는 이로 하여금 알싸한 페이소스에 젖게 한다.

　이번 시집에서 최병숙 시인은 일상 가운데의 쇄말한 사상(事象)들을 주로 시적 대상으로 삼는다. 그들을 통해 일관되게 자신의 삶을, 세계의 의미를 성찰한다. 길 안내 삼아 읽은 몇 편의 시들은 그러한 성찰을 단적으로 보여 주고 있다. 정서의 유로라는 낭만주의자들 생각처럼 시가 감정의 여린 금선(琴線)만을 타는 게 아니다. 시는 삶이나 세계의 깊이 있는 의미를 탐색하는 한 방편이기도 하다. 일련의 사상들을 들여다보고 시인은 그에 따른 생각들을 반추하고 생각의 깊이를 더한다. 그렇다. 우리네 일상이나 세계가 그대로 대형 서고이고 서책들이 아닐까.

　특히 성찰의 과정에서는 통념에 그동안 깊이 무젖어 버린 대상의 의미와 값을 박피하듯 벗기고 새로운 모습, 새로운 의미를 찾게 마련이다. 이를 두고 나는 인식이 도저한 시, 혹은 앎의 시라고 말한 바 있다. 그 새로운 앎들이 우리에게 시 읽는 한 즐거움을 넉넉히 제공할 터이다. 또 이는 감각적이고 표피적인 정보만 횡행하고 있는 이즘의 영상 시대, 이미지 세상에서 시가 남달리 존재하는 까닭이기도 하리라.

4.

정작 시는 그러한가. 이 물음을 앞에 하고 우리는 이제 최병숙 시인의 시 얘기를 따라가 보자. 이번 시집에는 시에 관한 시들이 몇 편 읽힌다. 이들 메타시를 통해 최 시인의 시에 관한 생각을 검토해 보자.

> 종이 장미 같은 시의 행간에서
> 미혹과 매혹 사이에서
> 숨어 있는 생의 아픈 그늘을 찾는데
> 혼자 가슴속으로 울고 싶을 때
> 나를 다독여 줄 시는 어디에 있는 걸까
>
> —「스크린도어」 부분

> 두들길수록 더욱 단단해지는 북처럼
> 상처받은 누군가의 닫힌 마음이
> 언젠가는 얼음 녹듯 열리어
> 작은 미소로 젖을 수만 있다면
> 거침없이 너의 가슴을 두드리고 싶어
>
> 도무지 굳게 닫혀 쉽사리 문을
> 열어 주지 않는 알 수 없는
> 나의 시마(詩魔)여.
>
> —「난타」 부분

이즘 서울 지하철 스크린도어에는 많은 시편들이 넘쳐나고 있다. 저명 시인에서 군소 시인까지 많은 시인들의 시가 게재돼 있는 것이다. 그 시들은 그러나 공간 제약 탓이겠지만 "팔다리 잘리고 꼬리도 잘리고 몸통만 남은" 불구의 형태를 취한 경우가 많다. 곧 시 전편이 아닌 특정 부분만 단편적으로 게재돼 있는 것이다. 그럼에도 작품 「스크린도어」의 화자는 그 시에서 "생의 아픈 그늘"을 찾아 읽고 싶어 한다. 말이 생의 아픈 그늘이지 실은 삶의 곡진한 사연, 또는 생의 진정한 의미를 읽고자 하는 것이리라. 이는 앞에서 얘기한 삶이나 세계의 숨겨진 의미를 성찰한, 그래서 공감과 새로운 발견의 즐거움을 찾는 일이기도 할 터이다.

일반적으로 인간은 미지의 것을 알게 되는 경우 일종의 정신적 쾌감을 경험한다. 그리고 이 쾌감을 선이나 행복이란 다른 어사(語辭)로도 부른다. 최 시인은 이 선이나 행복을 '나를 다독여 주는 일'이라고 이 시에서는 말한다. 인용한 작품 「난타」에서는 닫힌 마음을 열고 작은 미소와 함께 읽을 수 있는 시를 소망한다. 말없이 미소를 띠며 읽게 되는 시, 단적으로 말해 정신적 쾌감을 제공하는 시라고 할 것이다. 마치 북을 난타하듯 읽는 사람의 마음을 치는 시―그러한 시들을 쉽게 발견할 수 없다는 데 아마 이즘 범람하는 시들의 한계가 있을 터이다.

그동안 대다수 우리 메타시들은 정교한 시적 논리보다는 작품 생산 과정의 고통이나 어려움을 자주 토로해 왔다. 최 시인 역시 진정 좋은 시는 문을 열어 주지 않는다고 자탄한다. 그래서 나의 시마(詩魔)가 왜 그렇게 꾀까다로운지 알 수 없다고 고백하는 것이다. 어찌 최 시인뿐이겠는가. 알 수 없는 시마를 두고 시인들은 너니없이 창조의 고통을 겪어 나가고 있는 것을.

지금까지 나는 그 고통의 산물인 최병숙 시인의 첫 시집을 읽어 왔다. 그녀는 여성 시인으로서 자기 삶의 여러 문제들을 심도 있게 성찰하고 보여 준다. 그것을 나는 여성적 삶의 문제로 가급적 일반화시켜 읽어 온 셈이다. 허나 최 시인은 자신의 삶과 그 삶을 구성하고 있는 일상과 그 세목을 누구보다 깊이 있게 통찰한다. 어설픈 시류에 영합하는 일 없이 자신과 자신의 삶을 진정성 있게 보여 주고 또 들려주고 있는 것이다.

타자 지향, 혹은 '너'의 시학
―서정임의 시 세계

1.

　대체 타자란 무엇인가. 나 이외의 뭇 것들을 타자라고 하는가. 그러면 나란 혹은 주체란 무엇인가. 이번 서정임의 시들을 읽으며 나는 이 같은 물음들을 떠올렸다. 두루 알려진 대로 그동안 타자는 현상학이나 정신분석에서 많이 다뤄진 주제였다. 인간이 언어를 구사하며 너와 나를 구분하는 데서 타자란 기표는 생겨난다. 이 기표는 세계의 구성인자이면서 나의 정체성 형성에도 기능한다. 흔히 말하는 대타의식 탓이리라. 너를, 타자를 의식하다 보면 자연 내가 거기 기속(覊束)되고 만다. 그 기속은 결국 내 의식 세계를 일정 정도 결정한다. 따라서 이는 내 정체성 형성에도 간섭할 마련인 것이다. 너와 나는 그렇게 상호 기능하며 결국 세계를 구성한다.
　그러면 서정임 시에서 너는 어떤 누구인가. 아니 사물이라면 무슨 사물인가. 우선 시들을 읽어 보자.

　①
　나는 너의 어느 것 하나 가리지 않고
　받아들이는 폭넓은 마음에
　내 안 뿌리 내리고 있는
　허기 몇 줄기 캐 넣었던 것인데

그리하여 너의 그 무거운 낯빛처럼
네 안에 꾹꾹 눌러 담고 있기를 바랐던 것인데

②
내가 너에게 머무는 동안
너는 나에게 나는 너에게 어떤 미지였을까
한바탕 어울린 연들이 피운 꽃은
얼마나 순도 높은 색이었을까.

③
몇십 년 전 너를 처음 만났을 그때도 너는 저토록 눈부셨던가 붉은 입술 속 목련 꽃봉오리처럼 들어 있는 치아를 함빡 드러내 보이며 나를 사로잡던 네가 허공 가득 피워 놓던 저 커다란 말 송이들,

인용한 ①은 「검은 비닐봉지에 대한 오류」의 한 대목이고, ②는 「반월역」의 부분, ③은 「목련꽃 그늘」의 둘째 연 부분이다. 이 세 시편들의 공통적인 사항은 '너'란 2인칭의 등장이다. 그 '너'는 텍스트 안의 시적 대상을 호명한 경우들이다. 우선 ①에서 너는 비닐봉지의 지칭으로 읽힌다. 화자에 따르면 너는 모든 것을 가리지 않고 받아들이는 폭넓은 마음을 지녔다. 그런가 하면 무거운 낯빛도 띠고 있다. 검은 비닐봉지는 그렇게 의인화되어 나와 관계를 맺고 있다. 곧 나의 허기를 캐 담고 있는 용기(容器)이기도 한 것이다. ②의 경우도 역시 너/나의 관계를 제시한다. 그런데 그 관계는 서로 "어떤 미지"인 존재태 간의 관계이다. 마치 한바탕 어울린 연꽃처럼 서로가 서로를 확인하고 알고 싶어 하는 관계인 것이다. 이처럼 너와 나는 서로 알고자 하는, 근본적으로 미지의 어떤 존재들이다. 여기서 너와 나는 상호 지옥 혹은 암흑 그 자체라는 사르트르식의 대타관(對他觀)을 떠올려도 좋을 것이다. 너를 안다는 것은 너의 정체성, 사람으로 치면 그 의식 세계를 아는 것이다. 그 앎은 과연

가능할 것인가. 사르트르는 그 앎을 자아의 이중화라고도 불렀다. 그 자아의 이중화가 불가능한 상태, 그것은 곧 지옥이고 암흑 그 자체인 것이다. 반면 ③은 화자가 젊은 시절 만났던 너, 지인(知人)이다. 그 시절 서로는 엇박자처럼 많은 어긋남을 가졌던 것. 그런 경험을 공유한 너이지만 시간이 많이 흐른 지금은 창밖으로 목련이 보이는 찻집에서 만나고 있는 중이다. 그런데 이제는 틀니마저 한 '너'여서 화자는 어두워진다. 그래도 추억을 징검돌 삼아 너와 나는 대화를 꽃피울 수밖에 없다.

  이상에서 읽어 낸 대로 우리는 '너'가 때로는 비닐봉지나 연꽃, 때로는 추억을 공유한 지인인 것을 알 수 있다. 이들은 한마디로 줄여 말해 모두 타자들이다. 이들 타자는 서정임에게 있어 '너'로, 때로는 '그'로 지칭된다. 다음의 시를 더 읽어 보자.

    불협화음이 일었다.
    미소 띤 둥근 얼굴의 이모티콘을 띄워 놓던 꽃들이 사라지고
    스마트폰 속 그 채팅방에는 얼음이 얼었다
    보이지 않는 눈으로 나를 차단한 꽃들이 내뱉는
    저 단단한 침묵의 쇠창살들

    수의를 입는다 감옥의 시간을 사는 내가
    잃어버린 꽃들에 대하여
    시들어 가는 나의 주관에 대하여 생각한다

    꽃이 피어 있는 내 몸 밖의 봄은 길고
    너를 기다리는 내 몸 안의 시간은
    그 목마름이 길다
                                              —「먼 봄」 부분

  이 작품은 '꽃이 핀 날/꽃을 잃는' 역설적 상황을 제시한다. 왜 그 같은 역설적

상황이 왔는가. 여기서 산문적 번역을 조금 해 보자. 화자는 스마트폰 속에 채팅방을 열었다. 그리고 카카오톡이 뜨거울 정도로 말들을 주고받는다. 그런데 누군가가 이 한 물결처럼 흐르던 대화에 끼어들고 마침내는 불협화음이 일기 시작한다. 인용된 부분은 이 같은 전반부 상황에 이어지는 화자의 언술들이다. 화자는 카카오톡 대화의 불협화음 상태를 얼음이 얼었다고 비유적으로 표현한다. 이쯤부터 화자의 고뇌는 시작된다. 곧 불협화음 상태 속에 시들어 버린 자신의 주관이 고통스럽고 그런가 하면 말풍선 속에서 확인되던 꽃들의 상실 역시 안타까운 것이다. 그래서일까. 화자는 내 몸 밖 봄이 길다고 말한다. 반면에 한 물결을 이루며 꽃 피웠던 지난날 너를 기다리는 나의 내면은 또 그 갈망으로 뜨겁다. 결국 화자는 꽃이 핀 외계의 봄날에 반해 내면의 꽃들을, 봄을 잃고 만 것이다.

이처럼 우리가 타자로 읽을 수밖에 없는 너는 때로 현실에 부재한 희망, 혹은 이상이기도 한 것이다. 뿐만이 아니다. 앞에서 검토한 그대로 타자는 미지의 어둠이기도, 때로는 나의 정체성 구성에 깊이 관여하는 자아 이중화의 징검돌이기도 하다. 조금 더 단순화해 말하자면 서정임 상당수의 시편들은 타자를 통한 날카롭고 웅숭깊은 자아 성찰이라고 해도 좋을 터이다.

2.

    대필을 부탁한다
    온종일 총구를 난사하는 땡볕 아래 수차를 돌리고 돌려 건져 올린
    소금 알갱이 같은 숫자들
    그녀가 불러 주는 금액을 무통장입금표에 쓰는
    젊은 여자의 글씨가 매끄럽다

    창구 앞 불 켜진 번호판에 기다리던 접수 번호가 뜬다
    마침내 통장 속에서 어디론가 송금되는 한 수레의 소금,

분가한 자식들이 심한 갈증을 호소할 때마다
퍼내고 퍼내기를 반복했던
이제는 그 가득 찼던 잔액이 텅 빈.

은행 문을 나서는 그녀가 수척하다
무너질 듯 한쪽으로 기울어진 어깨 위로 내려앉는 하늘이 무겁다
—「소금 창고」부분

 왜 평균인인가. 말 그대로 평균인이란 한 공동체에서 평균적인 삶을 사는 이들이다. 대체로 그들은 익명의 존재들이다. 그리고 이들에게서 자기와의 동질성을 발견하는 경우 우리는 이를 옆으로의 초월이라고 부른다. 이러한 초월은 말이 좋아 초월이지 실은 타자에의 지향이라고 할 것이다. 이 경우 타자란 나 아닌 다른 인물들이다. 그들에게서 시인은 자신과의 차이를 발견하기도 하고 때로는 동질성을 확인하기도 한다. 그도 아니면 그들 속에 내장된 삶의 의미, 혹은 삶의 실체를 탐색하기도 한다. 이는 지난날 우리의 현실주의 시들과 서정임 시가 변별되는 지점이라고도 할 것이다. 이른바 민중을 축으로 한 운동성을 표방했던 시들과 일정한 거리를 두고 있기 때문이다.
 인용한 시는 서정임의 시 가운데 비교적 잘 읽힌다. 그것은 화자가 일련의 정황을 압축적으로 제시하고 있기 때문이다. 우선 인용이 안 된 시의 전반부를 설명해 보자. 그녀는 이 작품의 주체이다. 그 주체가 은행 창구에 와 송금을 하려고 한다. 허나 글자를 읽고 쓸 줄 모르는 문맹(文盲)의 처지. 그녀는 늘 그랬듯 낯모를 젊은 여자에게 대필을 부탁한다. 여기서부터는 인용된 부분 그대로다. 그녀는 송금 액수를 대필자에게 불러 준다. 이윽고 그녀는 순서가 와 대필로 작성된 무통장입금표를 들고 창구에서 어디론가 송금을 한다. "어디론가"라고 화자는 송금처를 얼버무리듯 했지만 실은 분가한 자식들에게 보내는 것. 평생 염전을 일구며 살아온 그녀가 저렇듯 송금할 곳이란 자식밖에 더 있겠는가. 그러면 송금하는 한 수레 소금

이란 그녀에게 과연 무엇일까. 그것은 분명 화폐의 금액일 테지만 실은 그녀의 전 생애라고 해도 좋으리라. 그만큼 송금된 돈이란 그녀 삶의 모든 것이 함축된 무엇인 것이다.

이상에서 나는 이 작품의 겉 문맥을 읽어 왔다. 그러나 그 문맥이 이 작품의 전부일 것인가. 아니다. 이 작품의 속 문맥은 그러면 어떤 것일까. 시의 주체인 '그녀'는 보기에 따라서는 특이한 삶을 살아온 인물이다. 우선은 문맹의 상태로 염전을 평생 일궈 왔다. 또한 혹심한 궁핍 속에 취학도 할 수 없는 어린 시절을 거쳤을 터이다. 그리고 계속되는 빈곤 속에 자식들을 키웠으며 나이 든 지금도 그들에게 경제적인 도움을 줘야 한다. 어찌 보면 그녀는 우리가 겪어 온 궁핍한 지난 시절 모성의 한 표상이라고 할 만하다. 그것도 여느 어머니들보다 더 열악한 삶을 살아온 존재였다고 하리라. 우리는 이러한 인물을 통해 무엇을 깨닫는가. 쉽게 말해 한(恨)이란 정서의 환기일까. 그도 아니면 인간의 삶은 왜 그리 고단할 마련인지 또 그 의미란 무엇인가라는 다소 구경적(究竟的)인 물음일까. 우리가 아는 한 시인이 해야 할 일은 여기까지인 것. 그렇다. 여기 이 작품에서도 한이든 구경적 삶의 의미든 속 문맥을 어떻게 읽을 것인가는 독자들의 몫일 뿐이다.

그런데 서정임은 이 같은 그녀의 삶을 장면화란 기법을 통해 보여 준다. 곧 은행이란 공간을 신댁해 지간의 그녀의 삶을 압축적으로 보여 주는 것이다. 비록 한정된 공간에서의 일이지만 시인은 예상 밖의 대필 행위를 통해 곡절 많은 그녀 삶을 소환하는 것이다. 물론 그 기본축은 한 여인의 생애에 대한 서사인 것. 이 경우의 서사는 이야기 줄거리다. 그리고 그 서사는 시적 정황에 구체성을 마련해 준다. 우리가 평균인들, 그것도 기층 민중들 삶을 언술할 때 서사는 대단히 유효하다. 그만큼 구체성을 확보하면서 그들의 실체나 정황을 빠짐없이 보여 줄 마련이기 때문이다. 또한 서사는 시적 주체를 객관적 시점에서 언술하는 데도 유효하다. 그만큼 시적 대상과의 거리를 확보해 주는 것이다.

이번 시집에서 서정임의 여러 시편들은 '아래로의 평균인'들의 삶을 리얼하게 보여 주고 있다. 예컨대 버림받은 노인들(「파란대문집」), 문맹인 어머니(「소금창고」), 일제강점기의 위안부(「갈대의 분홍」), 노인들을 상대로 한 물품 판매업자(「즐거운 감옥」), 이주민(「꽃의 증명」) 등등을 다룬 시편들이 그것이다. 이들 시편의 주체들은 여느 평균인들보다는 남다른 삶을 살아온 존재들이다. 따라서 그들의 서사는 말 그대로 굴곡 많았던 우리 시대의 기록일 마련이다. 시가 기록의 일종임은 더 말할 나위가 없는 일 아닌가.

이제 이 같은 작품을 하나 더 읽어 보자.

> 사내는 어쩌다 저토록 진한 그리움을 토하고 있는가
> 몇 년 전 이곳에 들어와 온전한 정착을 위한
> 국적과 이름을 바꾼 그는
> 기숙사 앞 은사시나무가 이파리가 바람에 흔들릴 때면
> 누군가 돌리는 흑백필름 영사기 소리인 듯
> 자구 저편 두고 온 날들이 눈앞 환하게 펼쳐진다는데
> 잊으려 하면 할수록 더욱 깊어지는
> 그의 뿌리 깊은 뿌리
>
> 음표를 짚는 시간이 길어진다
> 날마다 벗어날 수 없는 잔업과 특근과
> 어쩌다 주어지는 아르바이트에도
> 도무지 벗어날 수 없는 외로움이
> 듣고 있는 악보에 악보를 더하고
> 저 슬픔에 전이된 사람들이 오래도록 서 있는 거리
>
> ―「능소화가 피어나는 거리」 부분

이 시의 화자는 다국적 언어 간판이 즐비한 다문화 거리에 서 있다. 어디선가 색소폰 소리가 들린다. 화자는 그 소리가 '사내'가 부는 악기 소리임을 직감한다. 여

기서부터 화자의 상상력이 작동한다. 저 사내는 지구 저편에서 온 이주노동자일 터이다. 이름과 국적마저 바꾼 이 땅의 귀화인이지만 그의 삶은 고달프기만 하다. 잔업과 특근으로 점철된 직장 생활, 더러는 투잡 아르바이트에도 내몰려야 하는 형편인 것이다. 게다가 그는 이국 생활에서 오는 외로움을 견디기 힘들어한다. 이 같은 뿌리 뽑힌 삶이란 우리에게도 낯설기만 한 게 아니다. 과거 한 세대 전 우리도 비슷한 경험들을 하지 않았는가. 산업화를 통한 사회적 동원을 극심하게 겪었던 탓이다. 이제는 이주노동자들 문제가 다시 사회의 문제적 현실로 자리 잡고 있다. 이 같은 점에서도 이들 이주노동자들의 정황은 주목을 요한다. 그들의 문제적 현실이 바로 우리 역시 공유해야 할 문제에 다름 아니기 때문이다. 그 탓일 것이다, 저물녘 다문화 거리의 색소폰 소리가 그 거리를 오가는 뭇 사람들에게 슬픔을 전이시키는 것은.

3.

그런데 이처럼 제시된 인간상들은 우리 둘레에서는 다소 예외적인 경우에 해당한다. 그만큼 우리 일상의 평균적인 삶과는 일정 정도 차별을 보이고 있는 것이다. 더 나아가 이들의 예외적인 삶은 역사적 사실들과도 일정하게 관련돼 있다. 내가 이들의 시편에서 기록성을 언급한 것도 실은 이러한 사정 때문이다.

한편 서정임의 상당수 시편들은 일상적 삶의 성찰을 수월(秀越)하게 보여 준다. 시인의 삶 역시 일상을 떠난 별도 공간에서 영위되는 게 아니다. 그들 역시 누항에서 쇄말한 일들에 파묻혀 사는 것이다. 시가 자기 삶의 성찰이고 기록이라면 오늘 우리 시인들의 시편 또한 저러한 일상들의 담론일 수밖에 없을 터이다. 자주 드나드는 전철 역사, 화훼류들, 쇄말한 일상용품들, 혹은 카페나 음식점 등등 이 모든 것이 그 담론의 대상들이다. 흔히 일상사로 지칭되는 담론들이 그것이다. 실제로 작품을 읽어 보자.

바람이 불어 바람이 좋은 날 바람을 타는 것들을 보면

깃털을 생각한다
하나의 날개를 완성하는

춤을 춘다 한여름 밤을 휘젓는 사람들
뒤집어진 일회용 접시처럼 다 비워 버린 막걸리병처럼

무게를 버린다는 것은 새로운 아침을 갈망하고 있다는 것
똘똘 뭉친 어둠을 저글링하는 곡예사처럼
예고된 폭우를 한 번쯤 피하고 싶다는 것

지나간 시간의 동공 속 내 날개가 비친다
한 움큼 깃털 뽑힌 자리에 빼곡이 뿌리 박고 있는 어둠들

어깨에 어깨를 비비며 바람을 타는 사람들은 어디서 저토록
활짝 펼 수 있는 날개를 달았는가.

―「모빌의 시간」 부분

    화자는 어느 건물 앞이거나 편의점 인근에서 바람을 타는 모빌을 발견한다. 모빌이라니? 사전적인 뜻풀이에 따르면 모빌이란 바람에 움직이도록 구성된 조각물이다. 이 같은 모빌을 발견한 순간 화자의 상상력은 움직임을 시작한다. 특히 날개를 달고 바람을 타는 모빌을 매개로 자신을 되돌아본다. 그러면서 문득 날개 달린 인간들을 모빌에서 환상처럼 발견하기도 한다. 하지만 자신에게는 날개가 없다. 곧 나에게는 "어둠이 박힌 깃털 뽑힌 자리"만 있을 뿐 날개는 웬일인지 결락 상태인 것이다. 이는 달리 타자를 통한 '나'의 발견이라고도 할 만하다. 이 시의 화자는 그 발견 과정을 텍스트 전편에 잘 제시해 놓고 있어 주목된다.
    언제부터인가 여행은 우리네 일상의 한 부분이 되었다. 지난날 여행이란 반복

적이고 지속적인 일상의 시간을 끊고 새로운 경험 세계를 겪는 일이었다. 그 새로운 경험이란 세계나 삶의 새로운 모습, 새로운 의미 발견 등을 뜻한다. 그래서 여행은 매우 독특하고 초월적인 시공간을 통과해 가는 일로 치부되었다. 여행은 그만큼 우리 일상의 시공간에서 벗어난 특별한 행위였던 것. 그래 여행은 우리네 일상에서 예외적인 매우 의미 큰 사건이었다. 그러나 오늘날 그런 여행이란 우리 주변엔 없다. 누구에게나 수시로 어렵지 않게 일상사로 나들이들을 하기 때문이다. 다음의 시편도 그런 예에 해당한다.

> 뻘에 빠져 있을 때는 그곳이 뻘인지 모른다
> 설사 진흙탕 밭이라 알았어도
> 뻘에서 살아남는 법이란 게가 되는 일이고
> 칠게나 방게나 그 무엇이 되건
> 그건 선택하는 자의 몫이다
> 나는 그때 무슨 게였을까
> 이름마저도 잊고
> 단지 게란 몫을 다하기 위해 집게발을 들었다
> 게거품을 물었고 옆으로옆으로 걸었다
> 옆으로 걷지 않으면 우리는 한 무리가 아니다
> 단단한 껍질을 쓰고 걸었다
> 앞과 뒤 아무것도 생각하지 않고 걸었다
> 바다에 와 뻘을 본다
> 다슬기와 갯강구와 조개들과
> 옆으로 걷지 않고 사는 것들
> 그 뻘에 한 발을 내딛자 게들이 재빠르게 숨는다
> 유독 그들만이 그들이 파놓은 구멍 속으로 숨을 숨긴다
>
> ―「뻘 생각」 부분

과연 인간들이 몸담고 사는 세상은 고해인가. 흔히 우리는 세상을 고통이 일렁이는 바다라고 말한다. 허나 인용한 시의 화자는 고해라기보다는 진흙탕 밭이라고 달리 말한다. 그리고 이 진흙탕 밭, 곧 뻘밭에서의 생존 방식이란 '게'가 되는 일뿐임을 체득한다. 이에 화자는 나름대로 게가 되어 게거품을 물기도 하고 열심히 옆걸음도 친다.

그런데 어느 날 실제로 바닷가에 와 뻘밭을 둘러보게 된다. 아마도 모처럼 가족끼리의 나들이였을 터이다. 화자는 여기서 게 아닌 다른 생물들과 조우한다. 단순한 조우가 아닌 게와는 다른 또 다른 생존 방식을 발견한 것, 곧 제 구멍/집 속을 곧바로 들락거리며 사는 방식을 본 것이다. 이 뜻밖의 발견을 통해 화자는 그동안 지녔던 자기 삶의 방식을 반성한다. 세상 어디에 획일적인 삶의 방식만 존재할 것인가. 뭇 생명체들은 각기 다른 제 나름의 독자적인 방식으로 살아갈 마련인 것이다. 이렇게 산문적인 번역을 해 읽다 보면 이 시는 단순한 바닷가 여행 얘기만이 아니다. 바로 우리네 인간들 삶을 두고 하는 얘기인 것이다. 말하자면 일종의 알레고리로 읽히는 것이다. 따라서 이 경우 뻘밭에서 옆으로 이동하는 게란 단순 상징 기표에 불과했던 것이다.

그러면 다음 시는 또 어떤가.

한 줄기 법문을 써 놓은 주련처럼
깎아 놓은 감들이 걸려 있는 식당 안
산채비빔밥을 먹는다
나물과 나물을 넣어 섞으려 하자
누군가 저분을 달라 한다
저분? 저분이라니
식당을 둘러보는데
누군가 꺼내 주는 젓가락
저분이 젓가락이다

> 젓가락이 저분이다
> 저분이라면 어느 한 사람 높여 부르는 말이건만
> 일평생 내 청결과 품위를 유지하게 해 준 젓가락이야말로
> 그럴 만도 하다 그렇게 불러도 되겠다
> 나란히 생각의 끝을 맞춰 보는데

―「품」부분

역시 지리산 나들잇길에 나섰던 모양이다. 화자는 산채비빔밥집을 들러 식사를 한다. 거기서 식사 도중에 보고 들었던 에피소드 한 토막을 들려준다. 위 텍스트가 그것이다. 특히 '저분'을 두고 행한 편/어롱(語弄)이 돋보인다. 곧 젓가락을 뜻하면서 지시대명사이기도 한 저분을 "저분이 젓가락이다"라고 감칠 맛있게 곁말을 구사하고 있는 게 그것이다. 화자는 그러면서 생각한다. 따지고 보면 젓가락이란 그간 자신의 청결과 품위를 줄곧 지켜 와 주지 않았던가. 저분이란 경칭을 써도 될 법하다. 화자는 이 같은 깨달음에 이내 닿는다. 이는 혹 그 식당 문 앞 걸린 법문이 짐짓 건네줄 만한 깨달음은 아닐까. 암튼 작품 「뻘 생각」이 게의 생태를 빌려 삶의 이치를 깨닫는다면 이 작품은 비빔밥 식사를 통해 역시 저 같은 인식에 도달한 것이다.

시는 그것이 여행 아닌 나들이든 혹은 역사(驛舍)에 핀 꽃들이든 일상의 쇄말한 사상(事象) 모두를 글감으로 삼는다. 그 글감들, 곧 시적 대상을 통해 시인은 자기 삶의 성찰을 수행한다. 이는 달리 쇄말한 사상들인 타자를 자아화하는 일련의 행위라고도 할 것이다. 말하자면 타자인 너를 통해 나를 발견하고 확인하는 행위인 것이다. 시란 그런 것이다. 이번 서정임의 상당수 작품들 역시 시적 대상인 '너'를, 곧 쇄말한 사상들을 통해 나를 발견한다. 아니 발견한다기보다 웅숭깊은 자아 인식에 도달하고 있는 것이다.

4.

서정임의 시들은 독자들에게 그 속을 쉽게 열어 주지 않는다. 왜 그럴까. 그것은

그의 시들이 대부분 환유나 은유를 시법으로 삼고 있기 때문이다. 알려진 대로 환유는 인접성을, 은유는 유사성을 원리로 삼는다. 그렇기는 하지만 실제 작품에서 이 원리는 잘 지켜지지 않는다. 일반적으로 시 문장에서 은유와 환유는 겹치는 경우가 흔하기 때문이다. 달리 말하자면 언어 선택의 유사성과 배열의 인접성 원리가 뒤섞여 구사되고 또 이럴 경우 시적 긴장이 높아질 마련인 것이다.

그러면 속을 열어 주지 않는다는 것은 어떤 현상을 일러 하는 말인가. 그것은 관습적인 표현이나 규범적인 서술들에서 그의 시적 표현들이 크게 벗어나 있다는 뜻이다. 이는 보조관념이라고 할 이미지들만 돌올하게 텍스트 내에 배치돼 있기 때문이다. 읽는 이들은 그 돌올한 이미지의 숨은 원관념을 찾아 읽어야 할 터이다. 이를테면 "적막이 요란한 늪이다 묘혈이다"란(「폐점」) 어구에서 적막=늪=묘혈이란 은유는 뭘 말하는가. 이 물음은 제목인 「폐점」과 함께 읽을 때 비로소 그 답이 나온다. 이는 대상의 속성이나 실체를 파악해 진술하는 시적 방법론의 하나라고 할 터이다. 곧 대상의 속성 내지 실체, 달리는 보조관념만을 겉 문맥에 제시하는 방식인 것이다. 따라서 명시적 언술에 익숙한 독자들은 그 함축된 의미 혹은 원관념 파악에 더 많은 힘을 들여야 할 터이다. 이러한 시적 언술 양식은 서정임 시의 유니크한 스타일이라고 할 만하다. 여기서 나는 서정임 시들이 이처럼 워낙 독특하고 개성적인 표현으로 일관돼 있는 점을 주목한다. 한 시인에게 있어 자기 시 스타일의 완성이란 얼마나 큰 성취일 것인가.

나는 서정임 시인과 조그만 시 모임에서 몇 년 만났었다. 그는 그때도 시적 관심을 남달리 표명하곤 했었다. 그리고 이번에 읽은 시들은 그가 그 모임 뒤에도 얼마나 많은 장인적 노력을 해 왔는가를 잘 보여 주고 있다. 모르긴 해도 그는 매 작품마다에 장인적 세공(細工)을 쏟아부었을 것이다. 그리고 그 노력은 앞에서 장황하게 설명한 그의 시 스타일을 완성하는 원동력이었을 터이다. 끝으로 그의 다음 시를 읽어 보자.

피어야 할 꽃들이 수장되었다.

바다를 향해 울부짖는 사람들이
빠져나올 수 없는 모래 폭풍 속을 걸었다.

빛을 잃은 해와 달이
피지 못한 꽃들을 비추고
모자를 벗지 못하고 묵념을 하는 사람들의
모자를 벗겼다.

—「사월」 전문

 인용한 시는 지난날 강진처럼 우리 사회를 뒤흔들었던 세월호에 관한 담론이다. 그러나 작품 겉 문맥 어디에도 그런 명시적 언술은 없다. 다만 수장된 꽃과 모래 폭풍, 그리고 울부짖는 사람들과 묵념하는 사람들만이 등장한다. 읽는 이들은 이들과 「사월」이란 제목을 겹쳐 놓고 읽는다. 그래야만 텍스트 속 내장된 의미를 온전히 복원해 낼 수 있는 것이다. 게다가 화자는 여기서도 철저하게 객관적 시점을 견지하고 있어 울림을 높인다. 이 짧은 시에도 앞에서 장황하게 지적한 서정임 시의 특장들은 잘 드러나 있다.

지적 통찰과 서정의 구조화
―조승래 작품론

1.

왜 유머인가. 엉뚱한 사실이나 상반된 요소 간의 대비, 혹은 대상에서의 상호 모순을 읽어 낼 때 사람들은 웃는다. 그리고 그 웃음을 끌어내는 이에겐 일정한 심정적 여유가 있을 마련이다. 이 경우 여유란 어사(語辭)가 덜 과학적이라면 심리적 거리라고 해야 할 터이다. 심리적 거리란 대상으로부터 일정하게 유지되는 간격을 뜻한다. 당연한 소리지만 이 같은 거리가 유지될 때 대상에서 상호 모순이나 엉뚱한 사실이 손쉽게 발견된다. 유머는 따지고 보면 이처럼 고도의 지적 능력에서 오는 것이다. 그런가 하면 유머는 그 수용자에게 각별한 심리적 쾌감을 제공한다. 거기엔 대상을 새롭게 발견한 지적 성취가 있기 때문이다. 이 같은 웃음의 일반적 속성과는 다른 유별난 웃음도 있다. 바로 웃음의 배면에 그 대상을 성찰한 깊은 의미 내지는 통렬한 비판을 거느린 경우가 그것이다. 흔히 말하는 블랙 유머인 것이다. 블랙 유머는 주로 문제적 현실, 문제적 인물을 비판하는 과정에서 생겨난다. 그리고 그 비판이나 야유는 통렬할수록 사람들의 마음을 치고 들어가 웃게 마련이다.

이번 시집 『뼈들이 눕다』의 작품들을 통독하다 보면 우리는 조승래 시인 특유의 블랙 유머를 만난다. 물론 모든 작품이 다 그런 것은 아니다. 다음과 같은 일군의 작품들이 블랙 유머의 웃음을 빼물게 한다. 이즘 우리의 세태에서 과연 청렴이 무엇인가를 생각게 하는 다음 시를 읽어 보자.

지구촌 오지 염소 장날

전 재산 쏟아 좋은 놈 사는 기준은

윗니 아랫니 다 튼튼한 놈이라

위 속으로 밀어 넣기 전

소화 잘되도록

잘게 부숴 주는 그게 중요한 기라

먹고도 뒤탈 없는

그런 놈이 제일인 기라

—「청렴의 조건」 전문

먼저 이 시의 본격적인 독해에 앞서 산문적인 번역부터 해 보자. 화자는 지구촌 오지의 장날 염소를 골라 산다. 그때 염소를 고르는 기준이란 달리 없다. 다만 그놈의 이빨이 건강한가 아닌가가 유일한 기준이다. 사고파는 염소의 품평 기준이 그 이빨이라니. 그 까닭은 작품 후반부에 넌지시 제시된다. 곧 이빨이 튼튼해야 먹는 것을 뒤탈 없이 잘 소화시키기 때문이란 것. "먹고도 뒤탈"이 없는 염소야말로 먹는 세계에선 가장 튼실한 놈이고 으뜸인 존재가 아닐 것인가. 여기 이쯤에 와서 우리는 이 작품이 단순 염소 얘기가 아님을 문득 깨닫게 된다. 더구나 제목 "청렴의 조건"과 결부 지어 읽게 되면 절로 웃음을 빼물 수밖에 없지 않은가.

청렴은 통념상 부정한 먹거리/재물을 먹지 않는, 혹은 단호히 뿌리치는 윤리적 행위가 아닌가. 그것이 재물이든 무엇이든 청렴은 부정한 것을 뿌리치고 거부하는 데에 그 본질이 있다. 그래서 그동안 우리 인간 사회에서 청렴은 높은 도덕적·인격적 가치로 자리매김돼 왔다. 그런데 이처럼 통용돼 온 청렴이 이 시의 화자에게 오면 잘 먹고 잘 소화시켜야 하는, 그래서 뒤탈이 없어야 하는 일로 전도, 변질돼 버렸다. 왜 이처럼 본질이 전도된 것인가. 여기서 작금의 우리 현실에서 청렴이란 과연 무엇인가를 되묻게 될 마련이다.

알려진 대로 현실에서는 툭하면 수뢰나 횡령이 횡행한다. 이 문제적 현실에서 과연 청렴이 있기는 있는 걸까. 화자는 "~기라"라는 방언까지 구사하며 시침 떼듯 시종 담담한 어조를 보인다. 그것이 더욱 이 작품의 반어적 효과를 높이고 있다.

말이 난 끝에 한 가지만 더 얘기하자. 이 작품의 시적 공간은 "지구촌 오지"이다. 왜 지구촌이고 오지인가. 기술문명은 시공간을 단축시켜 지구촌이란 개념을 만들어 냈다. 이 개념은 이제 누구에게나 생소하거나 공허하지 않다. 그만큼 오늘 우리 일상생활에 친숙할 정도로 밀착된 개념인 것이다. 그래서일 것이다. 대기오염이 극심한 지구촌 뒷모습을(「지구의 뒷모습」), 뉴욕 쌍둥이 빌딩 테러 같은 참혹한 문제를(「지구의 숙제」), 그런가 하면 광란의 질주를 벌이는 지구촌(「문제는 지구야」) 문제들이 지금 여기 우리의 문제적 현실로 공유되는 것이다.

조승래 역시 이 같은 시공간 의식을 유감없이 보여 준다. 그의 시적 공간은 지구촌이다. 그래서 이 시의 화자는 서슴없이 오늘 우리가 몸담은 공간을 지구촌, 그것도 오지라고 말하는 것이다. 그 오지에서 일어나고 있는 통념과 전도된 청렴의 문제, 그것도 이즘 세태에서의 수뢰와 횡령을 이 작품은 신랄하게 비판하고 있다. 뿐만이 아니다. 조승래의 현실 비판은 이번 시집에서 환경오염으로부터 사드 문제까지 폭넓은 영역에 걸쳐 이뤄지고 있다. 특히 사회적인 물의를 빚거나 정치적인 사건들로 점철된 현대사의 비판이 주를 이룬다. "다 밝혀도 또 밝혀지는" 큰 역사적인 사실들이 비판의 주된 표적인 것이다. 조승래 시가 때때로 이즘 흔치 않은 현실주의 담론으로 읽히는 까닭이 여기에 있다.

얘기 끝에 유사 담론의 다른 한 작품을 더 읽어 보자.

넉 달을 못 먹기 때문에
열심히 4개월 동안 먹는다고?

암만 그래도
돈이라면 그렇게 안 먹겠지

과식하면 잠도 못 자고
구경꾼에게 둘러싸이는데

그걸 모르면
미련한 곰이란 소리 듣지

—「동면(冬眠)」전문

인용한 작품 역시 '돈 먹는 얘기'이다. 겉 문맥이야 동면을 앞둔 곰의 정황이다. 곰은 "넉 달을 못 먹기 때문"에 겨울 자양을 체내에 열심히 저장한다. 잘 알려진 대로 동면을 앞둔 곰의 생태인 것. 그러나 좀 더 깊게 곰곰 읽다 보면 바로 수뢰 얘기에 다름 아님을 알게 된다. 곧 과식(수뢰)을 한 수뢰범이 되어 잠 못 드는 심적 고통과 사정 당국의 포토라인에 서야 하는 우리 현실 속 얘기인 것이다. 화자는 4연에 와서 왜 곰이 미련한가를 에둘러 말해 준다. 잘 먹고 소화 잘 시키는 염소와 달리 곰은 과식할 뿐만 아니라 소화도 제대로 못 시키기 때문이다. 그 탓에 화자는 곰이란 "미련한", 그래서 부패의 기표 노릇밖에 못 하는 존재라고 질타한다.

이상에서 읽었듯 조승래 시인은 문제적 현실에 대해 신랄한 비판을 가한다. 그것도 유머를 덧씌워 하는 비판일 경우가 적지 않다. 사전적 정의대로 하자면 블랙 유머의 형식을 빌고 있는 것이다.

열여덟 병원 이름 파악하는 데 사흘

이름 공개는 반나절 동안 스멀스멀
이름 틀린 병원 속에서도 생존한 고것.

소주 열 병도 더 마신 요 며칠 새
검색 1순위가 되어
다른 말은 입에도 담지 말라며 활자를 휘어잡고

중동이 어딘지도 모르는
서울대공원 낙타
그늘에서 눈치만 살피게 하는데

아마 이번에도 그냥 잊혀질 그 이름
스, 스, 스발 사스,
메, 메, 메롱 메르스

—「메롱 메르스」 전문

인간에게, 특히 문학판에서의 질병이란 무엇인가. 수전 손탁에 의하면 질병은 사회적 기호이자 은유로 기표돼 왔다. 지난 1930년대 우리 문학판에서 결핵이란 은유가 각별했던 것도 그 한 본보기일 터이다. 후진적인 궁핍과 열악한 환경 속에서 결핵은 단순 질병이기보다는 문학적 은유로서의 역할을 해냈던 것이다. 바로 소모성 질병이자 창백한 글쟁이의 상징적 기호였던 것.
  인용한 시의 화자에게도 이 화두는 적용되는 걸까. 사스와 메르스는 흔히 중증 호흡기 질환으로 불리는 질병이다. 그것도 우리로서는 낯설기만 한 외래 전염병이다. 이 같은 질병인 사스와 메르스에 대해 화자는 나름의 인식과 비판을 토로한다. 하나는 낯선 외래 전염병이라는 것, 다른 하나는 이 질병에 대한 의료적·정책적 대처에서 확인된 관계 당국의 무능이다. 화자는 이들 질병이 "열여덟 병원 이름 파악하는 데 사흘", 또 이름 공개에도 반나절이나 걸린 정체불명의 전염병임을 말한다. 잘 알려진 대로 이 질병은 2003년, 2015년경 우리 사회에 들어와 크게 문제를 야기한 바 있다. 당시 포털 검색 1순위에 오르고 온 신문 지면의 "활자를 휘어잡"았던 것이다. 그런가 하면 결과적으로 이들 질병의 대처를 통해 관계 당국, 정부의 무능을 어김없이 드러내기도 한 기표였다. 화자는 이 같은 인식에 따라 조롱조의 언술을 토로한다. 곧 "스발 사스"라거나 "메롱 메르스"란 언표가 그것이다. 야유로도 읽히는 이 언술은 두말할 필요 없는 비판 의식의 발로이다. 시인 조승래 나름의 문제적 현실에 대한 비판이자 유머인 것이다.

2.
 뭇 사물들은 눈짓을 보낸다. 과객처럼 시인은 지나가며 그 눈짓들을 해독한다. 그래서 사물의 본래 면목이나 의미를 깨닫는다. 뿐만인가. 일상적인 삶의 국면이나 세부도 성찰하고 그 의미나 값을 챙긴다. 시란 이런 의미들을 담는 그릇일 뿐이다. 일찍이 하이데거는 그렇게 시인의 몫을 얘기한 바 있다. 또 굳이 하이데거의 언급이 아니더라도 이번 조승래의 작품들을 통독하다 보면 이 같은 얘기가 실감으로 다가온다. 그는 일상적 삶의 기미(機微)들이나 우리 둘레 사물에 대한 남다른 인식과 성찰을 보여 준다. 앞서 살핀 블랙 유머도 그 같은 시적 작업의 일환임은 물론이다. 다음 작품을 읽어 보자.

　　꽃게 매운탕 먹다 보니
　　항상 숨은 조연이 있어서
　　맛이 더 좋다는 사실은

　　틈새를 채워
　　꽃게 맛이 더 돋보이도록
　　허리 굽힌 새우가 있기 때문

맛의 깊이를 또 찾아가니
요리하느라 더 구부린 누군가의
손가락이 맛의 실체임을 알게 되고

아, 그래서
손가락 접어 한번 배운 숟가락질도
평생 갈 큰 기쁨으로 맛본다

—「맛의 기쁨」 전문

이 작품의 시적 대상은 '맛'이다. 대상치고는 추상적이다. 화자는 지금 꽃게매운탕을 먹고 있다. 아마도 꽃게매운탕을 잘하는 어느 식당에서의 일일 터이다. 화자는 유별난 매운탕 맛을 즐기며 그 맛이 어디서 연유하고 있는가를 문득 살핀다. 거기서 화자는 꽃게 틈새의 "허리 굽힌 새우"를, 더 나아가 요리한 자의 구부린 손가락을 발견한다. 이 독해에서 우리는 '구부린/굽힌'이란 수식어에 일단 방점을 찍게 마련이다. 이는 나를 낮춰 상대를 높이는 공경의 자세이기 때문이다. 그리고 흔히 말하는 헌신이나 봉헌은 다른 무엇이 아닌 이 자세로 표현되는 것.

화자는 이런 함축적 의미를 바탕에 깔고 맛의 실체를 찾는다. 드디어는 그 발견의 끝에서 '숟가락질'을 찾아낸다. 말하자면 우리네 식생활에서 그 주축이라 할 숟가락질이 맛의 궁극적 실체임을 깨닫는 것이다. 이렇듯 꽃게탕에서 시작해 요리 솜씨, 그리고 일반 숟가락질에까지 화자의 마음의 움직임은 닿아 있다. 말하자면 구체적인 사실에서 일반적인 일로 상상이 작동하고 있는 것. 이는 맛이란 추상적인 시적 대상을 감각적으로 구조화한 과정이기도 할 터이다.

화자는 이처럼 꽃게탕을 먹으며 맛의 실체와 값을 성찰한다. 별 대수롭지도 않을 일상의 쇄말사(瑣末事)를 깊이 있게 들여다보는 것. 시인이란 자신과 둘레의 일들에 이처럼 각별한 인식을 보여 줄 마련인 것이다. 이번 시집의 상당수 작품들 역시 현실과 삶의 뭇 사상(事象)들에 대한 각별한 성찰을 보여 준다. 다음 작품을 읽어 보자.

네 한순간의 그 격분
내 오롯이 받아 주리라

하나, 찾아가는 땅속 그 은신처 앞
구리 침 한 번은 맞아야 한다.

그렇게 온 세상을 떠들썩하게 한 죄
번개처럼 빠르게 숨겨 주지 않느냐

―「피뢰침」 전문

  나는 이 짤막한 시를 두 가지 점에 주목하며 읽는다. 하나는 대상의 핵심을 잘 드러냈다는 점이고 다른 하나는 시적 스타일에 관한 것이다. 대상의 핵심을 잘 파악했다는 점은 무엇인가. 이는 유머와도 관련되는 일이다. 그러나 유머가 웃음을 자아낸다면 이 경우는 웃음 아닌 화자의 남다른 기지(機智)를 보여 준다. 흔히 위트라고 일려진 이 지적 인식은 대상의 핵심적 의미나 요소 등을 민첩하게 잡아낸다. 곧 감각적인 지각력이 대상의 내부로 거리낌 없이 직진하는 것이다. 화자 특유의 직관인 것이다. 뿐만이 아니라 위트는 대상에 대한 통념을 전복하거나 상호 모순적 요소 중에서 동질성을 과감하게 짚어 내 은유를 만들기도 한다.
  그다음 주목하는 사실은 짧고 간결한 시적 스타일이다. 이 스타일은 앞서 말한 대상에 직핍하는 날카로운 직관 탓에 가능하다. 말하자면 시적 대상의 핵심적 의미나 값을 곧바로 인식하는 데서 가능한 일이다. 핵심을 짚게 되면 굳이 번거롭고 장황한 조사(措辭)가 필요치 않은 것. 따라서 묘사보다는 대상의 의미와 값을 단적으로 제시하는 진술 위주의 시 형식이 되는 것이다.
  이제 인용한 시로 돌아가 산문적인 번역을 해 보자. 1연과 2연에서 화자는 피뢰침의 속성을 기민하게 진술한다. 곧 피뢰침은 알려진 대로 "한순간의 그 격분", 번개를 받아 준다. 허나 번개는 땅속에 묻힌 구리침과도 맞닥뜨려야 한다. 그런데 이 같은 피뢰침의 속성은 3연에서 현실사로 유추된다. 말하자면 온 세상을 시끄럽게 달군 사건, 그것도 단죄돼야 할 죄상으로 확대된다. 그러나 우리 현실은 이러한 범죄 사실 또한 번개처럼 이내 까먹고 말지 않는가. 아니 한순간에 망각으로 떨어지지 않는가. 이쯤에 이르러 화자는 텍스트의 핵심 의도를 드러낸다. 곧 이즘 우리네 현실사가 얼마나 덧없고 신속하게 포말처럼 꺼지고 잊히는가를 일러 주는 것이다.

이번 시집에서 이러한 진술 위주의 시들은 상당수에 달한다. 이를테면 살과 뼈의 관계를 통해 세상사 상보 관계를 말하고(「뼈가 늙다」), 제 방에서 원격 게임에 몰두한 아들을 매개로 정보화시대의 비인간화를 보여 준 「빈방 손님」 등이 그 본보기일 터이다. 그런가 하면 늙음의 백발과 주름을 우리네 "생의 늦가을 색상"이라고 덤덤히 수용하고(「보호색」) 식탁 위 엎지른 물을 닦는 휴지가 나무의 기억임을 말하는(「회상」) 시인의 정신적 품새는 또 어떤가. 이처럼 조승래는 정치·시사적인 문제뿐만 아니라 쇄말한 일상사까지 두루 성찰하고 있다. 그 성찰엔 앞서 말한 바 위트가 도처에 번뜩이고 있다. 이는 조승래 시의 남다른 특장이라고 할 만한 것이다.

3.

기억은 소환된다. 일상 때때로 혹은 어떤 특정 계기에 소환되는 것이다. 그런데 소환되는 기억은 일정 정도 가공되거나 재구성될 마련이다. 시간을 통과하며 불유쾌한 부분 또는 쇄말한 세부 디테일들이 삭제되기 때문이다. 집단 기억이든 개인 기억이든 어느 경우에나 이 같은 가공은 일어날 마련이다. 그렇게 가공 내지 재구성된 기억은 회상의 형식을 빌려 소환된다. 특히 개인 기억은 소환되어 자아의 정체성을 드러내기도 한다. 고향에서의 기억이 그 좋은 본보기일 터이다.

  59세 아버지가 할머니에게
  "어무이, 아홉수를 잘 넘겨야 한답니다"

할머니는 곰방대를 재떨이에 떨며
"아무 일 없을 끼다"

아버지가 사탕을 입에 넣어 드리면
오물오물 자시던 할머니는 아버지의
예순 아홉수는 못 보고 타계하셨고
아버지는 여든아홉을 못 넘기고 가셨어

아버지는 할머니의 장수를
할머니는 아버지의 장수를 빌었다
고향 하늘 별이 된
할머니 입속의 사탕 한 알

―「고향 하늘 별이 되어」 부분

아마 화자는 모처럼 밤하늘을 보고 있을 터이다. 거기 유별나게 눈에 들어오는 별이 있다. 둥글고 작은 알사탕을 닮았으리라. 이 작품에서 기억의 소환은 그렇게 시작된다. 특히 화자에게 아버지와 할머니, 두 사람에게서 가장 인상 깊었던 기억은 나이에 관한 것이었다. 그것도 아홉수라고 말해지는 중노년 나이를 둘러싼 모자간의 삽화이다. 속설에서 그 나이에는 흔히 흉사가 든다고 한다. 모자는 그 아홉수에 서로가 무사하기를, 조심하기를 빌지 않았던가. 뿐만이 아니다. 노년의 어머니에게 사탕 알을 넣어 드리던 아버지는 또 어떤가.

이 작품은 굳이 산문적인 번역이 필요치 않을 것이다. 그만큼 작품 전편이 명시적인 언술로 일관하고 있어 단숨에 읽히기 때문이다. 다만 사탕 한 알이 고향의 별로 전이되는 은유적 처리가 시적 긴장을 가져온다. 고향이란 기획된 공간일 뿐이란 일각의 논의가 없는 것이 아니다. 그러나 그보다 고향은 부모를 비롯한 가족, 그리고 자신의 유년이 깊이 침윤된 공간이다. 또 자신의 태(胎)도 묻히지 않았는가. 그렇게 고향은 자아의 정체성이 일차적으로 형성된 공간이다. 일의 이치대로 고향은 그래서 누구에게나 잊히지 않는다. 뿐만이 아니라 기억의 보물 창고 같은 특정 장소이기도 한 것이다.

우리 조승래 시인에게 있어서도 고향은 할머니, 아버지, 어머니를 비롯한 가족사가 쟁여 있는 곳이다. 게다가 가슴 시린 첫사랑의 기억도 회상되는 공간이다.

그 무얼
보았을까

장끼 한 마리

푸드득

적막을 깨는
분홍빛

저 부끄러움.

―「첫 사랑」 전문

이 시는 첫사랑 고백치고는 언술이 너무 에두른 감이 짙다. 그만큼 명시적 언술보다는 함축과 비약이 큰 것이다. 이는 시적 조사가 간결한 가운데 행간을 매우 넓게 잡은 탓이다. 따지자면 이 시의 주체는 장끼 한 마리다. 그 무엇에 놀라 은신했던 곳에서 뛰쳐나와 푸드득 날아간다. 밀회 중이던 젊은이 한 쌍을 본 것일까. 아니면 누굴 기다리며 부끄러움에 얼굴 가득 홍조 띤 처자 탓일까. 첫사랑은 누구에게나 은밀하면서도 부끄럽고 설레면서도 아프기만 할 마련이다. 읽는 이들은 이런 첫사랑의 기억을 널찍한 시의 행간 속에서 제 나름의 회상으로 복원하고 메꿔 갈 것이다.

사실 이러한 완곡어법은 조승래 시의 남다른 특장이라고 해야 할 터이다. 특히 짧고 압축된 형식의 작품들에서 이 점이 돋보인다. 가령 다음과 같은 시는 어떤가.

생을 모두 태우고
법문만 모아 남긴

적멸의

선시 한 줄

바위옷 누벼 입은
가부좌

고추잠자리
한 마리

―「부도」 전문

이 작품 역시 위의 「첫사랑」 못지않게 행간이 넓다. 또한 명시적 언술과 간결한 시적 조사도 주목된다. 이 같은 시 형식은 함축과 생략이란 시적 원리를 모범적으로 보여 준다고 할 것이다. 이 작품은 두 부분으로 갈라 읽을 수 있다. 우선 전반부는 부도의 내적인 모습을 제시한다. 곧 입적한 선승이 어떻게 부조됐는가를 드러낸다. 거기에는 그가 남긴 선시 한 줄만이 새겨져 있다. 공(空)이란 본래 자리로 돌아간 수도자에게는 달리 무엇이 더 남았을 턱이 없기 때문이다. 반면 작품 후반부는 부도의 외양을 보여 준다. 지난 세월만큼 부도의 돌거죽에는 바위옷이 피었는데 마침 그 적요한 공간에 고추잠자리 한 마리가 앉았다. 아니 잠자리는 부도 주변을 날고 있을지도 모른다. 여기서 "선시 한 줄"과 "고추잠자리/한 마리"는 어떤 대응을 이루고 있는가. 이는 조주 선사의 '뜰 앞의 잣나무'처럼 시인 조승래 나름의 공안은 아닐 것인지. 텍스트의 행간이 넓은 만큼 오독이라도 나는 그렇게 읽고 싶다.

조승래 시인의 기억에 대한 소환은 따지고 보면 그의 첫 시집부터 집중적으로 이루어진 바 있다. "허공에 잠시 머물며/소리도 냄새도 자국도 없이 가려 해도"(「고향」) 몸이 먼저 착지하는 곳―고향이 아닌가. 그 고향에 대한 많은 기억, 그리고 자신의 유소년기 기억들이 작품들 속에 두루 그리고 꾸준히 소환돼 왔던 것이다. 이번 시집에 나온 작품들도 그 연장선상에서 읽힐 만하다. 친구가 보낸 여항산 도라지꽃 사진이나(「도라지꽃」) 매화를 매개로 한 어머니 기억(「어머니의 하늘」) 등이 그것이다.

그런데 이들 기억이 개인 기억이라면 고향에 관한 집단 기억도 소환된다. 작품 「아라홍련」과 「영원한 오늘」 등이 그것이다. 「아라홍련」은 그의 고향인 함안의 성산산성 발굴 때 발견된 씨앗이 700여 년 만에 발아해 피운 연꽃이라고 알려져 있다. 조승래는 그 연꽃의 신비한 내력을 "천년의 깊은 잠"에서 깨어난 '아라의 공주'라고 감격에 겨워 적고 있다. 그런가 하면 「영원한 오늘」은 고향 군북면의 독립만세운동을 기리는 기념시다. 기념시 일반이 그렇듯 집단 기억을 소환하는 경우는 공적인 성격을 지닐 마련이다. 곧 사적 차원의 개인 기억과 달리 공공의 의미나 값을 되새겨 집중적으로 언술하고 있는 것. 이들 두 작품도 이 같은 집단 기억의 공적 의미를 드러내고 있어 주목된다.

4.

서정은 세계와 교섭 창구인 정(情)을 주축으로 삼는다. 그것이 현실이든 사물이든 사람은 그들과 교섭하며 일정한 정서적 반응을 한다. 그런 뜻에서 정서/정은 세계와의 교섭 통로이기도 한 셈이다. 잘 알려진 대로 이들 정서는 때 따라 사람 따라 다양할 마련이고 시는 그것을 주로 구조화해 왔다. 서정시라 해도 단일 정서의 직접적인 언술로부터 정서적 등가물의 원용까지 다양한 표출 방식을 구사해 온 것이다. 그래서 서정시는 그동안 많은 변화를 겪어 왔고 지금도 겪는 중이다.

지금까지 읽어 온 바 조승래 시의 서정은 기지나 유머 같은 지적 통찰을 주로 동반한 것이었다. 그만큼 대상에 대한 보다 복합적인 지적 인식을 보여 주고 있는 것. 시에서 지적 인식은 대개 드라이할 마련이다. 그러나 조승래 시는 지적 통찰을 기반으로 한 경우에도 읽는 이들에게 일정한 정서의 환기를 일궈 내 준다. 이 같은 정서 환기가 넓은 행간과 만날 경우는 더욱 강한 여운을 띨 마련이다. 다음의 시들을 보자.

①
해거름에 담쟁이와 얽힌 마른 손을 놓으며
긴 여행을 마무리했다.

뒤돌아보니 어느덧 고향길도 늙고
누구의 등 굽은 그림자 언덕을 넘어가네

—「달개비 고향」 부분

②
하필이면 왜 넌가, 하다가도
네가 그랬으니 사람들이 살았지
납매(臘梅)로 피는 어미의 시린 울음

—「득음」 부분

①의 시적 주체는 달개비이다. 그는 "한 번도 타향을 가 본 적"이 없다. 제게 주어진 자리에서 나고 자라며 소명처럼 꽃을 피울 뿐이다. 그런 그가 담쟁이를 따라 "담벼락을 넘어" 낯선 곳, 타향으로 나가 본다. 그리곤 해거름 녘 그 나름의 "긴 여행을 마무리"한다. 과연 여행을 끝낸 달개비의 소회는 어떤 것일까. 텍스트의 끝 연 2행은 그 소회의 직접적인 언술이다. 늙음과 홀로된 자의 적막함이 그것이다.

달개비의 소회지만 훈련된 독자라면 바로 시인의, 우리네의 소회임을 간파할 것이다. 그 소회에는 가슴 시린 우리네 정감이 쟁이지 않았겠는가.

②는 유독가스에 희생된 젊은이 얘기로, 자식을 앞세운 어머니의 정황을 그리고 있다. 그 어머니는 "네가 그랬으니 사람들이 살았지"라고 자식의 죽음을 앞에 하고서 스스로를 달랜다. 여기서 화자는 자식을 앞세운 어머니의 비탄을 납매(臘梅)라는 정서적 등가물로 슬쩍 치환해 놓는다. 섣달 깊은 겨울 추위 속에 꽃을 피우는 매화―그 꽃 피는 소리로 어미는 비통을 울음 운다. 그 울음은 소리 없이 내파하는 울음일 터이다. 그렇게 간접화함으로써 울음은 한결 강한 울림을 얻는다. 타인을 살려 낸 희생이기에 납매 못지않게 아름답기까지 한 죽음이지 않겠는가.

언제부턴가 서정은 절제된 정서를 미덕으로 삼아 왔다. 지난 1930년대 무렵 모더니즘의 일정 세례를 받아 그래 왔던 것. 주로 서구 주지주의를 축으로 한 모더니즘 시 이후부터다. 현재는 정서의 절제가 단순 미덕임을 넘어 서정시 일반의 보편적인 현상으로 굳어졌다. 조승래 시인의 경우도 지적 통찰력인 위트를 통해 매우 절제된 서정을 표출하고 있다. 그리고 많은 문제적 현실에 대한 비판 역시 이 같은 지적 통찰을 통해서 이뤄졌다. 뿐만이 아니라 일상적 삶의 애환 또한 정서의 구조화를 통해 표출하고 있다. 이 모두는 그의 시들이 절제된 정서를 보이는 가운데 깊은 울림이 담지되는 소이연이다.

이제 내 길 안내도 끝판에 왔다. 이쯤에서 우리는 작품 「시로(詩路)」를 읽어야 할 것 같다. 그는 "그를 죽인 것은 시가 아니고/팔 할의 외로움//시비(詩碑) 대신/들꽃 몇 포기//문학상 대신/소주 한 병 심었다"라고 이 작품에서 자신의 시업에 대한 결연한 선언을 하고 있다. 문학은 누구에게나 그렇지만 자기 자신과의 끝없는 싸움이다. 패거리거나 혹은 집단으로 하는 게 아닌, 문학은 나와 1대1로 맞장 뜰 수밖에 없는 외로운 작업인 것이다. 자신의 선언처럼 나는 조승래의 시업이 보다 큰 세계를 열어 가리라고 기대한다. 그의 고백 그대로 "비로소 시가 가는 길이/보이기 시작했기" 때문이다.

가족사, 혹은 사랑의 시학
— 박인옥론

1.

꽤 해묵은 명제지만 시와 그림(繪畵)은 얼마만큼 친연 관계에 있는가. 진정 그 관계는 시화일률(詩畵一律)의 관계인가. 일찍부터 시인 묵객들 사이에서는 시중유화(詩中有畵) 화중유시(畵中有詩)라고 일렀으니 이 명제의 의미는 무엇인가. 북송의 소동파는 알려진 대로 문인화의 개척자였다. 동파는 백지에 먹으로 친 난이나 대나무, 혹은 움찔움찔 웅크린 바위를 즐겨 그렸다. 그것도 동류인 미불, 이공린 등과 어울려 그렸다고 한다. 그 무렵은 종이와 먹, 붓 등 단일 표현 매재 탓에 시와 서, 그리고 화를 함께 훈련해야 했다. 따라서 웬만한 시인의 경우 시, 서, 화 삼절을 겸비하는 일은 흔한 일이었다. 특히 문인화는 사의화(寫意畵)로 작가의 뜻, 혹은 관념을 그리고자 했다. 관념을 그림 그려 형상화한다!

그래서 대상의 세밀한 묘사보다는 과감한 생략과 압축이 화폭 속에 이뤄졌다. 이 같은 생략과 압축은 주제의 집중화를 이루고 필획의 절제를 가져올 마련이다. 또 여기에는 대상이, 주로 자연물일 터인데, 비의(祕意)를 지닌 존재란 이원론적 해석도 깔려 있다. 이런 특장을 지닌 문인화는 결국 중국의 특징적 회화로 자리 잡는다. 뿐만이 아니다. 소동파는 시평가(詩評家)로서 왕유의 시를 평하기도 했다. 그는 이 담론에서 왕유의 시 속에는 그림이 있다고 했다. 이는 왕유의 시가 짧은 시형을 통해 환기한 정서가 저 문인화 특유의 정서와 다르지 않음을 지적한 말이리라. 이렇듯 짚어 본 역사적 사실이 시화일률, 혹은 시중유화 같은 말을 뒷날 회자케 만들었을 터이다.

각설하고 그런데 웬 뜬금없는 시화일률이 시집 뒷자리의 이 글에 등장해야 하는가. 이는 오로지 박인옥 시인의 시를 통독한 끝에 나를 휘어잡은 명제였기에 그렇다. 특히 나는 시와 그림의 겸업이, 그 두 가지 예술의 병행이 과연 가능한가, 또 그것은 어떤 의미를 지니는가, 이런 물음도 앞에 해야 했다.

박인옥은 실제로 화업(畫業)에도 진력하는 시인이다. 그는 전문적인 그림 수업뿐 아니라 전시회를 몇 차례 열기도 했다. 내가 알기로도 다섯 차례 전시회를 연 바 있다. 그의 이런 이력은 이번 시집에도 잘 드러나 있다. 실기실이나, 전시회 등에 관한 일련의 시편들이 그것이다. 우선 작품 한 편을 읽어 보자.

> 70개의 철 깡통들을 미니어처로 만들었다
> 망치로 내리쳐 찌그러진 느낌을 주려다
> 손바닥이 벌어지기도 했다
> 중상을 입은 여름 저녁, 비구름 그림자 속에서
> 내리칠 때마다 꺅꺅 소리 지르던 깡통들은
> 얻어맞은 자국 욱신거리는지
> 조금만 건드려도 끙끙거린다
>
> ―「나는 카셀에 간다」 부분

위 작품은 작품 제작에 관한 얘기로 읽힌다. 화자는 철 깡통들로 미니어처를 만든다. 그 찌그러진 깡통들은 화자가 전언코자 하는 한국전쟁에 관한 기표다. 그것도 거제도 포로수용소의 녹슨 기억들을 상징한다. 왜 거제도 포로수용소인가. 그곳은 한국전쟁의 갖가지 참상, 특히 이념 문제, 살육과 공포가 넘쳐났던 공간이다. 말하자면 포로수용소는 한국전쟁의 모든 의미와 비극성이 압축됐던 공간인 것이다. 화자는 그걸 표출하기 위해 찌그러트린 캔을 오브제로 사용한다. 이미 반세기 전의, 그래서 사람들 기억에서 퇴색한 전쟁이라니. 화자는 그러나 "누구도 이 전쟁에서 자유로울 수 없"는 탓에 지금 여기에 다시 소환한다고 한다. 그것도 "쇠가시에 녹이 앉는" 오랜 시간적 거리가 있지만, 미니어처들로 일단 소환하고 있는 것. 아마도 그 작품은 화자의 예단처럼 카셀의 전시회에 전시될 터이다. 그것도 2차대전과 유대인 학살의 뼈아픈 상흔을 지닌 나라에서의 전시회에 말이다. 우리는 지난날 아픈 역사도 설치미술 작품이 되는 한 본보기를 여기서 읽어도 좋을 터이다.

다시 말머리를 시와 그림의 관계로 돌아가 보자. 널리 알려졌듯 그림이 공간을 축으로 한 예술이라면 시는 시간을 축으로 한다. 이는 시가 지닌 문자 독해의 선조적 특성 때문일 것이다. 두 갈래의 이 같은 근본 속성을 감안하고서도 시와 그림은 친연 관계로 곧잘 인식되곤 한다. 그간 우리는 시적 대상의 세부 묘사를 회화성으로 쉽게 간주해 오지 않았던가. 곧 통념상 묘사시를 시중유화로 치부하지는 않았는가. 또한 그림에서는 오브제의 우의성을 시적 요소로 여겨 오지 않았는가. G. E. 레싱 투로 말하자면 시는 '말하는 그림'이요 그림은 '말 없는 시'인 셈이다. 레싱의 이런 설명은 시와 그림의 근본 양식이 서로 다른 데 따른 것이다. 시가 분절적 음을 선조적 시간의 축에, 반면 그림은 단일 공간 안에 형상과 색채를 동시적으로 병존시킨다는 것이다.

그러나 나로서는 이런 고전적이며 원론적인 담론까지 들먹이고 싶지 않다. 그 대신 수용론 측면에서의 심미성, 혹은 심미적 체험의 동질성을 친연 관계의 핵심이라고 생각하고 싶다. 시든 그림이든 작품이 환기하는 정서적 내용, 그리고 그것에 대한 심미적 체험이 동질성을 지닐 때 친연 관계는 나타나는 것 아닐까. 예컨대 우리 현대시의 경우 김영태 시인은 어떠했는가. 풍자의 세계로 빠지기 전 그의 일련의 작품들, 특히 묘사시 몇 편을 나는 그림으로 읽었던 적이 있었다. 아마 내가 이런 독법을 견지한 데는 실제로 대학에서 그림을 전공한 그의 이력이 암암리에 작용했을 터이다. 널리 알려진 사실이지만 우리 문학 동네에도 그림 전공의 작가나 시인들이 꽤 있다. 멀리 갈 일도 아니다. 이제하, 김영태 등등을 우선 손쉽게 꼽을 수 있지 않은가. 다시 작품을 한 편 더 읽어 보자.

실기실은 어쩐지 냉장실 같아
두꺼운 도어를 열고 들어서면
재료들은 모두 이슬점에 닿아 있어
나는 그 신선한 온도가 그림 속에서
이슬방울로 살아나는 걸 보고 있어
실기실 사람들은 시를 쓰듯 그림을 그리지
금세 흘러내릴 듯한
물방울의 시를 그린 사람도 있어
(중략)
내 그림 속의 이슬로 걸어 들어가
내가 흠뻑 신선해질 때
아직 그리지도 않은 그림이 내게 말을 걸어왔어

이가 시릴 만큼 찬, 한 방울의 투명한 시를
핥으려는데
사앗
혓바닥이 딱 붙어 버렸어
―「실기실의 그림들」 부분

  인용한 작품은 박 시인의 실제 경험이 밑자락에 깔린 것으로 읽힌다. 그가 그림 작업 차 들른 실기실 얘기인 탓이다. 시인이 드나드는 거기 실기실엔 무엇이 있는가. 가늠컨대 고(故) 김창열 화백의 물방울 그림이 걸려 있을 것 같다. 화자에 의하면 실기실은 이슬점 가까운 저온이다. 그래서 이슬방울도 그림 속에서 살아난다. 화자는 그것을 시를 쓰듯 그리는 작업이라고 한다. 그런가 하면 물방울의 시를 그린 사람도 있다고 말하지 않는가.
  이처럼 그림이 시가, 시가 그림이 되는 공간/실기실은 대체 무엇인가. 아마도 그곳은 그림이 그려지는 창작의 공간이자 몰입과 고통의 현장이 될 것이다. 그곳에서 화자는 그 고통을 '혀가 붙어 버렸다'는 진술로 드러낸다. 흔히 창작은 고뇌의 산물이라고 일컫는다. 그만한 각고의 뭇 과정을 거치기 때문이다. 대상의 뜻과 값에 대한 웅숭깊은 성찰과 그것의 형상적 표출—이를 통한 일련의 과정이 모두 고투 아닌 것이 없다. 그런 점에서도 시와 그림은 창작품으로서의 여러 공통점을 지니는 것 아닐까.

2.
   그러면 박인옥 시인에게 시는 과연 어떤 무엇일까. 다음 시를 읽어 보자.

> 채 익기도 전에 딴 연두색 바나나처럼
> 싱싱하게 출판된 시들이
> 서점 한 귀퉁이에서 익어 버려 단내만 풍기는지
> 초파리가 꼬이지
> 말갛게 삭혀 떠오른 생각들이
> 꺾꽂이 식물처럼 앓고 있어
> 정확한 병명도 없는 이 지독한 전염병!
>
> —「TR4」부분

이즘의 시 동네에선, 정확한 통계 수치를 적을 순 없지만, 시집이 대량으로 출간되고 있다. 화자의 어사대로 "전염병"처럼 번지고 있는 것이다. 이는 또 무슨 시의 팬데믹 현상인가. 그렇긴 하지만 그 시집엔 '말갛게 삭힌 생각', '익어서 풍기는 단내'가 있다고 한다. 화자의 말대로 과연 "육십여 편이 매달려 열린" 이들 시집의 무게는 얼마일까. "바나나 한 축의 무게"처럼 말이다. 화자는 여기서 이런저런 시적 현상들을 "파나마병에 걸린 바나나"에 빗대어 묻고 있다. 한 축의 바나나에도 "운반하느라 패이고 마른 어깨, 찢기고 터진 발바닥 색깔"이 배어 있는 법. 마치 한 편의 시가 그 만들어지는 과정에 숱한 번민과 고투가 깔리는 것처럼 말이다. 그런 시들이 묶인 시집의 무게는? 아니 정신의 무게는? 정말 정신적 작업의 계량화가 가능하기는 한가. 다음 시를 읽어 보자.

오래된 책 한 권을 태운다
종이 위에서 불붙어 피어오르는 글씨들
시에 목말랐는지, 불은
큰 입 가득 마셔 버린다
그 목마름 속으로 빨려 들어가
경련하며 까맣게 뒤틀리는 재티 위에
허연 글씨로 떠오르던
뜨거운 시가, 다시
부서져 내려앉는 불씨 위에서
불의 시간은 숙연해진다.

화장한 시를 나무 아래 묻는다.
맨드라미 씨를 함께 묻어 주면 위로가 될까
죽은 시들은
빨간 여름으로 새로 태어나겠구나

―「죽은 시들을 위한」 부분

이 작품의 화자는 해묵은 그래서 이젠 읽어도 별로 울림이 없는 시집을 태운다. 불은 목마른 듯 페이지 위의 시들을 삼킨다. 왜 화자는 시집을 태우는가. 굳이 화장(火葬)까지 해야 하는가. 그것은 다시 시가 뜨겁게 태어나기 위해서라고 한다. 널리 알려진 대로 불은 정화나 재생의 의미로 통용된다. 원형적 상징으로 여기서도 불은 그 같은 통상적 의미를 함축하고 있다. 그렇다. 화자가 직접적인 언술을 하고 있진 않지만 낡은 시적 어사나 상투형 텍스트는 그 수명이 다한 것이다. 그래서 시는 불살라진다. 그것은 오로지 새롭게 다시 만들어지기 위해서다. 시에서의 새로움, 또는 울림 큰 좋은 시들은 소멸과 재생의 과정을 거친다. 그래서 불살라지고 다시 '붉게' 태어난다. 죽음과 재생의 순환을 반복하는 것이다. 시인도 파괴와 생성의 과정을 되풀이 반복한다. 마치 신화 속 시시포스처럼 말이다. 아무리 도로(徒勞)에 가까운 일일지라도 그럴 마련이다. 누구든 시인된 자들은 무릇 이 도로를 생이 끝날 때까지 되풀이할밖에 없지 아니한가. 인용한 시는 이런 시/시인의 운명을 넌지시 일러 주고 있다.

나는 박 시인의 시에 관한 담론을 이상 두 편의 시를 통해 살펴봤다. 그것도 직접적이고 명시적인 언술의 작품만을 골라 읽은 셈이다. 이는 과도한 시적 의장의 난해한 텍스트를 피하고 싶어서였다. 곧 산문적인 번역을 해야 하는 번거로움을 비켜 가고 싶었던 탓이다. 물론 이번 시집에서 시에 관한 시편들을 좀 더 읽을 수 있었다. 더러는 완곡어법이나 근본 비교를 잘 활용한 시편도 있었다. 아무려나 박인옥 시인의 시론을 시를 통해 읽으며 나는 한 번 더 시와 그림의 친연 관계를 생각해야 했다.

3.

그 무렵 아버지의 서재에는 책이 가득했다.
겨우 아는 한글 몇 자로 읽어 보려 애쓰던 책들
그중에 니이체 全集이 있었다
눈을 껌벅이다가 全 자가 숲 자와 비슷해서
나는 니이체 숲속이라고 읽었다
그림 한 점 없는 그 숲에서
듬성듬성 돋아 있는 한자는 풀 같고 나무 같았다
니이체 全集이라는 금박의 글자를

니이체 숲속이라고 읽던 내 마음의 푸나무들
나이가 들어서 나는 니이체의 책장을 열고
큰 나무의 넓은 잎새를 들여다본다

―「니이체 숲속」 부분

위 시는 한 편의 성장소설인 듯 읽힌다. 화자의 진술 또한 평이하고 간명하다. 하지만 얼마간 내 나름의 산문적인 번역을 해 보자. 한자 오독을 빌미로 화자는 자아의 성장/확립 과정을 들려준다. 어린 시절 그는 전집을 숲속이라고 잘못 읽는다. 나아가 그 숲속의 한자어들을 푸나무들이라고 상상한다. 이 상상의 자유라니! 나이 들어 화자는 다시 그 철학서에서 "생각은 길이 됨"을, "어려움을 견뎌 내는 건 앞으로 나아가는 일"임을 발견하고 깨닫는다. 그리고 이 같은 잠언은 장성한 화자에게 위안과 휴식의 "그늘" 노릇을 해 준다. 이처럼 읽다 보면 무릇 인간의 성숙과 그 과정에서의 뭇 고난이 실은 인간의 삶이고 성취라는 사실에 도달한다. 이 모든 것이 성장/완성의 역려(逆旅)인 것이다. 이 작품에서 내가 성장소설의 서사를 떠올린 것은 이 때문이다.

그런데 내가 이 작품에서 주목하는 것은 박 시인 나름의 아버지에 대한 소환이다. 이번 시집의 경우 여러 편 작품에 아버지가 등장한다. 과연 아버지란 존재는 어떤 누구인가. 일반적으로 아버지는 한 사회에서 기성의 가치체계나 그 삶을 상징하는 기표이다. 그래서일 것이다. 흔히 아버지는 새로운 세대들이 극복하거나 저항해야 할 대상으로 간주될 마련이다. 그러나 박 시인에게 아버지는 이 같은 통념과 달리 중층적 의미를 지닌 존재로 각인돼 있다. 그것도 혈연을 바탕으로 무한한 애정과 연민의 대상으로 자리하고 있는 것. 우선 아버지는 한국전쟁의 참상과 그 의미를 들여다볼 수 있는 창호(窓戶) 같은 존재였다. 한 작품에 의하면 아버지는 한국전쟁 당시 열한 살짜리 피난민이었다(「알바니―아버지의 전생」). 그 피난 중 거제도 포로수용소 인근에서 고단한 생계를 꾸렸고 어느 때는 "눈길 위에 쓰러져 죽음의 문턱"까지 간 적도 있었다.

그런가 하면 그는 1.4 후퇴 피난길에서 생모와 헤어진 아픈 상흔을 지녔다고 한다. 뒷날 이산(離散)한 어머니의 옛 모습을, "꼭 빼닮은" 자신의 딸에게서 발견하고, 기억 속 모친의 "안개 같은 얼굴"을 떠올리기도 한다(「얼굴」). 화자의 진술 그대로 아버지는 "전쟁 통에 홀로 남은 어린 아버지의 등을 어루만져 주는 이도/깊어지던 지병, 그리움에서 구해 주는 이도 없었던/고독의 유전자만 가득한" 인물인 것이다(「애정 결핍의 계보」). 삶의 이 같은 궤적 탓에 박 시인은 아버지에게 각별한 연민과 애정을 쏟는 것 같다. 이를테면 출근길에 잘 닦은 구두를 내놓기도 하고 "내가 당신 곁에 있어요"를 내면 깊숙이에서 줄곧 외치기도 하는 일 등이 그것이다. 뿐만이 아니다. 시인은 아버지가 병상에서도 '별'처럼 빛난다고 진술하지 않는가(「반짝반짝」). 이쯤서 우리는 박 시인이 왜 찌그러진 깡통 미니어처를 통해 거제도 포로수용소를 소환하고 그 작품화에 골몰했는가를 짐작케 된다. 작품 제작의 내적 동기가 바로 아버지의 저 같은 삶과 무관치 않았던 것을.

이번 시집에서 일련의 시편들은 박 시인의 가족사로 읽기에 충분하다. 그 작품들엔 아버지 외에도 남편과 언니, 어머니, 막내를 비롯한 자녀들이 등장한다. 그들은 모두 시인과 일상적 삶을 공유한다. 때로는 웃풍 있는 방에서(「겨울」) 때로는 에어컨 한 대를 온 자녀들이 찢어지게 나눠 갖고 복닥거리는 공간에서 살아 내는 것이다(「나 좀 살려도」). 여기서 공간을, 그것도 비좁은 한 실내를 공유한다는 것은 무슨 의미인가. 그것은 너/나의 구별이나 서로 다름을 인식할 수 없다는 가족 동일체의 뜻일 터이다. 말하자면 동일 공간에서 뭇 일상을 같이함으로써 타자 안에서 나를 발견하는 행위이기도 한 것이다. 가족에게 있어 이 같은 옆으로의 초월 역시 "뜨거운 가족"이란 의식을 형성한다. 혈연이란 기본축 위에 형성된 이 의식은 달리 말하자면 운명적 동질감일 터이다. 여기서 동질감이란 가치와 습관 등을 공유한 감각을 의미한다.

이런 공유된 의식을 밑자락에 깔면서 박 시인은 바로 가족들을 통해 세계나 삶을 새롭게 발견한다. 앞서 아버지를 통해 한국전쟁의 비극적 의미를 소환한 일도 그 한 본보기일 터이다. 때로 "그의 어머니는 내 어머니처럼/여기 우리들과 함께

하노니//인생은 얼마나 깊은 것인가"라는(「불멸의 이 술집」) 친지의 친상(親喪)을 통해 삶의 뜻을 터득하거나 엄마의 마음 안쪽에서 "작아지며 크는 키를 발견하는" 일 등도 모두 그 예일 것이다. 그런가 하면 시인은 막내의 얼굴선을 매개로 산 능선의 윤곽을 눈여겨보기도 한다(「봉덕산 곁에 누운」).

이 같은 가족에 대한 집중적 관심과 애정은 무엇 때문일까. 이는 이즘 가족해체를 걱정하는 세태와는 너무 다른 일로 여겨진다. 그것은 가늠컨대 뭇 친인척과 고향을 두고 떠나온 사람들의 그 뿌리 뽑힘 탓은 아닐까. 잘 알려진 대로 거대 사회 속의 소수 집단은 남다른 유대와 결속을 으레 드러낼 마련이다. 이른바 큰 국가에서의 소수 민족/집단이나, 나라 상실의 유대인들이 보여 온 역사적 사례들이 그것이다. 삶의 터전과 친인척들을 잃고 낯선 사회에 편입된 경우 그 사회의 마이너리티로서 결속력은 특별히 더 강해질 수밖에 없는 것. 모르긴 해도 박 시인의 가족사 역시 이 같은 사회학적 사례에 잇닿아 있는 건 아닐까.

말머리를 돌려 다음 시를 읽어 보자.

> 밥만 하다가 죽을 거냐구
> 몸매가 그게 뭐야
> 밤참 귀신 달라붙은 거 아냐
> 그렇게 운동 안 하면 늙어서 근육이 다 빠져나간대
> 옷 좀 사 입어 불쌍해 보일라구 노력하는 사람 같잖아
> 애들하고 깔깔거리지만 말구
> 근엄해져 봐요 좀!
> (중략)
> 집에만 있으니까 짜증이 늘지
> 친구도 좀 만나구
> 이젠 친구도 없겠다
> 십 년 뒤에도 이렇게 살고 있음 어떡해

> 이제 곧 마흔인데
> 뭐라도 다시 시작해 봐요
> 시 쓴다고만 말구
> 사랑한단 말 대신, 내 지청구만 듣지 말구
> 엄마아
>
> 　　　　　　　　　　—「사랑한다는 말 대신」 부분

　대저 일상이란 무엇인가. 일반적으로 일상은 출퇴근, 뭇 가사 노동, 티비 시청, 장보기, 육아 등등과 같은 나날이 반복되는 쇄말사(瑣末事)를 지칭한다. 일상의 이 같은 무한 반복 틀은 사람들에게 으레껏 권태와 짜증, 피로감을 불러온다. 그렇긴 하지만 누구든 일상을 벗어나려 하지도 벗어날 수도 없다. 아니 일상을 벗어나길 두려워한다. 그것은 일상을 잃는다는 게 바로 자신의 삶을 잃는 일인 탓이다. 그래서 일상성은 오늘을 사는 사람들에게 결코 가볍게 취급할 수 없는 문젯거리다. 특히 도시적 삶을 사는 사람에게 일상성은 끊임없이 자신을 성찰하고 되돌아보는 반성의 회로이다. 인용한 시는 일상이란, 그것도 시를 쓰는 중년 여성에게 일상이란 실제 어떤 무엇인가를 극명하게 보여 준다.

　화자는 엄마의 일상이 얼마나 무의미하고 위험한가를 직설적으로 언술한다. 엄마는 취사로 대표되는 가사 노동에 너무 찌들었다. 아니 전업주부로서 찌든 게 아니라 길들여졌을 터이다. 말하자면 길든 나머지 그냥 안주해 있는 상태인 것이다. 한 실존주의 철학자의 표현을 따르자면 이는 죽음의 상태에 다름 아니다. 곧 의식이 죽은 가사(假死) 상태에 함몰된 것이다. 화자는 그래서 "뭐라도 다시 시작해" 보라고 엄마의 죽은 의식을 소리쳐 깨우는 것이다. 시인에게 일상이 단순 쇄말한 일들의 반복일 수만은 없다. 일상은 일상 나름으로 숱한 시적 담론을 생산하는 세계/글감인 것이다. 이번 시집에서 박 시인의 상당수 울림 큰 작품들이 실은 이러한 일상의 성찰과 탐구에서 비롯되고 있음도 여기서 나는 지적해야겠다.

4.

　근년 우리 시는 대체로 일상의 탐구와 성찰에 기울어져 있다. 이른바 거대 담론보다는 미시 담론 쪽에 치우쳐 있는 것이다. 이는 두루 알려진 대로 동구권 사회주의의 몰락과 궤를 같이한 현상이기도 하다. 지난 한 시기 풍미하던 현실주의가 퇴조하고 대신 자아 탐구와 성찰의 서정시가 큰 추세로 자리 잡은 것이다. 그러다 보니 자아 탐구와 짝을 이룬 일상성이 주요 시적 품목들로 대두하게 된 것. 헌데 우리가 일상이나 생활 속의 뭇 쇄말한 일들에만 치중할 수는 없는 노릇 아닐까. 물론 오늘날엔 과거 영웅담이나 모험담 같은 서사가 있을 수 없다. 그러나 저 쇄말하고 권태로운 일상을 흔들, 크고 작은 사건들은 지금도 세계 도처에서 일어난다. 실제로 그 같은 사건들은 사람들의 삶을 뒤흔들어 놓는다. 일상에 파묻혀 지내는 시인에게도 이런 사건은 문젯거리가 아닐 수 없다. 과거 해방 공간에서의 일부 정치주의적 시들, 지난 1980년대 현실주의 시들은 이런 사건들을 주요 품목으로 다뤄 왔다. 이들 작품은 때로 지나친 주관적 분노의 표출, 과잉된 문제의식들이 되레 문제가 되어 논란을 빚기도 했다.

　암튼 인간이 사회적 존재로 살아가는 한 정치·사회적 문제들을 도외시할 수는 없다. 일찍이 한 리얼리즘 이론가는 리얼리즘의 근거를 '인간은 사회적 동물'이란 명제에 두고 논의를 펼치기도 했었다. 당연한 일이지만 이번 시집에서도 박 시인 나름의 이런 성향의 시들을 나는 읽게 된다. 우선 작품을 한 편 읽어 보자.

　　그게… 참 아리더라구
　　꽃 심으려고 담 밑 흙을 파내고 있는데
　　호미 끝에 파헤쳐진 토룡이
　　두 동강 난 몸을 태질하듯 뒤틀고 있더라구
　　그 순간 비명 소리를 들은 것 같기도 해
　　버둥거리고 있는 하나였던 몸을
　　차마 눈 뜨고 볼 수가 없더라구

난 지렁아 미안해 정말 미안해 하며
　　흙만 덮어 주었어 가루약 뿌려 주듯

　　그 큰 호미도 손잡이가 빨간색이었을까
　　막장갑 끼고 우리를 내리쳤던

—「한반도」 전문

　위 시에서 화자는 지극히 개인적인 경험을 털어놓는다. 그 경험이란 여느 날처럼 화단을 꾸미고자 땅을 팠던 일이다. 흙을 파다가 화자는 무심코 호미 날에 몸이 토막 난 지렁이를 목도한다. 거기서 분단된 한반도 상황을 화자는 문득 소환한다. 곧 한반도를 분할한 저 큰 호미/강대국을 손에 쥔 호미에서 떠올린 것이다. 그리고는 "그 큰 호미도 손잡이가 빨간색이었을까"라는 물음을 던진다. 지금 작업용으로 착용한 자신의 목장갑과 분단을 강요한 '빨간색'/세력을 화자는 그렇게 연결 짓는다. 특히 빨간색이란 어사를 화자는 중의적으로 잘 구사하고 있는 것. 이 대목에서 박 시인은 다시 아버지의 전쟁을 연상하고 소환한 것은 아닐까.
　그런데 이 작품에서 내가 주목하는 것은 시적 태도이다. 그것은 극도로 절제된 시적 언술에 관한 것이다. 화자는 강제된 분단과 관련한 분노나 증오 같은 격한 감정 표출을 하지 않는다. 그만큼 차분하고 드라이한 톤만을 보여 준다. 결코 상한 이 사를 걸 문맥에서 구사하지 않는 것이다. 그래서 나는 처음엔 일상의 한 사상(事象)을 진술한 여느 작품으로 읽었다. 그러나 제목과 본문을 결부시켜 읽자 한반도 분단의 담론으로 다가온 것. 말하자면 이 작품은 근본 비교쯤으로 독해할 마련이었던 것이다. 여기서 보듯 박 시인의 시적 어사들은 비교적 잘 절제되어 있다. 아마 생략과 압축이란 전통 시학의 어법을 잘 체화한 탓이기도 할 것이다. 이 같은 절제는 강한 어사들이 동원돼야 하는 정치·사회적 담론에서도 예외가 아니다. 최근의 커다란 사회적 이슈인 성폭력 문제, 세월호 참사 등을 다룬 경우에도 시적 화자는 좀처럼 격앙하지 않는다. 이는 "아플수록 상관없는 척/단순하게 극복해 버티기"

란(「끝없는 집」) 시적 태도를 견지한 탓이리라.
박 시인의 이러한 시적 태도는 그 나름의 한 유니크한 개성이 될 것이다. 다음의 작품은 어떤가.

> 잠시 구름 보던 병사가 지뢰 핀에서 발을 뗀다
> 그가 구름에 걸려 넘어진다
> 해가 뒹굴다 제자리로 다시 돌아가 않을 즈음
> 뽑힌 풀들이 난생처음 제 발부리를 본다.
>
> 필름에 맺힌 뒤바뀐 기억들
> 구멍을 좁혀 갈수록
> 선명하게 드러나는 것 중에
> 아프지 않은 것은 없다.
>
> ―「카메라 옵스큐라」 부분

인용한 작품은 전방에서 일어난 군의 폭발 사고를 다루고 있다. 아군 병사가 순찰 중 적이 매설한 지뢰를 밟아 생긴 사고를 다룬 작품인 것이다. "잠시 구름……"으로 시작된 위의 한 연은 폭발 순간을 극적으로 드러낸다. 자욱한 초연과 그 초연이 가라앉고 다시 비치는 해, 그리고 폭발한 자리의 풀 모습 등등을 담담하게 그려 낸 것이다. 이 같은 묘사가 실은 얼마나 강한 울림을 주는가. 잘 알려진 대로 아픈 것을 아프지 않게 드러낼 때 더 큰 시적 울림은 생길 마련인 것이다.

이제까지 나는 박인옥 시인의 시를 나름대로 읽어 왔다. 특히 시와 그림을 함께 작업하는 사실에 주목해 읽었다. 시와 그림의 관계란 꽤는 오랫동안 여러 문학인들의 관심사였다. 특히 그들은 이 두 갈래의 차이와 공유점을 힘써 규명하고자 해왔다. 이 같은 점에 주목하면서 나는 실제로 두 작업의 병행이 어떤 상보 관계에 있는가를 주의 깊게 살펴봤던 것이다. 또 하나 이번 시집에서 흥미로웠던 점은 박 시인의 가족사, 혹은 가족과 관련한 마음의 움직임이었다. 박 시인에게 가족은 일상을 함께한 생활공동체이면서 세계와 삶을 웅숭깊게 살피는 매개항이기도 했다. 특히 어린 소년으로 전쟁의 한복판에 던져졌던 아버지에 대한 연민과 사랑은 남다른 것이었다. 그리고 이 아버지를 통해 사랑과 연민의 뜨거운 가족 관념이 형성된 것임을 살필 수 있었다.

일상과 그와 관련한 뭇 사상(事象)들의 성찰은 이즘 시의 주요 품목이 돼 있다. 이런 미시 담론 역시 박 시인 시 세계의 커다란 한 축이다. 하지만 그는 정치·사회적 문제에도 일성한 관심과 그에 따른 담론을 보여 준다. 이는 시인 나름의 사회적 자아의 발현일 터이다.

글의 끝자리에 다소간 박 시인과의 개인적 연을 적어야겠다. 박 시인이 내 시 모임에 온 것은 김갑기 시인의 소개를 통해서였다. 벌써 여러 해 전 일이다. 그는 늘 진지하면서도 결코 튀지 않는 언행으로 일관했다. 그래서였을 것이다. 그가 그림에도 전념하며 전시회를 여러 번 열었던 이력의 소유자임을 한참 뒤 안 것도 그 탓인 것을. 나는 얼마간 놀라기도 했지만 그림 작업이 시업(詩業)에도 적잖게 도움이 되리라 생각했다. 우리 문학 동네에도 그림과 문학을 함께한 이들이 여럿임을 잘 알기 때문이었다.

일탈과 회귀, 혹은 '찰떡같은' 삶
—이우근의 시와 삶

1. 일탈과 회귀 혹은 탕자

이우근 시인을 만나고 나서 나는 문득 성경 속의 돌아온 탕자를 떠올렸다. 이 서사는 잘 알려진 대로 가출한 뒤 재산을 탕진하고 돌아온 유태인 집안의 어느 아들 이야기다. 사람들이 이 서사에서 주목하는 것은 그 아들보다는 아버지의 태도였다. 아버지는 들고 간 재산을 모두 탕진하고 돌아온 아들을 감싸안아 들인다. 그리고는 죽었던 아들이 살아 돌아왔다고 주위 사람들에게 알린다. 뿐만이 아니라, 큰 경비를 들여 잔치를 열기까지 했다. 불평하는 큰아들에게는 준절한 타이름을 건넨다. "너는 그동안 나와 함께해 내 모든 것이 네 것이지만 동생은 죽었다 살아난 거고 잃었던 아들을 다시 얻게 된 일"이 아니냐고.

각설하고 이우근 시인은 문청 시절 누구보다 시를 잘 썼고 앞날이 촉망됐던 인물이다. 고등학교 시절에는 백일장 여러 곳에서 상을 받아 이름을 알렸다. 그리고 서울예전 재학 시절엔 역시 동배 문청들 가운데서 각별한 시적 재능을 뽐내었다. 이것이 그와의 해후 전 내가 그에 대해 아는 바 전부였다.

그를 다시 만나게 된 것은 이종현 시인을 통해서였다.

"선생님, 혹시 이우근이라고 기억하세요?"

그 시절이 언제였는데…… 뜨악해하는 내게 이종현은 여러 얘기로 그 시절 기억을 일깨워 주었다. 그리곤 그가 지금 을지로에서 조그만 출판사를 운영 중이라고 현업까지 귀띔했다. 학교를 졸업한 뒤 그는 을지로, 충무로, 용산 등지의 인쇄 골목을 누비며 살았다고 했다. 그러면서도 용케 시를 놓지는 않았다고 덧붙였다. 짐작건대 이우근은 그 동네의 짜고 매운 기름밥을 먹으며 나름 험난한 세파와 싸워 왔을 터였다. 그러면서 홀로 시를 놓지 않고 써 왔을 것이다. 나는 그의 이런 이력이 왠지 대견하면서도 한편으로는 안쓰러웠다.

암튼 그는 저 돌아온 성경 속 탕자처럼 뒤늦은 등단과 함께 다시 문학 동네로 귀환했다. 이번 시집 원고를 통독하며 나는 그가 그동안 무슨 이력을 어떻게 쌓으며 살아 낸 것인지를 알 것 같았다. 이 글은 아마도 그 이력을 캐고 따라가는 데서 크게 벗어날 것 같지 않다.

먼저 자신의 이력을 적은 시 「자서전」부터 읽어 보자.

　　가을비 같았고
　　깨소금 같았고
　　은박지 같았고
　　시금치 같았고
　　찬물 한 그릇 같았다,고
　　싶었던 스무 살 무렵도 있었습니다.
　　이후로 지금까지 형편없습니다.
　　그리고 지속적입니다
　　그렇지만 그냥 팽개칠 수는 없습니다.
　　떠밀려 가더라도 손 내밀고
　　혹은 끌려가더라도 드러누워 버팁니다
　　다만
　　저녁연기 피어오르는
　　사람들의 마을을 맑게 지켜봅니다.
　　그 마음의 부동자세

지속적이고 싶은 다만 간절함으로.

—「자서전」 전문

  이 작품은 시적인 수사가 거의 없는 거친 육성이라고 해도 될 만하다. 그래도 산문적인 번역을 조금은 해 보자. 스무 살 무렵을 경계로 화자의 삶은 극명한 대조를 보인다. 이를테면 가을비, 은박지, 깨소금 등이 환기하는 스무 살 이전이란 누구나 그렇듯 안락과 설렘, 반짝이는 재기와 호기심 등으로 충만해 있다. 그러나 이후 막상 구체적인 현실에 내던져지고 나면 상황은 급변할 마련이다. 화자는 그 정황을 '지금까지 형편없다'라고 진술한다. 그렇긴 하나 형편없는 현실이라고 해서 이를 팽개치거나 포기하지는 않는다. 화자는 사람들의 마을을 지켜보며 "마음의 부동자세"를 가다듬기 때문인 것. 이렇게 이 작품은 대략 읽힐 터이다. 그러나 진술만으로 일관한 만큼 이 작품은 지나치게 추상적이다. 나로서는 그것이 불만이다.

  현실이 형편없다고 한다. 그렇다면 왜 어떻게 형편없는 것일까. 우리는 그 현실의 구체적 정황을 이번 시집의 경우 작품 「새우깡」, 「소풍」, 「1982 명륜동」 등등에서 읽고 확인할 수 있다. 몇 대목을 인용해 보자.

남산 중턱 소월 시비 아래로
수업을 끝내고 올라와
갹출, 스무 살의 경제(經濟)
기껏해야 삼천 원, 소중하게 모아
각혈하도록 마신 소주
배경은 새우깡과 쥐포 몇 개
그렇게 하루를 지켜보는 맑은 눈빛
그리고 빈 주머니, 전망은 흐리고
저 아래 소유할 수 없는 서울의 불빛.

—「새우깡」 부분

인용한 이 작품은, 내 사적인 기억까지 얹자면, 이우근의 서울예전 재학 시절의 한 단면이다. 시적 언술 그대로 이우근은 학교에서 가까운 남산 중턱을 올라 그 시절 그의 유일한 특장인 소주 마시기를 벌인다. 그 술추렴이란 한 사람당 삼천 원 갹출과 새우깡 안주가 고작인 것. 이런 처지에 현실에 대한 전망이란 오직 흐리고 모호하기만 할 따름이다. 뿐만인가. 서울의 야경이 아무리 휘황해도 그 서울이란 세계는 내 것이 아니란 자각이 뒤따른다. 이는 철저한 방외인(方外人)다운 인식이라 할 만하다. 화자는 결코 어디에서 어떻게 해서라도 강고한 세계를 비집고 들어갈 수 없다는 걸 인지한다. 따라서 고작 그가 할 수 있는 일이란 마음을 다잡고 자신과 약속을 하는 것. 곧 새우깡을 매개로 "깡'을 모방하여 강하게 살기 위해서는/철저하게 남에게 녹아나거나 일그러질 것"을 작심하는 일이다. 특히 현실에서 누구보다 강하게 살아야 한다고 다짐한다. 자기 나름 삶의 자세를 가다듬는 것이다. 작품 「소풍」에서도 이 삶의 자세는 그대로 강조된다. 시의 주체인 길자 누나는 "세상은 바람이 불고 먼지투성이지만/그래도 그 옆에 강물이 흐르고 햇빛이 쏟아지기에" 사람은 살 마련이라고 등 떠민다. 그 같은 삶의 자세를 다짐하는 일은 서울살이에서 더욱 강화된다. 한 작품에 따르자면 1982년 신학기 시작과 함께 이우근의 서울살이는 시작된다. 곧,

> 1982년 3월 1일 나의 독립기념일, 자의적이진 않지만
> 명륜동 자취방으로
> 라면 박스 두 개의 책과 된장 고추장 김치 한 통 들고
> 상경
>
> 　　　　　　　　　　　　　　　　—「1982 명륜동」 부분

한 일이 그것이다. 명륜동 거기서 그는 서울에서의 첫 밤을 소주 마시는 야단법석으로 지새웠다. 그러면 객지에서의 그의 삶은 어떠했는가. 그의 언술 그대로 "개떡같아도 찰떡같이 살"아 내는 일이었다.

2. '찰떡같은 삶', 혹은 변방에 살기

그러면 과연 찰떡같은 삶이란 어떤 무엇인가. 지난 산업화 시절 뿌리 뽑힌 여느 사람들의 서울살이란 "궁핍한" 살림살이 그것이었다. 실제로 이우근은 학교 졸업 뒤 뿌리 뽑힌 사람처럼 떠돌았던 모양이다. 강원도 정선이나 전남 화순, 혹은 제주도 구화읍 내지 경기도 변방 등지로 전전한 기록들이 그것이다. 이 시적 기록들은 저간의 사정들을 극명하게 보여 준다. 정처 없는 떠돌이 생활에서 그가 얻은 결론은 찰떡처럼 살아야 한다는, 정신 제대로 추슬러야 한다는 삶의 자세였다. 찰떡같은 삶이라니. 그는 이렇게 말한다.

> 떡메를 맞고
> 짓이겨 치대임을 당하고 나면
> 결국 반들거리는 것을.
> ―「개떡 같아도 찰떡처럼」 부분

화자에 따르면 '찰떡'은 떡메에 수없이 얻어맞고 짓이겨지고 치대인 끝에 만들어진다. 또 그 엄혹한 과정을 거쳐야 비로소 반들거리는 윤기와 깊은 맛이 내장된다. 화자는 그런 찰떡을 매개로 자기 삶의 힘겨움과 꿋꿋함을 진술한다. 말이 쉬워 얻어맞고 짓이겨진다지만 실제 당하는 인간은 참담하고 암울하기 짝이 없는 노릇 아닌가. 이번 시집에는 이우근의 이 같은 암울한 삶의 궤적이 선연하게 드러나 있다. 특히 「아버지의 유언」과 「어머니께」, 그리고 「스무 살 무렵」 등이 그렇게 읽힌다.

> 돌아봐라 일찍이 너는
> 목욕탕의 시원함을 뜨겁다고 항변하지 않았느냐
> 그런 너를 두고 어른들은 그저 웃지 않더냐
> 사는 것은 그런 것이다.
> ―「아버지의 유언」 부분

짧게 인용한 이 대목은 "사는 것은 그런 것"이란 아버지의 노성한 일깨움을 보여 준다. 마치 돌아온 탕자에게 이르듯 아버지는 "뿔뿔거리며 싸돌아다니지 말고/못 이기는 척 버틸 자릴 찾"아야 한다고 타이른다. 삶이란 게 알고 보면 그렇고 그런 것임을 아들에게 일깨워 주는 것이다. 그것은 여느 평균적인 삶을 살아온 아버지의 절절한 경험담이기도 하다. 그래서 "그저 엉덩이 무거운 놈이 결국엔 이기"듯 방황하거나 떠돌지 말라는 것. 아버지의 당부대로 이우근이 과연 못 이기는 척 버틴 자리는 어디일까. 사석에서의 고백대로 그의 자리는 인쇄 골목이고 기름밥 먹는 자리였을 터이다. 이렇게 버티게 된 자리에서 그는 어머니에게도 회한에 젖은 소회를 털어놓는다. 그것은 자식으로서의 소임과 관련된 일이었다. 이를테면 "물려받은 작은 깃발을/하얀 손수건처럼 흔들다가/조용히 이양하는 긴 의식"이 자식 된 도리라는 언술에 보이는 소임이 그것이다. 그의 이 같은 언술에는 나름의 회한이 담겨 있다. 그동안 자신만 생각하고 산 잘못 탓에 가족들에게 "부끄럽고 성실하지 못했다는" 자책이 그것이다.

시를 앓던 스무 살 무렵부터의 서울살이란 결국 나만을 생각하고 챙기기에도 한결 더 벅찬 것 아니었을까. 그의 시적 수사대로 '찰떡'처럼 숱하게 얻어맞고 치대인 서울살이였던 것이다. 그러면 과연 그는 찰떡같은 삶을 누렸는가. 아니다. 그는 개떡 같은 현실에 끝없이 시달리는 좌절을 맛보았다. 그 좌절과 절망 속에서도 그를 견디게 한 것은 시였다. 아니 문학만은 놓치지 않고 끝까지 붙잡았던 셈이다. 그래서 그는 탕자처럼 자신에게 좌절과 절망을 안겨 주던 현실에서 '순수와 적멸'의 세계로 돌아올 수 있었다.

> 그는 깃발 없는 깃대
> 그 허공에 펄럭이는 욕망
> 만국기가 펄럭거려도 국적(國籍) 없음
> 그는 아침 이슬 한 방울에 얼굴을 씻고
> 새순 몇 가닥이 식량

훔쳐 먹은 막걸리가 새참
내용도 없이 하루에 충실함
무작위의 나날들이
그 허무함으로 행복했음
이런,
불량의 콘돔 같은
작은 희망에도 작열하는
순수 혹은 적멸.

—「김종삼」 전문

    김종삼은 누구인가. 나는 김종삼 시인의 경우 두 가지를 떠올린다. 하나는 그가 한국판 보헤미안이었다는 것, 다른 하나는 '내용 없는 아름다움'에 집착한 심미적 인간이었다는 점이 그것이다. 한국전쟁 때 월남한 이후 김종삼은 떠돌이처럼 문학 동네를 배회하며 살았다. 물론 직장도 잡고 있었지만 그는 현실과는 동떨어진 방외인 노릇을 많이 했다. 평균인들이 흔히 생활 속에서 보이기 마련인 세속적 욕구나 집착을 철저히 외면했던 것이다. 그러면서 현실로부터의 도피와 일련의 좌절을 시에서 대신 보상받으려 했다. 그런 점에서 지난날 난숙한 자본주의 사회를 산 서구 보헤미안을 많이 닮았던 것. 그러면 그가 도피처로 삼았던 시는 무엇이었는가. 그것은 내용 없는 아름다움으로 흔히 불렸던 세계, 곧 음악적 공간을 꿈꾼 것이었다. 실제로 그의 초기 시에는 많은 음악적 제재 내지 이미지가 등장한다.

    다소 설명이 장황해졌지만 그러면 이우근이 염두에 두었던 김종삼은 어떤 존재였던가. 인용한 작품은 김종삼의 인간적 면모와 작품 세계를 뒤섞어 진술하고 있다. 화자의 말을 따라가 보자. 우선 김종삼은 국적도 없이 "새순"과 "막걸리" 같은 일상적이지 않은 먹거리로 산 것처럼 얘기된다. 그런가 하면 내용 없는 무작위의 나날을 영위했고 또 이것이 "행복"이었다고 화자는 강변한다. 이렇게 읽다 보면 김종삼에게는 우리네의 비루한 일상이 없다. 그에게는 순수, 혹은 적멸이 있을 따름이다. 여기서 순수는 산문적 의미, 곧 내용 없는 음악적 공간일 터이다. 그러고 보면 김종삼이란 화자에게는 매인 것 없는(국적 없는) 보헤미안으로, 더 나아가 일상과는 별도의 순수 심미 세계의 표징이었던 셈이다. 결국 이 같은 언술은 시인 이우근에게 김종삼이란 하나의 시적/시인적 롤모델이었음을 시사(示唆)하는 것. 우리 현대시사에서 김종삼과 정신적 근거리에 섰던 박용래 시인을 제재로 한 작품도 마찬가지다.

> 공주 어딘가를
> 그냥 걸었다
> 낮달이 고왔다
> 들판은 평등했다
> 경상도 전라도에도
> 그리고 충청도에도
> 그밖에도 착한 사람들이 대부분이었다
> 강아지풀이 우리들의 다른 이름이었다.
>
> —「박용래」 부분

화자는 낮달이 곱게 뜬 날 들판을 걷는다. 공주란 지명을 특정하고 있지만 굳이 공주가 아닌들 어떤가. 전국 어디서나 보는 들판은 평등/대동소이하고 거기 사는 강아지풀들은 한결같이 착한 존재들인 것을. 여기서 착하다는 것은 무슨 뜻일까. 그것은 바로 "만지면 따스한 것"이다. 마치 눈물처럼 말이다. 화자는 이 모든 것/일들이 박용래 시인 무릎 아래서 이뤄진다고 한다. 알려진 대로 박용래 시인 역시 생평(生平) 간에 직장이 없었다. 그리곤 시만을 만들고 생각하며 살았다. 아마 이 점이 이우근 시인으로 하여금 남다른 관심을 쏟도록 했을 터이다.

이제까지 살핀 김종삼이나 박용래의 시적 공통 사항은 작품이 짧고 간명하다는 것이다. 생략이 과감하고 행간이 넓은 것 또한 그들 시의 공유 사항일 것이다. 시적 수사에 있어서도 이들은 완벽의 미를 추구했다. 이번 이우근 시인의 일련의 시편들을 보자면 이 두 시인의 특장이 엿보이는 것은 나만의 오독일까. 그렇지는 않을 것 같다. 그보다는 두 심미적 인간에게 그로서는 롤모델인 듯 이끌렸던 탓일 게다.

3. 조고각하, 혹은 일상의 성찰

왜 조고각하(照顧脚下)인가. 이 낯선 말 '조고각하'는 선불교의 화두이다. 사전적 풀이로는 발밑을 비춰 살피라는 뜻이다. 흔히 '지금 바로 여기서'란, 곧 일상을 살피라는 의미로 외연을 넓혀 쓰이기도 한다. 조금 더 불교식 설명을 덧붙이자면 견성(見性)이란 지금 이곳의 현실과 동떨어진 어떤 관념 가운데 있는 것이 아님을 가리킨다. 그 결과 종래의 구두선이 지금 이곳의 현실 문제를 참구토록 하는 전환의 계기가 된 것이다. 여기서 이우근이 작품화한 「조고각하」를 실제로 읽어 보자.

> 산문은 가볍게 통과했지만
> 나의 경계가 아득하다
> 댓돌에 놓인 나의 흔적이 부질없다
> 뻔한 과오를 되풀이하며 다시 죄짓는 것을
> 습관처럼 반복하는 몰염치는
> 세상을 살며 취사선택한 학습의 효과일까
> (중략)
> 근본을 위함이
> 이리 근본 없음이 너무도 명확함으로
> 마루에 앉아
> 새벽달과 기운다.
> ―「조고각하」 부분

지금 이 시의 화자는 절의 툇마루에 앉아 있다. 먼 산을 본다. 이내 먼 데를 보던 시선을 거두고 자신의 발밑, 곧 근본을 생각한다. 자기 육신의 근본인 식구를, 어머니와 기타 혈육을 떠올리는 것이다. 그러다 댓돌에 벗어 놓은 신발을 본다. 신발 거기엔 자신의 먼 지나온 길과 그간의 갖가지 사연/흔적이 담겨 있다. 화자는 그 길과 사연이 죄다 부질없었음을 깨닫는다. 자신은 뻔한 과오를 저지르며 습관처럼 죄를 지어 온 탓이다. 뿐만인가. 근본을 위하고자 하지만 위할 근본이 없다는 사실에도 생각이 미친다. 그 번민 탓에 아마도 화자는 툇마루에 새벽달이 이울도록 앉아 있는 것이리라.

이렇게 읽다 보면 이우근에게 있어 과연 발밑을 조심하고 살핀다는 게 무엇일까 하는 물음이 온다. 그는 현실이 엄혹할수록 "찰떡"같이 살고자 했다. 앞서 살핀 바대로 이는 현실에 찌들수록 그에 맞대응하기 위한 절박한 다짐이고 품새였다. 그런데 이 같은 삶의 자세가 언젠가부터 달라진다. 바로 엄흥도로 표상되는 의로운 삶의 품새나 불의에 맞선 조선조 선비들의 기개 있는 자세들로 바뀐 것이다. 예컨대 시 「약용전서」나 「장릉에서」와 같은 일련의 작품에서 확인되는 삶의 자세가 곧 그것이다. "이 땅에서 죽음을 마다하지 않았으니/애초에 거부하고 불의에 맞서거나" 어린 단종의 주검을 수습하며 "작은 역사를 세우는 것"이란 언술들이 그렇다.

그러면 역사적 인물을 매개로 제시된 이 같은 자세가 함의하는 바는 무엇일까. 빌사는 그 의미를 두 가지 정도로 가늠한다. 하나는 치대는 현실과 맞섰던 젊은 날의 절박함이 그만큼 누그러졌다는 것이고 다른 하나는 그의 나이와 함께 맞닥뜨린 선취(禪趣)에서 비롯한다. 여기서 절박함이 누그러졌다는 것은 세월 탓이기도 하고 그가 서서히 획득한 생활의 안정 때문이기도 할 터이다. 이는 개떡 같은 현실 속의 삶이 시간과 함께 그만큼 자리 잡히고 노성해졌음을 뜻한다. 그 결과 사회에서의 자기 자세를 성찰했고 저들 역사적 인물에서 그 답안을 발견한 셈이다.

반면 선취는, 계기야 어떻든, 그가 불교와 만나며 나타나기 시작한 현상이다. 일련의 시편에서 이우근은 사찰 편력과 선적인 화두를 과감하게 보여 준다. 그 나름의 연륜과 함께 정신이 기댈 귀의처를 발견한 셈이다. 실제로 작품을 읽어 보자.

물살 같은 손금으로
책갈피에 남긴 침 자국
먼바다 물결 소리 채집하여
소금꽃 피우듯

사람 사는 거
한 글자 한 글자 깨치며
먼 길 가듯

책이 묻는다
어찌 살 것인가.

—「멀고 긴 밤」 부분

    짧고 간결한 이 작품의 시적 주체는 책이고 밤이다. 여느 시의 경우 주체는 흔히 자아이다. 그것도 서정적 자아가 주를 이룬다. 그러나 이 작품은 그 주체가 책이고 밤이다. 말하자면 자아와 사물이 자리바꿈을 한 셈이다. 그리고 자리바꿈을 한 사물들은 자아를 대신해 묻는다. "왜 읽는가" 혹은 "은하수는 어디로 흐르는가", "어찌 살 것인가" 등등의 물음이 그것이다. 아마도 "은하수는……" "왜 읽는가"는 바로 사물의 본질을 묻는 물음일 터이다. 마치 달마가 서쪽에서 온 까닭은 무엇인가란 화두처럼 말이다. 암튼 마지막으로 책은 어찌 살 것인가를 묻는다. 말이 쉽지 세계의 본질이나 삶의 방식을 묻는 일―그렇다, 이 큰 물음 탓에 누군들 "멀고 긴 밤"을 겪지 않을 것인가.
    그런데 선불교는 세계의 본질과 삶의 방식을 일상에서 살피고 깨닫도록 가르친다. 이들 본질은 어디 별처(別處)의 관념 속에 있는 게 아니기 때문이다. 바로 일상 가운데 있다고 하는 것. 밥하고 물 긷는데, 혹은 나무하는 그중에 있을 마련인 것이다. 이는 일찍이 육조 혜능이 그 본보기를 보여 준 바 있다. 이미 앞에서 살핀 조고각하란 말 그대로 '지금 이곳' 일상 속에서 세계든 삶이든 성찰하고 깨달아야 할 일인 것이다.

이우근은 이 같은 선리(禪理)와 만나 일상의 뭇 일과 사물을 웅숭깊게 성찰한다. 아울러 그의 시 곁 문맥에도 불교적 이미지나 화두가 심심찮게 출몰한다. 사찰의 편력, 돈수와 점수, "나의 해골을 목탁으로 두드리는" 일 등등. 이는 개떡 같은 현실 속에서 찰떡같이 살고자 했던 데서 이뤄 낸 그 나름의 상당한 시적 비약이랄 수 있다. 여기엔 "너무 아파서/별을 삼켰더니/조금씩 새벽이 오"는(「내상」) 시적 역정이 내장돼 있다. 그 역정은 흔히 자신의 내면으로, 곧 안으로 떠나는 역정이고 떠돌음이었을 터이다. 삼라만상 모든 것에 불성이 깃들어 있듯 세계의 본질 역시 뭇 사물들 속에 내장돼 있기 마련이다. 삶의 의미 또한 이와 다르지 않다. 일상을 통해 세계와 삶을 성찰하는 일—본질이나 의미가 있을 수 없다는 허무주의가 아닌 한 이 작업은 고뇌와 보람의 시학이 될 터이다. 이 같은 뜻에서도 우리는 이우근의 시적 성취를 지켜보아야 할 일이다.

마치 가출한 탕자가 돌아오듯 이우근 시인은 다시 문학 동네로 돌아왔다. 꿈 많던 문청 시절을 지나 개떡 같은 현실 속에서 떠돌기 수십 년, 그리고 다시 선리에 취한 시편들을 들고 나타난 것이다. 그로서는 뒤늦은 출발을 그렇게 시작한 셈이다. 이번 시집을 깊게 읽는 뜻은 여기에도 있다.

내 '안'의 성찰과 정언(定言)의 시법
— 이원로의 작품 세계

1.

꽤는 고전적인 명제지만 인간은 여러 사회적 관계망 속에 존재한다. 사람은 사회적 동물이란 해묵은 명제가 그것이다. 우리는 흔히 누구의 부모이고 자손이며 또한 누구의 배우자, 친구로서 살아간다. 이 같은 관계망은 사회란 공동체를 구현한다. 뿐만인가. 자신을 축으로 한 둘레의 뭇 생명체나 자연물 등과도 인드라망을 형성한다. 이러한 인간의 존재 양상은 삶의 다양한 국면들로 표출될 마련이다. 그런가 하면 인간은 다른 그 무엇으로도 대체될 수 없는 절대성을 지닌다. 이 절대성 탓에 인간은 유일한 독자적인 정체성을 드러낸다. 과연 나라는 인간 됨의 본질적 특성은 무엇인가, 나는 누구인가, 어떤 삶을 영위하고 어떻게 소멸하는가, 나의 의미와 값은 정작 무엇인가 등등. 우리는 이러한 물음을 늘 내면에 쟁여 두고 살아간다. 쟁여 둘 뿐만이 아니라 종종 드러내고 껴안는다. 아니다. 앞에 마주하고 고뇌하며 씨름한다. 그리고 이런 내면에 자리한 문제들을 웅숭깊게 그리고 지속적으로 성찰하기도 한다. 아마도 이는 인간의 내면으로의 여행이 아닐 것인가.

이번 이원로 시인의 작품들을 통독하며 나는 이런 여행을 떠올렸다. 우선 작품을 읽어 보자.

깊이서 들려오는

내 안의 소리

내가 다져 넣은
나의 소리일까
닿을 수 없는 데서
울려오는 목소리이리

갸웃둥하면서도
꼭 붙들고 달리지

—「내 안의 소리」 전문

  인용한 시는 짧고 간결하다. 그만큼 특별한 시적 의장(意匠)이나 난해한 언술도 없다. 하지만 굳이 산문적 번역을 하자면 이렇다. 화자는 자기 내면에서 울리는 '소리'를 듣는다. 그 소리는 과연 어떤 소리일까. 화자는 그 의문에 자신이 "다져 넣은" 소리일 터라고 추정한다. 그것도 닿을 수 없는 깊이에서 들린다고 진술한다. 이 같은 자문자답 끝에 결국은 그 소리란 화자가 붙들고 달려야 할 소리임을 깨닫는다.
  그러면 이 소리는 무엇일까. 읽는 이들은 작품을 통독한 뒤 이 같은 물음에 직면한다. 왜냐면 텍스트에는 더 이상 '소리'에 대한 묘사나 진술이 없기 때문이다. 흔히 말하듯 시적 언술의 한 원리인 문맥의 과감한 생략과 압축은 독자의 상상력을 작동시킨다. 사려 깊은 독자라면 그 작동을 통해서 생략 내지 압축된 내용을 복원할 마련이다. 우리도 이러한 예에 따라 조금 더 텍스트를 살펴보자. 이 작품의 시적 대상인 소리는 물리적 소리가 아니다. 그것은 화자의 내면에서 울리는, 닿을 수 없는 깊이에서 울리는 것이기에 그렇다. 달리 말하자면 화자만이 환청처럼 듣고 있는 소리인 것이다. 곧 화자가 오랫동안 내면에 삶과 세계에 대한 성찰을 온축한 결과 듣는 소리인 것. 자기 내면을 살피고 또 거기서 듣는 소리—그 소리는 자아가 의지하고 기댈 무엇이 아닐 것인가.

우리는 '소리'의 정체를 대략 이렇게 가늠해 볼 수 있지 않을까 싶다. 이처럼 시적 언술에서 생략과 압축이 된 공간은 독자에 의해 복원된다. 바꿔 말하자면 읽는 이의 상상력이 자유롭게 뛰노는 공간이기도 한 것이다.

작품 한 편을 더 읽어 보자.

> 안 보인다고 없는 건 아니지
> 　　그런데
> 안 보이면 세상에선 없는 것이지
>
> 안 들린다고 없는 건 아니라
> 　　실로
> 못 듣는 게 세상엔 부지기수지
>
> 잊는다고 없어지는 건 아니지
> 　　그런데
> 안 없어진 걸 누가 다 기억할까
>
> 　　　　　　　　　　　—「그런데」부분

인용한 시 또한 간결하고 짧다. 그러나 읽기에 따라서는 상당한 산문적인 번역이 가능하다. 살펴본 대로 앞의 시에서는 내 안의 소리가 어떤 무엇에 의한 소리인가를 따졌다. 우리가 듣기에 따라서는 물리적 소리만을 듣는 것이 아니다. 자기 내면에서 울리는 소리를 듣기도 하는 것. 명상이나 오랜 깊은 사유에 기인한 소리가 그것일 터이다. 인용한 「그런데」 또한 이 내면의 소리로 읽힌다. 화자는 안 보이거나, 안 들린다고 없는 게 아니라고 진술한다. 그것은 우리가 감관(感官)을 통해 단지 인지하지 못할 뿐 실제로는 엄연히 존재한다. 이를테면 '은총', '섭리', '호연지기' 등등과 같은 초감각적 실체들처럼 말이다.

그런데 화자는 인간이 감관을 통해 경험치 못한 것은 없는 것이라는, 없는 거와 같다라는 진술을 하고 있다. 과연 그럴까. 우리가 실제 경험한 것만을 존재한다고 믿는 것은 극히 초보적인 인식 단계에 지나지 않는다. 실제로 우리의 삶이나 세계에는 감관의 인지를 뛰어넘는 초월적인 존재나 초경험적 현상들이 훨씬 더 많은 탓이다. 그간 우리가 믿어 온 경험 세계란 따지고 보면 이 같은 세계의 아주 작은 일부에 지나지 않는 것. 위 시의 화자 진술에는 이 같은 의미들 또한 내장돼 있다. 그러나 현실 세상에서는 주로 경험된 두두물물(頭頭物物)만을 믿는다. 그러니 안 보이는 것, 못 듣는 것은 아예 존재하지 않는 것이다. 이것은 아마 범용한 인간들이 보여 온 인식의 한계일 터이다.

지금까지 우리는 이원로 시의 한 기둥을 살펴보았다. 그 기둥은 자신의 내면을 들여다보고 성찰한 내용을 드러낸 것. 그러다 보니 시적 대상의 묘사나 정황의 재현보다 잠언 투의 정언들이 주로 제시된다. 곧 시적 언술의 두 축, 묘사와 진술 가운데 주로 진술들을 정언 형식으로 보여 주는 것이다. 그러면 이 정언 형식이 함축한 바는 어떤 무엇일까. 이는 뒤에서 그의 시적 방법론과 함께 좀 더 상세하게 살피게 될 것이다.

2.

    자세히 살펴보면
        길은 모두
    연결되어 있고

    언제 어디서 살든
        사람은 서로
    통하게 되어 있지

왜인지는 모르지만
이 정교한 네트워크가
놀라운 뜻을 이루어 가리

—「네트워크」부분

이원로 시의 또 다른 한 기둥은 내면 아닌 외부 세계나 현실에 대한 성찰이다. 이들 담론은 시인이 자기 존재를 둘러싼 갖가지 관계망을 살핀 데서 온다. 인용한 작품 「네트워크」는 그 관계망을 단적으로 보여 준다. 화자는 세상의 '길'과 '사람'이 모두 서로 연결돼 있음을 진술한다. 앞서 말한 대로 뭇 존재들이 인드라망을 구축하고 있다는 것. 어찌 길과 사람뿐이겠는가. 화자의 말대로 두두물물 뭇 것들이 서로 네트워크로 얽히고설키며 맺어져 있는 것이다. 이 같은 관계망 속에서 뭇 존재들은 어떤 경우는 갈등하고 어떤 경우는 화해와 상보적 관계를 드러낸다. 동식물계에서 보는 살기 다툼도 그 한 양상이고 유·무정물들 간의 상호 공생도 그 한 양상일 터이다.

그럴 것이 인간 역시 이 관계망 속에서 나날을 영위해 간다. 일상에서 복닥거리는 뭇 일과 그로 인한 마음 시끄러움이란 실은 이처럼 모두 얽히고설킨 관계들 탓이다. 이번 시집 『찻잔과 바다』에서도 이 같은 일상과 마음 시끄러움은 그대로 드러난다. 서로 간의 성취를 다투는 갈등, 낯선 곳으로의 이사, 자연과의 교감 등등 쇄말(瑣末)한 일상의 갖가지 일들을 썩 잘 보여 주는 것이다. 그러면 이들 일상의 담론들은 구체적으로 어떤 내용인가. 다음 작품을 본보기 삼아 읽어 보자.

땅에서 하늘에서
안에서 밖에서
시작을 알리는 신호에
경기자들이 눈독 들인다

놓치지 않으려
무언갈 잡아채려
마음과 혼을 모은다
태세를 갖춘다

우리는 모두 경기자
신호를 기다린다
시작처럼 할 경기일까
마무리처럼 할 경기일까

―「경기자」 전문

왜 경기를 하는가. 무엇을 위한 경기인가. 인용된 시를 읽으며 문득 우리는 이렇게 물을 수 있다. 화자는 먼저 "우리는 모두 경기자"라고 말한다. "놓치지 않"고, "무언갈 잡아채려" 경기를 한다고 한다. 달리 말하자면 인간들 서로 간의 낫고 못하고의 겨룸인 것이다. 흔히 이 같은 겨룸에는 여러 요인이 있을 수 있다. 무리 가운데서 자신을 드러내고자 하는 욕망 탓일 수도 있고 단순 소유론적 욕망에 기인한 경우도 있을 터이다. 이는 구름과 해가 벌인 씨름판에서 "제가 잘해 이긴 줄 알게" 된다는 한 언술에서도 확인된다(「이기는 날」). 그런가 하면 승자 독식에서의 승자는 진정한 승자일 수가 없다고도 한다(「승자」). 거기엔 승리란 단순 사실과는 또다른 삶의 값과 의미가 존재할 마련이기 때문이다. 이웃과의 동행, 경기에서 진 약자나 패배자에 대한 배려 같은 차원 다른 값이나 의미도 있는 것이다.

그러나 인간의 삶이 경기라면 거기엔 마땅히 굽이와 곡절이 많을 수밖에 없다. 시인의 말 대로 "우리의 삶은 끝없는/고비와 굽이의 긴 강"인 것이다(「고비와 굽이」). 그 강을 헤쳐 가면서 늘 무언갈 붙들려 하는 게 우리네 평균인들의 삶이 아니겠는가. 삶이란 강물의 그 굽이에는 어찌 경기나 다툼만 있을 것인가. "여기보다 거기가 얼마나 더 좋을까" 싶은 이사도 있고(「이사」) "세상의 임무가 성심껏 완수되는"

죽음도 있다(「겉옷」). 이처럼 이원로 시인의 시적 관심은 일상의 뭇 범사로부터 섭리와 같은 초경험적 실체 인식에 이르기까지 다양하다.

지금까지 필자는 이원로 시 세계의 두 기둥을 살펴보았다. 곧 내 안의 성찰을 축으로 한 기둥과 사회적 삶에서 빚어진 다양한 문제나 관심을 드러낸 다른 한 기둥이 그것이다. 그러면 이러한 두 기둥 위에 구축된 작품 세계는 어떤 방법론을 통해 이룩되고 있는가. 단락을 달리해 이 문제를 짚어 보자.

3.

일찍이 우리 시 동네에서는 난해성 시비가 일었던 적이 있었다. 지난 20세기 중엽 무렵인 1960-70년대쯤의 일이다. 시의 과도한 의장(意匠) 탓에 여느 독자들이 텍스트의 담론을 독해할 수 없다는 논란이 그것이었다. 주로 김수영 시인에 의해서였다. 그는 그 무렵 일련의 시들이 '난해의 장막'에 둘러싸여 있다고 질타했다. 그가 말한 저 과도한 시적 의장이란 다름 아닌 이런 것. 당시 일군의 내면 심리 추구의 시인들이 내건 시적 실험이 그것이었다. 전위적인 그 실험은 기존의 시 문법을 철저히 파괴하는 것이었다. 따라서 그런 부류의 시적 수사나 의장은 여느 독자들이 해독하기 어려웠던 것. 지금 돌이켜보면 이는 새로움에 대한 맹목적인 함몰이 아니었나 싶기도 하다.

각설하고 이원로 시인의 시들은 앞서 말한 대로 짧으면서도 잘 읽힌다. 내가 굳이 지난 한 시절 시 동네 얘기를 소환한 것도 바로 이 시인의 시가 보이는 이 같은 특장 때문이다. 달리 말하자면 그의 시가 보여 주는 단문 문장을 통한 가독성을 주목해서인 것이다. 그러면 이 특장은 어떤 시사적 의미를 띠고 있는 것인가. 시인 김수영의 어법대로 하자면 난해의 장막을 완전히 걷어 젖힌 것이다. 이는 시를 여느 독자들에게 돌려준 일이라고도 할 수 있을 터이다. 더 나아가 시의 유통과 소비를 원활케 했는가 하면 오늘날과 같은 풍요로운 시의 시대를 여는 데 곧바로 기여한 것이기도 하다. 결론론이지만 이렇듯 시의 담당층을 크게 확충한 데에는 저러한 가독성의 제고(提高)가 그 저변에 있었던 셈이다.

말길을 다시 돌려 보자. 이원로 시인에게서 시의 가독성은 우선 과도하지 않은 시적 수사와 의장에서 비롯한다. 특히 그의 시들은 간결한 진술을 주된 축으로 삼고 있지 않은가. 일반적으로 시적 언술의 두 축은 묘사와 진술이라고 한다. 이 시인의 시들은 묘사보다는 진술에 전적으로 의존하는 편이다. 지난날 어느 시인은 정지용류의 시적 묘사가 영 마땅치 않았다고 한다. 그래 자신은 내면의 고뇌에 뜬 육성을 그대로 토해 냈다던가. 서정주 시인의 열에 뜬 초기 시 육성이 그것이다.

이번 이원로 시인의 시적 진술은, 필자가 읽기에는, 육성이라기보다는 일체 군더더기 없는 깔끔한 정언(定言) 형식을 취하고 있다. 따라서 대다수 시적 진술이 대상이나 제재에 직핍하는 형국이다. 이쯤에서 실제로 한 작품을 읽어 보자.

원치 않아도
떠나야 되고
바라지 않는데
흩어져야 하리
따르지 않을 수 없는 길

(중략)

우는 마음은 착하다
우는 영혼은 신실하리
저도 모르는 사이에
섭리가 깊은 곳에
소중히 간직되었기에
주저하면서도 따르리

―「섭리」 부분

화자는 가늠컨대 지금 누군가와 고별을 하고 있다. 그 고별은 연인끼리가 아닌 소중한 가족 간의, 혹은 혈육 간의 헤어짐일 터이다. 이는 원치 않고 바라지도 않았던 고별이어서, 더욱이 그 깊은 곳에는 섭리가 자리해 있어서 그러하다. 화자가 명시적으로 언급하고 있진 않으나 이 고별은 읽기에 따라서는 부부나 혈족 간의 생사 간 고별이 아닐까 싶은 것.

그런데 이 텍스트/작품 역시 시적 언술들이 매우 간명하다. 진술 문장들이 군더더기 없는 단문들을 지향하고 있는 것이다. 그 단문은 두 가지 의미를 함축하는 것으로 내게는 읽힌다. 하나는 이른바 '쇼츠(shorts)'라고 일컬어지는 작금의 문장 스타일을 떠올리게 한다는 점이다. 잘 알려져 있듯 최근 담론들은 어떤 담론이든 간결한 단문을 구사하고 있다. 그것은 가독성을 높임과 아울러 곧바로 메시지의 핵심만을 제시하자는 것. 이런 시도에는 여러 문명사적 요인들이 작용했을 터이다. 예컨대 지리적 공간의 노마드적 소통이라든지 온라인을 통한 급격한 정보의 디지털화 등등이 그 요인들의 한 대목일 것이다.

실제로 시 동네에서도 1행시라든가 시적 담론의 잠언화 경향 등이 나타나고 있는 것. 1행시는 시적 대상의 핵심을 쇼츠로 콕 집어 제시한다. 이런 시의 틀 역시 가독성 제고란 자장 안에서 출현한 것이리라.

반면 시적 진술의 잠언화 경향은 그간 우리 시가 지나치게 쇄말한 일상사에 함몰한 데 대한 반작용일 것이다. 두루 알려졌듯 시에서 거대 담론 대신 일상사와 생활 정서를 축으로 한 미시 담론이 전면에 등장한 것은 한 세대 전이었다. 이 미시 담론을 지양(止揚)해 최근 시들은 개별적인 제재에서 보편적 의미를, 범용한 진술 대신 잠언 형식의 고답적 진술을 선호하기 시작한 것이다. 이 같은 시적 변모의 연장선 위에 바로 이원로 시인의 단문 지향과 시적 진술의 정언 형식이 놓여 있다고 할 것이다.

그리고 이 정언 형식에서 하나 더 내가 읽은 것은 그의 연륜에서 묻어나는 인식의 깊이다. 여러 고비와 굽이를 돌고 겪으며 들여다본 삶의 뭇 사상(事象)들의 의미 —이 시인의 작품엔 이 같은 웅숭깊은 삶과 세계에 대한 성찰과 그 인식이 담겨 있는 것이다. 흔히 감관을 통한 경험이 현상계라면 그 현상계의 뒤에는 늘 본질이나 이데아라는 또 다른 세계가 존재한다고 한다. 이 같은 이원화된 세계 인식은 결국 현상보다는 그 배후 세계인 본질/이데아에 대한 성찰을 더 바람직하고 값진 것으로 간주할 마련이다.

시인이 흔히 목전의 삶이나 현실보다는 그 배후에 숨겨진 의미나 값을 좇고 주목하는 것도 이런 이유 때문이다. 그렇다 보니 시적 담론에서도 인식의 심오함이나 그 깊이가 자연 문제될 수밖에 없는 것. 특히 생에 대한 인식은 많은 경험의 온축과 오랜 연륜을 통한 심원한 것일수록 좀 더 주목에 값할 터이다. 그것은 흔히 삶의 경륜이나 지혜로 사람들에게서 치부되어 높이 평가되기 때문이다.

이제 마무리를 해 보자. 이원로 시인은 시적 진술을 정언 형식을 취한다. 그 정언들은 삶이나 현실에 대한 깊이 있는 인식을 하나같이 보여 준다. 바로 이 점에서 그의 시, 특히 정언 형식이 독자들에게 주목받을 마련인 것이다. 또한 이번 시집을 주의 깊게 읽었던 필자 나름의 한 이유도 여기에 있다 할 것이다.

제3부 내 시의 밑그림과 시론들

내 시의 이즘 민낯들

꽤는 자주 이즘 떠올리는 말이 있다. 관성이란 용어가 그것이다. 사전적인 뜻은 '외부의 힘을 가하지 않는 한 물체는 정지나 운동 상태를 멈추지 않는다'는 것. 물리학의 용어지만 나는 이 말을 중학생 시절 처음 만났다. 물리 시간에,
 "운동장에서 달리기를 할 때 골인 지점에서 딱 멈추지 못하는 건 왜 그럴까?"
 선생님은 알기 쉽게 사례를 들며 설명을 이어 갔다.
 "그건 관성의 법칙 때문이다."
 결국 운동 중인 뭇 물체는 정지당한 뒤에도 일정 정도 그 운동을 지속한다는 말씀이었다. 이 뉴턴의 운동 법칙은 그렇게 철부지 내게 각인됐다.
 나는 이즘 이 기억을 자주 소환한다. 실제 글을 쓰는 데도 이 관성의 법칙은 적용되는 게 아닐까. 아니, 관성에 떠밀려 내가 작품을 만들고 있는 건 아닐까. 종종 이 같은 회의가 드는 탓이다. 물정 모르던 나이에 등단해 지금까지 나는 시를 써 왔다. 굳이 햇수를 따지자면 반세기가 넘는다. 그 시간 동안 나는 시만을 붙잡고 살아왔다. 한 선배 시인의 말대로 "할 줄 아는 게 그것—시 만드는 일"밖에 없어 그랬을 터였다.
 그런데 최근 시가 잘 만들어지질 않는다. 혹 만들더라도 여느 지난 시절처럼 열정이 척 담기질 않는다. 힘 있는 목소리가 뽑어지지 않는다. 그러다 보니 작품을 두고 고심하는 기간만 길어진다. 물론 이 경우 핑계야 나이 탓밖에 없을 것이다. 이런

일을 자주 겪다 보니 불현듯 저 관성이란 말을 떠올리게 된 것이다. 그간 써 오던 습벽만 남아서 쓰는 건 아닌가. 시 쓰던 관성에 나도 모르게 올라타 쓰는 건 아닌가. 자주 이런 물음과 자책이 드는 것이다.

시란 치열한 정신에 뿌리박았을 때 태깔이 나는 법이다. 여기서 치열한 정신이란 세계와 삶에 서슬 지게 맞장을 뜨고 또 그걸 드러낸 일체를 가리키는 것. 나는 가끔 티브이 화면에서 가객들을 지켜본다. 그들은 불과 3분 내외에 자신을 폭발시킨다. 마치 폭발물처럼 자신의 모든 것을 쏟아 내 터뜨린다. 시 역시 그러해야 할 마련이다. 산고의 긴 기다림과 온축 끝에 시는 온다. 비유컨대 시도 폭발물이다, 시인 자신의 모든 걸 담아 터트리는 폭탄인 것이다. 헌데 그런 텐션이 정작 지금의 내게 있는가. 이 물음 앞에서 오늘도 나는 관성의 법칙을 떠올리며 암연히 수수로운 것이다.

*

그간을 돌이켜보면 나는 몇 차례 시에 관한 생각과 태도를 바꿔 왔다. 철없이 젊은 객기만을 내세운 적도 있었고 조악한 현실에 대한 비판과 노여움을 쏟아 낸 적도 있었나. 그런가 하면 선불교의 관찰법에 흠뻑 빠지기도 했다. 감각 위주의 나이브한 서정에서 이야기시의 세계로, 다시 웅숭깊은 인식과 성찰을 축으로 한 담론의 세계로 회귀했던 것이다. 나는 이런 변모들을 경계의 표지판 옮기기로 일컫고 싶다. 한 비평가의 용어지만 나 역시 나이 들며 그 말의 적실함을 체감하는 탓이다. 걸어온 역려(逆旅)가 실은 그때그때 경계에 선 표지판을 옮기는 행위가 아니었던가. 시를 이고 지고 모시고 산 내게 이 표지판 옮기기란 숙명 같은 것인지도 모른다.

대저 경계란 무엇인가. 인간은 물리적 공간에 선을 긋는다. 그 선은 때로는 지역과 지역이, 때로는 나라와 나라가 서로 접하는 경계가 된다. 뿐만이 아니다. 일이나 사물에도 기준에 따라 일정한 선을 긋는다. 우리는 이 같은 과정을 통해 생산된 구획이나 선을 경계라고 일컫는다. 이들 경계에는 그 구획을 표시하는 표지판이 설 마련이다. 헌데 경계에 박아 놓은 알림 표지판이 인간 정신의 영역엔들 없을쏘냐. 앎의 영역을 일정한 성격과 내용에 따라 나눈 문화나 뭇 학제(學際)들이 그것이다.

각설하고 그간 내가 힘들여 옮긴 표지판은 과연 어떤 무엇들인가. 그 엄혹한 시절 나이브한 감성에서 짐승스런 현실로 표지판을 옮겼다. 첫 시집을 엮어 낸 뒤였다. 또한 추상적이고 관념화된 현실 인식에 대한 좌절은 기층민들의 구체적이고 사실적인 서사의 세계로 옮겨야 했다. 그리고 동구권의 몰락과 현실주의의 패퇴는 웅숭깊은 인식과 서정 안으로 거듭 울타리를 옮겨야 했다. 그래서 자연스레 찾아든 곳이 선사들의 어록집들이었다. 이 같은 일련의 표지판 옮기기는 결국 시인들 누구나 감행하는 정신적 모험일 터이다. 무릇 인식을 새롭게 넓히거나 깊게 천착하는 일 또한 나는 경계의 표지판 옮기기로 이해한다. 또 지난날 새로움을 찾고 그걸 시도한 전위시인들은 어떤가. 그들 역시 기존의 경계를 헐고 새로운 경계에다 표지판을 옮겨 세웠던 게 아닐 것인가. 시인의 정신적 모험—오늘도 그 모험이 계속되는 한 표지판은 어딘가로 거듭 옮겨지고 있으리라.

*

막 이삿짐을 풀었을 때 낯선 고양이 한 마리가 기웃거렸다. 지금의 '뾰순이'다. 그는 사뭇 관심이 있다는 듯 야옹거리며 내 주변을 맴돌았다.

"너 집이 어디냐?"

나 역시 관심이 동해 그렇게 물었지만 그놈은 이내 어디론가 사라졌다. 집이 워낙 층고(層高) 낮은 전사(田舍)다 보니 쥐나 뱀이 혹 횡행하는 건 아닐까. 그런 걱정을 하는 판에 이 길고양이를 만난 것이다. 집사와 고양이로 그렇게 연을 맺은 나는 지금은 팔자에 없는 캣맘(?)이 됐다. 암놈이던 그는 얼마 되지 않아 새끼들을 몰고 왔다. 그 새끼들이 또 어미가 되어 어린 것들을 끌고 왔다. 그래 이즘은 십여 마리의 고양이를 뒷바라지하는 신세로 전락한 것이다. 게다가 귀촌 이듬해부터는 터앝에 과수 묘목들을 심었다. 실과를 수확한다기보다는 가꾸는 재미나 누려 보고자 한 노릇이다.

  그런데 개나 고양이, 푸나무들과 몇 해 어울려 지내며 깨달은 게 있다. 바로 인간이 얼마나 자기 위주의 편향된 독선에 함몰된 존재인가 하는 점이다. 예나 이제나 인간은 도구적 이성을 앞세워 다른 자연물들을 끊임없이 착취하고 수탈해 왔다. 동식물들의 삶을 들여다보고 알아 갈수록 이 같은 내 생각은 더욱 확고해진다. 저들도 알고 보면 그 나름 얼마나 고되고 힘든 삶을 사는 목숨들인가. 크게 잘난 것도 없는 인간—호모사피엔스들은 이들을 수탈과 억압의 대상으로만 대해 왔다. 이제 나는 또 인식의 표지판을 옮겨야 할 것 같다. 그들의 이야기를 시로 기록해야 할 마련이기에.

시와 선, 하나 혹은 둘?
― 나의 시, 나의 부처님

1.

   꼭 그런 건 아니겠지만 여느 평균인들도 믿음/신앙에 드는 데는 나름의 계기가 있다. 물론 모태신앙의 경우는 다를 수 있다. 집안 전래의 깊은 신앙 속에서 그 분위기나 믿음에 더할 나위 없이 익숙할 마련이기 때문이다. 그러나 이러한 경우가 아닐 때는 나름의 계기가 있다. 예컨대 자식을 일찍 가슴에 묻은 어머니의 경우도 그 한 예일 터이다. 뜻하지 않은 교통사고로 장년의 나이에 그만 하세한 아들을 위해 어머니는 절에 다니기 시작했다. 막막한 기댈 데 없는 마음을 기대기 위해 그니는 부처님을 찾았던 것이다.

    아들이 죽은 뒤
    홀어머니는 절에 다니기 시작했다.

    텅 빈 내부가 무시로 털썩털썩 떨어져 내리는
    대문 닫힌 집에는
    저 혼자 섬돌 가로 주저앉은
    핏기 얇은 입술 꼭꼭 다문 채송화의
    검은 씨앗들 속에 핵이, 뇌만 한 무덤들이 차오르느라 부산한 소리

투명한 가을볕 속의

누군가 오랫동안 은밀히 마련해 온 이별 같은

먼 독경.

—졸시 「마음경 13」 전문

여느 때 그녀는 어쩌다 초파일 날 절 구경이나 다녔을 터이다. 부처님은 그니의 마음 밖 어디쯤 멀찌거니 자리 잡고 있었을 것이고. 그랬던 그녀가 절집을 찾아 부처님께 고두례를 올리고 엎드려 자기 서원을 빌기 시작한 것이다. 예불 자리에서는 평소 입도 벙긋 못 하던 반야심경이나 천수경을 따라 읽었을 것이고. 그렇게 그니의 마음속 신심(信心)은 시간과 함께 자라났다. 어느 땐가 그니는 계를 받았고 그리고 자연으로 다시 돌아갈 때까지 누구보다 열렬한 신앙인이 되었다. 여기에 등장하는 어머니는 그렇게 독실한 부처님 제자가 된 것이다.

인용한 시는 어머니가 기도를 위해 절집을 찾은 뒤의 정경을 잘 보여 준다. 화자는 채송화를, 그것도 미래의 생이자 현재의 무덤인 씨앗이 검게 여무는 모습을 눈으로 듣는다. 그런가 하면 멀리서부터 와 귀에 걸리는 독경 소리를 가을볕 속에서 보기도 한다.

내 나름 불교라는 왕양한 지혜의 바다를 처음 들여다본 언덕은 모교였다. 갓 입학한 신입생인 내게 교양과목으로 듣게 된 '불교학 개론'과 '불교문화사' 강의는 낯설고 새롭기만 했다. 그렇기는 했어도 감히 본격적으로 불교에 입문한다는 생각은 못 했다. 그 시절 나에게는 시가 있었고 문학이란 블랙홀이 있었다. 같이 시 공부를 하는 동아리들과 시 쓰기에, 책 읽기에 온 정신이 팔렸던 것이다. 지난 세기의 1960년대 초입인 그 무렵 젊은이들 앞에는 문사철이 전부였다. 당시로는 계층 이동의 유일한 사다리였다. 그다음 순위로는 사회과학 정도가 올랐었다. 이즘 말로 하자면 인문학의 황금 시절이었던 것이다. 나는 중고교 시절부터 소설과 시집을 남독(濫讀)했다. 주로 학교 앞 세책가(貰冊家)을 들락거리며 가리지 않고 책을 빌려 읽었던 것이다. 그 덕에 문학은 지금까지 내게 고황(膏肓)처럼 치유할 길 없는 병통으로 자리 잡았다.

아무튼 그 시절 나는 시에 눈먼 일개 문청(文靑)에 불과했다. 그런 나에게 불교란 심오한 사유의 세계는 영 딴 나라일 수밖에 없었던 것이다. 그래도 그 같은 세계를 그나마 기웃거릴 수 있게 한 것은 교양과정의 저 불교학 개론과 문화사였던 셈이다.

그런 나에게 불교가 꼭 알아야 할 신대륙의 비경처럼 다가왔다. 학창 시절로부터 한 세대 30년이 지난 1990년대 초였다. 당시 문학 동네에서는 현실주의 문학이 퇴조하기 시작했다. 지난 20년 동안 위세를 떨쳤던 문학의 한 트렌드가 물러나고 있었던 것. 당시 소련과 동구권 사회주의 정권들의 몰락에 따른 결과였다. 현실주의가 퇴조한 자리에는 여러 갈래의 새로운 문학적 트렌드가 대안처럼 나타났다. 시에서는 이른바 정신주의 시가 그것이었다. 정신주의라니. 잠정적인 용어이긴 했지만 정신의 해방을 추구한다고 했다. 갖가지 소유론적 욕망들을 벗어나 자유로운 영혼을 구가하자는 것이었다. 그 기반은 당연히 선불교에 있었다. 나는 이 같은 시 동네의 기류에 무젖어 들었다. 그러면서 선사들의 각종 어록집들을 비록 번역본이지만 닥치는 대로 읽었다.

고백건대 선불교에 대한 내 '알음알이'의 이력과 수준이란 대략 이런 것이었다. 문득 이쯤서 성철 스님의 말씀 한 대목이 떠오른다. 서울 구경을 다녀온 시골 사람 얘기다. 누구는 침을 튀기며 남대문 얘기를 하고 누구는 종로가 어떻다고 장황하게 설명을 늘어놓는다. 성철 스님은 서울을 제대로 본 사람이란 이런 자(者)라고 일갈하셨다. 곧 남대문을 들어서서 한참을 더 올라가 종로쯤 아니, 광화문 정도는 둘러본 자라야 한다고. 어설프게 남대문 밖에서 혹은 그 인근 외곽에서 서울을 봤다고 하는 게 무슨 제대로 된 서울 관광일 것인가. 선불교 운운하는 내 알음알이도 결국은 남대문 인근 어디쯤서 바라본 서울 관광이 아닐 것인지 싶기만 하다.

2.

꽤는 먼 옛적의 일일 터이다. 세속 간에 이름이 드르륵 높이 들린 한 사람 도인

(道人)이 있었다. 그는 숱한 제자들에게 자신의 높은 깨침을 가르쳤다. 어느 날 한 젊은이가 이 도인을 찾아왔다. 깍듯한 예를 갖춘 뒤 그는 제자로 거두어 줄 것을 간청했다.

"허허, 이 사람 정 소원이라면 예서 한동안 지내 보시게."

"예 감사합니다."

그렇게 해서 젊은이는 그 도량에 머물게 되었다. 뭇 허드렛일을 도맡아 하며 젊은이는 스승이 불러 줄 때만을 기다렸다. 하지만 철이 바뀌고 한 해가 넘어가도 스승으로부터는 일체 전갈이 없었다. 참다못한 젊은이는 기회를 엿보았다. 그리곤 스승의 거처로 쫓아 들어갔다. 언제 가르침을 내려 줄 것인지를 따지기 위해서였다.

"그래 너는 뭘 가르쳐 달라는 게냐."

"저도 스승님처럼 도를 공부하고 싶습니다."

당돌한 젊은이를 도인은 한동안 딱하다는 듯 건너다보았다. 그리고는 천천히 말문을 열었다.

"이 사람아. 도라는 게 어디 있나, 벽장 속이나 다락 위에 모셔져 있나. 그건 아니야. 네가 지금껏 하고 있는 물 긷고 땔나무하고 설거지하는 그 가운데 다 도가 있지. 도는 어디 하늘 위에 따로 모셔져 있는 게 아니야."

이 같은 옛 얘기 한 토막을 읽고 사실 나는 당황했다. 당황하기로 말하자면 도에 관한 공부를 열망했던 젊은이가 나보다는 더했겠지만. 도(道), 혹은 절대 원리란 것은 그것이 절대적인 만큼 일상 아닌 별도의 시공간에 특별 존재하는 것으로 알아왔기 때문이다. 또 힘들여 공부한 시론만 해도 그랬다. 시가 일상의 여느 담론과 어떻게 다른 것인가. 또 시에 쓰인 언어는 여느 일상적인 말과 어떻게 다른가를 따져 왔지 않은가. 그리고 그 담론이나 언어는 때 묻은 일상의 맥락과는 별개의 맥락에 속한다고 가르치지 않았는가. 시어나 시적 언술이란 일상의 맥락과는 절연된, 아니 그 맥락에서 끊어 내야 한다고 설명했던 것이다. 실제로 읽은 여타의 시론서들도 다 그러했다. 그런데 일상의 맥락 속에, 아니 그 맥락 자체에 실은 도가 있다고 하지 않는가.

내가 이러한 한 토막 담화를 '응 그러면 그렇지' 하고 고개를 끄덕인 것은 훨씬 뒤의 일이었다. 동일 대상도 그것을 바라보는 관점이나 마음먹기에 따라 그 뜻과 값은 얼마든지 달라진다. 중국 유학길의 묘지에서 등걸잠을 잔 원효의 고사(故事)도 한 본보기일 터이다. 또 실생활에서 우리네가 물 한 컵을 두고도 상반된 소리를 하는 경우 역시 그 예이다.

"아직도 반 컵이나 남았네."

"겨우 반 컵밖에 안 남았네."

이 두 가지 언술과 태도는, 설명을 더 덧대일 필요 없이, 서로 정반대의 뜻을 함축하고 있다. 같은 반 컵의 물이지만 그걸 대하는 태도는 얼마나 사뭇 다른가. 이렇듯 관점과 마음먹기에 따라서 같은 사상(事象)도 얼마든지 뜻과 값을 달리한다.

나는 선사들의 가르침인 분별과 집착을 끊어 낸 마음자리는 어떤 것일까 생각한다. 솔직한 말로 나로서는 상상도 못 미치는 경지의 마음일 터이다. 다만, 시에 관한 지식을 모탕 삼아 가늠하자면 그 마음은 대략 '오브제'와 비슷한 무엇 아닐까. 이를테면 여느 사물에서 기존 관념, 곧 통념의 뜻이나 값, 기능 같은 걸 벗겨 내면 거기 순수 물상이 드러난다고 한다. 그 순수 물상을 오브제라고 할 때 선사들의 가르침인 분별과 집착을 끊은 관점에서의 사상(事象)도 그 비슷하지 않을까 싶은 것이다. 그래 이때의 사상을 본디의 사상, 곧 참 사물이나 현상이 아닐까 나는 생각한다. 그리고 이들 '참 사물', '참 현상'을 범박하게 불교식 언술로는 불성이라고 부르는 게 아닐까. 흔히 같은 대상도 깨침 전과 후가 각각 다르게 보인다고 한 일이 이러한 까닭이리라.

일찍이 송나라 소식(蘇軾)은 계곡물 소리와 바람 소리가 다 부처님 설법에 다름 아니라고 했다. 동파 소식은 항주에서 여주로 가는 부임(赴任) 길에 올랐다. 마침 여산을 지나게 됐다. 그는 동림사에 들러 상총 선사를 만나 많은 담론을 나눴다. 특히 선사는 무정물도 유정물처럼 불법을 설하고 들을 수 있다고 일렀다. 이는 그 무렵 선가에서 회자하던 공안이기도 했다. 소동파는 깨달은 바 있어 이내 게송을 지었다. 곧 "계곡 물소리는 바로 부처의 장광설이니／산색인들 어찌 청정신이 아니겠는가./밤이 와 팔만사천 게를 설하니/다른 날 사람들에게 어찌 다 일러 줄거나.(溪聲便是長廣舌 山色豈非淸淨身 夜來八萬四千偈 他日如何擧似人)"란 시가 그것이다. 이 시에 따르자면 물소리도 산색도 모두 부처님의 설법이자 그 형자(形姿)인 셈이다. 선불교는 당송 시대를 거치며 발전을 거듭해 이처럼 자연의 무정물도 모두 불성을 지니고 있다는 데까지 이른 것이다.

다음의 졸시도 이 같은 의미선상에서 읽을 수 있다.

> 오늘도 그 절 뒷산의
> 대소의 오리나무와 상수리나무들이 제가
> 마음에다 새기고 깎은 부처님들을
> 만불전처럼 모셔 내놓고 있습니다.
> 감출 것 없이 있는 그대로
> 이내 빛 부처들을 내놓습니다.
> 무량의 햇볕들을 오월 햇볕들을
> 다포계 지붕 위에 수수천 장씩 기왓장들로 쌓아 놓고 섰는
> 그 절 뒷산에……
>
> —졸시 「불사(佛事)를 하는 절에 가서」 부분

조금 산문적인 설명을 덧붙여 보자. 한 스님의 출가담(出家譚)을 읽고 나서 나는 이 작품을 썼다. 그 출가담은 이 작품의 전반부에 요약해 언급했다. 출가담인즉 이렇다. 한 사냥꾼이 봄날 개구리를 잡았다. 그놈들 멱을 꿰어 논귀퉁이 물속에 감춰 두었다. 그리고는 무슨 건망증인지 깜빡 잊고 말았다. 이듬해 봄에 우연히 그 논에 다시 갔던 사냥꾼은 그때까지 멱을 꿴 채 숨 쉬는 개구리를 보았다. 그래 "그 사냥꾼은/그 자리에서 마음에다 부처님 새기는 길"로 바로 나서게 된 것이다. 또 그 덕에 사냥꾼은 오랜 수행 끝에 절 뒷산 나무들이 실은 만불전 부처에 다름 아닌 오월 정경과 마주친 것이다. 대략 이런 뒷얘기를 이 시에는 덧붙일 수 있는 것.

지난날 미당 서정주 선생은 불전 속에 많은 파천황의 은유들이 쟁여 있다고 일러 준 바 있다. 이미 경전 속에는 현대시가 추구한 이미지와 이미지, 정황과 정황 사이의 돌올한 폭력적 결합의 예가 많다는 언급이었다. 물론 이들 이미지 연결의 뒤에는 불교적 상상력이 뒷받침하고 있는 것. 이를테면 인연설과 윤회설, 선적인 관법(觀法) 등등이 그것이다. 내 경험으로 봐도 불교적 상상력은 이들을 축으로 하고 두루 작동된다. 여기서 말 한 가지를 덧붙이자면 시를 하는 나 같은 사람들에게는 늘 시에 방점이 찍힌다는 사실이다. 선불교든 교학불교든 시인은 수행보다는 '알음알이'에 더 무게중심을 둘 수밖에 없다는 말이다.

3.

지난 세기말 불교적 상상력에 기댄 시들이 널리 생산된 적이 있었다. 앞서 말한 정신주의 시라고 불린 일련의 시적 흐름이 그것이다. 이 시적 흐름은 불교적 상상력에 기반해 정신적 해방을 추구하고자 했다. 흔히 세속적 욕망, 달리는 소유론적 욕망들을 내려놓고 자유로운 삶을 누려 보자는 것.

대학에서 학생들과 현대시 공부를 하던 나 역시 이 같은 흐름에 무관할 수 없었다. 그래서 손에 붙잡은 책이 『선학의 황금시대』였고 그 책을 통해 당송 시대 선사들을 첫 상면할 수 있었다. 이후로 나는 여러 조사들의 어록집을 구해 읽었다. 그러나 저 선불교 특유의 논리를, 초탈한 화두나 직관적 사유의 세계를 내가 어찌 헤아리고 이해할 마련인가. 결국 관련 학자나 선학(先學)들이 풀이한 해설서들을 주로 구해 읽기 시작했다. 그 가운데 고(故) 이기영 교수의 일련의 조사록 강의와 이은윤의 『중국 선불교 답사기』, 『혜능 평전』 등을 주의 깊게 읽었다. 특히 이기영 교수의 삼귀의(三歸依) 해석에 나는 매료됐다. 그리고 그 해석을 그대로 작품으로 옮기기도 했다. 졸시 「마음경 43」은 그렇게 만들어졌다.

유마힐이 그토록 귀의하려 한 대중들은 누구 누구인가.

목멱산 순환로에는
안력 모두 쏟아 버린 시각장애인과
간 겨울 고사한 풀 자리마다 용수철처럼 튀어나온 움싹과
연일 피로에 입 불어 터진 벚꽃,
탁발 내보낸 듯
길가에 등짝만 내놓고 엎드린
암석……

맨얼굴 면면들을 봄볕 속에 환하게 내놓고 있다.
경전의 대문(大文)인지 견고딕체 돋을새김들이 띄엄띄엄 헐겁게 떴다.

 모교인 동국대학에서 일하며 나는 매일 오후 남산 둘레길을 걸었다. 건강을 붙잡기 위한 내 딴의 유일한 운동이었다. 지금도 그 무렵 둘레길의 정경은 선명한 화면으로 떠오른다. 특히 봄날에는 길에 고인 따사로운 햇볕과 산책을 나와 걷는 여러 사람들, 막 활기를 띤 푸나무들이 제각각 삶의 경연을 벌여 이채롭기 그지없었다. 이 뭇 무정물과 유정물 모두가 말 그대로 사부대중이었다.
 이기영 교수는 이들 대중에게 귀의해야 한다고 했다. 그것이 유마경의 핵심이라고 적시했다. 그렇게 유마 힐이 가르친, 귀의해야 할 사부대중을 나는 봄날 남산 둘레길에서 맞닥뜨린 것이다. 길가의 바위, 움싹들, 벚꽃, 그리고 시각장애인을 비롯한 뭇 사람들……. 인용한 졸시는 더 산문적 설명이 필요 없는 작품이다. 말하자면 이 같은 느낌과 생각을 번거로운 시적 조사(措辭) 없이 곧이곧대로 적어 본 것이기 때문이다.

 말이 쉬워 불교적 상상력이라고 하지만 그 상상력은 경전을 읽다가 또는 선사의 어록을 읽는 중에 발동한다. 나를 자극한다. 여기서 일단 발동된 상상력은 시적

대상에 대한 인식의 폭과 깊이를 더해 준다. 그것은 온전히 불교를 세계관적 기반으로 삼은 덕택이라고 할 일이다. 나름의 경험을 통해 보건대 이 같은 불교적 상상력은 필연 뭇 생명과 존재들이 거대한 인드라망을 구축하고 있음에 당도한다. 흔히 말하듯 하나의 커다란 '온생명'을 구축하고 있는 것이다. 이 같은 불교의 자연 해석은 종종 서구 합리주의를 대신할 대안 사상으로 주목받는 연유가 되기도 한다. 이른바 도구적 이성에 기대 온 서구의 합리주의로는 인류가 몸담은 자연을 보존하거나 생태 환경을 가꿔 낼 수 없기 때문이다.

우리 현대시의 경우도 생태 환경에 대한 각별한 관심을 그동안 기울여 왔다. 특히 서정주 시의 경우는 대표적인 경우로 꼽힌다. 널리 알려진 대로 서정주의 일련의 시들이 시인의 의도 여부와 상관없이 생태론의 관점에서 읽히고 해석돼 온 것이다. 이를테면 우리가 시 「국화 옆에서」를 읽었을 때 한 송이 국화가 배후에 거느린 저 거대한 인드라망에 경탄하게 되는 일도 그것이다. 뿐만이 아니다. 그의 시에서 연꽃과 바람은 서로 만나고 헤어지며 얼마나 유장하게 인과 연을 짓고 있는가. 또 시인은 천년, 천오백 년 세세유전으로 인연 따라 꽃다발/삶의 가치들을 뒷사람들에게 전할 일이라고도 했다. 이처럼 시공간을 통틀어 뭇 세상일과 사물들이 인과 연을 짓는다는 생각은 결국 그로 하여금 영원주의에 이르도록 했다.

아무튼 불교사상은 생태학과 통섭하며 지난 세기말 획기적인 전기를 만났다고 할 터이다. 그리고 이는 시인들로 하여금 과거와는 달리 새로운 상상력을 작동토록 만들기도 했던 것이다.

얼마 전부터 시골에 와 살면서 나는 이 국화의 미학을 단순 알음알이 아닌 실감으로 체득했다. 늦가을 볕 좋은 날 산 자드락을 걷다 보면 산국 몇 송이와 대면한다. 극히 사소하고 잔망스럽기까지 한 이 산국은 그 행색과 달리 향기가 독하리만큼 짙다. 정말 국화 향이란 게 이런 거였구나 싶은 것이다. 그런데 이 손톱만 한 꽃은 어디에 저 끔직한 내력을 숨기고 피는가. 이른 봄엔 여느 들쑥 정도로 알았고 그래 그냥 내 발길에 무심히 채이고 짓밟히지 않았는가. 여름을 지나 가을에 접어

들자 이놈은 비로소 제 본모습을 드러낸다. 꽃대를 갖추고 태깔을 제법 갖추는 것이다. 나는 비로소 산국 대접을 시작한다. 그리곤 지켜본 대로 이들이 그동안 얼마나 모질고 험난하게 목숨을 부지해 왔있는가를 생각한다. 비록 잔망한 꽃송이지만 그 지난 행정(行程)을 돌이켜 보자면 너무나 눈물겨운 바가 많지 않았던가. 보살것 없는 푸새일지라도 제 목숨 하나 건사하는 데는 남모를 숱한 곡절과 역경을 견뎌야만 했던 것이다. 그 곡절과 역경을 겹쳐 놓고 산국의 작고 노란 꽃송이들을 보노라면 어찌 절로 숙연하지 않을 일인지. 그렇다. 삶을 영위하는 뭇 것들이란 거기 전 우주/인드라망을 쟁이고 사는 것이리라. 그리고 그것이 이즘 내가 귀 기울여 듣는 설법 중 하나인 것이다. 아니 눈으로 듣는 설법의 하나인 것이다.

　가을날 산국뿐이겠는가. 그것이 유정물이든 무정물이든 이 산골짜기 내 주변의 것들은 나름대로 불성을 지니고 설법도 하고 강론도 할 터이다. 하지만 그걸 내 몸의 무딘 이목구비만으로 어찌 다 깨칠 수가 있겠는가. 나는 이런 생각이 들 때마다 소리 없는 자연물의 설법은 귀가 아닌 눈으로 들어야겠다는 다짐을 한다. 그런가 하면 태깔 없는 무정물의 강론은 결국 듣는 것보다 마음의 눈으로 보아야 할 마련이었다. 이 글 서두에 읽은 졸시 그대로인 것이다. 곧 소리는 눈으로 보고 태깔은 귀로 들어야 제격인 것을.

　마당 끝 벚나무 가지들이 흔들린다. 거기 무슨 게송처럼 지나가며 우는 바람은 누구인가. 내 마음의 눈에 보이는 그는 마침 치의(緇衣) 차림으로 허공을 건너는 어느 구도자는 아닐는지.

앎의 시학과 선의 관법(觀法)

1.

꽤 여러 해 전 일이다. 선배 시인을 모시고 몇 사람이 술자리를 가진 적이 있었다. 좌석에서의 화제는 당시 시단의 중심 어젠다였던 미래파에 이르렀다. 기존 시 형식의 파괴에서 일반 전위적 시운동에 이르기까지 논의가 넘나들었다. 선배 시인의 다음과 같은 말끝에서 논의가 멈췄다.

"60년대 내면 심리를 그린 시 생각해 봅시다. 지금 누가 그 시절 작품 읽고 있나요? 당시에는 시단의 주류처럼 위세가 대단했지만 지금 돌이켜 보면 뭐가 남아 있지요?"

그때를 나는 기억한다. 4.19 직후였을 것이다. 심하게 문학병을 앓던 나는 그 무렵 용돈을 쪼개 『자유문학』지를 구독했다. 학교 앞 서점에서 우연히 집어 든 게 이 문학지였다. 그 지면에서 읽었던 시들은 무슨 주문(呪文) 같았다. 읽기는 해도 나로서는 해독이 되지 않는 시들이었다. 그런데 그 시들을 두고 각종 월평이나 시평에서는 모던한 새로움의 시라는 투의 호평을 아끼지 않았다. 뿐만인가. 김소월의 시는 현대성이란 측면에서는 시도 아니란 논의가 공공연했다. 모더니티, 혹은 문학은 새로워야 한다는 글들이 넘쳐났다. 내가 이 일련의 논의나 시들을 그런대로 이해하게 된 것은 그로부터 꽤는 시간이 간 뒤의 일이다.

예술에는 언제나 새로워지려는 DNA가 있다. 그 DNA가 가장 선명하게 또 폭발적으로 얼굴을 보인 것은 20세기 초였다. 서구 유럽을 중심으로 한 전위예술운동들이 그것이다. 이들은 합리성 위에 구축된 과거 미학들을 일거에 폭파하고자 했다. 지난날 예술사조들이 세계와 인간에 대한 새 해석을 기반으로 등장한 것이었다면 이 전위운동은 그 해석을 근본부터 전복시켰던 것이었다. 그러면서 이들이 기획한 것은 합리성의 성채에 갇힌 예술을 해방시키고자 한 것. 대신 비합리성과 심층 무의식을 예술의 새로운 영토로 삼았다. 프랑스를 중심으로 한 다다와 초현실주의가 이런 기획을 대표한다. 그리고 이들 전위예술운동은 숱한 화제와 이벤트들을 남겼다. 화제와 이벤트를 넘어 추문으로 남은 경우도 있었다.

그랬다. 이 전위예술운동에서 보듯 뭇 예술은 본능처럼 새로움에 대한 욕구를 분출해 왔다. 우리 현대시에서도 이 새로움에 대한 갈망은 예외가 아니었다. 특히 내가 통과한 1960년대에 이 갈망은 꽤나 강렬했었다. 비록 초현실주의의 방법적 미학을 번안한 것이긴 했어도 당시 시단에서 이 갈망은 숱한 실험적인 작품들을 생산케 했다. 실험이라니(?). 기존 전통서정시의 시관(詩觀)에서는 적어도 그랬다. 그 실험적인 작품들은 고등학생 모자를 눌러쓴 나와 같은 문청에게는 난해한 주문 같은 것일 수밖에 없었다.

그런가 하면 인간에게는 상호 모순의 양가적 욕구가 꿈틀거린다. 나는 저 '난해의 장막'이 쳐진 시 읽기를 고역처럼 여기면서도 달리 한편으로는 그 시들에 혼을 뺐겼다. 무엇인가 기존 시들과는 다른 시를 써 보고 싶었던 것이다. 그 욕구는 내 나름 새로움에 대한 갈망이었다. 결국 난해성을 기휘하면서도 나는 그 난해성의 주범인 초현실주의의 절연(絶緣) 기법을 비롯한 일련의 방법적 번안을 모색했다. 물론 그 방법적 모색이 과연 성공적이었는가는 또 다른 차원의 문제지만. 비평가 김현의 말처럼 새로움에 대한 이 같은 욕구 탓에 시나 예술의 경계 표지판은 늘 옮겨지게 마련일 터이다.

어쩌다가 운 좋게 대학으로 일터를 옮겼다. 거기서 학생들과 현대시 공부를 하며 나는 1960년대 내면 심리의 시들을 다시 읽었다. 시적 주체의 내면에만 함몰된 그 시들은 일견 매력적이면서도 취약점이 꽤는 많아 보였다. 특히 현실주의 시가 대세를 이룬 시절이어서 그 시들은 더욱 그래 보였다.

그 시들 가운데 정작 두고두고 읽을 만한 좋은 작품들은 드물었다. 내가 앞서 얘기한 선배 시인의 일갈,

"지금 뭐가 남아 있지요?"

에 전적인 동의를 한 것은 이런 이유 때문이었다.

텍스트로서의 시는 끊임없이 새로 써진다. 그것도 작가가 아닌 눈 밝은 독자들에 의해 새롭게 써진다. 텍스트는 언제 어디서나 계속 읽힌다. 그리고 그 독서 과정에서 읽는 이들은 새로운 의미들을 찾아낸다. 또 이 같은 일의 반복을 통해 텍스트에는 여러 뭇 의미들이 덧쌓인다. 말하자면 텍스트는 이렇게 새 의미들이 발견되고 축적되면서 거듭 탄생하는 것이다. 그렇게 독자들도 텍스트를 끊임없이 써 나간다!

창조적 오독이란 말이 있다. 시에서 작자가 의도하지 않았던 새 의미를 해석해내는 독법이 그것이다. 이 같은 오독의 사례들은 그동안 수없이 많이 알려져 왔다. 우리 현대시의 경우에도 많이 봐 왔던 일이다. 이를테면 백석 시만 해도 독해 과정에서 그동안 얼마나 다양한 의미들이 축적되었는가.

시를 비롯한 문학작품들은 시간과 함께 화석화되는 단순 골동품이 아니다. 박물관 진열장 한구석에 있는 듯 없는 듯 보관된 유물은 아닌 것이다. 그것은 살아서 움직인다. 좋은 작품일수록 더욱 활발하게 살아 움직인다. 언제 어디서나 새로운 의미, 새로운 모습으로 독자들과 함께한다. 그런 의미에서 시는 독자들에 의해 거듭 새롭게 써진다. 좋은 시는 이 같은 열린 구조를 숙명적으로 간직하고 있다. 그것이 시와 문학의 항구성이자 유한성을 극복하는 길일 터이다.

2.

앎(scio)은 무엇인가. 세계와 삶에 대한 인간들의 호기심은 끝이 없다. 충동 차원

의 그 호기심이 사유와 만나 숱한 앎을 생산한다. 범박하게 말해 시도 앎의 하위 종이다. 이는 고대 동서양의 시에 대한 논의들을 보면 알 일이다. 이즘에 와 사람들은 이 간단한 사실을 잊고 있을 뿐이다. 근현대에 와 갖가지 예술적 의장(意匠)들과 만나 이 사실은 그만 뒷전으로 밀렸던 것. 곧 앎이란 정보와 예술적 의장이 서로의 자리를 바꿔 앉은 셈이다. 뒤늦게 나 역시 이 간단한 사실을 떠올리고 또한 확인을 하고는 한다.

흔히 젊은 세대의 시는 감성을 축으로 한다고 한다. 반면 노령으로 갈수록 시는 세계와 삶에 대한 도저한 인식을 근간으로 삼는다. 그 인식은 오랜 경험적 사실을 바탕으로 가능해진다. 흔한 말로 달관이라고 해도 좋다. 시랍이 길수록 시인은 달관에 이른다. 사물의 핵심을 곧바로 들여다보고 그 뜻 역시 웅숭깊게 터득하기 때문이다.

"나이 드는 거 자연스런 일이지. 드는 나이만큼 시인은 자기식의 시적 전략을 견지하되 끊임없이 대상의 해석에 깊이를 보여야 해. 변화란 달리 말하자면 끊임없는 해석의 수직적 깊이인 셈 아닌가."

이즘 시에 관해 얘기할 자리가 생기면 나는 이런 소리를 한다. 나이 들어 젊은 세대의 감수성을 이기겠다는 건 과욕이란 생각도 한다. 가장 예민한 감각을 놓친 그 자리에 대치할 것은 세계와 삶에 대한 도저한 인식이 아닐 수 없을 터이다. 그리고 나는 이 대상에 대한 도저한 인식을 추구한 일련의 시들을 '앎의 시학'이라고 통칭한다. 일찍이 김동리는 '생의 구경적 의의' 탐구가 문학의 본령이라고 했다. 그리고 그 점에서 문학은 철학이나 종교와 동궤임을 주장했다. 알다시피 '삶의 구경적 의의' 혹은 세계에 대한 도저한 인식을 문학과 철학은 공히 추구한다. 그러나 둘은 이내 변별을 드러낸다. 문학은 구체적 감각을 통해 그 도저한 인식에 이른다. 반면 철학은 추상화한 논리를 거치며 정연한 관념적 인식(앎)에 도달한다.

그러면 내 시는 얼마나 도저한 인식에 이르렀는가. 누군가 이렇게 묻는다면 바로 이것이다 하고 내놓을 마련이 내게는 아직 없다. 이게 솔직한 심사다. 최근 앎의 시학을 생각하다 나는 감명 깊은 글 한 편을 접했다. 황동규 시인의 「삶에 의미를 주는 문학」이 그 글이다. 그동안 나는 황동규 시인의 극(劇)서정시에 관해 여러 생각들을 해 왔다. 여러 생각을 했다는 말은 그 핵심을 정확히 간파 못 했다는 고백일 터이다. 그의 극서정시는 시적 주체가 거듭남(깨달음)에 이르는 과정의 드라마다. 그의 시에서 시적 주체는 대상을 통해 각별한 앎에 이른다. 여느 시인들처럼 그의 시적 주체는 앎을 직설적으로 토로하지 않는다. 대신 앎의 과정을 극이란 틀을 빌어 총체적 형식으로 보여 주는 것. 황 시인의 이 글은 자신이 어떻게 이 틀의 미학을 완성해 왔는가를 보여 주고 있다. 이 독특한 틀은 그동안의 우리 시문학사에서 보기 드물었던 형식미학일 터이다.

3.

반상합도(反常合道)란 말이 있다. 『선과시(禪與詩)』의 저자 두송백(杜松栢)의 용어다. 이 말은 일반 상식이나 통념과는 상반되지만 바로 '참'에 부합하는 경우를 뜻한다. 여느 때 잘 알던 고정관념을 깨고 나면 우리는 거기서 은폐됐던 참 의미를 발견한다. 시적 대상에서 일련의 도구적 의미나 사용가치를 탈각시켜 순수 오브제로 환원했던 20세기 서구 전위시의 경우도 비슷한 예이다. 순수 오브제들은 무작위로 동일 공간에 놓일 때 그 미적 효과를 극대화할 수 있다. 말하자면 일상적 의미를 박탈당한 그들은 친연성이 전혀 없는 것들과도 잘 어울린다. 침대 위에서 재봉틀이나 비둘기, 그리고 둥근 달이 서로 어울리지 말란 법이 없다. 거기서는 이미지 간의 돌발적 조우와 그에 따른 극적 긴장(tension)이 발생한다.

그러나 이 초현실주의의 방법적 번안을 어느 시점에서 나는 내려놓았다. 대신 엄혹한 현실을 통과할 사회적 상상력을 만났다. 1970년대 중반 무렵이었다. 하지만 현실을 축으로 한 일단의 상상력도 내려놓을 때가 왔다. 서구 공산권이 몰락하고 사회주의에 대한 환상들이 산산조각이 났기 때문이다. 그래서 그랬던가. 때마침 신서정과 정신주의 등등이 시 동네 논의의 중심에 떠올랐다. 그 무렵부터 나는 선불교에 빠져들어 가고 있었다. 물론 나는 불교종립대학을 다녔고 또 그 모교에서 교수 일도 했다. 선불교 이전에도 불교와는 알게 모르게 이미 심정적 경사를 지니고 있었던 참이었다.

어느 날 선배 시인이 일러 준 오경웅의 『선학의 황금시대』를 손에 잡았다. 그리고 이내 그 책 속으로 침잠해 들었다. 아니 당송 시대 선승들의 어록(語錄) 속을 헤매기 시작한 것이다. 그러나 솔직히 공안(公案)은 아무리 읽어도 요령부득이었다. 나는 이미 하세한 이기영 교수의 선불교 관련 강의록들을 구해 읽기 시작했다. 그렇게 시작된 선불교 알음알이 공부는 상당 부분 내 시업(詩業)의 큰 밑천이 되었다.

선불교의 가르침은 모든 것이 마음에서 비롯된다는 것이었다. 곧 동일한 대상일지라도 어떤 마음자리에서 어떻게 인식하느냐에 따라 그 의미나 본질이 달라진다고 한다. 이는 대상의 인식에는 정해진 절대치가 있는 게 아니란 뜻이기도 했다. 언제나 상대적이고 주관적인 소견에 의해 의미는 좌우된다. 흔히 하는 일체유심조(一切唯心造)란 말 그대로인 것이다. 사람이 마음먹기에 따라 세계의 모든 것은 서로 달리 인식되고 존재한다. 자연물을 대할 때도 우리가 어떠한 마음자리에서 그것을 보느냐에 따라 인식 내용은 크게 달라지는 것이다. 널리 잘 알려진 원효의 오도 과정을 예로 봐도 이 점은 자명하다.

일찍이 원효는 의상과 더불어 당나라 유학길에 올랐다. 중도에 폭우를 만나 한 토굴에 들어가 비도 피할 겸 등걸잠을 잤다. 이튿날 보니 자신이 잠잔 곳은 토굴이 아닌 사람 해골이 뒹구는 무덤 속이었다. 비가 그치질 않자 원효는 하룻밤을 거기서 더 쥔을 붙여야 했다. 헌데 전날과 달리 이날 밤엔 귀신들이 때때로 나타나 원효를 괴롭혔다. 그 자리서 원효는 "알겠구나. 마음이 일어나면 갖가지 것들이 생겨나고 마음이 사라지면 토굴과 고분이 둘이 아닌 것을. 또한 삼계는 오직 마음이요, 마음이 오직 인식임을. 마음 밖에 법이 없으니 어찌 따로 구하랴. 나는 당나라에 가지 않겠소." 하고 크게 깨달았다.

이처럼 일체 모든 것은 마음먹기에 달렸다는 것이 불교의 가르침이자 세계 해석인 것. 이런 예들은 우리 일상 속에서도 흔하게 발견된다. 같은 대상이나 일을 두고도 각기 다르게 의미 해석을 꾀하는 일이 바로 그 경우들이다. 이를테면 '물 반 컵'을 놓고도 우리는 '겨우 반 컵밖에 안 남았다'거나 '아직도 반 컵이나 남았다'라는 상이한 인식 내지 해석을 하는 게 그것이다.

이렇듯 고정관념이든 도구적 의미든 통상적 의미를 깨고 새로운 참 의미를 발견하려는 일체의 노력은 그대로 선불교의 인식 방법에 연결된다. 잘 알려진 대로 선불교는 분별과 집착을 버리도록 가르친다. 여기서 분별이란 너와 나, 중심과 변두리, 정신과 물질, 삶과 죽음 등등 서구 형이상학에서 말하는 이항 대립이나 짝패 같은 구분을 뜻한다. 선불교는 이러한 분별을 지양하고 통합적·직관적 인식을 하도록 가르친다. 그런가 하면 어느 일변을 취하지 말고 중관(中觀)을 지향하도록 일러 주기도 한다. 곧 모든 사물을 어느 한쪽으로 치우쳐 해석해서는 안 된다는 것이다. 이는 뭇 사물이 절대적이며 고정적인 의미/존재일 수 없음을 강조한 것일 터이다. 이 중관적 사유는 결국 모든 것이 서로 상관관계로 얽혀 있음을 인식토록 한다. 한쪽이 다른 쪽과 상즉상자(相則相資)하는 의타적 관계에 있다는 말도 바로 이같은 사실을 의미한다.

반면 집착을 버려야 한다는 말은 욕망에 지나치게 함몰되지 말라는 가르침이다. 일반적으로 욕망은 소유론적 욕망과 존재론적 욕망으로 크게 나눌 수 있다. 우리가 부와 명예를 비롯한 세속적 가치들을 누리려는 것은 소유론적 욕망이라고 할 터이다. 그런가 하면 살고자 음식을 취하고 잠을 자는 등등의 식욕이나 수면욕이란 존재를 유지하기 위한 욕망, 곧 존재론적 욕망이 된다. 이 두 가지 욕망 가운데서 사람을 끝없는 다툼과 경쟁으로 내모는 것은 주로 소유론적 욕망일 터이다. 여기서 소유론적 욕망이든 존재론적 욕망이든 이들 욕망을 내려놓는 일은 인간의 정신적 해방을 성취하는 일이 될 것이다. 예컨대 속도와 같은 효율성 일변도를 벗어나 느림을 구가하는 일, 죽음을 자연현상의 하나로 담담하게 받아들이는 일, 자기 존재의 가벼움 등등을 지향하는 일련의 일들 모두가 이들 욕망을 벗어난 자리에서 얻는 정신적 자유일 것이다.

그러면 이상에서 말한 분별과 집착을 버린 마음의 상태에서는 사물이나 세계를 어떻게 인식하는가. 우선 분별을 하지 않고 사물을 대하는 경우 주체와 객체 같은 이분법적 사고를 벗어난다. 그리하여 모든 것이 개체로서의 차이를 함장하면서도 평등하고 서로 회통하는 존재임을 깨닫게 된다. 말하자면 개별적이며 협소한 내가 아닌 일체 삼라만상이 하나로 인식되는 '큰 나'를 실현한다. 뿐만이 아니라 집착을 버릴 때 비로소 사물은 사물 자체대로 보일 터이다. 자기 욕망에 따른 자의적 왜곡이나 변형 같은 오류가 지양되기 때문이다. 이는 달리 말하자면 '물질이 의식을 결정한다'는 유물론적 명제를 역으로 전도시키는 일이기도 할 터이다.

4.

이렇듯 사물에서 인간의 욕망들을 탈각시키고 보면 사물은 사물 그 자체로 인식된다. 이같이 큰 나를 실현시켜 사물을 사물 자체로 인식하는 일—큰 틀에서는 저 전위예술의 순수 오브제와 꽤는 닮지 않았는가. 서정주는 불전(佛典)들 속에 초현실주의와는 비견할 수 없는 은유의 신개지(新開地)가 있다고 말한 바 있다. 대체로 이 불교식 관법(觀法)을 일러서 한 얘기였을 터이다.

글 막바지에 와 나이 탓도 해 보자. 얼마 전부터 몸의 변화가 두드러지기 시작했다. 몸의 여러 기능이 무뎌진 것이다. 이목구비가 부실 덩어리가 된 것은 물론 이내 지각과 운동 근육 간의 불일치가 온 것이다. 특히 국내행이긴 했지만 근 30년 넘게 다닌 여행도 시들해졌다. 대신 얼마 전부터 나는 와유지취(臥遊志趣)에 혹해 있다. TV 프로그램이나 유명 화첩을 펼쳐 놓고 낯선 이국 풍광이나 옛 그림을 홀린 듯 즐겨 보는 것이다. 그 풍광과 그림을 누워 감상하며 나는 나를 말없이 이양(怡養)하는 것. 그렇게 하다 보니 옛사람들의 관념산수화가 달리 보이기 시작했다. 저들이 이상 공간으로 삼은 산수의 풍광을 그림으로 그려 즐긴 뜻이 가늠되는 것이다. 진경산수화와는 또 다른 웅숭깊은 미학의 경지가 거기 있다고나 할까.

이즘 조지훈의 「완화삼」이나 박목월의 「나그네」가 달리 내게 읽히는 까닭도 이런 연유일 터이다. 이 작품들은 굳이 그림으로 따지면 관념산수화의 대표 격이라고 할 것이다. 산과 강의 세부가 과감히 생략된 여백 많은 산수의 그림인 것이다. 그리고 거기 쟁여진 지취(志趣)를 곱씹는 맛이 각별하지 않은가. 이에 비해 정지용의 「백록담」과 「장수산」은 또 다른 맛이 있다. 아마 진경산수화라 할 이 작품들 역시 그 나름 당대의 도저한 삶의 인식들을 보여 주기 때문이다.

시는 시 이상도 시 이하도 아니라고 한다. 그러나 시가 유한함을 극복하고 항구성을 지니는 것은 독자들에 의해 되풀이 써질 때뿐이다. 그 되풀이 써지는 작품들은 대체로 도저한 '앎'의 시들이 아닐까 싶다.

연작 「마음경(經)」과 그 둘레 이야기들

과연 내 정체성은 무엇인가. 또 그놈은 어디쯤 존재하는가. 나는 이 본래면목을 찾기 위해 끝없이 내 안을 헤매다녔다. 지금도 그 방황은 별수 없이 계속되고 있는데 앞으로도 그럴 마련이다. 나는 가끔 왜 그래야 할 일인지 되묻는 경우도 있다. 그냥 있는 그대로 두두물물(頭頭物物) 성찰하고 받아들이면 안 될 일인가. 눈앞의 현상이든 몸담은 현실이든 그것에 충실하면 되지 않겠는가. 그러나 인간은 눈앞의 현상을 별로 믿지 않는다. 더 나아가 그 현상은 거짓이거나 허상이라고까지 여길 마련이다.

그리고는 현상 아닌 그 실체가, 아니 본래면목이 별도로 있을 거라고 상정한다. 여기서부터 인간의 정신적 모험은 시작된다. 그 실체를, 본래면목을 찾기 위한 일체의 정신 활동이 시작된다. 인간의 앎/지식이란 이 활동의 축적물일 마련이다. 그렇다. 시 역시 이 같은 정신 활동의 한 영역이자 방편은 아닐까.

그동안 나도 삶이든 세계든 그 참뜻과 값은 그들 현상 뒤에 있다고 여겼다. 그리고 그 참뜻과 값을 시에다 챙겨 보고자 애써 왔다. 그러면서 그 발견의 방법론을 선불교에서 상당 부분 배우고자 했다. 돌이켜 보면 그 공부는 지난 세기말 시작됐다. 동구권 사회주의가 붕괴하는 일련의 사태를 목도한 끝이었다. 이념의 허구란 저런 것이구나. 현실의 덧없는 실상이란 바로 이런 게로구나. 나름대로 절감한 것이다. 내 시선은 자연스럽게 밖에서 안으로 향했다. 내 안으로 돌아와 본래면목을 모색하기 시작한 것이다. 달리 한편으론 정신의 해방을 구가한다는 그 무렵 시적 트렌드에도 관심이 쏠렸다.

연작시 「마음경(經)」 시편들은 그렇게 시작되었다. 나는 이들 작품이 만들어질 때마다 일련번호를 매겼다. 그 번호는 60번까지 나갔다. 햇수로는 20년 남짓의 시간이 훌쩍 흘러갔다. 대략 1990년 초부터 2010년 말까지였다. 나는 이 기간 동안 앞서 말한 대로 선불교에 잠심했다. 선의 역사와 그 요체들을 알고자 애쓴 것이다. 우선 선사들의 어록집들을 읽었다. 그러나 그 어록들은 읽어서 알 만한 게 아니었다. 나는 별도리 없이 이 방면 선학(先學)들의 해설서들에 많은 신세를 져야 했다. 오경웅, 두송백, 이기영, 이은윤 등등 여러 분 선학들의 저작이 그것이다. 그런가 하면 혜능, 도일, 임제, 조주 등 선사들의 어록을 주로 정독하고자 했다. 여기서 단권으로 『마음경(經)』 시집을 묶을 당시의 내 소회를 잠깐 읽어도 좋을 터이다.

> 지난 이십여 년 틈틈이 「마음經」 연작에 매달렸다. 이 기간은 내가 선불교에 잠심했던 시기와 일치한다. 나름대로 분별과 집착을 벗어나 정신적 해방과 그 자유를 추구했던 때이다. 이른바 역사적 억압이 소멸한 자리에서 나는 이때 갖가지 욕망과 맞닥뜨렸다. 적이 사라진 자리에서 새로운 적을 만난 셈이다. 나는 그 욕망과 싸워 정신의 해방을 얻고자 했다.
> ―「책머리에」 부분

나는 지난 2012년 그동안 여기저기 흩어져 있던 작품들을 단권 시집으로 묶을 생각을 했다. 독자들을 위해서나 작품 정리 차원에서나 필요한 일이었기 때문이다. 그래서 작품의 일부 퇴고와 일련번호 확인 작업을 했다. 나는 작업 과정에서 지난 시간들을 고비고비 곱씹고 되돌아보는 경험도 할 수 있어 또한 좋았다. 인용한 글은 바로 그 시집의 서문이다.

욕망은 그것이 소유론적 욕망이든 존재론적 욕망이든 사람을 짓누른다. 나는 그 욕망을 내려놓거나 벗어 버리는 정신적 해방과 마음의 자유를 누리고자 했다. 일찍이 조주 스님은 일갈하지 않았던가. '네가 들고 있는 걸 내려놓으라고 아니면 여전 들고 있으라고.' 마음의 자유를 누리는 일이 어찌 나만의 바람일까. 인간들 누구나 희망하는 일이기도 할 터이다. 아마도 이 일은 더 나아가 내 삶의 내부 어딘가에 꼭꼭 숨어 있는 본래면목을 찾는 일이기도 할 터이다. 범박하게 말해 이들 탐색의 기록이 곧 내 시이기도 하리라. 그리고 이 탐색의 행로를 걷다 보니 심경(心經)은 불전(佛典)에만 있는 게 아니라 유학(儒學) 쪽에도 있음을 알았다.『심경부주(心經附注)』를 읽은 일—이는 작품 쓰는 일 밖의 내 망외(望外) 소득이랄 수 있겠다.

시에 반세기 너머 매달려 오며 아직 내가 내려놓지 못한 일이 있다. 하나는 내 시가 썩 괜찮다는 착각이고 다른 하나는 많은 독자들이 읽어 줄 것이란 오산이다. 나는 보통 작품을 쉴새 없이 고치고 다듬는다. 퇴고를 끝없이 되풀이하는 것이다. 그러다가 내 안의 나름 잘 훈련된 비평가/독자가 이만하면 됐다라고 허락을 해야 이 작업은 끝날 마련이다. 이 같은 각고 속에 내놓는 작품들이지만 그것이 꼭 독자들의 공감과 호응을 얻는 것도 아니다. 오히려 그냥 시간 속에 깊이 묻히고 잊혀가는 경우가 더 많았다.

이 글의 글감이 된 연작시집 『마음경』의 경우도 예외는 아니다. 출간한 지 어느덧 십여 년이 지났어도 아직은 판쇄를 거듭할 기미가 없다. 또 사람들 사이 작은 화제에 올랐다는 풍문도 들리지 않는다. 명상과 힐링에 관련한 담론이 횡행해도 내 시집이 어떻다란 얘기는 더더욱 없다. 앞서 말한 작품 제작에 든 햇수가 꼭 중요한 것은 아니다. 그렇기는 해도 그 시간이 작품들 위에 마치 법랑(琺瑯)처럼 입혀져 반짝이지는 않을까. 아서라 말아라. 이 생각 또한 나만의 착각은 아닐 것인가. 이제 분명한 사실은 이 시집이 내 혼자만의 기억 속에 강고한 보석처럼 오래 박히게 됐다는 점이다. 지난 한 시기 내 마음의 행로가 거기엔 고스란히 쟁여 있기 때문이다.

시간이 고인 옛 마을과 느림의 미학
―시 「누가 주인인가」의 밑그림들

골동 가게의 망가진 폐품 시계들 밖으로
와르르 와르르
쏟아져 나와
지금은 제멋대로 가고 있는
시간이여

그런 시간이
인사동 뒷골목 깜깜하게 꺼진 얼굴의
망주석(望柱石)에 모른 척 긴 외줄금 찌익 긋고 지나가거나
마음이 목줄 꽉 매어 끌고 가는
뇌졸중 사내의 나사 풀린 내연기관 속으로
숨어들어
재깍 재까각 가다가 서다가 하는

이 느림이 삶의 주인이다
우리의 정품이다

― 「누가 주인인가」 전문(시선집 『사람이 사람에게』, 파란, 2015)

지난 시절 내 책방 출입은 두 공간으로 소환된다. 하나는 청계천 8가이고 다른 하나는 인사동 골목길이다. 청계천 8가의 서점가는 마침 재학 중이던 고등학교에서 가까웠다. 나는 방과 후면 그 서점가를 기웃거리기 좋아했다. 광장시장에서부터 청계천 대로변을 따라 서점들은 떼로 몰려 있었다. 주로 중고교의 헌책들을 취급했다. 나는 교과의 참고 도서들도 구입했지만 소설책이나 시집들을 종종 사들이곤 했다. 청계 서점가는 물론 값이 헐한 매력도 있었지만 왠지 곳곳에 길 넘게 쌓인 책들의 아우라도 좋았다. 그 무렵 상당히 깊게 물든 문학의 아취 탓이 컸을 터이다. 그런가 하면 보고 난 책들을 되파는 재미에 들리기도 했다. 비록 푼돈이지만 고등학생한테는 꽤 용돈이 됐던 기억이 지금도 새롭다.

인사동 고서점을 들락댄 건 대학에 들어와서였다. 그 당시 인사동은 고서점과 골동 가게들이 대거 자리 잡고 있었다. 1960년대 중엽이었다. 나는 통문관이나 경문서림 등을 주로 기웃거렸다. 틈을 내어 그 책방에서 고서나 해묵은 잡지들을 구경한 것이다. 서점 주인은 학생 행색의, 그러면서 고작 책 구경이나 하는 나 같은 문청(文靑)을 반길 리가 없었다. 늘 뜨악한 표정으로 나를 지켜보곤 했다. 이 같은 내 인사동 기억이 뒤집힌 건 2000년대 들어와서였다. 그 많던 고서점이나 골동상들이 자취를 감추고 대신 관광객들과 그들을 고객으로 삼은 각종 기념품 가게들이 꽉 들어찬 것이다. 천지개벽까지는 아니지만 내 눈에는 생소한 풍경이자 격변한 세태가 아닐 수 없었다.

때마침 그때 나는 인사동 조그만 사무실을 드나들 기회가 생겼다. 모교의 선후배들, 그것도 대학에 직(職)을 둔 인사들끼리 사무실 하나를 마련한 것이다. 서예를 하는 문영오, 윤광봉, 김갑기, 손병국, 정후수, 그리고 도중에 유명을 달리한 고(故) 정의홍 등이 그 면면이었다. 사무실은 인사동 네거리 한 귀퉁이 건물에 있었다. 우리는 그 공간에 한국문화연구원이란 간판까지 걸었다.

거기서 나는 시 공부하는 이들과 일주일에 모임 한 번 하는 게 고작이었다. 거점이 하나 마련되자 나는 주변을 천천히 때로는 관광하듯 어슬렁거렸다. 뒷골목이나 외진 구석 자리에는 그 무렵에도 여러 가지 골동이나 고물을 놓고 파는 데가 있었다. 대부분이 노점 좌판이었다. 낡은 옛 생활 용기들, 고장 난 벽시계, 퇴색한 서화들, 드물게는 도굴품 비슷한 물건도 눈에 띄었다. 한번은 늘 지나다니던 뒷골목 좌판이었는데 눈에 번쩍 띄는 물건이 있었다. 묘소에서 갓 실어 온 듯한 망주석이 그것이었다.

"사장님, 그 석물(石物) 파실 겁니까?"

나는 잠깐 멈춰 서서 물었다. 주인은 내 행색을 순간적으로 살폈다. 그리곤 이내

"안 팝니다. 이미 누가 가져간다고 했습니다."

주인은 그렇게 대답을 퉁명쩍게 내뱉었다. 그는 내가 단순 호기심에서 허투루 묻는다는 걸 재빨리 알아챈 것이다. 모르긴 해도 어느 집안의 천장(遷葬) 현장에서 헐값에 가져왔을 터이다. 그도 아니면 어디선가 정작 절취해 온 것은 아닐까. 그러나 그 석물은 서너 달 뒤로도 여전히 그 좌판을 지키고 있었다.

이런 식의 내 인사동 배회는 저 지기(知己)들 덕에 뜻깊게 지나갔다. 햇수로는 십 년 가까운 세월이었다. 지금도 나는 이따금 모임 탓에 인사동 출입을 한다. 그러나 내 기억 속에 선명히 찍힌 인사동은 고서점과 골동 가게가 즐비했던 그런 공간이었다. 관광객들로 북적대는 마을이 아닌 20세기 중엽의 고풍한 동네로만 소환되는 것이다. 그 무렵 인사동은 적어도 시간이 멈추거나 고여 있는 동네였다. 거기엔 지난날 우리 사회를 지배하던 '빨리빨리'나 '효용 제일주의'란 게 없었다. 항시 우리네 예로부터의 품격과 여유 있는 삶이 고스란히 보존돼 있었다. 그래서였을 것이다. 종로에서 안국동 네거리까지 이 동네 한복판을 가로지른 그 길—나는 이 길을 우리 전통의 한복판을 통과하는 느림의 길이라고 여기곤 했다. 인사동이란 적어도 내게는 전통이 살아 있는 공간이자 옛적 삶의 원형이 드물게 보존된 동네였던 것이다.

위의 시 「누가 주인인가」의 밑그림은 대략 이런 것이다. 큰길에서 뒷골목으로 밀려난 골동품 좌판에서 심심치 않게 목도했던 고장 난 벽시계, 그리고 저 어느 날 좌판 한 곁에 와 장승인 듯 버티고 선 망주석 등등. 인사동을 이렇게 소환하고 작품을 만들다 보면 문득 여러 물음 앞에 나는 설 수밖에 없었다. 과연 삶이란 속도

와 효율성에만 지배돼야 하는 것인가. 속도와 생산의 효율성에만 매달리는 건 마치 주마간산식의 겉핥기 생은 아닌가. 거기에 무슨 인간이 누릴 삶의 결과 멋이 있는가. 그동안 인간이 가꾸고 지킨 공동체적 삶이나 유무정물(有無情物) 간의 어울림 같은 깊은 삶의 속살이 있겠는가. 물음은 이처럼 또 다른 물음들을 몰고 왔다. 이 반성적 성찰은 인용한 시의 또 다른 밑그림이라고도 할 마련이다.

  끝으로 한 가지 더 덧붙이자. 그러면 저 "뇌졸중 사내"란 누구인가. 고교 시절 청계천 8가에서 만났던, 아니 아파트 주변에서 흔히 마주쳤던 그런 아무개들일 터이다. 당대의 속도와 효율성이란 덫에 치인 존재로 그 사내를 읽어 주면 어떨까. 굳이 말하자면 시대의 수레바퀴에 깔린 불운한 존재의 기표 같은 것. 그렇게 세상에서 한차례 혼쭐이 난 뒤 느리게 제대로의 삶을 재활하는 누구누구인 것이다. 이렇듯 졸시 「누가 주인인가」는 내 인사동 옛 시절을 고스란히 소환한 작품으로 읽어도 좋을 터이다.

절집 기행, 혹은 어떤 가야산

시월 중순
쉼 없이 등 밟힌 질경이들
관광객들에게
예사롭게 부서진 등 내보이며 웃는다.
장경각(藏經閣) 판목(板木)의 경(經)은 보이지 않고
그 대신 삭아서 시간이 되어
뚜껑 없는 천 간 공간을
이곳에
비워 놓았다.

소낙비처럼 날리는 느릅나무 잎들이 덮고 있다.
혼자서 살아왔던 일
출근부 작은 칸을 해진 살 기워 가며
비집고 다니던 일
그 일들이
오르고 내려가며
새삼 다시 만나서

손잡고 어깨 안고
이 절 밖에
더러는 지는 잎들의 뒷모습으로 앉아 있기도
더러는
마음 위에 예리한 발소리 그으며
덮고 다니기도…….

가슴 안에 가득히 울린다.
한 획 한 획 새겨 놓은 축소된 일생이
나이 들어 큰 손 속에 덮어 둔
꿈들이
보이지 않고 읽혀지지 않을 때
눈 비벼 바라보리라,
기댈 것 없는 누가
시력 안 좋은 누가
무료하게 글자 없는 공간을 더듬어 읽던
더듬대던 소리가
더 힘 있게 청명한 날씨로
그쳐 있는 것을.

어느 길은 사람들로 하여금 자기에 닿게 하고 아직 자기에
이르지 못한 것들로 하여금 우왕좌왕 몸 놀려 숨게 하고
어느 길은 피해 가서 등성이로만 올라가 섰고
그 위의 잔광들, 체격 좋은 장정들은
둘러서서 메고 있다,
이 공간에

쉬임 없이 침묵으로 와서 부서지고
뒹구는 죽음을
죽음 아닌 더운 삶을.

어떤 가야산.

—졸시 「어떤 가야산」 전문

그 무렵 나는 주말이면 기차 통근 삼아 중앙선을 오르내렸다. 일터를 지방대학으로 옮긴 탓이었다. 일요일 저녁 무궁화 열차를 타고 내려가 목요일 밤차로 상경하는 게 그 통근의 실상이었다. 매주 이 기차 여행길은 꽤나 고달팠다. 시간이 갈수록 나는 이 고달픈 길에 꼼수 아닌 꼼수를 부리게 됐다. 핑계가 있으면 가급적 서울행을 접고 숙소에서 뒹굴곤 했던 것이다. 아니면 이 지방 도시 인근의 이름난 볼거리를 찾곤 했던 것. 절집이나 서원 답사, 아니면 산행에 나섰던 것이다. 그러자 그간 서울에서의 삶을 되돌아보는 시간이 많아졌다. 지금도 나는 그 시절—서울살이 기간을 주류계(酒類界) 편력기라고 부른다.

당시 내 주량이 남보다 월등했던 것은 아니었다. 고작 두 홉짜리 소주 한 병이면 족했다. 따지고 보면 나는 술보다는 술자리를 즐겼던 것이다. 술자리에서는 문학 이야기 아니면 권위주의 체제 비판의 현실 담론들을 즐겨 듣고 얘기했다. 그때까지도 나는 채 문청 시절의 객기와 열정을 청산하지 못했던 셈이었다. 그 탓에 생활은 늘 궁핍을 면치 못했다. 이 편력 기간은 대략 대학 졸업부터 십여 년간의 시간이었다. 이 기간 내게는 술과 생계형 출근부 드나들기가 전부였다. 그러다가 생판 연고도 없던 한 지방 도시로 훌쩍 유배 가듯 직장을 옮겨 내려갔던 것.

그 낯선 도시에서도 두어 해 지나자 알음알음 지기(知己)들이 생겨났다. 단풍이 과하게 익던 시월 중순 늦가을께였다. 친목 삼아 학교 행사로 교직원 야유회를 간다고 했다. 갈 장소는 해인사였다. 나는 옳거니 싶었다. 평소 꼭 한번 가 보고 싶었던 절집이 아니던가. 나는 갑장(甲長)의 또래 교수들과 어울려 떠났다. 해인사 절집은 입구의 숲길서부터 내 혼을 빼앗기에 넉넉했다. 고목이 된 좌우의 울울한 나무들이 낙엽을 폭포수처럼 쏟았다. 농익은 단풍철이어서 선들바람에 나뭇잎들이 무더기로 쏟아져 내렸던 것이다. 그런가 하면 절집의 규모도 나를 압도했다. 나는 얼이 빠져 그 해인사 기행을 마치고 돌아왔다.

숙소로 돌아와 나는 이 절집 기행을 시로 만들기 시작했다. 작품은 의외로 잘 풀렸다. 그날 기행에서 워낙 선명하고 강한 이미지들을 꽤나 만났던 때문일 것이다. 과연 해인사 절집은 나에게 무엇이었나. 특히 절집 뒷산 가야산은 왜 나를 붙잡고 두루 되돌아보도록 만들었던가. 막상 만들어 놓고 보니, 읽어 주신 독자께서 보시는 대로, 절집 얘기는 작품 뒤 어디론가 숨고 말았다. 대신 가야산과 그 언저리 풍경들만 터억 하니 텍스트 전면에 자리 잡은 것이다. 그것도 당시의 어설픈 내 정신적 사유에다 내면 풍경도 짙게 물든 채 드러나 있는 것. 사실 나는 가야산이 여느 때 숨겼던 얼굴 하나를 그 시절 거기서 운 좋게 대면했던 것 같다.

대체로 산은 여러 얼굴을 숨기고 있다. 후중불천(厚重不遷)의 품새로 제자리에 앉았지만 산은 보는 이에 따라 또 정황에 따라 그때그때 다른 얼굴을 보여 줄 마련인 것. 그 얼굴의 하나를—어떤 가야산을 나는 소슬한 늦가을 날의 기행에서 봤다. 돌아보면 벌써 사십여 년 저쪽 일이다.

절집과 늙은 고양이
—시「내 안의 절집」과 관련한 일들

    이 가을 찬비에 온몸 쫄딱 젖은 늙은 고양이가
    절집 처마 끝에 은신해 그 비를 긋고 있다.

    명부전 뒤 으늑한 어느 땅이 생판 모를
    한 포기 민들레를 가부좌 튼 무릎 위에 앉히고
    서로 체온을 나누며 서로의 온기로 시간을 말리며
    화엄 하나 이룬 것을
    또 그 옆에는 고목이 고색창연한 제 슬하를 비워
    담쟁이덩굴 두어 가닥 거둬 양육하는 것을

    내 안의 어딘가 그런 절집 하나 찬바람머리 부슬비 속 그린 듯 앉았다.
    이건 내 세월도 아닌데 적막을 착취하는 이 비는 언제 그칠 것인가
    속울음 삼킨 고양이마냥.
                                  —「내 안의 절집」전문

    내게 절집에 관한 기억은 두 가지로 소환된다. 하나는 초교 시절의 것이고 다른 하나는 지방대학에서 일하던 때의 기억이다. 내 초교 시절 봄가을 소풍의 목적지

는 주로 절집이었다. 학교에서 시오리 거리에 있는 용주사, 아니면 화성 군계(郡界)에 자리한 만의사였다. 이들 절집을 다니며 나는 왜 그랬을까. 대웅전보다는 산신각이나 명부전 같은 절집 으늑한 구석을 주로 기웃거렸다.

그런가 하면 안동대학에서 일할 무렵에는 공휴일이나 주말이면 종종 인근의 사찰들을 찾았다. 혼자 걷는 절집 입구의 외진 산길도 좋았고 고색창연한 이런저런 법당들을 둘러보는 일 역시 정취가 남달랐다. 특히 늦가을 찾아든 봉정사의 극락전이라니. 건축미만으로도 일품이었지만 사람을 홀릴 만큼 고즈넉한 절집 정취 역시 고혹적이던 것을.

한편 고양이와 친밀해진 것은 얼마 전부터의 일이다. 귀촌이랍시고 이곳 산골에 와 묻혀 살며 길고양이들을 많이 알게 됐다. 물론 어린 날 고양이에 관한 기억이 없는 것은 아니다. 그 기억은 동네 어느 집에서 거두던 집고양이에 관한 것. 간혹 어린 내 눈에 띄긴 했으나 별로 손 가까이할 기회가 없었다. 그런데 지금 이 시에 나오는 고양이는 최근에 만난 놈이다. 이곳에 처음 이사 와 짐을 풀 때 낯모를 길고양이 한 마리가 기웃거렸다. 시골 전가(田家)에 살다 보면 쥐나 뱀 등속의 무리에 신경을 써야 했다. 그런 참에 고양이라니. 야생 고양이라도 반가웠다. 그래서 때맞춰 먹이를 챙겨 주기 시작해 이제는 반려묘가 돼 버렸다.

시 「내 안의 절집」의 밑그림 대강은 이런 것이다. 절집에 대한 세부적 인상, 그리고 고양이에 관한 넘치는 친연감 등등. 이 작품은 저 두 정황에 대한 서경(敍景)만으로 읽어도 될 터이다. 그런데 하필 왜 '내 안'인가. 앞서 말한 절집과 고양이는 눈앞에 펼쳐진 실제 정경이거나 존재가 아니다. 시적 화자의 기억이란 내면 가운데 존재하는 것들이다. 이들 두 이미지는 그렇게 내 기억 가운데에서 소환되어 텍스트 안으로 들어온 것.

여기서 눈치 빠른 독자께서는 금세 짐작하실 것이다. '절집 추녀 밑에서 비를 긋는' 늙은 고양이—이놈에겐 바로 시인 자신의 이미지가 덧씌워져 있음을. 시 동네에서 한 시절 잘 썼던 용어대로 하자면 고양이는 객관적 상관물인 셈이다. 사실 늙은 고양이 대신 '나'란 대명사로 바꿔 읽어도 텍스트는 크게 오독되거나 곡해될 일은 없을 터이다.

바다의 시, 바다의 상상력

1.

　옛 얘기 한 토막을 소개하는 것으로 시작하겠습니다. 예전 일입니다. 길고 오랜 세월을 외지로 떠돌던 아들이 돌아왔습니다. 그것도 세상 풍파에 깎일 대로 깎인 중년이나 되어서였지요. 사연인즉, 고향집을 지키고 살던 늙은 아버지가 임종이 가깝단 연락을 받고서였습니다. 젊은 시절 가난이 싫어 궁벽한 어촌을 뛰쳐나간 아들은, 으레 가출한 청년이 그렇듯, 외지로 외지로 떠돌며 그동안 온갖 간난과 신산한 역경을 견뎌 냈을 터입니다. 그리곤 아비의 종신자식 노릇이나마 하기 위해 영락한 추레한 모습으로 옛집에 들이닥친 것입니다.
　"그래 왔구나. 지난 일은 말 안 해도 내 다 안다. 됐다, 애비 말이나 들어라. 내가 네게 물려줄 재산이란 별것이 없구나. 대신 평생 내가 일군 저 마을 앞 넓디넓은 난바다 하나를 물려주마. 돈으로 따지면 아마 수백만 냥짜리는 될 게다."
　늙은 아버지는 가쁜 숨을 몰아쉬며 힘겨운 듯 유언 삼아 몇 마디 당부를 했습니다. 그리곤 오랜만에 만난 자식의 손을 더듬어 잡았지요. 누구보다 마르고 야윈 아버지의 손보다 모처럼 잡은 아들의 손이 실은 더 거칠었습니다.
　그렇게 수백만 냥짜리 넓은 바다를 뜻하지 않게 상속받게 된 아들은 머지않아 아버지의 깊은 뜻을 깨닫게 되었습니다. 생전의 아버지가 했던 그대로 자식 역시 배를 탔고 누구보다 열심히 고기를 잡았습니다. 그렇게 터앝 일구듯 바다에서 새로 일구기 시작한 생계는 객지에서의 그동안 고생을 벌충하고도 남음이 있었던 것입니다.

늘 땀 흘려 일하는 사람들에게 바다는 아낌없이 자신을 퍼 줍니다. 말하자면 "수수백 년 쟁인 생계를 됫박질로 밑바닥까지 퍼 내주는/바다는 평생 내 것이 없"었던 것이지요. 마치 가진 자가 기근 심한 시절이면 어김없이 곳간 문을 열어 어려운 이웃들에게 쌀독 밑바닥까지 싹싹 긁어 양식을 퍼 주었듯 말입니다. 바다는 그래서 평생 내 것이 없는 것입니다. 있는 것이라곤 끊임없이 베풀고, 있는 것들을 남김없이 내줄 뿐입니다.

널리 알려진 대로 바다란 오늘날처럼 하늘길이 없던 고대로부터 낯선 미지의 세계로 나가는 통로였습니다. 그런가 하면 낯선 이국의 문물이 밀물인 듯 밀려 들어오는 관문이기도 했습니다. 지금도 지구촌의 다양한 문물과 숱한 사람들은 바닷길로 어김없이 들어오고 나가고 있습니다. 이는 사람들에게 아낌없이 모든 것을 퍼 주는 모성과 곳간으로서의 바다와는 또 다른 바다의 모습이 아닐 수 없습니다. 우리 근현대시만 보더라도 최남선의 「해에게서 소년에게」가 그랬고 임화의 「현해탄」, 정지용과 서정주의 「바다」가 모두 그랬습니다.

2.

나이 탓이겠지만 이즘 저는 제 얘기하기에도 바쁘다는 생각을 합니다. 지난 시절 학교에서 현대시 공부를 하며 하도 많이 남의 얘기, 남의 시만을 읽고 논한 반작용일 것도 같습니다. 바다에 관한 제 나름의 시는 다음 세 편을 골랐습니다. 같이 읽어 보도록 합시다.

    그믐밤의 빈 바다에는
    돌아가는 파도와 파도들의
    만리 같은 등과 어깨투성이다.

더러 일어서는 물너울 속에서
야성의 흰 이빨을
으르릉거리며
환각의 개떼는 갇혀 울고
그 장대한 물마루 너머 아래선
긴 불을 켜들어 찾는 그림자
나를 내 이름을 찾으나
즐비한 말들 사이
호젓이 돌아가는 파도와 파도들의
만리 같은 등과 어깨투성이다.

— 「바다」 전문

  작품이 만들어진 시점으로 말하자면 아주 젊은 시절 작품입니다. 지금은 신도시로 유명하지만 내 고향은 여기서 멀지 않은 동탄입니다. 그곳 아주 궁벽한 시골 마을인 돌모루, 석우리란 곳에서 나고 자랐습니다. 그런 태생이다 보니 바다를 처음 본 것은 대학 시절이었습니다. 그도 잠시 스쳐 가는 풍경으로만 봤습니다. 본격적으로 바다를 보고 또 겪은 것은 훨씬 더 뒤의 일입니다. 바다에 대한 체험도 없는데 바다를 시로 썼다? 그렇습니다. 바다에 관한 구체적인 체험 내용도 없으면서 이 시를 썼습니다. 마치 견자(見者)의 시인 A. 랭보가 바다를 본 적도 없으면서 뛰어난 바다 시를 쓴 것을 흉내 낸 격이라고 할까요. 아무튼 이 작품은 바다를 통해 젊은 날 '나'를 찾는, 이즘 말로 정체성을 만들고 확인하는 정신적 방황을 담고 있다고 하겠습니다. 또 지난 1960년대 김춘수 시인의 바다는 심층 심리의 상징으로 널리 읽힙니다.
  이처럼 바다는 시인이 상상력을 어떻게 작동시키느냐에 따라 그 의미를 얼마든지 달리할 수 있습니다.

시퍼런 털복숭이 개들이
떼로 몰려 뒹군다

자빠져서 앞발로 대거리하는 놈과
위에서 내려다보며
자빠져 누운 놈의 가슴께를 짓누르는 놈

그러다가
쉬임 없이 몇 길씩 길길이 뛰어오르기도 하고
무엇인가 물고 전신으로 흔들기도 하고
달리다가
몇 마리는
한 굴형에 줄줄이 넘어지기도 한다

일어선 몇 마리는
멍하니
깨갱 깽
비켜 가는 비명 소리와
철없는 인간들을
멀리 건너다보기도 한다

누구도
가두어 키우지 않는
털북숭이 개들이
떼로 몰려 달리고 뒹군다

—「삼복중(三伏中)의 바다」전문

비유 가운데 근본 비유란 게 있습니다. 시적 대상/제목(tenor)을 특정 정황(vehicle)에 비유하는 것입니다. 말하자면 시적 대상을 송두리째 특정 상황에다 견주고 비유하는 겁니다. 이 작품은 무더운 여름 바다를 텅 빈 공간에서 신나게 뛰고 달리는 개떼의 정황으로 설정, 비유하고 있습니다. 작품의 겉 문맥에는 바다를 나타내는 말이 일체 없습니다. 개떼의 힘차게 뛰노는 얘기만 있습니다. 그리고 그 얘기를 통해 바다의 역동성, 사나운 파도의 속도감 있는 모습을 들려주고 있는 것입니다. 나는 30대 후반부터 전국을 떠돌이처럼 여행했습니다. 바다도 많이 보았고 섬으로 가는 배도 타 보았습니다. 그 경험이 이 작품의 밑그림이 되었습니다. 앞의 바다와 이 바다는 과연 얼마나 어떻게 다른 것일까요?

명시 기행을 찍던 그 겨울
제부도 간석길 초강풍에
귀 먼저 끊어지고 코, 눈 드디어 혀도
힐겁게 끊어져 날렸다.
오리털 돕바 속의 이 악물어도
자질자질 살얼음 드는 생살들
어는 정신들.

끊어진 귀 행방 없이 날리고 그동안 구속하던
관능과 앎도 벗겨져
싱겁게 부침한다.
왼쪽 오른쪽 시멘트 포장길로 사납게 미는 물길, 그 바다에 한 바다가 손 포개 붙잡고
한 파도는 노약한 파도를 찍어 누르는, 쉽게 주저앉고 쉽게 부축해 일으키는
    오, 오, 오, 즐거운 얼굴, 삶의 열락에 취한 표정들
    무한에 널어놓은 콩멍석들.

구름섬들이 수평선 뒤에
한 무데기 누런 똥처럼 햇볕들을 누어 놓은 것을
은색의 등짝들이 굼실굼실 엎어져 있는 것을
그리고 그것 역시 어느 누군가 나처럼 끊어져서
바다와 하늘로 가득히 비인 것임을
끊어져서야 완벽한 하나로 이어진 것임을

촬영 기사는 카메라에 좌르르, 캇, 좌르르, 캇, 정지 화면들로 끊어 찍고
나머지 공(空)테이프 필름에는 다시 커트 백으로 담을,
뻘밭의 흩어지거나 모여선 깨진 굴 껍질들.

어깨―허리, 허리―목뼈 숱한 잔뼈들을 우두둑우두둑 쏟는 갈대 틈에
느물느물 살아 감각의 극단을 탐험하던 생살들을 죄다 토하고
언제부턴가
자갈돌 틈으로 한가롭게 떠밀리는
시간의 물길에 얹히고 밀리는 밀리고 얹히는
무심한 그네들
해탈의 이름 없는 영혼들.

—「제부도행(行)」 전문

어린 것들은 이끌고 어른은 부축한다는 제부도(濟扶島). 물밑에 잠겼다 드러나는 간석 길을 걸어서 그 섬에 왔던 일이 있습니다. 벌써 30년 저쪽의 일입니다. MBC 방송의 명시 기행을 찍자는 제안 때문이었습니다. 2박 3일을 여기 제부도를 드나들며 저는 여느 때 만날 수 없었던 풍광들을 만나고 보았습니다. 그 풍광과 내 생각이 맞물려 만들어진 작품이 이 작품입니다. 마침 때가 겨울 한복판이어서 추위와 바닷바람이 대단히 사나웠습니다. 이 무렵 나는 삶에서 무엇이 가벼운 것인가를 생

각하고 있었습니다. 새로 시작한 선불교에 깊이 빠져 가고 있던 때지요. 저는 그 일련의 사유(思惟)와 제부도, 특히 바다의 정경을 이 작품에 열심히 담아내고자 했습니다. 얄궂지요. 오늘 무슨 인연이 닿아 이 작품을 여러분과 함께 읽는 것인지요?

제 얘기의 끝판에 왔습니다. 말을 마무리합니다. 시는 언제나 틀에 박힌 생각, 고정관념을 거부합니다. 마치 정해진 틀처럼 고정관념은 우리의 상상력을 가둡니다. 거기서는 새롭고 참된 시적 대상의 인식을, 세계의 새로운 모습을 기대할 수 없습니다. 그래서 시인의 상상력은 그 같은 고정관념, 틀에 박힌 생각을 거부합니다. 거기 거부하는 자리에서 시의, 아니 시인의 상상력은 작동하기 시작합니다. 출발합니다. 시적 대상에 대한 상상력은 얼마나 대상을 새롭게 그리고 깊이 있는 의미를 찾아내는가에 따라 그 성패가 좌우됩니다. 그렇습니다. 좋은 시는 언제나 세계나 삶을 새롭고 깊이 있게 우리에게 보여 주고 인식시켜 줍니다.

나의 시 창작법
― 시 습작에서의 유의 사항

시는 어떻게 쓰는가. 그즈음 대학 수업에서 시 창작 공부를 하는 학생들과 만나면 되풀이했던 물음이다. 그것도 수없이 그들 앞에, 아니 내 앞에 던졌던 질문이기도 하다. 나는 초보의 시 창작 지망생들에게 늘 교과서 같은 소리를 들려줬다. 그 잔소리 아닌 잔소리들을 요약한 것이 다음 내용이다.

1. 시의 문장

시에서 구사되는 문장도 일단은 규범문법을 따라야 한다. 시에서는 문법을 일부러 도외시해도 된다는 식의 말들이 있다. 그러나 그것은 고도의 예술적 의장(意匠)을 동반한 경우가 아닌 한 되레 시의 파탄을 초래한다. 특히 수련기(습작기)에 있는 경우 이 점은 반드시 지켜져야 한다. 규범문법이나 어법에 어긋나기보다 일단은 지키는 게 좋다.

① 시의 문장에서도 주어(주체)는 1개이다.
② 수식어와 피수식어는 최단 거리일수록 좋다. 흔히 형용사나 부사는 수식을 받는 말이나 성분과 멀리 동떨어지기 쉽다. 이는 문장의 명확성을 잃게 만든다. 될 수 있는 한 수식어와 피수식어는 최단 거리에서 연결되어야 한다.
③ 시의 표현은 압축 생략과 연쇄, 나열의 부연도 필요하다. 일반적으로 시의 표

현은 압축과 생략을 지향한다. 중언부언의 불필요한 어구, 부주의한 동일 어휘의 반복은 피해야 한다. 간결한 언어 구사가 말의 함축적 의미를 극대화한다. 또 효과적인 압축과 생략은 시에서 여운(백)을 높일 수 있다. 반대로 말의 연쇄나 나열 등의 긴 문장 형식을 취하는 경우도 있다. 마치 이리저리 엮인 칡넝쿨처럼 혼문의 문장을 구사하는 것이다. 이들 문장은 누가적(累加的)인 표현 효과를 만들 수 있다. 판소리의 엮음과 같은 효과를 내는 것이다.

2. 시의 구성

한 편의 시에서 구성상 주의할 사항은 여럿이 있다. 통상 시 문맥의 전개는 기승전결이나 등가의 이미지 병렬 등과 같은 형식을 취한다. 드물게는 제목에서 본문을 거쳐 마무리까지 한 센텐스로 되는 경우도 있다. 그러나 이 같은 시 형태와 달리 작품 내부에서 주의할 점도 몇 가지가 있다. 특히 아래 사항들은 부주의하면 시적 효과를 반감시킨다.

① 문맥의 전개에 따른 앞뒤 내용 간의 호응 관계를 잘 유지해야 한다. 앞부분에 제시한 이미지나 언술은 작품의 중후반부에 와 적절한 호응 관계를 이뤄 내야 한다. 이는 마치 건축이나 목공에서의 사궤 물림처럼 잘 맞물린 짜임새를 담보해 준다. 앞에 제시된 이미지나 언술이 호응 관계를 이루지 못하면 문맥은 서로 어긋났거나 동떨어진 것으로 읽힌다.

② 도입부는 짧고 간결해야 한다. 더러 시에서도 정작 하고 싶은 말 앞에 장황한 얘기를 도입부처럼 덧붙이는 경우가 있다. 짧은 형식의 시에서는 부질없는 일이다. 곧바로 본론을 꺼내는 것이 좋다. 소설의 '중간에 끼어들기'를 생각하면 좋을 것이다.

③ 마무리는 이렇게 하자. 시의 마무리는 앞부분의 간결한 마무리 내지 요약인 경우가 대부분이다. 수미상관의 형식을 취해 첫 행, 첫 문장을 단순 반복할 수도 있다. 그러나 이 같은 마무리보다는 앞의 문맥을 뒤집는 '반전', 작품 끝부분에 와서야

비로소 시적 주체를 알게 하는 '발견의 기법' 등을 활용하면 더 효과적일 터이다.

3. 시적 대상

일반적으로 소재, 혹은 제재로 불리는 시적 대상은 작품 안에서 어떻게 다뤄지는가. 이는 대상을 어떻게 상상하고 그 의미를 제시하는가 하는 문제이기도 하다. 이 문제에 대한 몇 가지 해결 방안은 다음과 같다.

① 시적 대상은 될수록 다양한 방향에서 해석한다. 우선은 기성의 통념이나 상식을 벗어나야 한다. 누구든 상식이나 통념 따위를 알고자 시를 읽지 않는다. 시상(詩想)이 막히면 때로는 지금 생각과 반대로 생각한다. 막혔던 생각이 의외로 잘 풀릴 수 있다. 작품의 주제는 잠언, 경구 형식의 짧은 진술 문장으로 표현한다.

② 대상의 묘사는 2, 3개의 세부 사항만 선택하여 한다. 시적 대상의 세부들을 목록식으로 제시하면 안 된다. 효과적인 묘사는 사실성(구체성)을 최대한 높인다.

③ 사실적 오류를 범하지 말자. 실제 사실과 다른 정보나 잘못된 내용은 시적 효과를 급격히 잃게 만든다.

④ 상상적인 내용도 사실처럼 표현한다. 실제와 다른 상상적인 내용도 사실인 듯 표현한다. 시적 긴장을 높이는 효과가 있다. 그런가 하면 시적 표현에 과장도 필요하다.

⑤ 시적 대상을 '나'로 삼아 보자. 자신을 대상화하여 진솔한 자기 고백을 하는 경우, 독자의 공감을 높인다. 자기반성의 내용이 될 터이다.

4. 서사 구조를 도입하는 경우

시에 일정한 사건 내지 줄거리 있는 내용을 담는 수도 있다. 흔히 이야기시라고 불리는 경우다. 이야기시를 쓸 경우 주의할 사항은 다음과 같다.

① 줄거리의 서술은 속도감 있게 한다. 꼭 제시해야 할 내용만을 시에 담도록 한

다. 따라서 과감한 생략이 있을 수 있다. 특히 극적인 장면은 묘사를 선명하게 해야 한다.

② 신문 기사와 어떻게 다를가를 생각하자. 일단의 특이한 사건은 종종 시의 제재가 된다. 이 경우 사건에 대한 정보가 신문 방송 등에서 제시하는 수준이라면 굳이 시로 쓸 이유가 없다. 그 사건을 통해서 내가 남달리 깨닫고 생각한 내용을 꼭 제시해야 한다.

③ 과감한 생략으로 함축성을 높이고 여운을 잘 살리자. 이야기시의 핵심은 사건의 세부를 빠짐없이 서술하는 데 있는 게 아니다. 그보다는 세부를 과감하게 생략할 때 극적 효과와 함축성이 높아진다.

5. 기타

이상에서 설명한 내용 이외에도 몇 가지만 더 설명해 보자. 기본기를 익힌 뒤 다음과 같은 특이한 시의 형식을 알아 두면 적절히 활용할 수 있기 때문이다.

① 제목과 본문 내용이 비유 관계(근본 비교)인 경우도 있다. 이는 시의 제재를 특정 이미지나 정황으로 설정한 경우이다. 예컨대 제목은 '바다'라 하고 본문에서는 개떼들이 뛰노는 역동적인 상황만 단순 묘사한 경우가 그것이다. 너울이 이는 바다의 역동성을 개떼들의 힘차게 뛰는 모습으로 제시코자 한 것이다. 또 이 경우는 제목과 본문 내용이 전혀 걸맞지 않게 설정되는 예가 많다. 비유의 원관념(제목)과 보조관념(본문 내용) 관계를 생각하면 된다.

② 상이한 이미지를 병치시키는 형식도 있다. 서로 비슷하거나 관련이 없는 이미지들을 병치해 놓은 경우이다. "비에 젖은 나뭇가지와 거기 붙은 몇 닢 낙화/지하철역의 군중들 얼굴" 등을 아무 연결사 없이 병치시킨 작품이 한 예이다.

③ 시에서는 유머 감각, 위트, 해학도 필요하다. 시는 심오하고 엄숙한 담론을 지향한다. 그러나 엄숙주의가 언제나 미덕은 아니다. 시도 때로는 유머나 해학을 보여야 한다. 그 시가 되레 시적 울림을 더 크게 할 수 있다.

④ 형식(態)주의 시처럼 기성의 갈래 형식을 활용할 수도 있다. 일기, 편지, 동화 등등 다른 갈래 형식을 활용해 독특한 시적 효과를 노리는 경우가 그 예일 터이다.

시 창작에 뜻을 둔 사람은 일단 위에서 말한 일련의 사항을 유념해 두면 좋을 것이다. 그러면서 시적 훈련을 철저히 해야 한다. 수학 공식을 안다고 실제 문제 풀이가 더 잘되던가. 시 창작도 마찬가지다. 치열한 시 창작 훈련을 통해 이상의 요점들을 두루 내 것으로 육화해야 한다. 그런 다음 자기만의 시적 스타일 혹은 개성을 만들어 가야 한다. 여기서 내가 늘 강조한 사실이 하나 있다. 바로 시는 이런 것이다라는 고정관념을 버려야 한다는 것이었다. 기성의 시적 관념에 함몰해서는 새롭고 창의적인 시를 쓰지 못한다. 모든 사람들이 장에 간다고 나설 때 나만은 장이 아닌 산으로 갈 수 있는 용기와 주관이 필요한 법이다. 그 용기와 주관만이 참신한 나만의 시 세계를 열게 만든다.

시의 반세기, 나그넷길에 서서*

1. 이즈음 어떻게 생활하시고 어떤 마음으로 지내시는지요?

귀촌한답시고 이 산골 마을에 와 묻힌 지 여섯 해다. 그동안 나는 이곳에서 주변의 푸나무나 짐승들과 주로 어울렸다. 터앝에 과수 묘목을 심었다. 또 마을의 들고양이나 산 숲의 날짐승들과도 얼굴을 익혔다. 뿐만인가. 하늘의 별과 구름, 노을 등등과도 그랬다. 나는 그들이 대단한 비의(祕意)라도 지닌 듯싶었다. 그래서일 것이다. 무슨 경전(經典)처럼 나는 그들을 떠받들며 읽고 살폈다. 그러면서 나는 그 같은 얘기들을 그때그때 시로 만들었다. 올해 상반기쯤 시집으로 묶어 문세(問世)할 참이다. 과연 그런 얘기들이 독자들의 공감을 얻을 수 있을까. 나로서는 적지 않게 저어가 된다. 그러나 심오한 뜻과 값을 자연은 숨겼다고 노래한 초월적 상징주의 시인들도 있지 않은가.

과거 왕조 때 귀양 산다는 게 이런 것 아니었을까. 창궐한 코로나 탓으로 한 이태 나는 뜻하지 않게 그런 일상을 살고 있다. 서울 나들이도 극도로 삼가고 있다. 지난날 누군가 서울을 당대의 현장이라고 했지만 나는 그 현장을 완전 일탈해 산다.

2. 문학 청년기와 등단하기까지에 대해서 말씀해 주세요.

돌이켜 보건대, 내가 문학의 아취(雅趣)에 홀리기 시작한 건 중학생 시절이었다.

---

*이 대담의 설문은 박판식 시인이 작성한 것이다.

초등학교를 갓 졸업한 뒤 나는 서울로 올라왔다. 단독 상경이자 유학길이었다. 그러나 그 길은 많이 힘에 벅찼다. 갖가지 시골티를 못 벗은 나는 동아리들과 잘 어울리지를 못했다. 대신 학교 앞 세책점(貰冊店)에서 만화나 소설류들을 빌어다 밤을 새워 읽었다. 지독한 남독(濫讀)이었다. 그렇게 나는 세책점의 소설, 시집 등을 일 년 남짓 거의 다 독파하고 말았다. 지금도 기억에 선명한 것은 김래성의 『마인』이란 소설이었다. 소설을 읽는 동안 나는 몸이 오싹대는 경험을 자주 해야 했다. 그리곤 나도 이런 소설을……. 한번 써 보고 싶다는 욕망이 슬몃 일었다. 중고교 시절 몇 편의 어쭙잖은 습작 소설들이 그래서 나왔다.

시 습작을 본격적으로 한 것은 대학에 와서였다. 내 모교는 한 시절 시인공화국이라 불렸다. 재학생 시인들이 학교 교정에 많게는 칠팔 명, 적게는 삼사 명씩 됐기 때문이다. 그 탓이었을 것이다. 나는 그 분위기에 흠뻑 빠져 시에 매달렸다. 정규 강의보다는 작품 합평, 시 낭독회, 동인 활동 등으로 세월을 보냈다. 문효치, 강희근, 조정래, 박제천, 고 정의홍, 고 홍희표 등등이 그 시절 글동무들이다. 그러던 중 군 징집영장을 받았다. 나는 적잖이 당황했다. 군 복무 3년이면 그때까지의 내 시 공부는 죄다 망가질 것 같았다. 단기간에 어디선가 등단 절차라도 밟아 둬야 할 것 같았다. 때마침 막 창간된 시 전문지가 만만해 보였던 것일까. 나는 그 시 전문지에 작품을 열심히 보냈다. 그렇게 해서 나는 『시문학』지를 통해 소정의 3회 추천을 받았고 같은 해 논산훈련소 내무반 침상에서 추천 완료 소감을 썼다. 그렇게 내 등단은 이뤄졌다. 벌써 오십몇 년 저쪽 일이다.

3. 시를 써 오면서 애착이 가는 시어 몇 개를 소개해 주세요.

최근 몇몇 작품에 '찬바람머리'란 시어가 등장한다. 여기 마을에 와 우연히 한 늙은 아낙에게서 듣게 된 토착말이었다. 찬바람이 불기 시작한 시점을 뜻하는 말이다. 권위주의 시절 현실이 조악했을 때는 주로 강한 말, 힘 있는 표현을 찾아 쓰고자 노력도 했다. 이를테면 '마음 부릅뜨고', '아프지 않게' 등의 어구가 그것이다. 얼마 뒤 동구권의 몰락과 민주화 추세에 따라 현실주의가 퇴조하자 나는 선불교에 마음이 기울기도 했다. 자연히 그에 관련한 시어들이 빈번하게 등장했다. '화엄', '면벽', '마음' 등등의 낱말이 그것이다. 암튼 반세기 넘게 시를 써 오며 내가 일관되게 아껴 온 말들은 생활이 짙게 결은 고유한 우리말이라고 할 터이다.

4. 특별히 영향을 받은 시인이 있으신가요? 현재 시인들과의 교류는 어떠하신지요?
　시인은 자신과 시대를 같이한 글쟁이들과 어울릴 마련이다. 그 어울림 가운데 알게 모르게 서로는 서로에게 영향을 주고받는다. 나는 뭇 사람들이 말하는 '사당패'와 오래 어울려 왔다. 한창 시절엔 각지 여행을, 얼마 전까지는 매달 한 번 정도의 모임을 가졌다. 잘 알려진 대로 황동규, 김윤배, 김명인, 이숭원, 하응백 등등이 우리 모임의 면면들이다. 최근엔 정끝별, 심재휘가 이 모임에 종종 나오곤 한다. 이즘은 그 모임도 코로나 창궐 탓에 이태 동안 쉬고 있다. 여기서 한 가지 사실만은 밝히고 넘어가자. 내가 등단 뒤 지금까지 지켜 온 믿음—문학은 '떼'로 하는 게 아니라 홀로 자기 삶이나 세계와 맞짱 떠야 하는 고독한 작업이라는 사실이다.

5. 등단 이후 지금까지의 시적 변화 혹은 흐름을 말씀해 주세요.
　그간을 돌이켜 보면 나는 몇 차례 시에 관한 생각과 태도를 바꿔 왔다. 철없이 젊은 객기만을 내세운 적도 있었고 조악한 현실에 대한 비판과 노여움을 쏟아 낸 적도 있었다. 첫 시집을 엮어 낸 뒤였다. 그러다가 추상적이고 관념화된 현실 인식에 대한 실망과 좌절이 왔다. 결국 그 좌절은 기층민들의 구체적이고 사실적인 서사의 세계로 옮겨 가야 했다. 우리 이웃 사람들에 관한 이야기시가 그것이다. 게다가 동구권의 몰락과 현실주의의 패퇴는 웅숭깊은 인식과 서정 안으로 거듭 시를 옮겨야 했다. 그래서 자연스레 찾아든 곳이 선사들의 어록집이었다. 그러다 선불교의 관법(觀法)에 흠뻑 빠지기도 했다. 줄여 말하자면 내 시는 감각 위주의 나이브한 서정에서 현실 비판과 이야기시의 세계로, 다시 웅숭깊은 인식과 성찰을 축으로 한 정신주의의 세계로 회귀했던 셈이다.

6. 앞으로의 계획에 대해서 말씀해 주세요.

올해 시집을 상자하고 나면 언제 또 시집을 엮을지. 나는 딱히 막막하다. 벌써 생물학적 나이로는 나도 노질(老耋)의 연목(年目)에 들어선 것이다. 앞으로도 시는 만들 터이다. 만들어질 것이다. 이는 반세기 넘게 시에 매달려 온 내 관성 탓이기도 하리라. 더러는 시가 나를 끌고 가기도 할 것이다. 하지만 과연 시집 한 권 더 묶을 작품이 나올까 싶다.

다른 구상 하나는 이렇다. 여기 내 칩거(蟄居) 공간에 작은 문학의 터전 하나를 꾸려 볼 생각이 그것이다. 그간 소장해 온 서책들을 필요한 이들이 활용토록 하고 또 문학 모임을 위한 공간도 제공할까 싶어서다. 아직은 설익은 계획에 지나지 않지만.

제4부 여행길의 낙수(落穗)와 지리지(地理志)

능안뜸, 과거로의 짧은 기행
—옛 고향 마을을 찾아서

옛 서편말(서편마을, 당시 불리던 지명 그대로 적는다) 초입에서 우리는 차에서 내렸다. 몇백 년 된 느티나무가 섰던 어름이었다. 능안뜸으로 가는 길은 생각 밖으로 잘 정리돼 있었다. 길 좌우로 집들이 듬성듬성 주저앉았던 마을엔 남은 게 아무것도 없었다. 공터뿐 그냥 휑뎅그렁했다.

"어머니, 이젠 공원이 돼 산책로가 됐네요."

나는 뒤에 처져 동생들과 천천히 오고 있는 어머니에게 말을 건넸다.

"그렇구나. 어쩜 동네는 흔적도 없니?"

"신도시가 돼 깨끗해 좋긴 하구만."

곁의 동생도 그렇게 말을 덧보탰다. 우리 일행은 어머니와 두 여동생, 그리고 내가 전부였다. 오랜만에 만난 가족 모임 자리에서 우리는 신도시 얘기 끝에 옛 살던 동네나 한번 가 보자고 나선 길이었다. 서편말 동네로 생각되는 널찍한 공간을 지나자 이내 도령산 자드락길이 나타났다.

"참 그때는 워낙 후미져 밤낮 무서웠던 곳인데."

국민학교 등하교 때면 혼자 지나기가 꽤는 무서웠던 산기슭 길이었다. 동생은 그 시절을 끄집어낸 것이다. 겁이 많았던 나는 이 산 밑 오솔길이 무서워 얼마나 질렸던가. 산길을 지나 모퉁이를 돌자 이내 능안뜸이 나타났다. 아니 휑한 공간만이 저 앞에 놓여 있었다.

그 무렵 능안은 고작 네 집뿐인 외진 뜸이었다. 동네나 마을이라 부르기도 계면쩍은 규모였다. 이 외진 뜸이 내가 나고 자랐으며 살던 곳이다. 신도시 개발로 집단 이주한 2002년까지 그랬다. 그리 높지 않은 산을 뒤에 하고 옹기종기 일렬로 주저앉은 네 집 메—우리 집은 두 번째 집이었다. 집 앞에서 보면 낭언덕을 지나 들녘을 끼고 제법 큰 냇물이 흘렀다. 오산천이다. 이런 지리적 형국만 따지자면 배산임수의 그럴듯한 마을 모양새였다.

특히 집 뒷산은 경사가 급하거나 바위 많은 악산(惡山)이 아니었다. 그런 산세인데 멀리서 보면 꼭 어미 개가 새끼들을 끼고 누운 형국이라고들 했다. 헌데 그 새끼가 없던 탓이었을 게다. 산 자드락으론 인조 가산(假山)이 서넛 올망졸망 자리하고 있었다. 말하자면 새끼들을 인위적으로 조성해 보비(補備) 산수를 꾸민 것이었다. 철없던 유소년기 나는 그 조그마한 가산/조산에 올라 맘껏 뛰놀았다. 그런 산세여서 안쪽으론 큰 묘소들도 있었다. 반남 박씨 일문의 묘지였다. 산은 그 문중의 종중 산이자 선영이었던 것. 신도시로 편입된 현재 이 묘소들은 그냥 그대로 존치돼 있다. 반남 박씨 묘역으로 지정돼 있는 공간이 그것이다. 뒷산의 산세나 보비 산수 운운의 사실은 모두 뒷날 내가 풍수(風水) 이론에 관심을 두던 때 들어서 안 얘기다.

능안뜸은 워낙 가호(家戶) 수가 적다 보니 내게는 또래 친구가 있을 리 없었다. 고작 네다섯 살 위 남자아이 한 명, 아니면 두세 살 터울의 여자애 하나가 있었을 뿐이다. 그들과도 나는 잘 어울렸던 것 같지 않다. 봄이면 할머니 치맛귀나 붙잡고 뒷산이나 들로 나물 뜯는 델 쫓아다녔고 아침저녁으론 옆집의 종조부에게 천자문을 배우는 게 고작이었다. 국민학교 취학 전의 내 유년기는 이렇게 갔다. 이 같은 탓이었을까. 나는 어지간히 숫기가 적었다. 낯 많이 가리고 말수도 꽤는 적어 어딜 가든 또래들과 어울릴 줄 몰랐다. 이런 성격은 뒷날에도 고치지를 못했다. 서울로 유학가서 지낸 중고 시절엔 주로 외톨이 노릇을 해야 했다.

"어매, 어쩜 이리 싹 변했나."

"상전벽해라드니 옛말 그대로구나."

어머니와 동생들이 옛 마을 자리에 도착하자 기함한 듯 말들을 쏟아 냈다. 나도 한순간 멍한 기분이었다. 지난날 마을의 집들이 앉았던 터는 너무나 공원답게 잘 다듬어져 있었다. 그러다 보니 이런저런 낯익은 지형지물이나 손때 묻은 기물들은 아무것도 없었다. 기대어 기억을 더듬어 볼 무슨 거리가 전혀 없는 것이다. 집 울바자 뒤의 터앝도 마당 끝 왕골논이나 돌미나리가 많던 집 곁의 도랑, 올망졸망한 저 가산(假山)들—우리가 살붙이처럼 일상을 함께 누렸던 풍물들은 흔적도 없었다. 다만 마을의 집자리라고 짐작할 만한 휑뎅그렁한 공터만이 거기 있었다. 도령산과 큰재봉, 능안 뒷산 모두가 공원이 된 탓일까. 그런 까닭으로 덩그런 공간으로나마 능안뜸 집터들은 그대로 남아 있는 셈이었다.

사실 신도시가 들어서자 옛 석우리 지역엔 천지개벽이 일어났다. 나즈막한 둔덕이나 야산, 골아실 논들과 밭, 실개천이나 도랑이 지표면에서 흔적도 없이 사라진 것이다. 내가 반세기 넘게 드나들며 보아온 낯익은 지형지물들이 모두 자취를 감춘 것이다. 도시계획에 따라 거창하게 이뤄진 토목공사 탓이리라.

"살던 데지만 먼 딴 나라에 온 거 같다."

"예전 그 자방골 고개가 어디쯤이었는지, 전에 버스 다니던 큰길이 어디였는지 영 짐작이 안 가네."

신도시 탓에 마을 원주민들은 세거지(世居地)에서 집단 이주를 해야 했다. 그리고 도시가 완성된 뒤에 찾아본 고향에서 나는 옛 동네 친지를 만나 이런 탄식 아닌 탄식을 하기도 했다. 그래서 다음과 같은 시구를 적었는지도 모른다.

　　걸어 초등학교 통학했던 얕으막한 둑길과 야산
　　강제수용당한 논밭들이
　　감쪽같이 대단지 아파트와 고층 상가로 몸 바꾼,
　　그렇지, 열세 살 적 어려서 떠났던 여기 세거지에 와
　　모처럼 나를 아는 그 시절 후배를 만났군
　　그런데 누구더라
　　저만큼 뛰어가는 생소한 그의 뒤통수에

곧추선 반백의 머리올 몇 유독 성근 빗낱에 더 춥게 젖는다

물탕 튀기며 질주하는 자동차들,

네거리 횡단보도에 멈춰 선 낯선 신도시 사람들

그 길 건너 아파트 등 뒤에 걸린

남서쪽 먼 하늘이 이내 번하게 개어 오지만

빗물에 뜬 이 고장 낯설음은 콸콸

갈수록 불어나 하수구로 쏟아지고 빠진다

실낱만큼도 아니게, 아니 실낱만은 하게

정작 고향은 나를 아는

이름도 기억에 없는

그 중늙은 후배의 입가에나 남았군

—졸시 「첫 겨울비」 전문

    모처럼 찾은 고향에서의 한 편 삽화를 나는 이렇게 덤덤하게, 아프지 않은 척 적었던 것이다.
    우리는 옛집 터로 짐작되는 어름쯤에서 잠시 쉬기로 했다. 그리고 주변을 찬찬히 둘러보기 시작했다. 내 어린 날 오갔던 낭언덕 길과 그 곁 전답들은 평탄한 공휴지로 변했다. 높고 낮은 지형지물들이 모두 메워져 널찍하고 밋밋한 공터가 된 것이다. 거기엔 주차장처럼 여럿 승용차들이 머물며 쉬고 있었다. 게다가 지난날 개울 옆 큰 제방은 차들이 오가는 널찍한 도로가 됐다. 이들 공간이 한때는 내게 어떤 모습이었나. 서울서 귀향한 여름방학이면 소를 내다 맸던 들녘이었다. 저녁 무렵이면 소에게 풀을 뜯기곤 했던 하천부지였다. 그랬던 곳이 완전 개벽이 돼 딴 세상으로 바뀐 것이다. 아마 어느 시절 어느 고장의 지도든지 이렇게들 바뀌고 고쳐지는 게 아니냐. 산천이 의구하다는 소리는 옛말에 불과했다.
    "엄마, 이제 갑시다."
    "더 있어 봐도 그렇네. 그만 일어납시다."

우리는 쉬던 자리에서 일어섰다. 그리고 왔던 길을 되짚어 천천히 걷기 시작했다. 동생들이나 어머니, 나 누구도 입을 열지 않았다. 아니 못했다. 한동안의 서로 간 침묵이 버거웠던 탓이었을 터이다. 나는 뒤처져 걷는 어머니를 돌아봤다. 그 순간이었다, 늙은 어머니의 눈가에 번진 물기를 본 것은. 나는 못 본 체 재빨리 고개를 돌렸다. 노인의 눈가에 상전벽해로 변한 고향 마을이 그렇게 맺혀 있었다. 늘그막에 한평생 살았던 마을에서 강제로 내쫓기듯 당신은 떠났던 게 아니던가. 서편 말에 돌아와 차에 다시 탑승할 때까지 우리의 침묵은 계속됐다. 그리곤 이내 수원 집을 향해 차를 몰아야 했다.

왜 능안일까. 행정상 공식적인 마을 명(名)은 화성시 동탄면 석우리다. 석우리(石隅里)는 돌모루라고 순우리말로 불리기도 했다. 능안은 그 돌모루의 작고 외진 한 뜸에 불과했다. 한 자료에 따르자면, 능(陵)이 들어앉을 만해서 능안으로 불린다고 했다. 과연 그럴까. 나는 그 같은 마을 명(名) 설명이 별로 마음에 와서 닿지 않는다. 장풍득수(藏風得水)의 풍수로 따져도 그럴 지세나 산수의 형국은 아닌 탓이다. 인간의 기(氣)는 흔히 백 년쯤 간다고 한다. 그 기가 흩어지지 않고 후손의 명운에 간섭한다는 생각이 풍수의 명당론엔 깔려 있다. 그 탓에 기를 잘 보전하려고 산세나 형국을 따지고 명당을 운위해 온 것. 허나 이런 소리를 나는 별로 신뢰하지 않는다. 능안은 이 같은 풍수 이론에 비춰 봐도 해당되는 게 별로 없지 않은가.

어즈버, 반세기 넘게 고향으로 살아온 마을을 잃은 지도 어느덧 이십여 년 저쪽 일이다.

화성의 박물지, 혹은 나를 찾는 도정
―『화성 소나타』를 읽고

1.1. 벌써 30여 년 저쪽의 일이다. 갓 화성 소재 대학으로 직장을 옮겼을 때 나는 감회가 남다른 바 있었다. 오랜 외지로의 떠돌이 구실에서 막상 고향으로 돌아왔기 때문이다. 그 무렵 입사 동기였던 용환선 교수의 얘기가 나는 지금도 잊히지 않는다. 학교 인근의 융건릉을 지나다 들려준 얘기는 이랬다.

"여기 이 왕릉에서 건너다보면 독산성 세마대 봉우리가 꼭 향로 모양이랍니다. 그래 정조가 향로에선 늘 연기가 나야만 한다고 세마대 산 자드락에 인가를 두어 살게 했다지요. 아침저녁 밥 짓는 연기가 올라 제대로 향로 구실을 하도록 한 겁니다."

초등학교 시절 나는 몇 차례 세마대로 소풍을 다녔던 적이 있었다. 그때 임진왜란 중 권율 장군이 말을 쌀로 씻겼다는 전설을 자주 듣곤 했었다. 그 전설만 기억하던 나로서는 용 교수의 향로 얘기가 꽤는 새로웠다. 가벼운 문화적 충격이 한순간 훑고 지나갔었다.

이번 우호태 시인의 『화성 소나타』 세마대 부분을 읽으며 나는 그 시절 그 얘기를 새삼 떠올렸다. 출발에서 되돌아옴까지 일련의 노정을 읽는 동안 그때 충격이 되살아난 탓이었다. 이 글의 서술자는 무료에 시달리다 출가를 감행한다. 그리고 천천히, 정작 속도만 강조했던 자신을 통회(痛悔)하듯, 느린 걸음으로 독산성 등정을 시작한다. 노정을 따라가며 서술자는 마치 색색깔의 조각보를 감치고 호듯 갖가지 풍물과 역사들을 호출한다. 지난날 서술자의 기억들을 호출하는가 하면 목전의 경승들을 세필화처럼 꼼꼼히 묘사한다. 그래서 현재와 과거가 이 기억의 호출 형식을 통해 어우러지게 된다. 누군가 역사란 과거와 현재의 대화라고 하지 않았던가. 실제 이 글에서 현재와 과거는 대비되고 뒤섞인다. 여기서 역사가, 그것도 여느 사람들의 일상을 기록하는 미시의 역사가 등장한다. 이를테면 서술자가 지명의 유래에서부터 경승에 얽힌 전설과 역사까지 세밀하게 제시하는 일이 그것이다. 뿐만이 아니라 자신의 자전적 사실까지 함께 보여 준다.

1.2. 그런가 하면 우 시인은 "아는 만큼 본다"라고 말한다. 이 언술을 따라가다 보면 화성 곳곳이 유구한 역사와 숱한 삶의 곡절이 서린 터전이자 고장임을 확인케 된다. 이는 제1부 무봉산에서 제부도까지의 기행이나 제2부 세마대 등정을 읽어 보면 금세 드러나는 사실이다. 일반적으로 산책이란 특정한 목적(지) 없이 걷는 것 그 자체가 목적이자 쾌락인 행위이다. 그래서 일정한 목적지에 도착하는 이동 방식으로서의 도보와 구별된다. 이 같은 산책은 느림을 특징으로 한다. 또한 현실적 이해득실을 초월한 속도여서 주변의 갖가지 풍물들을 마음껏 완상한다. 마치 우리가 미술관의 전시 작품들을 느긋이 감상하듯 둘레의 뭇 것들을 심미적 대상으로 바라보고 즐기는 것이다.

실제로 우 시인은 이 책에서 느림의 미학을 구현해 보여 준다. 특히 제2부 '나를 찾아서'란 부제를 달고 있는 세마대 등정기의 경우가 그것이다. 병점을 중심으로 거리와 들녘, 하천 등을 지나치다 싶을 만큼 세부 사항들을 놓치지 않고 애정 어린 시선으로 관찰하고 있는데 이는 바로 저 느림의 미학이 아니고 무엇이겠는가. 뿐만이 아니다. 이미 부제가 암시하듯 서술자의 시선은 외부 자연물에만 머물지 않고 자신의 내면으로 향하고 있다. 그가 살아온 지난 삶의 궤적과 그 의미를 반추하는 일련의 담론이 그것이다. 이러한 자신을 웅숭깊게 성찰하고 정체성을 기획하는 일은 오늘을 사는 우리들 누구나의 한 과제가 아닐까 싶기도 하다. 두루 지적하듯 오늘의 현실 사회는 속도와 성과만을 광적으로 추구한다. 그 결과 삶은 갈수록 피폐해지고 진정한 자신을 망실(亡失)하기 일쑤다. 그런 일상에서 '참 나'를 성찰하고 찾는 일은 그 중요성을 아무리 강조해도 지나치지 않을 터이다.

그러면 우호태 시인이 찾는 '참 나'란 누구일까. 그 나를 찾는 도정에서 우 시인은 여러 사람들을 만난다. 특히 그는 은일의 자연파 시인으로 일관한 중국 남조 시대의 도잠(陶潛)을 사숙하듯 좇고 있다. 그의 삶과 문학이 이즘 말로 하자면 멘토/멘티 형식으로 드러나 있는 것이다. 한때의 출사와 퇴은(退隱)으로 대표되는 도잠의 삶은, 잘 알려진 대로, 지난날 숱한 유학자들 삶의 전범이 돼 왔다. '화천(化遷)'을 삶과 자연의 상리(常理)로 생각한 그는 일생 동안 자연의 이법을 인생과 문학에서 두루 실천했나. 이 도잠 시인을 멘도로 좇는 우 시인의 앞으로의 삶의 역려(逆旅)는 어떠할 것인가. '참 나'는 어떤 모습일까. 이는 무릇 그를 아끼는 많은 이들의 초미의 관심사일 터이고 또 지켜볼 일인 것이다.

1.3. 지금까지 우리는 우 시인을 따라 화성의 들녘과 산하를 둘레길 탐방하듯 돌아왔다. 그러면 과연 이 같은 탐방이 뜻하는 바는 무엇인가. 지난 세기 초 각종 기행문들이 근대수필 갈래로 자리 잡은 바 있다. 이 갈래는 최남선의 「백두산근참기(白頭山覲參記)」로 대표된다. 비록 몸(국가)은 빼앗겼어도 정신(민족의 얼)만은 지켜야 한다는 게 일제강점기 민족주의자들의 신념이었다. 이 신념에 따라 민족의 정체성과 얼을 찾자는 운동이 바로 강토의 순례였다.

순례를 통하여 그들은 이 나라 곳곳의 풍물과 역사를 새삼 확인하고 탐구했다. 이 민족주의자들의 국토 순례는 각종 기행문을 낳았고 종국에는 기행수필이란 갈래로 자리 잡은 것이었다. 특히 최남선은 그의 박람강기의 뭇 지식들을 기행문에 곧장 쏟아부었고 그 결과 기행문은 박물지를 방불케 한 결과를 낳았던 것. 이 무렵의 국토 순례가 일부 식자층들에 국한되었다면 이즘은 어떤가. 이즘은 관광이란 이름 아래 세대와 성별을 가리지 않고 뭇 사람들의 일상사로 자리 잡고 있다. 그것도 자연의 단순 탐승 여행에서 문화 여행으로 그 방식이 바뀌고 있다. 또한 여기에 웰빙이란 부차적 목표까지 덧대어지고 있지 않은가.

이 일련의 세태들을 나는 『화성 소나타』를 읽으며 다시 곱씹고 되돌아본다. 이번 우 시인에 의해 써진 『화성 소나타』는 우리 화성의 문화적 정체성 탐구를 기획한 글이면서 화성의 박물지가 되지는 않을까 싶다. 앞에서 살펴본 그대로 우리 화성에 터전을 잡고 살아온 사람들의 역사와 삶을 되돌아보고 찾는 일에 그 초점을 두고 있기 때문이다. 말하자면 화성의 정신적 혼을 탐색하고 확인하는 뜻깊은 작업인 것이다. 그것도 이 고장에서 나고 자랐으며 또한 지역단체장의 직을 수행한 일련의 경험을 밑바탕에 깔고 있기에 이 작업은 더욱 그 성과가 크고 남다르다고 할 터이다. 따라서 이 책을 통해 고향의 갖가지 역사와 풍물을 새삼 되읽는 내 소회 역시 크다 하지 않을 수 없겠다.

2.1. 우호태 시인이 『화성 소나타 2』를 다시 펴낸다. 지난번 『화성 소나타 1』의 후속편인 셈이다. 『화성 소나타 1』은 '동탄 무봉산에서 서신 제부도까지'와 '세마대를 다녀오며' 등 2부로 기획되어 출간됐다. 이번 『화성 소나타 2』 역시 '황구지천 물길 여행(수원천 서해에 가다)'과 '화성순행(華城巡行)' 등 2부로 구성해 엮고 있다. 이 두 권의 책자는 우 시인의 고향이자 필자의 고향이기도 한 화성의 지리지(地理誌)라고 할 수 있을 터이다.

일찍이 『택리지(擇里志)』를 썼던 이중환은 말하길 "우리나라의 산천, 인물, 풍속, 정치 교화의 연혁, 치란득실(治亂得失)을 가지고 차례를 엮어 기록"한다고 하고 택리지의 저술이 단순 '사람 살 만한 곳'을 가리는 데 있지 않다고 하였다. 그 저술의 참뜻은 "실제를 가지고" "문자 밖에서" 구하고자 한, 곧 자신의 원대한 경세치용 사상을 담고자 한 것이었다. 이는 조선의 지리적 정보를 빌미로 자신의 도(道)를 역설한 예라고도 할 것이다. 대개 지리를 말하는 경우 산천과 경물뿐 아니라 인문을 성찰하고 그 너머의 더 큰 보편적 참(道)을 참구했던 것이다. 우리는 이 같은 의미선상에서 우 시인이 힘들여 엮는 화성 지리지의 참뜻을 깊이 있게 읽어 내도 좋을 터이다.

앞에서 이미 말한 바, 『화성 소나타 1, 2』는 화성의 대표적 명소라 할 무봉산, 제부도, 세마대, 화성 성곽, 황구지천 등등을 답사하고 기행한 글들이다. 특히 『화성 소나타 1』이 동에서 서로 공간 이동을 한 기록이라면 이번 『화성 소나타 2』는 북에서 남으로의 기행이라고 해야 할 터이다. 이 종(從)과 횡(橫)의 교차 기행은, 마치 지도 제작에 있어 전체를 몇 폭으로 나누어 상세 지리를 표기하듯, 화성 지역을 빠트린 지역 없이 살펴보고자 한 기획일 것이다. 또한 이는 화성이란 공간을 체계적이고 중층적으로 살펴보려는 뜻을 내장한 것이기도 하다.

그러면 과연 이렇게 나뉜 화성의 이번 탐방 지역은 어느 장소들일까. 이미 프롤로그에 나와 있듯 수원의 화성 성곽과 황구치천의 물길 두 공간이 바로 그것이다. 특히 화성의 성곽을 둘러보고 탐색한 경우는 '공간의 역사학'이라고 할 만하다. 예컨대 다음과 같은 정치 교화의 기술이 그 단적인 예이다.

한성을 중심으로 북부에 개성, 서부에 강화, 동부에 광주와 더불어 남부에는 화성 유수를 두었다. 방위 체제 구축이다. 기존의 5군영 체제의 혁신과 무예도보통지 발간…… 등은 자주국방에 대한 통이다. 통공 정책으로 육의전을 제외한 소상공인 자유 영업제를 실시했다. 특히 화성 육성을 위해 전국의 팔부자 이주와 시전 설치는 실학자 연암 박지원이 지은 "허생전"의 주인공 허생처럼 돈길에 대한 안목이다. 국영 둔전(축만제 대유둔전)과 저수지 조성(축만제, 만석거, 만년제), 수원천의 하폭 정리…… 등등 농,상 경제 정책에도 통했음을 알 수 있다. 화성 상인을 이른바 "유상"이라 했으니 수원의 상징어로 리메이크해 볼 일이다. 화성이 세계 성곽 문화의 꽃이라 평가되는 바는 바로 문화에 대한 식견과 국제적 안목이 있음이 다름 아니다.

인용한 글은 화성 순행 다섯 마당 '사통팔달, 정조대왕'의 한 대목이다. 수원 성곽이 축성된 시대적 배경과 그 일련의 관련 사실 등이 집중적으로 기술되어 있는 것이다. 사상(私商)들의 금난전(禁亂廛)을 해제한 신해통공(辛亥通共), 그 사상들을 중심으로 한 상업의 발달과 자본의 축적, 도시의 기획과 형성 등을 현장인 수원 성곽을 돌아보며 살피고 있는 것이다. 일반적으로 역사는 시간을 축으로 한 변화를 따라가며 적는다. 그러나 공간의 역사학은 그 통시적 변화보다는 특정 공간에 방점이 찍히게 마련이다. 말하자면 시간의 변화를 기술하되 공간을 축으로 삼는 역사학의 한 형식인 것이다. 이 역사학은 지역사 연구로서 공간을 잠재적으로 다루던 데서 지금은 그 공간을 의식적·주체적으로 다루는 데까지 이르고 있다. 곧, 특정 공간을 역사학의 주제로 설정하고 그 공간을 복합적으로 성찰하는 것이다.

이번 우 시인의 화성 순행은 현재 남아 있는 성곽을 일순, 답사하는 형식을 취한다. 그리고 답사하는 성곽 각 곳의 역사적 사실과 내력, 경물, 발화자의 분방한 상상력 작동 등을 심도 있게 묘사하고 보여 준다. 그래서일까. 이 언술 형식은 우리 읽는 이로 하여금 화성의 현장 속으로 깊숙이 끌려들게 만들고 있다.

2.2. 왜 고향인가. 흔히 고향은 자기 태(胎)를 묻은 공간이라고 일컫는다. 내가 거의 백지상태인 어린 날부터 나를 길러 주고 나를 있게 한 장소인 것이다. 곧 시원(始原)의 공간인 셈이다. 거기서 우리는 토착말, 음식, 놀이, 경물 등등 생활 문화는 물론 삶의 일체 가치체계 등을 배우고 익힌다. 그래서 흔히 고향은 나의 아이덴티티와 동의어로 쓰이기도 한다. 나란 누구인가, 나는 어떤 존재인가를 결정짓는 DNA라고나 할까.

이처럼 자기 정체성으로서의 고향은 그동안 많은 시가(詩歌) 작품들로 노래 되기도 했다. 곧 저 수많은 문학사상의 시가들이 고향을 읊어 왔던 것이다. 뿐만이 아니라 전설, 신화 등 기억의 담론들도 시공과 사람을 달리하며 끊임없이 생산돼 왔던 것. 특히 개인에게 고향은 호출된 기억 속에 존재한다. 일반적으로 고향은 지금 이곳과는 일정 정도 시공을 격하게 마련인 때문이다. 그런가 하면 고향은 공공성을 띤 기억이 되기도 한다. 이를테면,

> 큰일과 사건은 많은 사람의 기억 속에 있는 셈이다. 정사는 의전적 기록에 비중을 두나 야사는 정황과 주변인들의 증언이 있기에 더욱 생동한다. 때론 기록자의 각색이 이루어지는 허식이 문제되기도 하지만 스토리는 지역 생활공간의 멋으로 브랜드이기도 하다.

와 같은 우 시인의 언술처럼 공공성을 띤 기억, 곧 집단 기억으로 호출되기도 하는

것이다.

B. 앤더슨에 따르자면 민족은 기획되고 창조된 것이라고 한다. 민족을 이룩하고 형성케 하는 것은 기억의 호출과 그를 통한 유대감, 상상된 공공성을 축으로 삼아 기획한 무엇이라는 것. 말하자면 문화적 인공물이란 것이다. 마찬가지로 고향 역시 화석화한 지난날 기억물이 아닌 앞날에 기획되어 만들어지는 무엇이라고 할 것이다.

나는 이번에도 『화성 소나타 2』를 읽으며 새삼 앤더슨의 담론을 기억해 냈다. 범박하게 말해 『화성 소나타 2』는 『화성 소나타 1』의 경우처럼 일단 고향의 특정 공간을 답사하는 기행수필의 형식을 취한다. 그러면서 특정 공간에 얽힌 기억을, 그것이 개인 차원의 것이든 공공 차원의 것이든 호출한다. 이 호출된 기억과 함께 오늘의 현재가 거기 병합된다. 말하자면 과거와 현재가 융합 통섭된 형식을 일관되게 견지하는 것이다. 이는 달리 말하자면 호출된 기억을 통해 내 정체성을 확인하는 일이면서 이를 바탕으로 새로운 나를 또한 기획 창조하는 일일 터이다.

우 시인은 이 같은 기획과 창조의 일을 지난번에 이어 이번에도,

일상을 벗어나 멈춤과 느림의 걷기로 나를 발견하고 소진된 에너지를 충전한다. 내 방식대로의 오감과 몸 울림이다. 물길 여행과 순행을 하는 동안 아이가 되었다. 때론 동심의 유치한 발상이 창조의 소재가 되거나 생활에 활력을 준다.

라고 언급한다. 독산성 등정이 됐든 황구지천 물길 여행이 됐든 그 답사에서 나는 나를 발견한다. 여기서의 나란 고향을 통해 확인된 나의 정체성을 뜻한다. 그리고 그 성취의 순간이야말로 동심 곧 천심이란 말 그대로 고향과 내가 둘이 아닌 하나 됨을 의미하지 않겠는가.

그렇게 발견된 나는 여기서 화석처럼 고착된 존재가 아니다. 나는 끊임없이 기획되고 변화되는 존재인 것이다. 그것은 더 말할 나위 없이 새롭게 상상된 공간으로서의 고향이자 나이기도 할 터이다. 그렇듯 우 시인에게 고향은 과거 아닌 미래 속으로 존재하는 것이리라.

2.3. 신해년 금난전권이 해제된 뒤로 조선조의 상업은 사상도고(私商都賈)들을 중심으로 발전을 거듭했다. 특히 떠돌이 보부상들의 상단이 각지의 난장(亂場)을 누비며 상권을 장악한다. 그 와중에 예인 패들과 어울린 일은 「장길산」이나 「객주」같은 우리 소설들 속에도 잘 그려져 있다. 아래의 얘기도 대략 그 시절 조선 끝 무렵의 일이었을 터이다.

섣달그믐께 세밑이었다. 물건을 해지고 대목장을 돌던 두 상인이 객점에 들었다. 그날따라 빈방이 없었다. 손들이 북적이다 못해 만원이었던 것이다. 맞춤한 잠자리를 못 잡은 두 상인은 그 객점의 평소 쓰지 않던 골방에 들어야 했다. 문창이 찢어져 찬바람 횡횡 도는 방이었다.

"여보, 어쩔 수 없어 들긴 했지만 이 방에서 자다간 얼음 귀신 되겠소."

"무슨 수를 냅시다. 문창이라도 바르고 자야 될 듯싶소이다."

두 상인은 의논 끝에 한 사람은 풀을, 다른 한 사람은 종이를 나눠 대기로 했다. 찢어진 문창은 그렇게 해결을 봤다. 이튿날 아침이었다. 두 상인은 각자 짐을 챙겨 다음 장길로 나서기로 한다. 그런데 그때 종이를 댔던 상인이 어제저녁 발랐던 문창의 종이를 주루룩 떼어 내 짐 속에 간수하는 게 아닌가. 그걸 옆에서 지켜보던 다른 상인은 한순간 멍멍한 표정을 떨치지 못했다. 간밤만 해도 그 상인은, '아무리 지가 계산이 밝아도 헛일이군' 은근히 속으로 상대를 한 수 접었던 터수였기에 그랬다. 종이가 귀해 값이 비쌌던 당시였다. 하지만 아침 녘 종이 회수하는 모습을 보곤 그는 '아차차' 싶기만 했던 것이다.

이 우스개에 나오는 풀을 댄 상인은 개성 상인, 종이를 댄 인물은 수원 상인이었다. 나라 안에 잇속 빠르기로 소문난 개성 상인도 결국 수원 상인에게는 한 수 지고 말았던 것. 이 이야기를 고(故) 안익승(安益承) 선생으로부터 들었을 때 나는 마음속에서 말없이 고개를 끄덕였다. 이는 수원 사람들의 타고난 합리적 기질을 단적으로 일러 주는 얘기였기 때문이다. 결코 남에게 해를 입히지도 자신 역시 누구에게서나 손해를 입지도 않으려는 철저한 자기 관리의 합리주의가 거기 있었던 것. 간단히 말해 수원 사람들의 '경우'가 똑 부러진 태도를 잘 드러내던 얘기였다.

조선조의 서거정(徐居正)은 "해와 달, 별자리는 하늘의 문양이요, 산천과 경물은 땅이 운행하는 이법이며, 인륜은 사람 사회의 문양이자 이법"이라고 했다. 그리고 이 천문, 지리, 인륜은 서로 감응하는 관계에 있다고 했다. 과연 수원 화성의 산천 지리는 매사에 '경우' 똑 부러진 삶의 자세와 그로부터 비롯한 인문이 어우러진 문화를 그동안 창출했다고 할 것이다. 그리고 이 같은 문화는 앞날의 지역사회의 삶을 기획하고 성취하는 모탕이라고도 할 터이다. 그러고 보면 나와 하늘이, 나와 특정의 고향 공간이, 나와 지난날 인문이 어떻게 상응하는가를 성찰하는 일이 나를 찾는 일의 진정한 의미일 터이다. 뿐만이 아니라 이는 우호태 시인이 고향의 지리지를 힘써 엮는 참뜻이기도 하지 않을까.

삶의 무늬와 방법론적 대화
— 『한반도 소나타』를 읽고

1.

　대화란 무엇인가. 우리는 화행(話行)이 일방적이 아닌 경우 흔히 대화라고 한다. 곧 둘 혹은 서넛이 말을 주고받는 형식이 대화인 것이다. 이 경우 화제가 정해졌을 수도 혹은 일정하지 않을 수도 있다. 그런데 어떤 경우든 화행은 대체로 서로 간에 자유롭게 오갈 마련이다. 말하자면 열린 형식인 것이다. 그런가 하면 대화의 인원도 딱히 정해진 것은 없다.

　그러면 왜 대화인가. 그것도 글에서의 대화 형식이란 무엇인가. 대화는 일반적으로 현장의 컨텍스트가 생략된다. 그것은 현장을 대화자들이 공유하기 때문이다. 따라서 대화는 화자의 화행이 중심이 될 마련이다. 이는 달리 보자면 현장의 쇄말한 세부(detail)가 생략될 수도 있는 것. 그런데 글의 경우 쇄말한 세부의 생략은 효율성을 높여 준다. 곧 읽기의 속도를 높이거나 핵심 화제를 향한 집중도가 응집되는 것이다. 이 점은 대화/대사 중심의 희곡 작품들을 생각하면 좋을 것이다. 이를테면 등장인물들 간의 대화를 통해 장황한 지난날 스토리를 압축 제시하거나 현장의 정황 등을 단적으로 축약해 노정하는 경우가 그것이다. 다르게는 소설의 장면화를 생각해도 좋을 터이다. 일정한 시공간 속에서 인물들 간의 대화는 대단히 효과적인 서술 방법이다. 한 사건의 경위나 인물의 내면 정황이 거침없이 화행을 통해 압축 제시되는 탓이다. 그런가 하면 대화는 소설 속 서사나 묘사의 여러 단위들을 생략

혹은 압축하게 한다. 이는 근대소설 작품들이 두루 보여 준 사실이기도 하다.

한편 대화란 인류 역사상 초기 저작의 핵심적 방법론이기도 했다. 공자의 어록인 『논어』가 그러했고 플라톤의 대화록들 또한 그러했다. 공자의 『논어』는 알려진 대로 제자들이 수집한 어록들을 뒷날에 논찬한 저작이다. 그런가 하면 플라톤의 대화록들 역시 당대 철학자들과의 대화를 집성하고 있다. 생각해 보면 이들 대화가 그만큼 논지(論旨)의 핵심을 잘 표출하는 탓일 터이다. 이 같은 사실로 미루어 볼 때 대화란 인류의 전통적인 저작 방법론이라고 해도 무방할 터이다.

각설하고 말이 많이 에둘러졌다. 우호태 시인의 이번 『한반도 소나타』는 주로 대화 형식을 그 서술 방법론으로 선택하고 있다. 우선 한 대목을 인용해 보자.

> 사오정, 저팔계, 손오공이 삼장법사와 함께 구름 위성을 타고 코리아에 도착했다.
> "오정아, 저기 가물가물 보이는 곳이 어디드냐?"
> "네. 인터넷 자료를 살피니 여의도란 곳인데 행정구역상으로 대한민국 서울특별시 영등포구 여의도동이구요. 예전에는 땅콩밭, 비행장도 있었는데 전국의 타짜들이 모이는 센터가 들어선 후 금융기관, 방송기관 등 공적 기관, 단체들이 운집되어 유명해진 복된 터전이 되었다네요. 한강에 형성된 작은 섬이라 여의도는 너도 섬이냐라는 뜻이래요."
> "그래 타짜들이 모였다고? 재미있구나. 오늘은 이곳에 머물고 싶구나. 누가 더 자세히 살펴보고 오너라."
> ―「여의도에서」 부분

윗글에서 보듯 돈키호테 유람1인 「여의도에서」의 서사는 중국 고전 『서유기』의 틀을 빌리고 있다. 삼장법사를 위시한 손오공 일행은 근두운 아닌 구름 위성을 타고 코리아 여의도에 도착한다. 그들은 이곳에 와 여러 풍물과 정보들을 공유한다. 곧 여의도는 어떤 내력의 공간인가, 또 그 공간을 누비는 타짜들은 누구인가를 서로 간의 문답을 통해서 제시하는 것이다.

필자가 이번 우호태 시인의 유람기에서 주목하는 것은 두 가지 점이다. 하나는 글 전반에서 나름 앞에 장황하게 설명한 대화 형식을 도입한 점이다. 다른 하나는 우 시인의 자호(自號)에 관한 것이다. 먼저 자호로부터 말머리를 풀어 가 보자. 돈키호테는 널리 알려진 그대로 세르반테스 소설의 주인공이다. 그는 오늘날 특정 소설의 주인공에서 인간의 보편적인 한 캐릭터의 상징물로 전이된 존재이다. 현실보다는 이상을, 실제보다는 꿈을 좇는 인물의 대명사가 된 것이다. 그런가 하면 자신이 믿는 바를 좌고우면하지 않고 행동으로 옮긴다. 이 같은 인물의 됨됨이를 알고 나면 우 시인이 왜 그를 자호로 선택했는지 이해하게 된다. 우 시인 자신 역시 "나란 존재가 참으로 능소능대할 수 있는 까닭에 세상을 향해 걷고 타고 때론 날라 빠르게 돌아가는 세상을 향해 돌진한다"라고 하지 않는가. 저 돈키호테적 성격을 스스로 가감 없이 드러내고 있는 것이다. 우 시인은 자신의 실명과 소설 주인공의 이름이 동일하게 겹치는 점에도 일단 착안했으리라. 그리고 여기에는 시인다운 상상력도 작동했을 터이다. 곧 결합된 두 이미지 간의 유사성, 친연성이 멀면 멀수록 그 충격이 극대화한다는 사실을 말이다.

말이 그렇지 그 누가 뜻했을 것인가. 서구 소설의 주인공이 이 땅의 한 시인 별호로 사용될 수도 있다는 것을. 비록 성음(聲音)이 유사해도 이 같은 자호는 그 돌발적인 의외성 탓에 주목하지 않을 수 없는 것이다. 우 시인은 이러한 사실도 아마 감안했을 터이다.

한편 서사에서 방법론으로서의 대화란 어떤 무엇인가. 인용한 「여의도에서」의 경우는 『서유기』 등장인물들 간의 대화를 보여 준다. 그런가 하면 다른 편에서는 산초와 호새 등 여럿과의 대화를 보여 주기도 한다. 또 다른 경우엔 현지에서 만난 지기(知己)와 다수의 일행이 문답을 나누기도 한다. 이는 유람 공간의 특성이나 형편에 따라 틀을 달리한 것이다. 곧 우 시인 자신의 언술처럼 "능소능대"한 서술 전략을 구사하고 있는 것이다. 그러면 그 서술 전략들은 어떤 후과를 보여 주는가. 우선은 특정 지역이나 특정 시공간의 핵심들을 꼭 짚어 제시하는 효과를 발휘한다. 이는 장황한 서술이나 묘사를 생략할 수 있어 가능한 일이다. 예컨대는 장소 이동을 "휘리릭"이란 어사로 간략하게 처리하는 것도 그 한 예일 터이다. 마치 판타지 영화에서의 빠른 장면 이동과 같다고 할까. 실제로 유람기의 등장인물들은 시공을 자유롭게 넘나들고 있다. 말하자면 대화를 통한 장면화의 효과를 최대한 살려 내고 있는 것이다.

2.

왜 유람인가. 사전적인 뜻대로 하자면 유람은 '여러 곳을 두루 다니며 구경한다'라는 의미다. 이즘 말로는 관광 여행일 터이다. 그러나 우 시인 돈키호테는 굳이 유람이란 옛 한자말을 사용한다. 이는 어떻게 해석하는 것이 옳을까. 그것은 일차적으로 상투적인 어휘를 피하고자 하는 시적 욕망이 아닐까. 말하자면 시인의 언어 감각에 기인한 일일 터이다. 기본적으로 시인은 관습적인 표현이나 상투적인 언어를 기피한다. 왜냐하면 그 같은 표현이나 언어로는 사물의 참모습을 드러낼 수 없는 탓이다.

그러면 관광이나 여행이란 어사(語辭)를 피해 선택한 우 시인의 유람은 어떤 궤적을 그리고 있는가. 범박하게 말해 그 궤적은 한반도 전역에 걸친 광범위한 것이라 할 수 있다. "한반도 소나타"란 책 제목 그대로인 셈이다. 이를 좀 더 구체적으로 제시하자면 이렇다. 서울 여의도에서 출발한 돈키의 행정(行程)은 광화문, 강남, 인왕산, 한강 등을 거쳐 인천으로 이어진다. 그런가 하면 경기 북부 지방, 곧 파주, 임진각, 가평 등지를 거쳐 강원도로 향하고 거기서 다시 충청 지방에 이르고 있다. 이어 경기 동부 지역을 누빈다. 뿐만인가. 영남과 호남을 거치고 더 행정을 확대해 이윽고 제주도에서 백두산 천지까지 한반도 전 지역에 다다르고 있다. 특히 북한의 여러 지역을—비록 상상의 비마(飛馬)를 타고 하는 지역 탐방이긴 하지만—보여 주어 이채롭다. 그러면 과연 한반도란 무엇인가. 더 나아가 오늘의 시점에서 북한이란 또 우리에게 무엇인가. 이들 문제는 뒤에 별도로 짚어 보기로 하자.

암튼 이상과 같은 유람에서 우 시인은 자호인 돈키호테답게 때로는 호새를 몰고 때로는 도보로 목적지를 향해 돌진해 간다. 유람의 행정만으로 보자면 유랑에 가까운 발길이 아닌가 싶기도 하다. 그러나 유랑은 일정한 목적 없이 떠도는 길놀이가 아니던가. 그 점에서 시인의 행정은 유랑 아닌 유람이 더 적격일 것이다.

그러면 우 시인이 유람을 통해 보고 들려주고자 하는 것은 무엇인가. 우선 그 유람의 한 현장을 인용해 보자.

"거기 가지 않고 대충 얽어매면 안 돼요?"
"어허, 마음이 일면 발길을 해야 일이 수승해. 가 보자꾸나." 휘릭
"저기 화석정 현판이 보이네요. 전망이 트여 저 멀리 솟은 산봉우리와 감아 흐르는 강물이 어울리니 노을 지면 볼 만하겠어요."
"그래 오길 잘했지 않니? 누구라도 한 생각 들겠어, 거 강물처럼 율곡 선생의 정치사상도 오래도록 흐를 거야."

―「화석정에서」 부분

돈키호테와 종자(從者) 호새는 파주 화석정을 찾는다. 이들은 화석정 현장에 도착해 주변 경관을 둘러본다. 앞에 인용한 글이 바로 그 대목이다. 이들은 현장의 경승에 취하기보다는 화석정에 유래되는 역사적 사실에 주목한다. 곧 율곡의 성리학적 입장과 그 당대의 정치적 행보를 소환해 오는 것이다. 그러면서 역사는 과거와 현재의 대화란 말 그대로 오늘의 정치 현실을 율곡의 사적(史蹟)에 대비해 비판한다. 이는 동일 공간에다 과거와 현재를 병치한 양상이기도 하다. 돈키호테의 유람은 이렇듯 공간 이동뿐만 아니라 시간 이동도 감행한다. 앞에서 언급한 그대로 율곡을 소환하는가 하면 현재의 타짜들을 거기 한 공간에다 출현시키는 일이 그 예일 터이다. 이는 기억과 현재, 예기(豫期)로서의 앞날이란 세 시제가 한 텍스트 내에 공존하는 양식인 셈이다.

이 같은 시공간 이동은 그러나 이 유람에서만 새삼스레 볼 일은 아닌 것. 그것은 가까이로는 지난 세기 초의 국토 순례기나 19세기 『열하일기』 같은 견문록 등에서도 확인되기 때문이다. 이들 유람은 때로는 민족의 정체성을 탐구하기 위해 때로는 새로운 세계의 신기한 문물들을 접하기 위해 행해진 것이다. 반면 더 멀리 서구

의 경우 오디세이의 모험, 신비한 대륙의 탐험 등도 그렇게 볼 수 있지 않을까. 저 세르반테스의 『돈키호테』 역시 방랑하는 기사의 유람기가 아니었던가. 아무려나 모험이든 유람이든 이 모두의 공통점은 새롭게 보고 새롭게 듣고자 하는 행위에 다름 아니다. 말하자면 세계의 새로운 뜻과 모습을 찾는 일인 것이다. 곧 미지에서 기지(既知)로의 이동인 셈이다.

대저 인간의 '앎'이란 어떻게 생산되는가. 그것은 일차로 감각을 통해 보고 듣는 경험을 통해 시작된다. 그리고 이 경험이 반복 축적되면서 그 가운데의 공통 요소를 간주려 인식할 마련인데 이는 일종의 추상화 과정인 동시에 개념화의 과정이기도 하다. 그렇게 생산된 개념들의 연쇄가 논리이고 더 나아가 앎의 세계인 것이다. 이 같은 앎의 생산이야말로 인간의 문화이고 문명이 아닐 것인가. 이 같은 '앎'의 생산 과정을 이해하고 나면 유람 또한 그 앎의 과정/구조와 너무 닮았음을 깨닫게 된다.

우리는 이미 앞에서 우 시인이 돈키호테가 되어 편력한 궤적을 살펴본 바 있다. 그리고 유람의 현장에서 관련된 여러 정보나 사실들을 소환하는 일도 살펴보았다. 더 나아가 시공간의 이동이 목적지 한 공간에 병치되거나 오버랩되는 사실도 확인한 바 있다. 그러면 이들 일련의 유람 과정에서 우 시인이 생산코자 하는 '앎'이란 어떤 무엇인가. 그것은 단순 지리적 정보도 다양한 풍물이나 역사적 사실의 소환도 아닐 터이다.

필자 나름으로 그 '앎'을 읽어 내자면 이렇다. 유람을 통해 보고 듣는 일들은 누적될 것이고 그 과정에서 생산된 앎은 이런 게 아닐까 싶다. 곧 이 유람의 궁극적인 앎이란 결국 우리네 인간들 삶이 내장한 웅숭깊은 의미일 것이다. 나아가 지금의 인간들 삶을 둘러싸고 있는 현실을 성찰하자는 뜻이기도 할 것이다. 그런데 이즘 우리를 위요(圍繞)한 현실이란 대부분 문제적일 수밖에 없는 것. 우 시인이 유람 과정 곳곳에서 맞닥뜨리는 현실들이 바로 그랬고 이들 현실이 문제적인 만큼 비판 또한 가해야 될 일이었던 것이다. 그렇게 하다 보면 오늘의 우리가 지향해야 할 가치 또한 제시될 마련이 아닐까. 이 같은 일련의 앎과 지향해야 할 가치의 창출이 실은 유람의 진정한 깊은 뜻일 것이다.

3.

　과연 호랑이 형상인가, 아니면 토끼 형상인가. 한반도의 지형적 형세를 이야기할 때 우리는 흔히 이 같은 물음을 앞에 하기 마련이다. 이 물음은 그간 한반도 지형의 생김새를 빗대어 제기된 것들이었다. 한반도 지형의 이 비유 담론은 근대 이후 오랫동안 뭇 사람들에게 회자돼 왔다. 일본 지리학자의 토끼 형상론이 촉발한 이 담론은 지난 세기를 통과하며 많은 논란을 불렀다. 널리 알려진 대로 한반도는 극동에 자리한, 그러면서 삼면이 바다에 면한, 넓지 않은 공간이자 땅이다. 이 땅에서 한국인들은 기록으로만 따져도 오천 년의 역사를 일궈 왔고 또 일궈 가고 있다. 주로 대륙으로부터 유입된 조선(祖先)들의 그간 삶을 꾸려 온 숱한 자취들이 이를 증거한다.

　일반적으로 반도는 지리적 특성 탓에 어느 지역적 공간보다 일찍 문명을 일구고 가꿔 온 것으로 일컬어진다. 고대 그리스가 그랬고 르네상스 시대 이탈리아가 그러했다. 그렇다면 한반도는 그 지리적 혜택을 누리고 이용한 것이 얼마나 되었는가. 논자에 따라 다르긴 하지만 본격적인 반도다운 문명을 일군 것은 근대 이후에 이르러서가 아닐까. 특히 바다가 새로운 문명이 불어오는 통로이자 또 그곳이 해외 진출의 열린 길임을 인식한 것은 얼마 멀지 않은 지난날의 일이기 때문이다. 바로 근대 이후, 특히 해방과 6.25 전쟁 뒤 우리나라는 산업화를 압축적으로 성취해 왔다. 인도의 한 시인이 노래한 저 시구처럼 "동방의 등불"로 이즘의 한국은 글로벌 시대를 밝혀 가며 추동해 나가고 있지 않은가.

　여기서 말길을 다시 본류로 되돌려 보자. 지난 세기 초 최남선을 비롯한 이 땅의 민족주의자들은 한반도 지형을 호랑이 품새에 비견했었다. 그 지형적 생김새가 대륙을 향해 앞발을 치켜들고 선 호랑이 형세 그대로란 것이었다. 이는 조선말의 위기 상황을 타개하기 위한 상징조작의 하나이기도 했다. 1903년 일본인 지리학자 고토분지로(小藤文次郎)는 한반도의 생김새가 토끼 형상이란 의견을 내놨다. 이에 최남선은 한반도가 대륙을 향해 앞발을 치켜든 포효하는 호랑이 품새임을 천명했다. 이 역사지리학의 담론들은 그 후로 일제에 의한 일정한 왜곡과 훼손을 겪었고 많은 논란을 불러왔다. 곧 한반도는 토끼의 오종종한 모습에 불과하단 폄훼가 일정하게 지속됐고 이에 대한 우리 민족 진영 인사들의 반발이 컸던 것이다. 토끼 형상론은 두말할 것도 없이 식민 지배를 위한 일제의 상징조작인 것. 그러나 한 세기가 지난 오늘에 와 이 같은 한반도의 호랑이 형세 담론은 새삼스러울 것도 없는 일반화된 상식으로 통용되고 있지 않은가.

그렇다면 이번 우 시인의 『한반도 소나타』의 담론들은 어떤가. 우 시인은 그의 고향인 화성을 중심으로 유람을 시작한다. 비유하자면 곧추선 호랑이의 복부로부터 진기를 힘껏 끌어올려 한반도 곳곳을 누비는 형국이라 할까. 달리 말하자면 화성을 반도 중심부에 놓고 마치 물의 파상(波狀)처럼 동심원을 그려 나가는 공간 이동을 하고 있는 것. 그는 일찍이 고향 화성의 인문지리지인 『화성 소나타』를 출간한 바 있다. 이번 『한반도 소나타』 역시 그 『화성 소나타』에 뒤이은 연속 작업이다. 그는 남북한 각 지역의 역사와 인문들을 웅숭깊게 들여다보고 성찰하고자 한다. 그리고 그 내용을 우 시인 나름의 방법론을 통해 우리에게 제시하고 있는 것. 나는 이 일련의 담론들이 보여 주는 형식과 내용을 이미 앞에서 살펴본 바 있다. 구태여 여기서 다시 언급을 덧붙일 일은 아닐 듯싶다.

그런데 이번 『한반도 소나타』에서 나는 특히 북한 편을 주목해 보았다. 그것은 지난 70여 년간의 분단 상황에서 그 북한 유람이 어떻게 이뤄질까 궁금했던 탓이다. 그 유람은 일단 '상상의 비마(飛馬)', 호새와 함께 북녘 곳곳을 누비는 형식을 취한다. 그 궤적이란 임진각에서 황해도, 그리고 평양과 위화도를 거쳐 다시 백두산에서 금강산까지로 돼 있다. 분단 체제 하에서의 이 행정은 과연 가능할 것인가. 말 그대로 상상과 사실이 뒤섞인 허실법(虛實法) 차원의 궤적은 아닐까. 내게는 대략 이런 궁금증이 일 수밖에 없었다.

잘 알려졌듯 분단 체제 1세대들은 북한과의 통일을 원상회복쯤으로 이해한다. 그 같은 인식의 대표적인 사례는 한국전쟁에서의 월남민들, 곧 이산가족들의 경우에서 찾아볼 수 있다. 그러나 이 원상회복의 통일 담론은 시간의 경과와 함께 현실적 의미가 퇴색한다. 그래서 기능주의적 통일론이 등장한다. 이는 남북한의 상이한 체제에서 체육, 예술, 관광 등 가능한 부문만의 통일이라도 이뤄 내야 한다는 것. 이 기능론의 연장선 위에서 연방제 통일 담론이 출현한 것은 어쩌면 당연한 귀결일지 모른다. 그러나 막상 한 세기 가까이 굳어진 남북녘의 분단은 각자 그 나름의 독자적인 체제와 삶을 꾸리도록 만들었고 이 같은 현실은 얼마 동안 그대로 유지 계속할 수밖에 없다는 논의에까지 이르렀다. 이는 지난날 통일신라와 발해의 남북조 시대처럼 분단 현실을 있는 그대로 각기 수용하고 나름대로 살아가자는 것. 최근의 젊은 세대들 중심의 분단 고착화론이 그것이다.

이 같은 남북조 시대 담론이 지배적인 이즘의 현실에서 우 시인의 북한 유람은 자못 뜻깊은 것이라 하지 않을 수 없다. 그는 어느 날 애마 호새와 함께 임진각에 이른다. 여기서부터 그의 북한 유람은 시작된다. 바로 상상 열차를 탄 기행을 시작하는 것이다. 이는 우 시인의 말 그대로 당국으로부터 방북 허가를 받을 만한 일도 아니다. 그것은 오로지 앞서 언급한 대로 상상의 영역에서 벌어지는 일이기 때문이다. 그러면 상상 열차를 탄 그 유람은 구체적으로 어떤 양상인가. 임진각 '상상의 터'를 출발한 돈키호테와 호새는 먼저 개성에 다다른다. 그곳 유람의 한 대목을 읽어 보자.

    호새: 그런 융성이 어디에 연원할까요?
    돈키: 부풀리면 고려 시대는 사농공상의 조선 시대와는 달리 상공업이 발달했어. 송, 거란, 서남아시아, 유구와의 해상 교류와 내륙과 남도의 조운 물길을 이은 예성강 하구 벽란도가 국제무역항이니 개방성에 방점이 놓일 테지. 악기, 상아, 서적, 향료…… 수입품이나 종이, 세공품, 금, 은…… 수출품이 당시를 헤아릴 수 있거든. 천년이 지난 이즘에 반도체, 자동차, 선박, 화장품…… 품목과 비교해 상상해 보자구.
                                          —「고려 왕도—개성」부분

인용한 부분에서 보듯 개성에서의 유람은 호새와의 대화를 통해 우리 앞에 제시된다. 특히 벽란도에서는 고려 시절 활발했던 해외 진출과 그에 따라 성행한 무역을 소환해 들려준다. 이는 반도 나름의 지리적 강점을 인식한 언술일 터이다. 그런가 하면 개경을 둘러보는 곳곳의 역사적 사실 또한 소환해 제시한다.

이렇듯 북한의 유람은 과거 역사적 사실의 소환에 주로 국한되고 있다. 실제 현지답사가 불가능한 현실적 제약 탓일 터이다. 남녘의 유람이 과거, 현재를 넘나드는 등 시간과 공간 이동이 자유로웠던 사실에 견주어 보면 이 점은 더 자명해진다. 여기서 필자는 돈키의 북한 유람이 결국은 남북녘의 시급한 동질성 확인 작업으로 읽어야 함을 깨닫는다. 더 나아가 자칫 퇴색되기 쉬운 통일의 당위성 확인과 그에 대한 각성으로 읽지 않을 수 없었다.

이쯤에서 우리는 과연 한반도의 정체성은 무엇인가를 묻게 된다. 그것은 우선 한반도가 예나 이제나 이 민족의 진취적이며 강인한 삶의 내력/역사의 공간이란 사실이다. 이 같은 정체성 탐구와 성찰은 그다음으로 자연스럽게 미래 비전으로 나아갈 마련이다. 그 비전이란 그러면 어떤 무엇인가. 호랑이란 지형적 형세가 상징하듯 한반도가 장차 만주를 아우르며 중국을 거쳐 유럽까지 유라시아 대륙을 감싸안는 것은 아닐까. 그런가 하면 환태평양을 앞마당 삼아 지구촌을 누비는 해양강국으로서의 입국이 되기도 할 터이다.

4.

시간은 시작이나 끝이 없다. 어디서 비롯했는지 어디쯤서 종말을 고하는지를 알 수 없는 것이다. 게다가 시간이란 형체 없는 무형의 그 무엇이다. 이는 인간의 감각을 통해 직접 체감되는 것이 없는 탓이다. 이러한 시간이지만 인간은 그동안 두 가지 관점에서 이를 인식해 왔다. 하나는 선조(線條)적인 형태, 곧 과거, 현재, 미래라는 세 시제를 직선으로 상정한 것이다. 달리 하나는 밤과 낮, 네 계절 등의 양상으로 순환하는 원형처럼 인식되는 경우이다. 특히 이 원형적 시간관은 신화에서, 그리고 작물 재배와 수확을 삶의 축으로 삼았던 농경사회에서 널리 통용돼 왔다.

그런데 원형적이든 선조적이든 인간은 시간 위에 언제부턴가 일정한 마디, 혹은 매듭을 설정해 왔다. 달과 해가 바뀌고 계절이 바뀌며 또 절기가 오고 가는 일련의 시간 단위가 바로 그 매듭인 것이다. 사람들은 이 시간의 매듭 속에 얼마나 많은 삶의 양상들을 아로새겨 넣고 있는가.

이번 우 시인 수상록의 편편을 읽어 가며 나는 새삼 시간의 매듭, 그것도 계절이나 월령(月令)의 의미를 새겨야 했다. 대략 30여 편 남짓한 그 수상(隨想)들은 월령에 따른 우 시인의 정서와 사유가 너무 깊이 담겨 있는 탓이었다. 그 같은 수상의 한 대목을 다음에 읽어 보자.

점잖은 키다리 소나무가 즐비해 짙은 솔향기가 산자락에 은은하다. 언덕을 내려서니 낙엽들이 길 위에 누워 몸을 사위고 있다. 배불뚝이 늙다리 참나무들이 구릉을 에워싸 산의 고요를 더해 준다. 벤치에 앉아 눈을 감으니 생명의 기운이 온몸을 감아 들고 꾸엉꾸엉 구릉 너머 들려오는 장끼 울음은 길손을 맞는 인사인가. 잔디 구릉을 데굴데굴 구르는 까까머리 아이들의 깔깔대는 웃음이 뜰에 그득하다.

—「산길을 따라(전원교향곡)」 부분

인용한 수상은 꽃들이 갓 개화하기 시작한 삼월, 초봄의 이야기다. 서술자는 산책을 나와 만난 봄날 정경을 여실하게 사실적으로 제시한다. 그러면서 나무와 풀들이 전원교향곡을 연주한다고 상상한다. 이 상상 속에는 자연을 이루는, 더 나아가 세계를 구성하는 뭇 생명체들이 실은 상호 의존적 관계로 교향곡을, 아니 온 생명을 이루고 있다는 인식이 깔려 있다. 우리 인간도 따지고 보면 이 관계망 속에 들어 있는 존재에 불과한 것이다. 이른바 거대한 인드라망 속에 자리해 살고 있는 것이다. 이 같은 인식 속에 설 때 뭇 생명체들은 윗글처럼 제 존재를 광휘롭게 드러낸다. 우리가 시간의 여러 매듭인 절기를 따져 가며 삶을 영위하는 데는 실은 이 같은 인식이 깔려 있는 것이다.

우 시인의 이번 수상들은 대체로 절서(節序)에 따라 배열되고 있다. 그리고 매 절서에 담긴 그때그때의 풍물이나 생활 정서들이 여실하게 제시된다. 이를테면 각종 기념일, 곧 어린이날, 어버이날, 혹은 스승의 날 같은 시의(時宜)에 맞춰진 내용이 그 좋은 예들이다. 그런가 하면 선거를 비롯한 정치적 문제나 코로나 19에 따른 세태의 변화 등등 다양하고 중층적인 현실들이 치밀하게 진술되기도 한다. 특히 가족의 끈끈한 연분과 사랑을 그려 내 이즘 해체 일로에 있는 가족 변모의 세태를 비판하는 일 또한 이채롭다.

그런데 이들 수상 역시 앞에서 설명한 대화의 틀을 그 서술 방법론으로 차용하고 있다. 곧 지기(知己)나 가족 등 텍스트 가운데 등장한 이들이 화제를 두고 화행을 주고받는 형식을 보이는 것이다. 이들의 대화는 화제의 핵심을, 때로는 문제의식들을 바로 제시한다. 말하자면 장황한 세부들이 생략된 가운데 글/문제의 핵심에 곧바로 직핍하는 것이다. 이는 글쓰기의 한 전략으로 우 시인 나름의 미학적 지의식을 보여 주는 일이라고 할 것이다. 아마도 이 같은 전략 탓에 우 시인이 기획한 우주로의 공간 이동, 고대로의 시간 이동 또한 가능할 마련이 아닐까.

지난날 우리는 천(天), 지(地), 인(人)이 서로 조응 관계를 이루며 살아왔다고 여겼다. 이번 수상록을 읽으며 필자는 이 같은 사실을 거듭 확인해야 했다. 곧 자연/천지와 인간 간의 일련의 조응 양상들이 여러 텍스트 속에 잘 내장돼 있던 것이다. 시공간의 자연과 더불어 영위하는 인간의 삶이 마치 상감 무늬처럼 드러난 것—수상은 이런 글이 아닐 수 없다. 결국 인문(人文)이란 거창한 무엇이 아니라 바로 인간이 이처럼 자연 위에 아로새긴 무늬들이고 그 무늬의 하나가 유람기나 수상록 같은 글들이, 곧 문학이 아닐 것인가 싶기도 했다. 이 모두는 우 시인 수상록이 주는 울림이자 특장이 아닐 수 없겠다.

화성문협, 문학의 장(場)을 열다
― 한국문협 화성지부의 창립과 뒷얘기들

창립 논의와 뜻을 모은 사람들

다소 늦은 오후 뜻하지 않게도 가을비가 내리고 있었다. 비는 옷이 젖을락말락 정도의 가랑비였다. 마침 강의가 없는 시간이었다. 김우영(金禹泳) 시인과 나는 안주 한 접시를 가운데 두고 앉아 그 빗속의 늦가을 정경을 내다보고 있었다. 융건릉 축조 때 조성한 토성과 그 위에 잘 조림된 리기다소나무 숲이 거기 있었다. 벼 벤 논이 빗속에 한결 을씨년스러웠다. 몇 순배 소주잔을 기울인 끝이었다. 김 시인이 문득 말을 꺼냈다.

"홍 교수님, 우리 화성에도 문협 지부를 하나 결성함 어떨까요?"

"좋지요. 그러나 그럴 만큼 지역 내 글쟁이들이 있나요?"

"예, 지금 뿔뿔이 흩어져 있어 그렇지 막상 모여 보면 그 정도는 될걸요."

김우영 시인은 그 정도 문제는 문제도 아니라는 대답을 했다. 술자리에서의 지나가는 얘기 정도로 흘려들으며 나는 굳이 내 의견이라고 더 덧붙일 것이 없었다.

초등학교 졸업 후 서울로의 유학, 그리고 교직 생활 전전 등 줄곧 나는 고향과 떨어져 떠돌았다. 그러다 두 해 전(1985년) 고향 소재의 대학으로 전직해 온 터에 지역사회 물정치고 아는 것이 있을 턱이 없었다. 뿐만이 아니라 글 쓰는 이들을 만나 얼굴을 마주한 일이란 더더욱 없었다. 그러던 차에 이곳 수원대학교로 직장을 옮겨 왔던 터였다. 이는 내가 오랜 기간의 떠돌이 생활을 접고 마침내 귀고향(歸故鄉)

했다는 의미이기도 했다.

　그동안 전화로 목소리만 들었지 막상 김우영 시인과 얼굴을 마주한 것도 이번이 두 번째였다. 추적거리는 빗속을 힐끔거리며 우리는 한동안 더 이런저런 얘기를 나눴다. 그날 잠시 지나가는 얘기처럼 꺼낸 화성문협 일은 그 정도뿐이었다. 당시 김우영 시인은 화성문화원의 화성군사(華城郡史) 편찬 일을 맡아 하고 있었다. 군사 편찬 일은 군의 위탁으로 문화원이 진행하던 사업이었다. 상임 편찬위원은 안익승(安益承) 선생이었다. 안 선생은 화성 출신으로 자영업을 하며 몇 권의 수필집을 내놓은 지역 문단의 원로였다. 일찍이 내 등단지였던 『시문학』지를 통해 선생의 글을 나는 읽었던 적이 있었다. 지방 문단을 소개하는 고정란이었는데 우리 수원 화성 지역의 문학 현황을 소개한 글이었다.

　이 같은 이분의 문단 이력이 아마 군사 편찬의 일에도 관여토록 했을 것이다. 그러나 실제 업무의 총괄은 이 무렵 문화원 사무국장이었던 조광원(趙光遠) 수필가가 하고 있었다. 지금 돌이켜 보면 군사 편찬 일을 계기로 문협 지부 결성도 조광원 사무국장이 그 구심점 노릇을 했던 것임을 알 수 있다. 말하자면 군사 편찬 일을 계기로 안 선생, 조 국장, 김우영 시인이 뜻을 모았고 거기에 성순용 수필가, 오산고 교사인 이성희 시인 등이 적극 합류해 진행됐던 것이다. 그리고 그쯤에 김우영 시인이 막 고향으로 일터를 옮긴 나를 찾아와 역시 그 취지를 알리고 동의를 구했던 것.

　그날 김 시인과 나는 한동안 더 얘기를 나눴다. 화성 지역의 향토사 겸 지역 문화에 관한 여러 일들을 김 시인은 환히 꿰고 있었다. 그의 여러 얘기를 들으며 나는 우리 화성 문화의 민낯을 비로소 만난 듯했다. 추적대던 가을비는 우리가 헤어질 무렵 어느새 그쳐 있었다.

창립총회와 중앙 문협의 인준

　일의 이치로 보아 문학이란 개인이 주체가 된 예술 활동이다. 그 탓에 흔히 문학은 혼자 하는 고독한 작업이란 말을 한다. 그러나 문학도 일단 사회현상으로 제도화되면 거기엔 여러 사업과 단체, 행사 등이 갖춰지게 마련이다. 이른바 장(場)이 마련되는 것이다. 화성문인협회도 지역 문학인들의 단체이자 그 활동의 장인 것이다. 이 단체를 통해 개별 문인들의 문학적 역량이 결집되고 또한 친목은 물론 권익 역시 일정 정도 보장받게 될 터였다.

나는 김우영 시인을 만나 화성문협의 창립 움직임을 알았고 그 취지에 선선히 동의했다. 고향에서 나름으로 할 일이 있다면 기꺼이 하겠다는 작정을 나는 내심 하고 있었다. 그 참에 김우영 시인을 운 좋게 만났다고나 할까. 이 무렵 이미 문협 창립의 발기와 그 준비 논의는 상당 정도 이뤄져 있었다. 막바지에 합류하게 된 나는 준비 모임에 자주 참석을 했다. 주로 화성문화원이 있던 오산이 집결지였다.

지금도 생각나는 건 오산천 옆 공설운동장 시설에 들어선 문화원 사무실 정경이다. 사무실은 조광원 국장이 여직원 한 명과 주로 자리를 지키고 있었다. 우리는 응접 소파에 둘러앉아 차 대접을 받았고 이런저런 의논을 펼치곤 했다. 수원에서 출퇴근을 하던 안익승 선생과 김우영 시인도 그렇게 모임이 있을 때 자주 만나곤 했다. 특히 잊히지 않는 것은 오산 시내에서 약국을 경영하며 수필을 쓴 성순용(成舜容) 여사였다. 당시 기사 딸린 승합차로 성 여사는 저녁 자리나 모임을 위한 장소 이동에 늘 차편을 제공해 주었다. 남편이 산부인과 의사였던 터라 누구보다도 그런 면에서는 여유가 있었다. 그러나 그런 여유보다 실은 문학에 대한 열정이 컸었고 감각적인 수필이 돋보였던 글쟁이였다. 한참 뒷날에 알게 된 사실이지만 성 여사는 이천(利川) 출신의 원로 시인 성지월(成芝月) 선생의 따님이었다.

아무튼 화성문협 창립의 일은 순조롭게 진행되어 갔다. 지역 내 문필인들을 회원으로 섭외하고 또 창립에 필요한 여러 실무적인 일들을 잘 챙겨 나갔던 것이다. 이 일련의 일들은 조광원 국장과 김우영 시인이 도맡다시피 했다. 그런가 하면 군청을 비롯한 관계 기관과의 협의나 대외적인 섭외는 안익승 선생이 주로 맡았다. 돌이켜 보면 이분들의 노력이 아니었다면 과연 우리 문협이 고고(呱呱)의 소리를 낼 수 있었을까 싶다. 드디어 우리는 뜻을 같이한 인사들 중심의 발기인 모임을 열었다. 1987년 12월 11일이었다. 이날에 앞으로 개최될 총회에 보고 겸 소개할 임원들을 내정했다. 고문 안익승, 지부장에 필자, 부지부장에 조광원, 사무국장은 김우영 시인이 일단 맡기로 정한 것이다. 그리고 다시 전 회원이 참석한 창립총회를 반년 뒤인 1988년 7월 22일, 이때 오산 시내에 자리하고 있던 화성 군청 소회의실에서 개최했다. 창립 당시 회원들은 발기인 외에도 정대구, 최홍규, 홍석창, 최병기, 박민순, 백규현, 이옥자 등등 여러 문인들이었다.

창립총회가 끝나 문협 화성지부는 지역의 문학인 단체로서 공식 출범했다. 그러면서 여러 행사, 예컨대 회원 간 작품을 읽고 상호 토론하는 모임, 저명 문인 초청 강연회 개최, 회지 발간 등등의 일들을 추진해 나갔다. 그러나 무엇보다 시급한 문제는 중앙의 한국문인협회 인준이었다. 한국문인협회는 당시 우리나라 유일의 공적인 문학인 단체였다. 그러면서 전국에 지부를 설치하고 있었다. 일찍이 해방 공간의 조선청년문학가협회를 모태로, 건국 후에는 한국문학가협회로, 그리고 5.16 뒤엔 각종 사회단체 통합 정책에 따라 한국자유문학자협회와 통합한 뒤 한국문인협회로 출범, 이후로는 대표적인 문인 단체로 활동해 오고 있었다. 문학적 지표 또한 굳이 따지자면 '생의 구경적 의의'를 탐구한다는 지난날 청문협 노선을 축으로 한 단체였다.

이 무렵 한국문인협회 이사장은 황명(黃命) 시인이었다. 중앙 문협의 인준에 필요한 각종 자료와 서류 준비 등은 조 부지부장과 김우영 사무국장이 맡아 했었다. 그렇기는 했어도 나는 만전을 기한 서류와 자료 제출에도 불구하고 마음 한구석에 일말의 불안감이 없지 않았다. 지역사회 문인들의 결집과 그 구심체로서의 문협 지부였지만 문학의 불모지 같았던 저간의 형편을 감안하면 그 같은 불안이 없을 수 없었다. 그러나 불안은 불안에 그쳤다. 창립총회 뒤 거의 일 년 만에 중앙의 인준이 떨어졌다. 1989년 10월 5일자였다.

"야, 홍 교수. 뭔 일이 있으면 후배가 선배를 먼저 찾아야지. 선배가 후배를 찾아오나."

"이번 일 고맙습니다."

"아우님 일인데 모른 척할 수 있나."

한국문인협회 정식 인준 얼마 뒤 황 이사장과 나는 이런 대화를 나눴다. 초청 문학 강연을 위해 그가 오산시를 방문했을 때였다. 이사장 이전에 황명 시인은 나와의 학연을 따지자면 모교인 동국대학교의 한참 대선배였다. 그는 대학의 선배로서 언제나 호남형의 인품과 성격 탓에 많은 후배 문인들이 즐겨 따르고 쫓았다. 나 역시 학교 재학 시보다는 문단 활동을 하면서 자연스레 만난 선배였다. 휘문고에 오랫동안 재직하다 퇴직 후 문협 이사장으로 선임된 그였다. 그의 농담처럼 단순한 학연 덕에 각별한 배려를 받았다고 나는 생각하지 않는다. 중앙의 인준을 위해 우리 화성문협이 노력한 정당한 결과일 뿐이기 때문이다.

그 무렵 화성문협에서는 '문학과의 대화' 행사를 자주 개최했다. 황명 이사장은 물론 안성 출신의 조병화(趙炳華) 시인, 문덕수(文德守) 시인 등이 강사로 초빙돼 왔다. 중앙 문단의 앞줄에 서 있던 이분들을 통해 체험적 시론이나 격조 있는 문학담을 듣고자 함이었다. 그러면서 우리 나름의 문학적 지남(指南)을 마련코자 했던 것이었다.

화성문학, 합평과 강연회, 기타

갓 창립을 본 화성문협으로서는 중앙 문협의 인준이 급선무였다. 그러나 막상 인준이 떨어지자 우리 나름의 여러 문학 행사와 사업들을 펼쳐 나가기 시작했다. 두루 아는 바대로 문학의 유통 구조에서 볼 때 발표 지면의 확보는 가장 기본적인 급선무였다. 작품을 지면에 발표하고 그를 통해 일정한 문학적 성과를 세상에 내놓는 일이야말로 기본 중의 기본이기에 그랬다. 우리는 화성문협의 기관지인 『화성문학』 내는 일을 서둘렀다. 하지만 회원 각자의 원고를 수합하는 일이 쉽지만은 않은 일이었다. 그 위에 더하여 발간비를 마련하는 일 역시 만만찮은 일이 아닐 수 없었다. 말이 쉬워 원고 청탁이었고 발간비 조달이었다. 그 어려움이란 당시 발간된 『화성문학』의 편집후기를 보면 절절하게 밝혀져 있다. 초창기였기에 여러 조건들이 너무 열악했던 것이다. 이렇듯 열악한 가운데서도 뭇 일을 조광원 부지부장과 김우영 시인이 동분서주 묵묵히 감당해 냈다.

이때 기관지 간행과 별도로 우리는 작품 합평하는 모임을 자주 열었다. 이 모임 역시 조광원 국장이 중심에 서서 해냈다. 우리는 오산시장 입구 버스 정류장 근처 음식점에서 주로 모이곤 했다. 홍승갑 회원이 경영하던 음식점이었다. 외진 구석 방에서 식탁을 가운데하고 둘러앉아 자기 작품을 읽고 다른 이의 의견을 구하는 형식이었다. 작품이 지닌 문제점을 여럿이 공동으로 찾아내고 그 해결책을 모색하곤 했던 것이다. 돌이켜 보면 이는 회원들의 작품 수준을 끌어올리고 그를 계기로 각자의 발전을 도모코자 했던 일이기도 했다. 작품 윤독과 합평이 끝나면 술을 곁들인 저녁을 먹고는 헤어졌다. 그런데 나는 집이 그때도 서울이어서 늘 남보다 먼저 자리를 털고 일어나야 했고 이는 지금 생각해도 회원들께 미안하기 짝이 없는 일이었다. 좀 더 문학적 열정을 같이 나누고 도반(道伴)들과의 동행을 길게 못 한 탓이었다.

『화성문학』 1집이 적잖은 산고 끝에 첫선을 보인 것은 1991년도 세밑이었다. 회원들의 작품을 중심으로 꾸려진 신국판 170여 쪽의 비매품 책자였다. 1990년 『화성군사』의 출간으로 그 사업이 종료되면서 마침 여유가 생긴 조 국장이 적극 주선한 결과였다. 걱정했던 발간비는 문화원의 보조와 삼성인쇄사 정원택 사장의 후원으로 해결이 됐다. 그렇게 해서 『화성문학』은 우리 지역사회 문인들의 명실상부한 표현 기관으로 자리 잡아 나왔다. 이 기관지는 이후 지금까지 꾸준히 발간되어 오고 있다.

나는 1994년 말 지부장직에서 물러났다. 화성문협도 서서히 본궤도에 오르기 시작했고 나는 나대로 학교의 보직 탓에 바쁜 시간을 보내야 했기 때문이었다. 그러나 행사에는 될 수 있는 한 참여하려고 노력했다. 꼭 그렇게 해야 한다는 일종의 책무감이 나를 강박한 탓이었다. 내가 물러난 후 지부장 직책은 조광원(2, 3대), 지현숙(4대), 정인자(5대), 황금모(6대), 박무웅(7대), 지현숙(8대), 윤인환(9대)을 거쳐 현재는 유지선(10대) 시인이 맡고 있다.

지난 추석 뒤 나는 수원 시청에서 홍보 일을 하고 있는 김우영 시인을 찾았다. 벌써 26년이 지난 창립 당시 일들을 듣고 확인하기 위해서였다. 나이 탓도 있지만 나 혼자만의 기억은 영 믿기 어려운 때문이었다. 반가운 인사도 잠시, 그와 나는 오랜만에 서로의 기억을 더듬어 가며 이야기를 나눴다. 그러면서 거기에 더해 지금의 문협 현황도 들을 수 있었다.

"지금 화성문협은 그 무렵과는 비교가 안 되죠. 카페에 들어가 보시면 아시겠지만 제부도 바다시인학교, 워크샵, 찾아가는 문학 교실, 백일장, 시화전 등 행사도 상당히 다양해요. 역대 지부장님들의 노력의 결과겠지만."

"화성에도 문화재단이 있고 또 인구 50만의 도시고 하니, 문협 살림도 그때완 많이 다르지 않나요?"

"그렇겠죠. 화성에도 일단 문학의 큰 장이 열리고 있는 중입니다."

간단한 점심을 나누고 우리는 헤어졌다. 서울행 전철을 타기 위해 나는 밝은 햇볕이 가득한 시청 앞 거리를 걸었다. 그리고 문득 그 이십몇 년 전 당시의 안온했던 기분에 깜박 젖어 들었다. 그것이 고향이었다. 지부장직을 물러난 얼마 뒤 나는 다시 고향의 학교를 떠나 서울의 모교로 자리를 옮겼다. 1997년 9월의 일이었다.

노포의 아우라와 옛시조의 한 거봉
— 해남 기행

노포(老鋪)의 아우라, 천일식당

돌이켜 보면 해남에 관한 내 기억은 두 가지로 소환된다. 하나는 해남 읍내의 유명 맛집에 관한 것이고 다른 하나는 보길도 기행길에 들른 윤선도 고택에 관한 것이다. 그해 겨울 우리는 해가 설핏하니 기운 무렵에야 해남 읍내에 당도했다. 마침 방학 끝자락이어서 늘 그랬듯 우리는 남도 여행길에 나섰던 참이었다. 위도가 남쪽인 탓이었겠지. 겨울답지 않은 날씨였다. 마치 푸근한 봄날 같았다. 숙소에 짐을 푼 우리는 이른 저녁을 먹기 위해 읍내로 나섰다. 소규모 읍내답게 거리는 한산했다.

"홍 선생, 상당히 유명한 집이야."

"선생님, 소문난 잔치에 먹을 거 없다는데요."

"뭔 소리야. 왔다 간 사람들이 한결같이 하는 얘기인데."

우리는 이런 소리를 해대며 그 유명하다는 식당에 들어섰다. 식당은 대로변 아닌 골목 안에 자리 잡고 있었다. 저녁 식사를 하기에는 이른 편이었지만 식당 안은 손님들로 이미 꽉 차 있었다. 명불허전이군. 나는 혼잣말로 중얼거렸다. 주인은 뒤켠 외진 빈방으로 우리를 안내했다. 좌정을 하고 음식을 기다리며 이번 여행길에 관한 얘기를 나누기 시작했다.

"해남에 온 목적 중엔 이 집 소문난 음식 맛보는 것도 그 하나야."

"여기까지 왔으니 대흥사는 둘러봐야 되지 않나요?"

"대흥사 아직 안 가 봤어? 난 달마산 미황사를 가 보고 싶은데."

그 무렵 우리 여행 팀은 단출했다. 황동규, 김현 선생과 시인 김정웅, 그리고 나 넷이었다. 김현 선생은 더러 빠질 때도 있었다. 학교와 출판사 일, 그리고 당신의 활발한 평필 활동 탓이었다. 여행은 대체로 방학을 이용하기 마련이었다. 차편은 주로 김정웅 시인의 승용차가 징발됐다. 당시로는 드물게 그는 자차(自車)를 몰고 다녔다. 여행팀 '사당패' 초기는 그랬다. 1980년대 초반의 일이었다.

"이 동네 식당은 우선 반찬 가짓수가 달라."

기본 찬이 나오자 목포가 고향인 김현 선생이 한 말씀을 얹었다. 수저를 들기도 전에 나는 상을 꽉 채운 그 많은 찬들에 주눅이 왔다. 마치 내 어린 날 마을 대갓집 잔치상인 듯싶었기 때문이다. 흔히 서울의 백반 상이라고 해 봐야 반찬은 대여섯 가지가 고작 아니었던가. 그런 식당 음식에 익숙한 나로서는 이 집 밥상은 경이롭기만 한 것이었다.

흔히 기본 찬은 가짓수 문제가 아닌 양념과 간이 문제라고 한다. 말하자면 입안에 착 달라붙는 맛이 핵심인 것이다. 그런 면에서 천일식당의 가짓수 많은 찬은 특별했다. 나 같은 입 짧은 사람에게도 식감이나 맛이 그만이었다. 대를 잇는 주인의 솜씨에는 양념에 더해 세월이 깊게 밑간처럼 버무려져 있었던 것. 특히 떡갈비는 나로서는 그때 처음으로 먹어 본 음식이었다. 떡갈비는 육류 특유의 고소하면서도 양념과 간이 깊게 밴, 훅 가는 맛이었다. 그 탓일까. 내가 간 고기를 기름에 둘러 부쳐 낸 이른바 동그랑땡을 즐기게 된 것은.

우리는 모처럼 푸짐한 저녁을 끝내고 숙소로 돌아왔다. 그리고 다음 일정을 위해 각자 방으로 들어가 쉬기로 했다.

이튿날 새벽 우리는 의논대로 달마산 미황사를 향해 달려갔다. 하지만 아차차, 우리에게 절경을 완상할 연(緣)까지는 없었다. 절 마당에서 멀리 내려다볼 바다도 없었고 절집을 병풍처럼 둘러친 기암괴석도 없었다. 대신 거기엔 짙은 안개만이 겹겹이 둘러쳤을 뿐이었다.

후일담이지만 나는 그 뒤로 기회가 있을 때마다 천일식당의 음식 얘기를 무슨 자랑처럼 해대곤 했다. 이 식당이 깔고 앉은 몇십 년의 세월이 공연한 것만은 아니란 것도 알았다. 인구에 회자되는 노포(老鋪)의 평판은 숱한 세월과 함께 깊이 숙성된 것이 아닌가. 서울로 돌아온 뒤 내가 남도 음식점들을 즐겨 찾게 된 것도 오로지 이 식당의 저 특출난 풍미 탓이 컸다.

옛시조의 거봉(巨峯), 윤선도

내가 해남을 자주 찾기 시작한 것은 수원대학에서 일할 때였다. 그 시절 학과에서는 문학 기행을 연례행사처럼 다녔다. 우리 문학사의 숱한 유적과 문인들 행적의 현장을 찾는 것이 그 취지였다. 말하자면 학교 강의나 서책에서 듣고 읽은 문학 유산을 직접 견문하는 현장학습이었던 것. 문학 기행은 전국을 권역별로 나누어 실행됐다. 그렇게 학생들은 4년이면 전국 각지를 두루 돌아볼 수 있었다. 호남 권역은 주로 강진의 다산 유배지나 김영랑 생가, 해남의 윤씨 고택, 그리고 고산의 보길도 유적 등등이 주된 답사지였다.

지금도 선명한 기억으로 나는 소환할 수 있다. 땅끝마을에서 배편으로 가던 보길도까지의 항로와 바다의 정경들을. 당시만 해도 갈두리는 한적한 포구 마을이었다. 그곳에서 승선한 보길도행 배에는 언제나 현지 아낙네들, 뭍에 나와 용무를 보고 돌아가는 남정네들이 듬성듬성 선실을 차지하고 있었다. 나는 상갑판에 올라 바다를, 특히 갈매기들이 따라오는 흰 물살의 긴 항적을 지켜보곤 했다. 노화도를 지나면 배는 어김없이 고동을 울렸고 이내 보길도 선착장에 당도했다. 선착장을 품 안에 둔 작은 포구에서 세연정은 가까웠다. 학생들과 나는 도보로 세연정, 판석보, 부용동의 낙서재를 둘러보곤 했다. 그러면서 조선조 삼대 가객으로 평가받는 윤선도의 문학작품들에 관한 현장 강의를 들었다. 강의는 고전문학 전공 교수의 몫이었다. 나는 이곳 문학 유적들을 둘러보며 고산의 각별한 생애를 곱씹기 일쑤였다.

고산이 여기 부용동과 금쇄동에 머물며 중앙 관가와 한동안 절연한 것은 병자호란 뒤부터였다. 그 이전까지는 조정에 벼슬을 살며 정쟁에 곧잘 휩쓸리기도 했다. 함경도 경원, 경남 기장, 삼수 등지에서의 귀양살이가 그 예이다. 그가 신산한 벼슬살이에 등을 돌린 것은 당시 임금 인조가 청에 항복한 사실을 접한 뒤부터였다. 많이 부끄러운 국치로 치부한 까닭이었다. 이때 그는 해남 연동의 윤씨가와 보길도 등지에 머물며 유인(幽人)처럼 살았다. 알려진 대로 고산에게는 이 무렵이 가장 안락한 산수 자연인으로서의 삶을 누린 시기였다. 뒷날 효종의 부름으로 다시 벼슬길에 올라야 했지만 말이다. 효종이 누군가. 대군(大君) 시절 고산은 그의 사부였지 않은가.

　보길도에서 우리는 주로 예송리 민박집에서 하룻밤을 지냈다. 그리고는 되짚어 나와 연동의 윤씨 고택을 방문하곤 했다. 해남 윤씨가의 종택이기도 한 그 집은 덕음산 자드락에 터 잡고 있었다. 효종이 지어 준 남양주 가옥을 헐어 배로 싣고 와 되지었다는 녹우당. 그 집은 울 뒤의 비자림 숲과 함께 지금도 내게는 너무 선명하게 소환된다. 집 안팎을 둘러보는 내게 그 고색창연한 건축미와 세월에 결은 뭇 집기들은 고혹적이기까지 했다. 역사도 세월에 뒤덮이다 보면 신화가 되고 전설로 남는다고 했던가. 고택 앞마당에 집결한 우리는 윤씨 종손되는 분에게서 녹우당 내력을 듣기도 했었다. 녹우당 현판은 색목이 같은 옥동 이서(李漵)가 쓴 글씨라든가, 유배 중인 다산 정약용이 밤을 도와 강진에서 예까지 와 서책을 빌려 갔다는 얘기도 들었다. 나 같은 한미한 후학과 학생들에게 고산은 전설이자 신화가 아니었던가. 그러고 나면 벌써 해는 설핏해지기 시작했고 우리는 대절 버스가 선 큰길까지 천천히 걸어서 이동할 마련이었다.

　시를 평생 공부한 내게 고산은 특이한 시객이었다. 그는 나이 열여덟 살 진사 초시 합격으로부터 시작해 별시 문과 등 여러 차례 국가시험에 합격한 수재였다. 그런 그가 왜 시조에 집착했는가. 그것도 남달리 탁월한 우리말 시조 작품들을 남긴 것일까. 당시 정통 시문학으로 치부된 한시보다 그는 우리말 시조를 더 즐겨 읊었던 터다. 더욱이 우리말 아취(雅趣)를 가장 높이, 그리고 웅숭깊게 성취했다고 평가받는 시조 작품들을 남긴 일—이는 우리 근대문학 이행기 국문 문학의 선구를 이룬 것은 아닐까. 나는 이런 개인적 소회를 버스 안에서 학생들 앞에 털어놓기도 했다. 모를 일이다. 지금쯤은 아마도 상전벽해 격으로 고산의 저 문학적 유산과 유적들이 현대화의 물결에 덮여 새 단장을 한 것은 아닐지. 아, 내 해남 답사도 돌이켜 보면 어언 사십몇 년 저쪽의 옛일들이다.

민어와 튤립, 혹은 작은 낙토
— 임자도 기행

 그게 언제였더라? 대합실 밖 광장을 지켜보며 나는 문득 이런 생각에 부딪혔다. 이른바 사당패의 여행길이 언제쯤이었지. 가까운 시공 안에서는 기억이 별로 없다. 명색이 귀촌한다고 낯선 이 시골로 우거(寓居)를 옮긴 뒤로는 그랬다. 학교 퇴직 직전 두어 차례 지방을 떠돈 게 실은 우리 사당패의 근년 여행길이 아니었나. 그나마 1박 2일 정도의 짧은 나그넷길이었을 터였다.
 글 동네에서는 우리 여행팀을 사당패라고 불렀다. 당초부터의 팀 단장은 황동규 선생이었다. 널리 여행 마니아로도 알려진 황 선생은 늘 우리 패거리들을 앞장서 이끌었다. 여행지부터 그 여행지의 유서(由緖)와 문물, 인정세태를 당신은 두루 꿰고는 했다. 그 덕분에 나는 여행길에 별 부담을 갖지 않아도 좋았다. 통상의 간단한 내 사적인 용품 외에는 별로 준비할 게 없었다. 단장을 따라다니기만 하면 됐던 탓이다. 여행팀의 패거리들은 그때마다 한두 사람 변동이 있었지만 황동규, 김명인, 김윤배, 이승원. 하응백, 필자 등이 고정 팀원들이었다. 그랬던 여행팀도 세월을 이길 수는 없었다.
 여행 날수(日數)만 해도 그랬다. 처음 4박 5일에서 2박 3일, 끝판 무렵엔 1박 2일로 대폭 축소됐다. 헤아리자면 이 축소된 날수만큼 거기에는 사십 년 가까운 세월이 잠겨 있다. 달리 말하자면 중장년에서 노년까지의 시간과 추억이 쟁여 있는 것. 시간은 잔혹해서 황 선생을 비롯, 패거리들 너나없이 모두 일터로부터 은퇴를 했다. 또한 저 한참 당년의 기활(氣活)과 열정 역시 날로 식어 간 것이다. 그랬다. 얼마 전부터 우리 여행은 사당동에서 저녁 자리나 갖는 일로 슬며시 대체되고 말았던 것. 그런데 며칠 전 뜻밖에도 여행 제의가 돌았다. 프로급 조사(釣士)로 나라 뭇 낚시터를 누비는 하응백이 임자도행을 제안한 것이다. 마침 민어 성수기이니 임자도 민어 맛을 좀 보자는 것이었다.

터미널 광장엔 새참 녘 햇볕이 따갑게 끓고 있었다. 여름 막바지의 더위였다. 일행을 기다리며 나는 무연히 광장을 내다본다. 그러나 머릿속엔 우리 여행팀의 지난날들이 동영상처럼 돌아간다. 머지않아 일행이 터미널 앞에 도착할 것이다. 그들은 이곳 소도시를 들러 나를 픽업하기로 한 것이다. 기다릴 때의 주관적 시간이란 실시간보다 얼마나 길게 느낄 마련인가. 얼마를 기다린 것일까. 일행들이 탄 승합차가 도착했다. 차에 올라 나는 반가운 인사를 나누었다. 황동규, 김명인, 김윤배, 이숭원, 하응백 등 팀원들이 거기 있었다. 이번 여행길의 제안자답게 하응백이 차를 몰았다. 늘 그랬듯이 우리는 차 안에서 문학 동네 얘기, 건강 문제, 각자 근황 등을 화제로 말을 섞었다. 모처럼 여러 화제에 묻히다 보니 어느 겨를에 차는 지도(智島)에 들어섰다. 두루 알려진 그대로 신안군은 섬으로만 이뤄진 고장이다. 그래서겠지. 1004라고도 섬 숫자를 헤아리곤 한다. 사실 나는 목포에서 배를 타는 줄 막연히 짐작했는데 그게 아니었다. 우리는 지도의 점암 선착장에서 임자도행 배에 올랐다.

그런데 왜 목포인가. 목포는 내게 특별한 기억이 얽힌 도시다. 바로 시인 노향림의 압해도 시비(詩碑) 제막식에 끈 달린 기억이 그것이다. 그 당시 압해도를 가기 위해서는 목포에서 배를 타야 했다. 멀지 않은 거리에 압해도는 있었다. 기억을 더듬자면 그 무렵 섬은 다소 척박해 보였다. 그래서겠지. 실제로 노 시인은 이 같은 정경을 시로 적은 바 있다.

남쪽 내 고향 앞바다에 뜬 압해도
소금기 흠뻑 뒤집어쓴 풀들이 늘 서걱거리는 곳

땡볕에 맨발인 채 제 키보다 큰 풀밭 사이를

앞니 빠진 코흘리개들이

깔깔거리며 소리 지르고 뛰놀던 그 섬

늦가을 센 바닷바람에 그만 한쪽으로

쏴아 파도 소리를 쏟으며 쓸려 눕는 갈대들을 보고

—노향림, 「삶의 색깔」 부분

  면 소재지 한 곁에 시비는 서 있었다. 당시 중앙일보 이경철 기자에 의하면 이 작품비는 섬 주민들이 성금을 모아 수립(竪立)한 것이라고 했다. 제막식 내내 나는 꿔다 놓은 보릿자루 노릇을 하며 섬을 둘러봐야 했다. 그것이 섬 세상 신안군과의 내 첫 대면이었다.
  늦여름 바다는 드넓고 시원했다. 객선은 멀리 가까이 쭈그려 앉은 섬 사이를 빠르게 빠져나간다. 천여 개 남짓의 섬이란 자랑답게 신안군은 갈수록 다도해 얼굴만 보여 준다. 그런가 하면 섬과 섬 사이로는 연륙교 공사가 한창이었다. 임자대교라고 했다. 섬과 섬을 연결한 교량, 크고 우람한 교각 역시 뱃길의 장관이었다. 우리는 뱃머리에 앉아 이 정경에 홀리고 있었다.
  "아무리 풍광이 좋아도 시인은 맘속에다 찍는 거지."
  황 선생이 항적과 주변 정경을 사진에 담는 누군가에게 한 말씀 던진다. 나는 그 말씀 탓이었나. 주변 올망졸망한 섬들을 말없이 마음에다 찍어 담는다. 말로만 듣던 다도해란 이런 것이구나. 객선 좌우와 앞뒤로 올망졸망 섬들이 계속 출몰한다. 그렇게 뱃길에서 만난 풍경을 만끽한 끝에 일행이 임자도 진리항에 도착한 것은 하오 네 시경. 내 경우는 당진에서 임자도까지 네 시간 가까이 걸린 셈이었다.
  우리는 대광해수욕장 인근에 숙소를 잡고 짐을 풀었다. 그동안 으레 그랬듯 각자 방을 잡기로 했다.
  "한 30분 쉬다가 황 선생 방으로 모입시다."
  제각각 방으로 흩어지며 우리는 그렇게 회동 시간을 잡았다.

"낚시는 물 건너간 거 같은데."

"낚싯배 예약 안 됐으면 별수 없지."

제철 민어 낚시여서 기대들을 했지만 나는 그럴 처지가 아니었다. 낚시와는 영 친연(親緣)이 없는 탓이다. 꽤 오래전 백령도 여행길에 있었던 일이 떠오른다. 백령도에서 배로 한 시간여를 더 나가 소청도 인근에서 선상 낚시들을 했었다. 그날 나는 한 마리도 건지지를 못했다.

"아마추어인 나도 열세 마리나 건졌다구."

그날 낚시를 두고 황 선생은 이런 자랑을 한동안 하지 않았던가. 그런데도 나는 낚시에 '꽝'을 건진 것이다. 다만 선상에서 갓 떠먹는 회 맛에 푹 빠졌던 기억이 난다. 곁들인 소주가 별나게 달았던 것은 물론이다.

일행은 시간이 어정쩡해도 모처럼 여행길이니 일찍 횟집에다 자리를 잡기로 했다.

"오늘 어획이 별로 좋지 않다네요. 한 오, 육십짜리 밖에 없는데……."

"민어치곤 큰 게 아닌데. 그러나 일단 시킵시다. 회부터 먹고 탕을 끓이기로 하지."

점포 안 수족관을 둘러본 하응백의 말에 우리는 이렇게 응수를 했다. 일찍이 정약전의 『자산어보』에 기록된 민어는 4, 5자 크기의 어류였다. 사람으로 치자면 갓 난 영아 크기만 한 어종인 것. 이즘 셈법으로 치자면 1미터가 넘는 대형 생선이었다.

마침 코로나 팬데믹이라 외지 관광객들이 없어 조업을 별로 나가지 않았던 탓도 클 것이다. 아마도 팬데믹 상황이 아니었다면 어김없이 민어 축제가 흥성스레 열렸으리라. 주인아주머니는 혀를 끌끌 차며 취소된 축제가 못내 아쉽다고 했다. 여느 때 같으면 구경도 힘든 민어 회를 여기서 먹다니. 곁들인 술이 몇 순배 돌면서 우리는 종횡무진 얘기꽃을 피웠다. 시 얘기와 문학 동네 소식, 그리고 팬데믹 등등이 역시 주된 화젯거리였다. 특히 시 얘기는 황 선생이 대개 이끌었다. 그 얘기에는 당신의 오랜 교수 경험과 남다른 독서량이 온축돼 있는 것을.

시장한 탓이었겠지만 푸짐하던 회도 이내 동이 났다. 쫀득거리면서 산뜻한 맛이 일품이었다. 회에 뒤미처 탕이 들어왔다.

"간 여름 못한 섭생과 보양을 임자도에서 다 하나 봅니다."

"옛날부터 민어탕이 보양에는 으뜸으로 꼽히지 않았나."

"뭇 인간들이 보양식으로 즐기다 보니 민어 아닐까."

"동해를 빼고는 서,남해에서 흔하게 잡혀 뭇 사람들이 먹었겠지."

잠시 우리는 이처럼 민어를 화제에 올리기도 했다. 아닌 게 아니라 민어는 한자로 면어(鮸魚)라고 적지만 일반적으로는 민어(民魚)로 불려 왔다. 기록은 조선조 세종 때부터 문헌에 등장한다. 그만큼 예로부터 민어는 이 나라 민초들이 널리 애호한 생선인 것. 저녁 자리는 밤 아홉 시경에 끝났다. 모처럼 그리고 오랜만에 웃고 얘기하며 보낸 유쾌한 자리였다. 우리는 숙소로 돌아와 각자 방으로 흩어졌다.

다음 날 새벽녘 나는 잠이 깨는 대로 혼자 숙소를 빠져나왔다. 그리고는 인근도 둘러볼 겸 산책에 나섰다. 숙소에서 멀지 않은 곳에 모랫벌이 시원스레 펼쳐져 있었다. 게다가 선들대는 바람마저 마침 바다로부터 건너오지 않는가. 나는 백사장 길을 천천히 걸으며 지난밤 숙취도, 그간 찌들었던 숱한 생각들도 홀가분하게 날려 가는 걸 느꼈다. 백사장은 내 시선이 닿는 곳, 섬 끝자락까지 길게 뻗어 있었다. 뒷날 알았지만 이 대광해수욕장 모랫벌은 길이가 12킬로미터라고 한다. 한 시간 남짓 걷고 돌아오다 나는 문득 숙소 뒤쪽 멀찍이 선 풍차를 발견했다. 웬 풍차? 그 풍차는 꽤는 이국풍이었다. 호기심에 끌려 가까이 가던 나는 이내,

"아 그랬군. 이 튤립 꽃밭 때문이군."

혼자 중얼거려야 했다. 풍차까지의 길 도중에는 널찍한 튤립밭이 놓였다. 늦여름이라 꽃은 볼 수가 없었다. 박래품(舶來品) 봄꽃인 이 꽃은 널리 알려진 대로 튀르키예와 네덜란드가 고향이었다. 풍차는 그 고향 정취를 나름 재현하느라 만든 기물이었다. 튤립은 백합과(科) 화초답게 노랑, 주황, 보라 등등 다양한 꽃 빛깔로도 일품인 품종이다.

해당 철이 아니다 보니 꽃은 찾아보기 힘들었다. 더러 철모르고 기형으로 핀 두어 송이 꽃 말고는. 뿐만이 아니었다. 잎들도 대부분 고동색으로 녹슬어 가고 있지 않은가. '잔치가 끝나 마지막 둘러앉아 국밥들을 마시고'라고 한 서정주 시 한 구절이 여기에도 있었다. 대단지 튤립원 한옆에는 '튤립 축제 취소'라는 낡은 안내문

이 붙박여 섰다. 역시 팬데믹 탓이었다. 나는 색색깔의 수십만 송이가 어우러진 튤립의 장관을 상상 속에서나 그려 보아야 했다. 생각하면 아쉬운 일이 아닐 수 없다.

조반을 마친 일행은 진리항 배 시간에 맞춰 차를 몰아야 했다. 전날 왔던 길을 되짚어 귀가하는 내내 나는 속으로 이 나라 토속품 민어와 이국종 튤립 화훼가 어우러진 곳—임자도야말로 작은 낙토(樂土)란 생각을 지울 수 없었다.

제5부 오류헌 시화, 그리고 단장들

시화(詩話) 세 토막

첫 토막. 직장을 접은 뒤로 나는 지하철을 이용해 주로 이동한다. 대략 육칠 분 간격의 배차 시간 탓에 승강장에서 몇 분 정도는 으레 서성인다. 그럴 때마다 글쟁이 본색은 못 속여서 안전문 유리에 적힌 시를 예외 없이 읽게 마련이다. 몇몇 작품들을 읽다 보면 나는 문득 그 옛날 시골 동네 이발소를 떠올린다.

그 시절 명절 밑이면 나는 이발을 하러 면 소재지로 가곤 했다. 집에서 오 리 남짓 비포장길을 걸어가면 면 소재지였다. 거기 이발소는 딱 한 군데였다. 문을 밀고 들어서면 비좁은 실내엔 이미 두서너 명 손님이 먼저 와 차례를 기다리고 있었다. 사람들 틈에 비집고 앉아 나는 고물 라디오 소리를 듣거나 때 지난 신문을 뒤적인다. 그 짓도 아니면 실내나 찬찬히 몇 번 둘러본다. 이발 의자 앞 면경 위나 세면대 벽면에 걸린 그림이 눈에 들어온다. 낡은 액자에 든 그 그림들은 대개 풍경화였다. 빨간색 지붕을 인 집 한 채가 물가에 있고 그 뒤로는 숲과 숲길, 그리고 원경으로는 먼 산이 웅크린 풍경이기 십상이었다. 틀에 박힌 구도에 왠지 소박한 그런 풍경화들이었다.

그런데 그 그림은 회화작품이라고 하기엔 너무 어설펐다. 회화작품을 대할 때의 아우라를 찾는 건 애초부터 무리였다. 그냥 올려다보면 편안하고 그렇고 그런 감흥만이 감돌 뿐, 보는 사람을 놀래키거나 가격하는 강렬한 정서적 힘은 없었다. 그 그림들은 아마도 이발소나 점포 등지에 부담 없이 걸기 위해 그려졌을 터였다.

용도가 다하면 역시 부담 없이 가볍게 폐기되기도 할 마련인 그림—키치라고 불린다던가.

나는 그 시절 이발소 그림과 안전문의 시들이 왜 그런지 많이 닮았다는 생각을 한다. 특히 하나 마나 한 얘기, 진부한 말로 도배한 시들을 읽노라면 그런 생각이 어김없이 들곤 한다. 국악 동네서 듣던 얘기 가운데 '귀명창이 있어야 소리명창이 난다'란 말이 있다. 소리를 제대로 알아들을 때라야 거기 상응하는 명창이 출현한다는 말이다. 시 동네도 그런 것 아닐까. 안목 있는 독자가 많아야 좋은 작품이 유통될 마련이 아닐까. 나는 그런 생각을 하며 정말 좋은 시들이 지하철 안전문에 차고 넘치기를 기대한다. 복잡하고 바쁜 생활에 아무리 쫓기며 사는 장삼이사(張三李四) 독자일지라도 작품성 높은 명편의 시를 읽을 권리는 그들에게도 있을 터이기에 그렇다.

이내 전동차가 들어올 시간이다.

두 토막. 시골 장날입니다. 집집에서 한두 사람씩은 장을 보러 길을 나섰습니다. 이고 진 그들이 장터 가까이쯤부터는 무리를 이루고 떼를 지어 몰려갑니다. 사람들 틈에서 한 사람을 붙잡고 물었습니다.

"무슨 일로 가십니까?"

"글쎄요. 잘 모르겠습니다."

"그럼 어딜 가시는 겁니까?"

"글쎄요, 남들이 몰려가니 저도 따라가는 길입니다."

이럴 경우 몰려가는 사람을 붙잡고 묻는 게 잘못일 수 있습니다. 남들이 몰려가니 가는 것—이런 일이 이즘의 세태는 아닌지 모르겠습니다.

과연 우리 문학 동네에는 이런 일이 없을까요. 그런데 오래 몸담고 살아온 시 동네에도 이런 일이 있는 거 같아 나는 입맛이 씁쓸할 때가 있습니다.

"남들이 새롭다고도 하고 너나없이 쓰니 나도 그렇게 씁니다."

굳이 들라면 이런 경우입니다. 번역된 외국시처럼 끕끕한 문체, 말의 규범 파괴를 극단까지 밀어제친 시들, 암호 해독하듯 읽어야 하는 부조리 시들, 그렇게 최근 우리 시의 패러다임이 바뀌었지요. 그리고 경쟁적으로 너나없이 이런 시의 흐름을 좇습니다. 그러나 남들이 모두 장마당으로 몰려갈 때 혼자 산으로 가는 일이 문학 하는 일 아닐까요.

자기만의 스타일과 개성 있는 얘기를 하는 게 시가 아닐까요.

세 토막. 꽤 오래전 모임에서 있었던 이야기 한 토막이다. 지방에서 올라온 한 친구가 대단 불만스런 투로 말했다.

"난 지방이든 서울이든 작품만 잘 쓰면 상도 타고 유명세도 얻는 줄 알았구만. 그런데 그게 아닌 거 같데."

"사람, 세상 물정을 몰라도 너무 모르는군."

그러자 지방의 중소 규모 대학으로 서울서 어렵사리 출퇴근하는 젊은 교수가 말했다.

"문학 동네만 그런 건 아니지. 난 공부 열심히 하고 논문 많이 쓰면 당연 큰 대학 선생이 되는 줄 알았는데 알고 보니 그런 게 아니야."

누구보다 치열하고 열정에 찬 이들 젊은 시인, 교수에게 나는 달리 그렇지 않다고 할 수가 없었다. 그러면서 프랑스의 좌파 사회학자 P. 부르디외가 말한 문학의 장(場) 얘기를 떠올렸다. 그의 얘기를 빌리자면 문학의 장, 혹은 문학 동네에도 사회문화적 헤게모니가 작동한다. 그리고 그 헤게모니를 틀어쥔 일군이 중심부를 형성한다. 작가는 이 문학의 장에서 저들 중심부와 투쟁과 협력, 때로는 이용도 할 줄 알아야 한다. 뿐만이 아니다. 문학의 장에 형성된 생산, 유통, 소비의 네트워크들, 문예지, 단체, 동인 등등의 관계망 속에서 엄혹하게 자기를 만들어 가야 한다.

이렇듯 문학의 장은 권력자/비권력자, 인정된 작가/신참 작가, 전통파/전위파, 원로/신인 등등의 힘들이 작동하는 공간이다. 시인 작가는, 그가 누구이든, 생득적으로 또는 기획과 노력에 의해서라도 이 관계망들을 헤쳐 가야 한다.

그러나, 그러나 정말 중요한 게 이 얘기서 빠졌다. 그건 야구장에서는 홈런 잘

치는 선수가, 씨름판에서는 씨름 잘하는 선수가 항상 그 장이나 판의 왕자란 사실이다. 과연 문학 동네에서 왕자는 누구일까. 탁월한 작품을 많이 써 온 시인 작가가 바로 그들일 터이다.

오류헌* 시화

*

무릇 예술가는 자기 자신만의 예술을 만들어 가야 한다. 철저하게 자신의 것, 자신의 일체가 담긴 예술을 만들어 가야 한다. 예술가에게 있어 삶이란 그 같은 자신을 만드는 과정일 뿐이다. 시인 역시 예술가인 한 시인으로서의 자신을 만들어 가야 한다. 자기 나름의 독자적인 시 세계를 구축해야 한다. 시류에 편승하거나 남들을 기웃거려서는 안 된다. 대신 자신이 짙게 묻어난 시 세계를 만들어 내야 한다. 한갓 에피고넨일 수만은 없는 탓이다. 그런가 하면 일련의 이 당위적 자기 만들기는 오로지 자신과 일대일로 맞짱 뜨는 것. 누구누구 이거다 저거다 떼거리로 해낼 수 있는 일이 아닌 것이다. 한 시인이 만든 그 세계가 크고 작은 것은 그다음 문제일 따름이다.

*

자그마치 5,000리 밖의 성지를 향해 가는 사람들이 있다. 그것도 오체투지로 삼보일배를 하며 간다. 그들의 하룻길이란 고작 20여 리에 지나지 않는다. 길이나

---

*오류헌(五柳軒): 귀촌한 누옥의 당호.

평탄한가. 가다가는 눈 쌓인 빙판길을, 가다가는 자갈 먼지 풀풀 이는 구릉의 비탈길을 만난다. 그나마 산 중턱 굽이굽이 걸린 포장된 산복도로를 지나는 일은 호사론 편에 속한다. 그렇게 가는 여정 탓에 성지인 라싸까지 시간은 일 년 가까이 소요될 마련이다. 와유지취(臥遊志趣)로 나는 저들의 선명한 화면 속으로 빨려 들어간다. 우연히 컨 케이블 티브이에서 차마고도를 만난 것이다. 대체로 저들의 순례는 그 순례가, 삼보일배 고행 자체가 바로 목적이고 초월 행위란 느낌이다. 일거수일투족마다 자신을 모두 건(賭) 진지함과 엄숙한 아우라가 뿜어져 나오지 않는가. 덧없는 일상을 끊고 참다운 나를 찾아 떠난 일생일대의 고행길이기 때문일 터이다. 그러면 과연 이들의 순례는 목적한 성지에서 어떤 깨달음에 당도하는 것일까. 참다운 내가 있기는 있는 걸까. 시시때때로 돌변하는 나이고 자아인데 어느 내가 '참 나'라는 말인가. 굳이 따지자면 끊임없이 돌변하는 내가 실은 '참 나'이고 그것만이 변하지 않는 움직일 수 없는 팩트가 아닐 것인가.

*

처녀작품 「희랍인의 피리」로 시작된 내 시의 나그넷길은 어떠했는가. 최근 나는 졸시에다 이렇게 썼다. "平生 말 뒤꽁무니만 따라다녔던 외길 한 가닥의 긴 行路를 접고/뒷날에 묻는 뭇 詩篇들 남겨 두고"라고(「단갈명(短碣銘)」). 내 시의 나그넷길은 저 티베트의 순례자처럼 결코 수월치 않은 역려였다는 생각을 한다. 마치 늙은 배꾼 플레바스처럼 삶의 고비고비를 오르내리면서 갖가지로 생각들을 추려 오지 않았던가. 한 시절은 현실 비판의 절제된 목소리를, 한 시절은 삶의 갖가지 굴곡진 국면들을 이야기시로 풀어 보았다. 그런가 하면 일상과 세계에 대한 나름의 힘겨운 성찰을 해내지 않았던가. 돌이켜 보면 내 시의 주제는 언제나 나일 수밖에 없었다는 생각을 지울 수 없다.

시의 나그넷길―그 길에서 나는 시 이외에는 많은 것들을 내려놓아야 했다. 장삼이사(張三李四)들처럼 머리 싸매고 쫓아야 할 여느 일상의 욕구들을 딴에는 꽤 많이 도외시한 채 살아왔던 것이다. 그리곤 무슨 거역할 수 없는 팔자처럼 언어의 뒤꽁무니만을 따라다닌 것이다. 모르긴 해도 그 탓에 내 나름의 오늘 여기까지 오지 않았을까 싶기는 하다. 자연 이법 그대로 하늘은 사람에게 이것과 저것, 그 모든 것을 쉽게 허여(許與)치 않는다는 걸 새삼 깨닫는다. 어즈버. 시랍 오십몇 년, 내 시의 나그넷길은 이토록 흘러가고 있는 것을.

*

관법(觀法)이란 말이 있다. 사물을 꼼꼼히 살피고 인식하는 방법을 뜻한다. 대체로 뭇 예술은 사물과 삶에 대한 해석이 사뭇 달라지는 데 따라 변화한다. 이른바 예술사조란 것도 이 같은 변화를 기준으로 삼고 구분된 것. 그런데 관법은 규범화되고 정형화된 것이 없다. 핵심사는 사물과 삶을 얼마나 새롭게 그리고 깊게 해석하느냐 하는 문제이다. 흔히 말하는 인식의 깊이나 새로움은 늘 거기에 자리 잡을 마련이기 때문이다.

각설하고 그러면 그동안 내 시의 밑자락에 깔린 관법은 무엇이었나. 이 관법을 나는 선불교에서 한동안 배운 바 있다. 반상합도(反常合道)가 그랬고 분별과 집착을 벗어 멘 선적(禪的) 관법이 그랬다. 따지고 보면 이들 관법도 결국은 기존의 상투적 관념을 어떻게 깨느냐 하는 것. 일체가 공이란 가르침도 그랬고 뭇 목숨이 평등하다는 생각도 결국은 기존 통념을 철저히 깬 다음에 오는 말씀이었다. 다만 이 같은 관법이 개별 구체적 사물이나 다양한 삶의 국면과 부딪칠 때는 얼마든지 기능적으로 달리 작동할 마련인 것. 여기서 시는 이들 관법과 만날 수밖엔 없다. 시는 언제나 구체적이고 개별적인 인식일 마련인 탓이다. 과연 내 시는 사물이든 삶이든 얼마나 도저한 인식에 당도할 수 있었나. 이즘 되짚게 되는 물음이 아닐 수 없다.

*

저 같은 인식을 제시하기 위해 나는 시적 조사(措辭)와도 끊임없이 싸운다. 시적 대상이나 정황의 핵심을 곧바로 드러내고자 애쓰는 것. 그러다 보니 수식하는 말 수가 줄고 시의 길이도 짧아진다. 시가 시키는 대로 갈 마련이지만 간경(簡勁)한 언술이 내 시적 조사로 서서히 자리 잡을 것 같다.

*

나이 탓이겠지만 얼마 전부터 새벽잠이 없어졌다. 한밤중의 토막잠 두어 차례 뒤엔 백지 같은 공백이 온다. 아무리 잠을 자 보겠다고 뒤척이지만 정신은 한결 더 말똥말똥해진다. 결국은 새벽녘 고요와 마주한다. 고요는 언제부턴지 거기 그렇게 있었다는 듯 미동도 않는다. 나는 일어나 그와 마주한다. 내 정신이 고요에 집중한다. 고요라고 틈새든 잡티든 없을 수 없다. 완전 백 퍼센트 전일(全一)한 적막이라는 게 어딨나. 그러다 보니 창밖엔 바람이 부는 거 같다. 멀리 아랫마을에선 개도 간헐적으로 짖는다. 바람이든 개 짖는 소리든 개의찮고 고요는 그냥 고요일 뿐이다. 되레 그것들이 고요가 얼마나 깊은 고요인지를 가늠케 한다. 잠이 쫓겨 간 내 새벽녘은 대략 그렇게 지나간다. 고요하다는 것, 그런 고요를 앞에 하다 보면 마치 비 개인 아침 녘 사물처럼 내가, 내 둘레가 한결 선명하게 보인다. 고요가 점차 내 화두가 되는 것 같다.

*

대학 4학년 때였다. 당시 나는 무슨 생각이었을까. 이창배 교수의 영시 강독을 들었다. 교재는 골든 트레저리(Golden Treasury). 옥스퍼드 대학 시학 교수인 F. T. 폴그레이브가 엮은 앤솔러지였다. 나는 부지런히 영어 사전을 뒤적이며 교재를 들여다보곤 했다. 그때 얼마간 생소하게 접한 작품들이 있다. 에피타프(epitaph)란 비문(碑文), 혹은 비문체(碑文体)의 시들이 그것이었다. 시인이 자신의 비문을 쓴다, 아니 썼다(?). 팔팔한 혈기밖에 없던 그 무렵 내게 그 시들은 "거, 참 이런 것도 시라고 하나." 그런 느낌뿐이었다. 그랬던 내가 에피타프를 써 봤다. 그때로부터 반세기 훌쩍 넘긴 세월만의 일이다. 과연 내 가고 난 뒤 혹 단갈(短碣)엔 뭐라고 쓸 것인가. 나는 지나온 날들을 곰곰 챙겨 봤다. 흔히 말하는 고관대작질도, 대단한 공명도 없었는데 뭘 쓸 건가. 장심이사로나 살며 회한과 실착(失錯)의 연속인 세월이지 않았는가. 고작 우울한 말들이나 조종하던 시 장색(匠色)이 내 본래면목이었다. 제 자신의 삶을 몇 줄 안에 스스로 결산한다는 게 비명(碑銘), 아니 비문체 시의 핵심이 아닐까. 아무튼 나는 그 시 장색의 일이라도 기록으로 남길 마련인 것 같다.

*

간 겨우내 돌들을 주워 모았다. 집 둘레나 빈 밭을 기웃거려 막돌들을 주워 나른 것이다. 이 동네엔 돌이 유난히 많다. 커 봐야 뼘가웃짜리들이 대부분이었다. 돌 빛깔이 또 아닌 것이 주로 마른 흙 빛깔이었다. 그런 돌들이 지천으로 널린 것이다. 나는 틈나는 대로 그 돌을 날랐다. 집중적으로 일시에 목표를 정하고 하는 작업은 물론 아니었다. 그러다 보니 겨울 한 철 지나고서야 두어 무더기가량 모았다.

이즘 나는 그 돌을 터앞 배수로에 호안(護岸) 삼아 쌓는다. 여름 빗물에 패여 나가지 않도록 하기 위해서다. 막상 돌들을 쌓다 보면 거기엔 그 나름의 요령이 있다. 밑바닥에 큰 돌을 놓고 그 위에 작은 돌을 끼워 맞춘다. 이놈 저놈 골라 틈새를 맞추다 보면 어느 한 놈이 턱 들어맞는다. 깎아 맞춘 것처럼 냉큼 자리를 잡는 것이다. 마치 소목장이 사궤물림으로 짜맞추듯 한다고 할까. 그 요령 아닌 요령으로 쌓다 보면 어떻게 생겼든 못 쓰거나 버릴 돌이란 없다. 다만 있을 자리를 찾아 얼마만큼 맞춤한 품새를 갖춰 주는가가 문제였다. 터앞 도랑 벽의 돌쌓기란 재미있다. 재미에 빠지다 보면 놀이가 된다. 이 놀이는 돌쌓기만일까.

시도 결국은 말 쌓기 놀이가 아닌가. 작품 한 편을 만들기 위해 얼마나 숱한 말들이 모아지는지, 또 제자리를 찾아 놓여지는지, 그리고는 많은 말들이 버려지는지—시작(詩作)은 내 오랜 경험칙에 비춰 볼 때 이 같은 말 쌓기이기도 했던 것을.

운보시실(耘甫詩室) 명(銘)

시 동네로 전입한 이래 오십여 년, 내게는 그러모은 서책들이 꽤 됐다. 학교를 퇴직한 이후로는 유목민 짐짝처럼 이들은 대책 없이 떠돌았다. 그러다 이 산골로 귀촌하고 나서야 있을 곳이 마련됐다. 학교 연구실 비슷한 규모의 별채 건물이 지어진 것이다. 아니 학교 연구실보다는 좀 넉넉한 평수라고나 할까. 지난날 김수영은 집 안에 의자가 많아서 걸린다고 했었다. 내 경우도 옮길 때마다 걸리적대던 가구 아닌 서책들이 비로소 제자리를 잡게 된 것. 개가(開架)형 도서관처럼 서가들을 들여놓고 시집과 잡지, 기타 서책 등속을 정리한 것이다. 운보시실(耘甫詩室)은 그렇게 문을 열었다. 귀촌도 그랬다. 학교를 물러난 뒤 나는 한동안 서울을 맴돌았다. 그러나 과연 거기엔 무엇이 있었나. 일상의 덧없음, 삶의 낭비밖엔 없었다. 결국 나는 일체를 접고 이 산골로 내려왔다. 이미 몇 번 글에서 밝힌 대로 고향에서 쫓겨난 선대 조고(祖考)와 선친의 묘하(墓下)에다 터를 잡은 것이다.

그러면 왜 하필 운보시실인가. 이미 운보란 호에는 그 주인이 여럿 있지 않은가. 그럼에도 '김매는 사내(농부)'란 내 나름의 호를 자호(自號)한 것이다. 여기 이곳에서 나는 터앝을 일군다. 어설프지만 뭇 푸나무들을 마치 성주 섬기듯 키우고 가꾸는 것. 이즘은 이 농사가 실은 내 본업이란 생각마저 든다. 거슬러 보면 내 선대(先代)들 또한 농사가 생업 아니었던가. 따라서 '농사꾼'이란 자호가 안성맞춤이랄 밖에.

뭇 푸나무들도 가꾸고 돌보다 보면 이들도 읽어야 할 경전이란 생각이 든다. 그들에게도 인간 못지않은 삶의 원리나 정연한 도리가 쟁여 있는 탓이다. 그 도리를 엿보고 터득하는 일—거기서 나는 문자 경전 아닌 또 다른 경전을 읽게 된 것이다. 그렇다. 푸나무들도 나 못잖은 내면세계들을 갖추고 있다. 한동안 나는 이 경전 읽기에 골몰할 것 같다. 아마도 그게 얼마 동안의 내 시업(詩業)일 터이다.

약졸(若拙)과 '참'

상식이란 뭇 경험들이 덧쌓이고 그 축적된 경험들을 두루 꿰뚫고 있는 어떤 '참'을 뜻한다. 그것도 한 공동체의 온축된 경험을 횡단하는 보편성을 띤 앎의 체계를 의미한다. 그런데 참이라고 인식되고 신봉되는 이 상식도 때로는 참이 아닐 수 있다. 더욱이 상식이 굳어져 고정관념이 되고 상투적인 생각이 되면 그것은 '참'은커녕 되레 인간의 삶을 억압하는 기제가 된다. 이 억압의 기제를 깨고 새로운 참을 발견하는 일―그러기 위해서는 통념을 뒤엎는 반전(反轉)의 상상력이 필요하다. 기존의 상식적 의미와 정반대 뜻을 그 대상에서 발견해 내야 한다. 이처럼 고정관념이 된 상식을 깨트리고 정작 참을 과감히 발견하는 것을 가로대 반상합도(反常合道)라고 일컫는다. 부처나 조사까지도 죽이라고 과거 선승들은 가르쳤다. '참'을 발견하는 길에 억압 기제 혹은 고착된 관념들이 있거든 그게 무엇이든 가차 없이 깨트려 없애야 한다는 소리였다.

우리가 본다는 행위에는 두 가지가 있다. 하나는 대상의 겉모습만을 보는(見) 것. 시각을 통해 대상의 형상만을 단순 인지하는 것이다. 다른 하나는 마치 손전등 불빛으로 비춰 보듯 대상의 내부까지를 속속들이 깊이 들여다보는(觀) 것. 이 관법은 대상의 속성, 값, 의미 등까지를 발견해 낸다. 이른바 관조(觀照)다. 관조는 육안(肉眼)보다는 심안(心眼)을 통해 본다. 나이 든다는 말은 심안이 눈떠 간다는 말이고 관조를 할 줄 안다는 뜻이다. 반상합도에도 이 관법이 필수다. 갖가지 덧쌓인 체험을 횡단하며 그 내부를 살피고 삶의 새로운 '참'을 발견하는 일—지난날 시인들은 이 일을 인생파 시의 핵심이라고 했던가.

굳이 따지자면 나는 농경 세대의 맨 끝자리에 선 사람이다. 산업화 이전인 지난 오륙십 년대에 청소년기를, 그것도 농촌에서 보냈기 때문이다. 이 시절 체험은, 지금 돌이켜 보자면, 줄곧 내 시의 밑그림 구실을 해 온 것을 알겠다. 특히 푸나무에 관련한 갖가지 상상력들이 그렇다. 그 상상력 안에서는 인간과 동식물, 자연현상이 서로의 경계를 허물고 감응한다. 내 나름의 서정시들은 대개가 이 감응의 소산들이다. 그동안 구체적으로 이 감응을 살려 내기 위해 나는 많은 수식어를 작품들에 동원한 혐의가 짙다. 얼마 전 시집 『삶의 옹이』를 묶으면서 나는 수식을 다 벗어 버린 누드의 정신만을 내세우겠다고 했다. 솔직히 나는 그 약졸(若拙)의 말들이 더 큰 생의 방법론/기교이길 바랄 뿐이다. 뿐만인가. 이 단순함의 미학이 접근의 용이함, 가독성, 심오함으로 뭇 독자들의 울림을 담보했으면 싶었다.

하프를 잃은 시인들

> 하프를 잃어버린 오르페우스. 이제 그의 앞에는 그의 노래에 취하는 새도 도마뱀도 없고 그의 노래에 취하여 춤추는 나무도 강물도 바위도 없다. 귀에 익은 하프 소리가 없는 오르페우스의 노래. 그 노래는 이제 그의 노래를 듣고 감동되던 모든 것들에게 낯설고 생소하기만 하다. 모두가 외면한다. 이미 그의 노래는 전달되지 않는 것이다. 그러나 그는 노래하지 않으면 안 된다.
> ―전봉건, 「하프를 잃어버린 오르페우스」에서

하프를 잃어버린 시인. 반세기 전 이 나라 모더니즘 시의 앞줄에 섰던 시인 전봉건은 이렇게 오늘날 시인의 운명을 예견한 바 있다.

도대체 오늘날의 시인은 하프를 언제 어디서 어떻게 잃어버린 것일까. 음악에 얹어 부르던 노래를 더는 시인이 선호하지 않게 된 연유는 무엇일까. 나는 전봉건 시인의 윗글을 읽으며 이런저런 물음을 앞에 한다. 더욱이 시의 소통 문제를 두고 말들이 많은 작금의 우리 시 동네가 아닌가. 여기서 전봉건의 얘기를 조금 더 따라가 보자. 그는 시인들이 하프를 잃고 진출한 곳은 대뇌(大腦)의 전두엽 무대라고 한다. 그 옛날처럼 시인의 무대란 게 도마뱀이 출몰하고 바위가 웅크린 황량한 들녘도 아니며 숱한 군중들이 모인 노천극장은 더욱이 아니란다. 자신이 스스로 마련한 대뇌의 전두엽이 그 무대라고 한다. 이 자폐성 무대에 서서 부르는 노래란 그 누구에게도 전달될 턱이 없는 것 아닌가.

그는 고독한 자기 노래를 홀로 불러야 할 뿐이다. 누구에게나 귀에 익었던 하프 소리가 없을 뿐 아니라 노래도 지난날 듣던 그런 노래가 아니기 때문이다. 하프로 표징(表徵)되던 낭만도, 가슴에 품어 온 누리에 토하던 서정도 벌써 거기엔 없는 것이다. 대신 대뇌의 전두엽 무대에서 그는 자기 노래를 장인(匠人)처럼 만든다. 아니

부른다. 오르페우스처럼 주변 뭇 것들의 박수 소리에 취하는 게 아니라 시를 만드는 창조의 쾌락과 만든 뒤의 성취감에 단지 무젖을 따름이다. 이들 시인에게 주어지고 누리게 되는 무슨 보상이 있다면 아마 이뿐일 터이다.

그러면 오늘날 시인이 만드는 시/노래는 과연 어떤 노래인가. 나는 그 노래는 두 충동을 내부에 함장하고 있으리라 생각한다. 하나는 새로움이란 충동이다. 따지자면 예술치고 새로워지고자 하는 충동을 지니지 않은 예술이 어디 있겠는가. 실제로 그동안 얼마나 많은 새로움에 대한 도전과 모험이 현대시에 있어 왔는가. 누구는 생금처럼 거친 이미지들이 매장된 울창한 삼림인 무의식 세계를 두루 탐험했고 누구는 시의 기존 경계 표지판을 열심히 옮기려고 애쓰지 않았던가. 또 다른 하나는 당대 정신의 정점(頂點)을 오르려는 욕구이다. 이는 세계와 사람에 대한 해석을 당대 누구보다도 가장 현저하게 해내려는 충동일 것이다. 오늘에 와서 이 두 가지 충동이 결핍된 시인의 노래란 기실 얼마나 공허한 것이랴.

얼마 전 젊은 편집자들과 만난 자리에서였다. 이즘의 글 얘기들을 주고받은 끝이었다.

"이제 긴 글은 안 읽힙니다. 일단 분량이 많다 보면 읽을 생각들을 안 해요. 골치 아픈 건 물론이고 그걸 읽을 만한 지구력이나 집중력들이 없는 겁니다."

"문장도 이제는 속도감 있게 읽혀야 합니다. 될수록 짧은 단문들이라야 하는 거죠. 긴 문장, 이를테면 복문이나 혼용문으로 된 건 아니 옳습니다다인 겁니다."

그런 얘기들이 이구동성으로 나왔다. 나는 딴에 쓴소리를 한답시고,

"그건 독해력이 바닥이란 얘기구먼. 허기사 누구는 신 문맹(文盲) 시대라고도 해쌓드만."

라고 공허한 소리만 내뱉고 말았다.

그랬다. 긴 글보다는 단문만을, 웅숭깊은 생각보다는 경쾌한 느낌만을 선호하는 그 정신의 자리에 '대뇌의 전두엽'이란 무대가 어디 가당키나 한 소릴까.

이제 하프를 잃은 시인은 홀로 제 흥에 겨워 노래 부를 뿐이다. 그러나 정점의

정신을 새롭게 탄주(彈奏)하려는, 아니 탄주하는 한 그는 인문(人文)의 중심에 예나 이제나 변함없이 서 있을 터이다. 아니 문학의 에센스로 시는 남아 있을 일이다.

봄꽃과 꽃달력

동살이 창턱에 얹히면 이내 잠에서 깨어난다. 창문을 연다. 섬돌 옆 붉은 꽃송이 하나가 마치 덮치듯 눈에 들어온다. 꽤는 생소한 얼굴의 꽃인데 유난히 크고 붉다. 꽃양귀비의 갓 핀 꽃송이다. 화심에 둥근 꽃술이 유난하다. 둘레엔 십자형 흑반(黑斑)이 박혔다. 붉은 꽃잎 위에 검은색 열십자 무늬라니. 아니 그 무엇보다 꽃 색깔이 중국 여인네의 선홍색 치빠오처럼 요염하다 못해 고혹적이다. 옛 미인 양귀비의 이미지를 꽃 위에 겹쳐 떠올리며 나는 마음을 끄덕인다.

이 동네에 들어와 살며 이 꽃과 나는 그렇게 수인사를 나눴다. 귀촌을 결심하고 들어온 이 마을엔 꽃나무들이 많다. 예외 없이 한 가호(家戶)마다 두서너 그루 꽃나무들이 섰다. 집 담장 안에 혹은 마당귀에 그들은 올망졸망 터 잡고 선 것이다. 그리고 이른 봄부터 지금까지 시도 때도 없이 꽃을 피운다. 매화가 피었는가 하면 뒤미처 이내 벚꽃이 핀다. 마당귀 박태기가 밥알만 한 새빨간 꽃들을 묻히고 섰는가 하면 담 안의 미스김라일락이 보라색 통꽃을 금세 내건다.

지난날엔 개화 시기가 일정해 꽃들이 때를 가늠하는 구실을 하기도 했다. 가령 고을 선비들이 시회(詩會)나 시사(詩社) 모임을,

"우리 시사는 행화 필 무렵에 결사하지."

"진달래 필 때 화전놀이 겸해서 시회하세."

같은 규약을 정해 둔 일이 그 예일 터이다. 꽃달력이라고나 할까. 절기 못지않게 개

화 시기를 기준 삼아 때를 가늠한 것이다. 그러나 이 꽃달력은 이미 쓸모없는 옛 달력이 돼 버렸다. 이상기온 현상으로 이제는 꽃들이 너나없이 한 시기에 피어나는 것이다. 개나리와 복숭아꽃이 하루 이틀 새 담장 안에 화들짝 피어난다. 그렇게 개화 시기 운운할 겨를도 없게 뭇 꽃들이 일시에 피는 것이다. 음악으로 치자면 교향곡 같은 꽃들의 합주인 셈이다.

나는 이 동네에 와서 낯이 익은 꽃들과도 상면했지만 생소한 꽃들과도 얼굴을 많이 익혔다. 우선 앞에 얘기한 꽃양귀비도 그 가운데 하나다. 말로만 듣던 양귀비꽃이 아니던가. 특히 아편을 몸속에 지닌 탓에 언제나 금기시됐던 식물이 아닌가. 그래 마치 상상 속 꽃일 뿐이거나 범법 지역의 무슨 우범자같이 여겼던 꽃이다. 그러나 꽃양귀비는 관상용으로 키워지고 꽃을 본 다음엔 이내 사람들에게서 잊힐 뿐이었다. 결국 그도 꽃식물에 불과하다는 걸 나는 비로소 안 것이다.

마을에는 그 밖에도 낯선 꽃들이 많다. 아직 통성명을 못해 이름을 익히지는 못했지만, 이름 좀 잠시 몰라, 저 화사한 꽃들을 제대로 완상 못 하란 법이 있을까. 그들은 마을 둘레길을 걸을 때마다 성큼성큼 내 안으로 걸어 들어와 빛깔과 향기를, 아니 맵시 좋은 앞뒤태를 뽐내는 것이다. 나는 이들에게는 주인이 없다는 생각이다. 더러 내 집 담 안의 꽃이니 내 꽃이라고 할 경우도 있을 터이다. 소유욕에 사로잡힌 척박한 인심이 여기라고 왜 없을까.

"아무리 조경을 잘하고 정원을 끝내주게 꾸미면 뭘 합니까? 풍광은 진정으로 즐기고 누리는 사람이 주인이지요."

자연 향수(享受)에 관한 한 나는 오래전 기억 하나를 떠올린다. 시골 학교에서 일할 때였다. 기숙사에서 잠이 깨 교정을 돌 때면 늘 만나는 동료가 있었다. 옅은 골 안개에 휩싸인 교정 둘레길에서 만난 그는 이렇게 말하곤 웃었다. 이른 아침의 새소리와 상쾌한 공기, 그리고 여기저기 막 피기 시작한 봄꽃들. 따지고 보면 그 속에 든 우리도 꽃망울을 살 속에 감춘 두어 그루 나무에 지나지 않았을 터였다.

나무들은 인간이 간섭하고 박해하고 망가뜨릴 대상이 아니다. 나무들뿐이겠는가. 길짐승 날짐승도 예외일 수 없다. 이즘은 동물들에게도 인권 못지않은 동물권

이 있다고 말한다. 그들도 억압받거나 박해받지 않을 권리가 있다는 것이다. 목숨은 인간에게나 동물에게나 똑같이 소중한 탓이다. 애완동물로부터 시작된 동물권 논의는 머지않아 애완동물을 넘어 뭇 동물들에게로 확대될 것이다.

그러나 이 동물권 논의 이전에도 뭇 생명체들을 인간이 박해하고 억압해선 안 된다는 얘기는 많았다. 지난날 어머니들이,

"부엌문 밖으로 뜨거운 물 함부로 내버리지 마라."

던 당부만 해도 그랬다. 무심히 버린 뜨거운 물 한 바가지에 땅속 미생물들은 날벼락을 맞을 마련이기 때문이다. 미생물의 목숨까지도 그것이 생명체였던 탓에 보호받아야 할 일이다. 그리고 보면 식물들도 그것이 목숨을 누리는 생명체인 한 보호받아야 될 터이다. 식물권 논의라고 일지 말라는 법은 없지 않은가. 혹자는 통각(痛覺)이 없어 식물에게는 인권 같은 도덕적 권리가 없다고 말하지만 말이다.

그러나 옛 선사들은 식물에도 불성(佛性)이 있다고 했다. 조주 선사는 말했다.

"잣나무에도 불성이 있습니까?"
"있다."
"언제 성불합니까?"
"허공이 땅에 떨어질 때까지 기다려라."
"허공은 언제 땅에 떨어집니까?"
"잣나무가 성불할 때까지 기다려라."

이 얘기는 널리 알려진 선문답이다. 나무나 풀도 일종의 법신이라고 보면 왜 거기 불성이 없을 것인가. 그러나 나는 마을 곳곳에 선 꽃나무들을 법신이라고, 그리고 꽃들은 자연의 무슨 관법의 말씀이라고까지 할 생각은 없다.

오늘도 마을 둘레길을 서성대며 선후(先後) 시기를 가리지 않고 다투어 핀 꽃들을 본다. 집집마다 어김없이 핀 두서너 그루의 꽃나무들. 거기에는 사람과 식물이 서로를 위안하고 서로를 공감하는 마음이 있다. 뿐만인가. 일상의 삶을 심미적 대

상으로 가꾸는 마음들도 읽힌다. 아마도 나는 동살이 창문에 엊힐 때마다 막 귀촌한 이 동네에서 몇 번의 경이를 더 겪을 것 같다.

하프와 서권기(書卷氣)

극력 추사 김정희가 시서화(詩書畵)에서 배격한 것은 '속기(俗氣)'였다. 시나 글씨에 있어 속기란 언제나 작품의 격을 떨어뜨리기에 그랬다. 여기서 속기란 시서(詩書) 작품에 드러나는 속된 요소를 뜻한다. 이즘 말로는 상투적인 것, 고식적인 것 등등 작가의 진정성 없는 세속의 그렇고 그런 끼를 일컫는다. 속기를 극력 배격한 반면 추사는 서권기(書卷氣)를 높은 값으로 쳤다. 특히 시서에서 서권기 담긴 개성미를 강조했다. 여기서 개성미는 작가의 자기다움의 표출과 그에 따른 미학을 의미한다. 당시로는 성령론(性靈論) 일단을 피력한 셈이지만 그는 진정성이 안받침된 개성을 주장했다.

거기에 왜 또 서권기인가. 추사에 따르자면 서권기란 시인 됨됨이나 학력(學力)을 일러 하는 소리였다. 시는 서권기가 담길 때 격조를 띤다고 한다. 곧 시는 개성의 남다른 표현뿐 아니라 많은 독서를 통해 온축한 깊은 생각이 뒷받침돼야 한다는 것. 이 경우 생각이란 이즘 말로 삶이나 세계에 대한 도저한 인식이라고 해야 할 터이다.

이렇듯 추사는 격조 있는 개성의 표출이 좋은 시, 뛰어난 시의 요체라고 봤다. 개성미 넘치는 서체로 지금까지 이름을 드날리는 추사지만 시인으로서의 시에 관한 생각 역시 탁월했다 할 것이다.

전봉건 시인의 시론들을 읽어 나가다가 나는 유독 다음 대목에서 눈길을 거두지 못했다. 재독 시인 조화선 선생이 힘들여 엮은 『전봉건 시론선』에서다.

> 하프를 잃어버린 오르페우스. 이제 그의 앞에는 그의 노래에 취하는 새도 도마뱀도 없고 그의 노래에 취하여 춤추는 나무도 강물도 바위도 없다. 귀에 익은 하프 소리가 없는 오르페우스의 노래. 그 노래는 이제 그의 노래를 듣고 감동되던 모든 것들에게 낯설고 생소하기만 하다. 모두가 외면한다. 이미 그의 노래는 전달되지 않는 것이다. 그러나 그는 노래하지 않으면 안 된다.
> —전봉건, 「하프를 잃어버린 오르페우스」에서

인용한 대목 그대로 과연 오늘날 시인은 하프를 잃어버리고 말았는가. 언제 어디서 무슨 탓으로 잃고 만 것일까. 나는 이미 반세기 전에 써진 이 글을 읽으며 이런저런 물음에 닿았다. 잘 알려진 대로 전봉건은 지난날 이 나라 모더니즘 시, 특히 쉬르풍의 내면 심리 탐구 앞줄에 섰던 시인이다. 그러나 무의식 탐구를 위해 메스칼린까지 먹었던 앙리 미쇼와 맞닥뜨리며 이내 쉬르풍을 접는다. 알려진 대로 미쇼는 자신의 전위적 시 작업을 위해 마약 먹기를 서슴지 않았던 인물. 과연 그런 모험을 자신도 시 쓰기를 위해 할 수 있겠는가. 그런 고뇌와 함께 전봉건은 시인의 양심 문제에 봉착했고 끝내 진력하던 전위적 시풍을 접었던 것이다.

그런 그에 의하면 현대 시인들은 하프를 잃고 말았다고 한다. 그 결과 이제는 시인들 노래에 취하여 춤추는 "나무도 강물도 바위도" 없게 된 것이다. 뿐만이겠는가. 뭇 사람들도 시인들의 노래에 취하지도 감동하지도 않는다. 오히려 일반 대중이나 독자들은 시인들 노래를 낯설어하고 생소하게만 여긴다. 아예 읽지를 않는다. 그러면 시인은 어디에다 자기 존재의 근거를 마련해야 하는가. 전봉건에 의하면 하프를 잃은 시인들이 진출한 곳은 대뇌의 전두엽 무대라고 한다. 인간의 머릿속 대뇌의 전두엽이란 무대. 그 자폐성 무대에서 현대 시인들은 자기만의 노래를 부를 수밖에 없다는 것이다.

어림잡자면 우리 시 동네 인구도 작금 만여 명을 헤아린다고 한다. 반 농담이겠지만 아파트 동마다 명색 시인 한둘 없는 데도 없다고 한다. 그런가 하면 시 작품 역시 범람하듯 쏟아진다. 이런 이즘의 현상을 앞에 하고 누구는 문학 인구의 저변이 넓어져 바람직스럽다 한다. 그런가 하면 누구는 범람하는 시와 시인들 가운데 정작 좋은 시와 격조 있는 시인이 몇이나 될 거냐고 걱정한다.

나는 이런 얘기들을 접할 때마다 앞에 적은 추사와 전봉건의 두 의견을 곰곰 되씹는다. 추사는 시의 격조를 서권기와 진솔한 개성미에서 찾았다. 그리고 시의 격조를 강조하다 보니 결국 고답적(高踏的)인 미학 세계로 빠져들었다. 그렇다. 고답의 예술미는 오늘에도 귀할 터이다. 뭇 예술은 세련을 추구한다. 그 세련의 끝판에는 고답이 자리한다. 거칠고 천박한 것은 야만/반문명의 공간에나 존재할 마련 아닌가.

한편 전봉건이 말한 대뇌의 전두엽이란 시의 무대는 어떤가. 두루 말하듯 실험과 전위를 추구하는 일은 시의 경계 표지판을 옮겨 놓는 작업이다. 그 작업을 이해하고 귀 기울이는 일은 결코 쉽지 않다. 마치 홀로 연출하고 홀로 감동하는 모노극처럼 자기만의 노래를 펼치는 경우가 많기 때문이다.

고답과 전위는 시의 서로 다른 공간에 존재하는 것이 아니다. 시의 새로움, 예술의 고고함을 기획한다는 점에서는 동궤이기 때문이다. 이런 사정 탓에 여느 대중과의 소통은 날로 거리가 멀어질 터이다. 시는 이제 고작 시인 자신과 시 마니아들 간의 고답한 소통밖에 없지 않을 마련이다. 과연 우리 시의 오늘은 속기 없는 격조 높은 것일까. 우리 머릿속 전두엽 무대에 선 시인들에게 하프는 영영 주어지지 않는 것일까. 문자 제국의 장엄한 몰락기에 접어든 오늘날 우리 시의 운명은 자못 암연히 수수롭다.

산골 자연과 보내는 한 시절

"그 외진 산골에 들어가 어떻게 살아?"
"괜찮습니다. 오래 한 대학 선생 덕 보는 건 혼자서도 잘 논다는 거지요. 아마 저 혼자서도 잘 놀 겁니다."

얼마 전 집안 형님 한 분을 만나 여러 얘기 끝에 이런 수작을 나누었다. 선대(先代) 조고(祖考)의 묘하(墓下)에 작은 집을 마련하고 귀촌을 한 다음이었다. 동탄 신도시에서 쫓겨 나올 때 우리 집안은 이곳 산골로 선대 조고들을 모시고 내려왔다. 그리고 십수 년이 지난 뒤 나는 학교 일을 접었고 백수 노릇도 그만 지겨워진 끝에 이 마을로 낙향한 것이었다. 덩달아 학교 일할 때 보던 각종 자료와 책, 잡지들도 여기에 와 비로소 제자리를 잡았다. 그동안 여기저기 끌고 다녔던 책짐들인데 역시 나를 따라와 정착하게 된 셈이다.

그리고 지금껏 막연하게 무엇엔가 쫓긴다는 도시적 삶의 강박도 이곳에 와 나는 내려놓게 되었다. 대신 하루의 긴 시간 대부분을 혼자서 놀며 사는 팔자가 되었다. 정확하게 말하자면 그 시간들을 나는 유실수를 비롯한 나무들 가꾸기나 터알 일구는 일로 메운다. 그 탓일까. 나는 새삼 이곳의 새와 짐승, 나무들을 각별하게 지켜보게끔 되었다. 뿐만인가. 아침저녁 놀과 달, 별들의 전에 몰랐던 품새와 움직임과도 만나게 됐다. 그러다 보니 이들, 자연 이미지들이 자연스럽게 작품들 속에 두루 자리 잡는다. 겸해서 시에다 "앞산 하늘 끝 노을을 아내 삼고 뒷산 고라니를 자식 삼네" 하는 허황한 수작까지 늘어놓기에 이르렀다.

　일찍이 송나라 때 시와 그림만을 그렸던 전업 시인 임포(林逋)는 매처학자(梅妻鶴子)라고 했다. 그는 평생 결혼을 하지 않았다. 대신 자기 은거지의 매화를 아내로 삼고 두루미(鶴)를 자식 삼아 살았다고 한다. 또 죽을 때는 생평에 썼던 시와 그림을 모두 불살랐다고도 한다. 저 철저한 은일의 삶을, 그 흥취를 내 어찌 감히 흉내라도 낼 터인가. 그렇긴 해도 마지막 생을 위해 들어온 이 산골 자연 공간이야말로 내 말년의 창작 산실이 아닐 것인가 싶다.

고졸(古拙)과 인식

한 시절 내가 주위 사람들로부터 자주 들었던 말이 있다. 시가 알아먹기 꽤는 어렵다는 불평이 그것이다. 그때마다 나는 묵살하거나 도외시했다. 그래도 찜찜한 기분은 어쩔 수 없었다. 과연 무엇이 알아먹기 힘들다는 것일까. 늦은 밤 작품을 꺼내 놓고 혼자 끙끙대며 곰곰 되살펴 보기도 했다.
"선생님 작품은 그 문장 구조만 꿰면 금방 알 수 있는데……."
강의실에서 만난 한 학생은 이런 말을 건네주기도 했다. 그 말 거취의 바닥엔 얼마간 나를 위로한다는 느낌이 짙었다. 무엇이 내 시에의 접근을 막고 있나.
나는 작품 만드는 과정이 나름 까다로운 편이다. 일단 작품을 만들기 시작하면 고쳐쓰기를 쉬지 않고 했다. 주로 종이를 바꿔 가며 육필로 작품을 쓰던 시절이었다. 이렇게 깎고 다듬는 세공을 끊임없이 했는데 정말 이런 제작 과정 탓일까, 사람들이 알아먹기 힘들다는 푸념은.

때맞춰 온 기회에 말해 둬야겠다. 내 시는 나름대로 몇 번의 변모를 겪어 왔다. 첫 번째 변모는 시집 『겨울섬』에 묶인 작품들을 쓰는 동안 왔다. 이 시집은 내 나름 저 지독한 유신 체제를 통과한 기록이다. 그때는 몸과 마음 모두 춥기 그지없었다. 두 번째 변모는 1980년대에 접어들며 왔다. 시집 『우리 이웃 사람들』이 그 결과물이다. 이 시집은 내 3말 4초 안동 시절의 기록이다. 경북 소도시에서 만난 장삼이사들의 삶을 이야기시의 틀을 빌려 적었다. 그 무렵 현실과 관념의 어긋남을 절절하게 터득한 결과였다. 이념이란 게 현실의 민낯과 맞닥뜨리는 자리에서는 허깨비 같았다. 그렇게 허망했다. 세 번째 변모는 동구 사회주의권의 몰락과 함께 왔다. 마치 줄 끊긴 연처럼 좌파 이념이 맥없이 곤두박질쳤다. 그 무렵 본격적인 서정의 세계로 탕아처럼 나는 돌아왔다. 그러면서 삶과 세계의 구체적인 결을 더듬었다. 특히 이 무렵 빠져든 선불교는 지금도 내 관심의 대상임을 밝혀야겠다.

통념을 깨라. 이 말을 나는 문청 시절부터 들어왔다. 그런데 막상 통념을 어떻게 깨는가. 또 그 통념은 무엇을 일컬어 하는 소린가. 시를 만들 때마다 나는 이런 물음과 맞닥뜨린다. 통념에 반하지만 참/진실인 것—이를 누구는 반상합도(反常合道)라고 했다. 이른바 통념을 벗기고 혹은 깨고 그것이 이미지든 의미든 새롭게 찾아내야 한다. 그 해답 같은 것을 선사(禪師)들의 어록들 가운데서 한동안 나는 찾았다. 그리고 거기에서 독특한 관법(觀法)을 발견했다. 선불교는 분별과 집착을 끊고 만상의 핵심을 포착하라고 했다. 여기서 포착의 주체는 마음이다. 직관이든 관조든 거기서 움직이는 주인공은 마음이다. 이 대목에서 혜능의 풍번문답(風幡問答)을 떠올리면 좋을 터이다.

　　마침 바람이 불어 깃발이 날리고 있었다. 어느 스님이 "깃발이 움직인다"고 하자 다른 스님은 "바람이 움직이는 것이다"라고 했다. 나는 "깃발이 움직이는 것도, 바람이 움직이는 것도 아니고, 당신들 마음이 움직이는 것이다"라고 했다.(『육조단경』 11절)

이 화두가 보여 주듯 인식의 주체는 마음이다. 마음이 뭇 대상을 어떻게 보느냐에 따라 얼마든 대상들이 달리 보이는 것. 나는 이것을 한마디로 관법이라고 부른다. 통념을 고집(집착)하지 않으면 대상의 새로운 의미/모습을 터억 하니 만날 수 있다. 마찬가지로 통념을 깨자면 분별도 버려야 한다. 왜냐면 기존의 분별에 얽매이면 대상은 결코 새로운 모습을 보여 주지 않기 때문이다. 섣부르지만 나는 분별과 집착을 끊으라는 선불교의 가르침을 이처럼 내 식으로 번역했다. 시를 쓰는 내 처지로서는 그에 걸맞게 원용(援用)할 수밖에 없는 것. 이는 적지 않은 세월 시에 곯은 내 탓이다.

이즘 나는 인식이 도저한 시들을 선호한다. 시를 읽고 이건 하나 마나 한 얘기다 싶으면 잊고 만다. 기지(wit)가 넘치는 작품들이 좋다. 하지만 그 기지는 일회성으로 끝나는 경우가 대부분이다. 주로 젊은 시인들에게서 발견되는 현상이다. 날카로운 감성의 시도 좋지만 웅숭깊은 사고가 안받침된 시들도 좋다. 특히 나이 들어가며 그에 걸맞은 도저한 인식을 보여 주는 시들이 좋다. 그러다 보니 남다른 인식, 깊이 있는 사고를 시에 담고자 애쓰게 된다. 이는 내 나름 선불교에 침잠한 탓에 얻은 후과이기도 하다.

그러면 시에서의 깊이 있는 사고란 무엇인가. 그것은 시 속에 직수입된 생경한 철학이나 종교적 담론은 결코 아니다. 그보다는 시인 개인에게 육화되어 드러난 시적 담론이라야 한다. 말이 쉬워 육화지 그게 그렇게 간단히 되겠는가. 내 나름 풀고 있는 난해한 숙제의 한 토막이기도 하다.

이런 생각과 함께 최근 나는 고졸(古拙)이란 말을 마음에 두고 되새긴다. 그동안 고쳐쓰기 되풀이에서 하던 '말의 세공'에도 회의가 온 것이다. 그래서 투박하되 간결 명확한 조사(措辭)를 선호하게 됐다. 그렇다고 이탈리아 미래파처럼 나체명사만으로 시를 만들 수는 없을 터이다. 이제 장황한 수사, 세공된 언술들은 도리어 성에 차지 않는다. 고졸한 언술의 시—한동안 여기에 빠져 있을 것 같다. 이는 의도적으로 짧은 시를 구호화하는 시 동네 트렌드와는 상관없는 일임도 끝으로 밝혀 두자.

시업(詩業)과 헛발질

되돌아보면 근래 내 시는 두 기둥을 세우느라 고심했다는 생각이다. 하나는 '고졸(古拙)'이란 기둥이고 다른 하나는 '앎'이란 기둥이다. 고졸은 시의 겉면에, 앎은 작품 심층에 세워 두고자 했다. 그것도 최근에 이르러 주로 그랬다. 그러면 나름 겉과 속에다 이들 두 기둥을 세우려는 뜻은 무엇일까. 또 실제로 그 기둥 위에 선 작품들은 제대로 작품성을 갖추고 있기는 하는 걸까.

그러면 내가 마음속에 두고 되새기는 고졸이란 무엇인가. 고졸이란 말은 작품에 기교가 없는 듯 서툴러 보인다는 뜻이다. 하지만 고아한 맛이 거기 있을 마련이라 한다. 달리 말하자면 솜씨는 거칠지만 그 나름의 격(格)을 온존시켰다는 의미다. 짐짓 거칠지만 그 가운데 세련미를 갖춘다. 그게 말은 쉽지만 말처럼 될 일은 아니다.

그렇다면 나는 왜 그런 생각을 뒤늦게 하게 된 걸까. 그 사정을 털어놓자면 이렇다. 나는 작품 만드는 과정이 꽤 까다로웠던 편이다. 일단 작품을 만들기 시작하면 고쳐쓰기를 쉬지 않고 했다. 주로 종이를 바꿔 가며 육필로 작품을 쓰던 시절이었다. 이렇게 깎고 다듬는 세공을 끊임없이 했다. 그 무렵 시 노트를 보면 새까맣다. 시 한 편이 대학 노트 한 권을 잡아먹기 예사였다. 그러다 보면 어느 단계 '아 이제 되겠군' 하는 감이 탁 들어온다. 그것이 작품의 완성이었다. T. S. 엘리엇이 말한 시인 내부의 비평가가 바로 이런 존재이고 역할을 할 터이다. 이즘은 이 일련의 과정이 컴의 모니터에서 이뤄진다. 종이 위에 쓸 때보다는 많이 수월해진 셈이다. 그러나 생각하는 과정은 종이 위에서 뒹굴 때보다 깊이가 덜한 것 같다. 그 대신 시의 스타일이 간결하고 명료해진 점도 있지만.

그런데 얼마 전부터 그동안 고쳐쓰기 되풀이에서 하던 '말의 세공'에 회의가 왔다. 그래서 투박하되 간결 명확한 조사(措辭)를 선호하게 됐다. 바라기는 삶이나 세계의 핵심을 깊이 들여다보고 그걸 간결한 언술로 담아내고 싶은 것이다. 그러기 위해 삶이든 세계든 그것을 깊이 들여다볼 '빛'이 과연 내게 있는가. 주지하다시피 빛은 서구의 플라톤에게도 계몽주의자들에게도 그 담론의 핵심이었다. 빛은 어둠 속에서 사물의 본모습을 두루 비춰 내고 그 실체를 보여 준다. 그런 빛이 내게 있을까. 내게도 아니 문학 하는 모든 이들에게도 빛은 있다. 범박하게 말해 그 빛이란 상상력이 아닐 것인가.

바라는 바 나는 내 나름의 빛으로 삶과 세계의 실상을 드러내 보고 싶다. 그리고 그 실상을 간결한 시적 조사로 제시하고 싶다. 이제 그동안의 장황한 수사, 세공된 언술들은 성에 차지 않는다. 고졸한 언술의 시─한동안 여기에 빠져 보고 싶은 것이다. 단, 이 욕구는 의도적으로 짧은 시를 선호하고 구호화하는 최근 시 동네 일련의 추세와는 상관없는 일임도 밝혀 두자.

다음 두 번째 기둥은 어떤 기둥인가. 그 기둥도 실은 이미 언급한 셈이다. 삶이나 세계의 실상을 짚어 낸다는 앞의 얘기가 그것이다. 나는 이 실상의 인식이나 통찰을 '앎'의 기둥이라고 운운하는 것. 여기서 앎이란 정보나 단순 지식도, 체계적 담론도 아니다. 시 속에 직수입된 생경한 철학이나 종교적 담론은 더욱 아니다. 그보다는 시인 개인에게 육화되어 제시된 시적 담론이라야 한다. 그 같은 육화된 담론이 내가 뜻하는 앎이다. 최근 시는 나를 그런 앎의 공간으로 몰아넣고 있다. 암튼 도저한 인식이 작품 심층에 뿌리박고 있는 시─나는 그걸 곰곰 생각하고 있다. 그렇다면 말 그대로 이 도저한 인식, 혹은 앎의 시들을 과연 만들 수 있을까. 나는 이 앎이란 기둥을 깎고 다듬는 연장을 그동안 몇 개나 벼려 왔다. 그 연장은 시의 기술적인 방법론이라고 달리 부를 수도 있을 터이다. 여기서는 그 몇 개 가운데 최근 내가 힘써 온 방법론을 말해 보자. 기회 있을 때마다 나는 그 연장을 여러 차례 언급해 왔다. 번거롭지만 한 번 더 되풀이해 보자.

통념을 깨라. 이 말을 나는 문청 시절부터 들어왔다. 그런데 막상 통념을 어떻게 깨는가. 또 그 통념은 무엇을 일컬어 하는 소린가. 시를 만들 때마다 나는 이런 물음과 맞닥뜨린다. 통념에 반하지만 참/진실인 것―이를 누구는 반상합도(反常合道)라고 했다. 이른바 통념을 벗기고 혹은 깨고 그것이 이미지든 의미든 새롭게 찾아내야 한다. 그 해답 같은 것을 선사(禪師)들의 어록들 가운데서 한동안 나는 찾았다. 그리고 거기에서 독특한 관법(觀法)을 발견했다. 선불교는 분별과 집착을 끊고 만상의 핵심을 포착하라고 했다. 여기서 포착의 주체는 마음이다. 직관이든 관조든 거기서 움직이는 주인공은 마음이다. 이 대목에서 혜능의 풍번문답(風幡問答)을 떠올리면 좋을 터이다.

> 마침 바람이 불어 깃발이 날리고 있었다. 어느 스님이 "깃발이 움직인다"고 하자 다른 스님은 "바람이 움직이는 것이다"라고 했다. 나는 "깃발이 움직이는 것도, 바람이 움직이는 것도 아니고, 당신들 마음이 움직이는 것이다"라고 했다.(『육조단경』 11절)

이 화두가 보여 주듯 인식의 주체는 마음이다. 마음이 뭇 대상을 어떻게 보느냐에 따라 얼마든 대상들은 달리 보이는 것. 나는 이것을 한마디로 관법이라고 부른다. 통념을 고집(집착)하지 않으면 대상의 새로운 의미/모습을 터억 하니 만날 수 있다. 마찬가지로 통념을 깨자면 분별도 버려야 한다. 왜냐면 기존의 분별에 얽매이면 대상은 결코 새로운 모습을 보여 주지 않기 때문이다. 선부르지만 나는 분별과 집착을 끊으라는 선불교의 가르침을 이처럼 내 식으로 번역했다. 시를 쓰는 내 처지로서는 그에 걸맞게 원용(援用)할 수밖에 없는 것. 이는 적지 않은 세월 시에 곯은 내 탓이다.

―졸고 「고졸과 인식」에서

인용이 길어졌지만 이는 이즘 내 시의 연장/방법론이라고 할 터이다. 마음을 달리하고 관점을 바꾸다 보면 기존 앎과는 영 다른 앎에 이른다. 이제 이 방법론을 나는 극단으로 밀고 가고 싶다. 그렇게 서원을 하다 보니 인식이 도저한 시들을 자연 선호하게 된다. 얼마 전 읽었던 한 선배 시인의 글이 영 곱씹힌다. 대학에서 정년 퇴임한 그 시인은 어느 날 들른 학교 연구실에서 몇몇 옛 동료들과 얘기를 나눈다. 그것도 문학은 죽었다라는 명제를 앞에 한 담소였다. 자리가 파한 뒤 시인은 혼자 독백을 한다. "이거 그동안 헛발질한 게 아닌가."라고. 그 시인은 시랍 반세기를 훌쩍 넘겼다. 그 긴 시간의 시업이 문학의 죽음 앞에서는 고작 헛발질에 불과할 일인가. 그는 이내 그렇지 않다는 반전을 보여 주었지만 어찌 이 선배 시인뿐이겠는가. 이 시대 뭇 시인들 역시 결코 쉽게 수긍하기 어려울 터이다. 지난날 문학이 지녔던 위세와 진정성을 생각하면 저 독백은 먹먹하기까지 하다. 이즘 문화의 모든 장은 문자 아닌 이미지가 지배한다. 그 이미지에 치여 문자는 과거의 성세(盛世)를 급격히 잃고 말았다. 평생을 정치판에서 살아온 어느 정객은 말했다. 그가 해 온 정치는 허업이더라고. 이 한마디에는 그의 정치 인생 핵심이 들어 있다. 우리 문학판도 다를 게 무엇인가. 이 시대 시를 쓰는 일은 정녕 헛발질은 아닐지 혼자 곱씹는다.

귀촌 제1장 제1과

"웬 비가 또 와. 쓸데없는 객수(客水)구만."
"얼마 전까진 비가 안 와 난리드만, 쯧쯧."
 유리문 밖 터앝 두둑의 애늙은 벚나무가 후줄근하게 비를 맞고 섰다. 우세가 강한 것은 아니지만 하루 일 공칠 만큼은 온다. 매지구름이 몰린 것도 아닌데 새참 무렵부터 시작된 비였다. 나는 빗발들을 지켜보며 혼잣소리를 날린다. 터앝 고랑에 물이 어느 만큼 차는지 신경이 쓰인다. 고랑에 물이 차면 마당으로 넘쳐 들기 때문이다. 그런가 하면 입주한 지 얼마 안 된 탓에 집 주위의 배수구들도 불안 불안하다. 빗물은 제대로 빠져나가는지 어디 또 토사는 쓸리지 않는지 영 미덥지 않은 것이다. 물 한번 잘못 지나가고 나면 집 주변과 마당이 엉망이 되는 탓이다. 집도 삼 년은 지나야 제자리를 잡는다는데…….
 결국 나는 창가에서 떠날 줄 모른 채 시간을 죽인다. 비는 오후까지 질금대다 그칠 마련인 거 같다. 하지만 이틀 사흘 간격으로 질금거리니 짜증이 난다. 더욱이 지금은 한참 벼 벨 일철이 아닌가. 남들은 하루가 아쉽다는 판인데 객수만 지고 있는 것이다. 이럴 땐 논농사가 없는 것도 다행이다 싶다.
 이태 전 큰 결단을 내리고 찾아든 산골 마을이다. 남의 밭을 사서 집터를 일궈 조그만 농가 주택을 짓고 이사를 들어온 것이다. 처음부터 모든 것이 낯설고 어설픈 생활이 시작됐다. 갓 지은 집이라 매사 하나에서 열까지 내 손이 가야 무슨 일이든 돌아갔다. 그전 아파트 생활과는 영 천지 차이였다. 아파트에선 불편한 줄 모르고 살았는데 시골 단독주택은 그게 아니었다. 뭔 일이든 내가 손수 해야 했다. 그런데 일이 익숙질 않으니 남의 손을 빌리게 마련이다. 그러나 남의 손은 예외 없이 돈이었다. 그나마 물건값이나 마을 품삯은 제대로 알지도 못하는 주제인데.
"누가 책상물림 아니랄까 봐."
학교를 막 퇴직하고 나서였다. 평생 안 해 보던 일들과 맞닥뜨릴 때마다 나는 이런 지청구를 들어야 했다. 주로 집사람이 한 소리다. 책상물림이라니. 세상 물정에 어두운 사람, 일의 요령을 모르는 사람이란 쓴소리였다. 긴 세월 책상머리에서 책 보네 시 쓰네 했으니 틀린 말은 아닐 터이다. 그런 주제에 서툰 단독주택 살림에 농사일이라니. 모든 것이 어설플 수밖에 없었다.
그런 가운데 귀촌 이후 두드러진 변화의 하나는 날씨에 대한 관심이었다. 산골서 한 해를 보내고 난 뒤 나는 음력이 정확히 표시된 달력을 수소문으로 구하곤 했다. 양력과 음력이 대등하게 적힌 달력이면 더욱 좋았다. 우선 보기가 편했다. 그리고 절후(節候)가 잘 표시되어 있었다. 절집에서 제작한 달력이 주로 그랬다. 나는 이 달력을 걸어 두고 시간 가는 것을 음력으로 챙긴다.
비록 작은 평수의 터앞이지만 소채를 경작하는 데도 절후는 유효했다. 무슨 작물이든 제때를 놓치면 폐농하기 십상이다. 헌데 절기에 맞춰 종자를 놓거나 뿌리면 큰 실착이 없었다. 옛사람의 농가월령가가 실감으로 왔다. 시절의 변화를 절기만큼 잘 나타내는 것도 드물다 싶은 것이다. 절기에 맞춰 살기가 시골살이에서는 가장 상책이란 생각도 들었다. 채소 농사뿐만이 아니었다. 당연한 소리겠지만 절후에 주로 의지해 살다 보니 한편으로 기울고 차는 달의 운행도 나름대로 가늠케 됐다. 자연스레 툇마루에 드는 달빛에도 민감해졌다. 어느덧 내가 그 달빛의 명도에 따라 날짜를 가늠케 쯤 돼 버린 것이다.
산골살이 이후로 나는 잠이 깨면 인터넷부터 뒤진다. 뉴스나 이메일을 보기 위해서가 아니다. 포털에서 그날 날씨를 꼼꼼히 챙기기 위해서다. 일철이면 일철대로, 깊은 겨울은 겨울대로 그날그날 날씨를 확인한다. 특히 비가 연일 잡혀 있거나 가뭄이 지속된다 싶으면 날씨에 대한 관심은 한결 더 높아진다.

간 여름 고구마 농사는 날씨 탓에 망쳤다. 한 달 넘게 지속된 가뭄에 고구마는 넝쿨이 뻗질 못했다. 그러다 몽땅한 넝쿨 순에서 꽃이 듬성듬성 피었다. 이웃들은 고구마 꽃이 피면 길조라고들 했다. 꽃 피는 게 얼마나 드문 일이었으면 길조라고 둘러대나. 달포 넘게 든 가뭄이 지났는가 싶었는데 이번엔 연일 비가 질금거린다. 그제야 빗물 맛을 본 고구마 넝쿨이 푸른 제 색을 띠며 뻗기 시작했다. 그러나 때는 이미 많이 지나 밑드는 기간이 부족했다. 그렇게 나는 모처럼의 고구마 농사를 놓치고 만 것이다.

"농사란 하늘이 멕여야 하는 거지 억지론 안 된다."

평생 생업으로 농사를 한 선친의 말씀 한 대목이 그제서야 다가온다. 결국 뭇 작물들을 심고 가꾸는 일은 절후의 순환에 따라야 했다. 거기다 작물들 나름의 천성과 습벽도 알아야 한다. 농사일 두 해, 이제 조금은 작물이나 푸나무들의 천성을 알 것 같다. 그들에게 관심을 기울이다 보면 그들 나름의 엄정한 도(道)가 있다는 사실도 알게 된다. 그래서 나는 이 엄정한 도 읽기에 열중한다. 이들도 읽기에 따라서는 경전이 아닐까. 그것도 누가 섣불리 고치거나 바꿀 수 없는 절대적인 경전이 바로 자연이다 싶은 것이다.

객수 탓을 하면서도 유리창 밖 비 오는 들녘을 여태 나는 하릴없이 지켜보고 섰다. 이 찬바람머리 저 들은 과연 경전의 무슨 대목일까.

자연도 경전이다

햇수로는 벌써 다섯 해째에 접어든다. 명색 귀촌을 한다고 나는 5년 전 이 산골 마을에 내려왔다. 그것도 선대 조고(祖考) 묘하에다 터전을 마련한 것이다. 오래전 나는 신도시 개발로 고향의 가산 일체를 수용당했다. 그 탓에 선대들을 이안(移安) 해야 했고 나 역시 이 마을로 우거(寓居)를 옮겨 온 것이다. 내 이런 행태를 지켜본 지인들 반응은 각각이었다.

"그 궁벽한 곳에서 혼자 버틸 수 있을 거 같애?"

하는 염려 아닌 염려를 하는 축이 있는가 하면

"공기 좋고 물 맑은 데서 산다는 건 누구나의 로망인데……."

라고 적이 선망에 찬 소리를 건네는 치들도 있었다.

막상 이 산골에 와 만난 현실은 어떠했을까. 그간 내가 이들 앞에 둘러댄 말은 이런 것이었다. 대학 선생 오래 한 탓에 혼자 노는 일에는 누구보다 이골이 나 있다, 또 청정한 물과 공기라니, 그건 현실과 동떨어진 막연한 통념 아니냐고 했던 것이다. 과연 그랬을까. 현지에서 만난 실상은 이 두 가지가 모두 아니었다.

이 마을에 와 살며 나는 많은 인연을 지었다. 마을에서 이 사람 저 사람, 지인을 새롭게 사귄 건 아니었다. 대신 이제는 오갈 데 없이 내 식솔의 반열에 오른 개와 고양이, 그리고 화목류나 잔디 같은 뭇 대중들과 연을 맺은 것이다. 특히 고양이와 는 사연이 좀 있다. 갓 귀촌했을 때 길고양이 한 마리가 아는 척을 했다. 먹을 것을 몇 차례 마련해 주자 그놈은 야옹거리며 집 주변을 맴돌았다. 그러더니 어느 날은 죽은 꾀꼬리 한 마리를 문 앞에 물어다 놓는 게 아닌가. 언젠가는 쥐들도 보란 듯 잡아다 놓았다. 알고 보니 이는 고양이가 제 나름 바칠 수 있는 최상의 공물(供物)이라고 한다.

그런데 고양이는 무리를 지어 살지 않았다. 철저하게 개체들은 혼자만의 생활을 꾸렸다. 이들은 다산이면서도 성장기가 지나면 어김없이 각자 흩어져 살 마련이던 것이다. 각자의 영역을 만들어 외톨로 사는 것이다. 문제는 서로의 영역을 두고 결사적인 다툼을 벌이곤 한다는 점이다. 더욱이 발정이라도 나면 수놈들은 암컷을 두고 생사를 걸고 싸웠다. 상대가 죽어야 그 싸움은 끝이 났다. 결국 수컷 고양이의 평균 생존 기간은 불과 한두 해였다. 싸움에 져 상처가 깊으면 이들은 으슥한 곳을 찾아 누구도 모르게 숨을 거둔다.

죽는 게 어디 들고양이뿐이겠는가. 겨울날 먹을 것이 없어진 고라니는 새벽녘 산 아래 찻길에 가 주저앉는다. 그리고 오가는 차에 치여 눈을 감는다. 일종의 극단적 선택인 셈이다. 동네 개들도 어느 날 보이지 않으면 그는 이미 이 세상을 등진 터이다. 꽃나무도 이런저런 잡초도 모두 나고 죽는다. 그러고 보면 죽고 사는 게, 나고 죽는 일이 예서는 일상의 하나이지 않은가.

내가 이 마을에 와 만난 자연의 속내는 그런 것이었다. 말하자면 자연계는 생로병사, 죽살이의 축약 판이었다. 여기 나고 죽는 일 앞에서 인간은 고양이나 고라니, 푸나무들과 과연 무엇이 얼마나 다른가. 우리네 삶도 동식물과 조금도 다를 게 없었다. 그런 생각에 묻히다 보면 결국 인간도 나를 낮춰 겸손해야 할 마련이 아닌가 싶다. 나를 낮추고 개나 고양이, 푸나무들을 들여다보면 거기에도 사람과 다를 게 없는 삶이, 아니 삶의 비의(祕意)가 차고 넘쳤다. 그래서 이 산골 마을의 자연이 때때로 독해할 경전 같다는 생각도 한다. 그간 인간사 경험들에 비추어 나는 이들 경전을 읽고 독해하고 싶다.

그 옛날 소동파가 그랬다던가.

"바람 소리 물소리 모두가 부처님 설법 아닌 게 있는가."

이런 언술이 왜 나왔는지 나는 이곳에 와 살아 보니 알 것 같았다. 산골 마을이지만 여기도 소규모 공장이 들어와 있다. 이 지역 곳곳이 그렇다. 그러다 보니 맑은 공기 맑은 물은 아예 기대를 접어야 한다. 그래도 바람 소리 물소리가 때때로 귀를 두드려 준다. 나는 그 설법을 듣는 망외의 분복을 누리고 산다.

당음과 폭염

간 여름 초열(焦熱)의 폭염 속에서 내가 한 일이라곤 당음(唐音)이나 읽는 거였다. 으레 한낮이면 마당 끝 벚나무 그늘 속에 간이 의자를 내놨다. 뜨거운 햇볕 아래서 일을 한다는 것은 불가능했다. 몸을 조금이라도 쓰다 보면 숨이 턱에 닿았다. 나는 그래 일을 접고 아예 의자에 앉아 쉬기로 한 것이다. 대신 찾아낸 게 당음을 뒤적이며 읽는 일이었다. 당음이라니. 당음은 내 나름의 어린 날 기억 하나를 소환해 준다.

"마상에 봉한식(馬上逢寒食)하니 도중에 속모춘(途中屬暮春)이라."

초교 시절 하학길에 옆 마을 서당을 지나다 보면 낭랑하게 들리던 소리. 그것도 더운 여름날이면 으레 듣던 소리였다. 당시 머리 큰 소년 서생들이 읽는 당음 소리였다. 그 소리엔 묘한 매력이 들어 있어 내 귀를 잡아당기곤 했다.

그 당음을 노질(老耋)에 든 내가 이제야 읽는다. 왠지 까닭 모를 편안함과 유장함이 거기엔 있었다. 물론 텍스트는 주(注)와 해석이 달린 손쉬운 것. 읽다 쉬다 쉬다 또 읽는 그런 느슨한 독서였다. 오언 당음이니 텍스트는 20자에 불과했다. 느슨한, 피서를 위한 독서로는 안성맞춤이었다. 게다가 한시 특유의 운과 율격을 갖춰 읽는다면 얼마나 대단한 흥취를 맛볼 건가. 하지만 그런 분복을 누린다는 것은 내 능력 밖의 일이었다. 짧은 한문 실력으로는 어림없는 일이던 것을. 하지만 내 나름의 소득은 많았다.

누가 가을비는 소리만 온다고 했나.

비는 꼬리를 올려 세우고 고목이 다 된 호두나무를 기어오르거나 순간 허공의 거죽을 타고 주르륵 미끄러져 내린다.

오늘 저 숱한 새끼 얼룩 고양이들 발소리 죽여 이 나라 전역에 흩어져 달아난다.

찬바람머리 가을비는 소리도 없이 고양이 걸음으로 온다.

—「가을비」 전문

위 시 「가을비」는 그 독서의 산물이다. 기승전결이란 절구(絶句)식 짜임과 서경의 함축성을 나도 시도해 보려 한 것이다. 당음은 매 어구 간의 호응 관계, 서경을 통한 정서의 환기가 일품이었다. 그걸 나는 이 작품에서 나름 흉내를 내 보려 한 터이다.

시업의 품새와 글 나이
―수상 소감 두 편

1.
  막상 이 자리에 서니 오래전 한 문학상 시상식장에서의 일이 떠오릅니다. 수상자는 젊은 시인이었는데 소감 첫머리에 이렇게 말했습니다.
  "저는 작품상이라고 해서 처음엔 제가 이번에 작품을 제일 잘 쓴 줄로만 알았습니다. 그런데 차츰 생각해 보니 꼭 그런 것 같지가 않아 많이 당황스러웠습니다."
  단상에 선 그 친구의 시침 뚝 딴 재치 있는 농담이 좌중을 한바탕 웃겼습니다. 수상을 하게 됐다는 소식을 접했을 때 저도 이 친구의 말이 문득 떠오른 것은 왜일까요. 이 시인의 말처럼 제가 작품을 제일 잘 썼다는 착각이나 오해 정도는 벌써 피해 갈 나이이고 그 나이를 지나도 한참 지났는데 말입니다. 곰곰 생각해 보니 이는 제 나름으로 그동안 묵묵히 해 온 시업(詩業)이 일급은 아니지만 그 다다음 어디쯤은 아닐까 하는 다소 엉뚱한 잠재의식의 발로였던 것 같습니다. 아닙니다. 솔직하게 말씀드리자면 수상을 한 제 나름 기쁨의 한 품새였던 거 같습니다.

  절집에서 쓰는 말 가운데 법랍(法臘)이란 말이 있습니다. 스님들이 출가한 뒤 절에서 수행한 햇수를 뜻하는 말입니다. 저는 우리 문학 동네에도 이 비슷한 글 나이, 곧 시랍(詩臘)이란 건 없을까 하는 생각을 이번에 해 봤습니다. 왜 이런 생각을 했는가 하면 제 나름으로는 올해가 시랍, 곧 등단 50년을 헤아리는 해이기 때문입니다.

그동안 크게 남달리 이룩한 것은 없어도 제 나름으로는 열심히 시를 이고 지고 모시고 살아온 셈입니다. 아니 주색 아닌 시에 곯았다고나 할까요.

이번 김삿갓문학상 수상은 그 시간과 노력에 때맞춘 따뜻한 격려라고 생각하고 더 마음 깊이 간직하겠습니다. 갈 데까지 가 보자란 말 그대로 저의 앞날 끝까지 더욱 시에 잠심(潛心)하며 살겠습니다.

끝으로 다시 한번 이 상을 주관하시는 영월군청의 박선규 군수님과 관계자 여러분들께 그리고 심사 위원 선생님들께 깊은 감사의 말씀을 드립니다. 고맙습니다.

2.

막상 수상 소식을 접했을 때 저는 한동안 당혹스러웠습니다. 여러 해 상 운영에 참여했던 사람인데…… 그런 입장에서 덥석 상을 받는다는 게 왠지 기뻐할 노릇만은 아니다 싶었던 것입니다. 그러나 다시 생각해 보니 상 운영에 참여한 게 언젠데 싶었습니다. 벌써 강산이 변한다는 십 년 저쪽 일이었기 때문입니다. 또 그동안 노작문학상은 해를 거듭하며 엄정하고 권위 있는 상으로 우리 문학 동네에 우뚝 자리 잡고 있지 않습니까.

흔히 말합니다. 문학상에는 순일한 문학성뿐만 아니라 세속적인 운도 일정 부분 개입된다고 말입니다. 그 세속적 운이 배제되면 배제될수록 문학상은 더욱 공정성과 권위를 자랑할 터입니다. 저는 지금까지 노작문학상의 문학적 순일성을, 그리고 수상 작품의 높은 작품적 완결성을 굳게 믿어 왔습니다. 이번 저의 수상 결정도 역시 그러할 것으로 믿고 있습니다. 대략 이렇게 생각을 추스르자 비로소 수상의 기쁨이 왔고 지금도 이 기쁨에 저는 젖어 있습니다.

산골 마을로 얼마 전 저는 귀촌을 했습니다. 고향인 동탄(東灘)이 신도시 개발로 더는 머물 수 없는 공간이 됐기 때문입니다. 거기서 저는 제임스 조이스도 헤르만 헷세도 또 마루야마 겐지도 두루 만나고 있습니다. 지난 문청 시절 그토록 저의 가슴을 뛰게 했던 시인 작가들을 다시 만나고 있는 것입니다. 특히 자신의 문학을 위해서는 가족도 고향도 세간의 뭇 인연들도 모두 버린 제임스 조이스에게 적극 동조합니다. 또 저처럼 산골에서 작품에 몰입한 일본 작가에게는 한결 더 친근함을 느낍니다. 돈, 명예, 권력과는 무관하게 이들은 오로지 자기 문학을 위해, 자유로운 영혼을 위해 모든 것을 걸었지(賭) 않습니까. 따지고 보면 이는 일제강점기 궁핍한 시대에 외홀로 문학과 1대1로 맞서 살았던 노작 선생의 고매한 문학정신과도 크게 다르지 않다는 생각을 합니다.

저는 몇 해 전 시랍 50년을 보냈습니다. 이즘도 저는 작품 활동에 있어서만은 현역이고자 노력합니다. 또 현역 소리를 듣고 싶습니다. 아마 그렇게 마지막까지 저는 시와 함께할 것입니다. 지금까지와 같이 자유로운 영혼을 가꾸며 제 길을 걸어갈 것입니다. 그것만이 제 나름으로 노작문학상 수상의 과분한 영예에 보답하는 길이라고 생각합니다.

다시 한번 이 상을 제정 운영하는 화성시 관계자 모든 분들에게 그리고 수상의 영예를 저에게 안겨 주신 심사 위원 여러분들에게 깊이 고개 숙여 감사드립니다. 고맙습니다.

제6부 내가 짓고 만든 인연들

열정과 방황, 그 길고 짧았던 한 시절
—나의 등단 전말기

그해 연초에 나는 입영통지서를 받아들었다. 가을철인 시월 오 일 논산훈련소 집결이었다. 전년도에 신검을 필했으니 입영 통지는 당연한 일이었다. 그러나 막상 입영을 한다고 하니 먹먹한 상태가 되었다. 학교도 휴학을 해야 할 텐데. 더욱이 시 쓰는 일이나 그간 모아 둔 습작품들은 어떻게 할 것인가. 이런저런 문제들이 눈앞에 닥쳐들었기 때문이다. 나는 그동안 끼고 다니던 시 노트를 여느 때보다 더 자주 뒤적거리곤 했다.

3월 초 개학을 한 모교 캠퍼스는 으레 흥성거릴 마련이다. 긴 겨울방학을 끝내고 등교한 학생들로 그만큼 붐볐던 탓이다. 나는 휴학 문제를 알아보았다. 담당 직원은 시월이면 1학기를 마치고 수속을 밟아도 넉넉하다고 일러 줬다. 그래도 될까. 나는 교정 한구석 의자에 걸터앉았다. 그리곤 삼삼오오 몰려다니는 교정의 학생들을 한동안 바라봤다. 혹 아는 얼굴이 거기 어디 있지 않을까 싶어서였다. 한동안 시간을 죽이던 나는 이내 학교를 나섰다. 이 친구나 만나 볼까. 그런 작정을 한 탓이었다. 당시 박제천은 학교에서 멀지 않은 을지로 5가 방산동에 살고 있었다. 그 친구라도 오랜만에 찾아볼 심산이었다. 마침 그는 집에 있었다.

"어, 오랜만이다. 들와라."

그는 반색을 했다. 마침 방에 누워 책을 보고 있던 참인 모양이었다. 보던 책을 밀치고 일어나 앉았다. 그와 나는 방학 중 밀렸던 화제를 꺼내 놓고 시간을 보냈다.

"그런데 너 시 잡지 새로 나온 거 아냐?"

그러면서 그는 머리맡 책더미 속에서 잡지 한 권을 꺼내 들었다. 산뜻한 표지에 '시문학'이란 제호를 얹은 잡지였다. 그러나 책 부피는 50여 쪽으로 얄팍했다. 나는 그날로 이 잡지를 사서 가방에 챙겼다. 그 잡지엔 연구 작품 모집 공고가 추천 작품 공모와 함께 나와 있었다. 연구 작품은 2회 선정 게재된 경우 한 회 추천으로 간주한다고 돼 있었다. 당시 관행으론 추천 위원으로부터 3회 추천을 받아야 등단이 되었다. 특히 『현대문학』이 그 대표적인 경우였다. 『시문학』도 그 예를 따랐다. 하지만 연구 작품이란 특이한 제도를 함께 둔 것이었다.

나는 연구 작품 모집에 그동안 썼던 작품 한 편을 골라 투고키로 했다. 「희랍인의 피리」였다. 이 작품은 겨울방학에 내려가 지내던 시골집 토방에서 만든 작품이었다. 시골집 토방은 외풍이 심해 이른 새벽이면 잠이 깼다. 전날 군불을 아무리 지펴도 새벽이면 어김없이 온돌이 식고 추웠다. 나는 주섬주섬 옷을 꿰고는 다시 이불 속에 엎드렸다. 그리곤 습작 노트를 꺼내 작품을 쓰곤 했다. 그런데 그날 새벽엔 이상하리만치 작품이 단숨에 풀렸다. 모르긴 해도 그동안 고심하며 매달렸던 시적 에너지가 응축됐다 일시에 분출한 것인가. 아니면 그 무렵 빠져 읽던 『희랍 신화』의 올훼에게 영매라도 된 탓이었는가. 그렇게 초고를 만들고 나는 몇 번 퇴고를 더 했다. 그런 제작 과정 탓이었을 것이다. 나는 그 무렵 이 작품에 유독 애착이 갔다. 그래서 이 작품을 『시문학』사로 우송 투고했다.

다음 달 잡지 5월호 지면에 그 작품이 실렸다. 그런데 심사평을 읽던 나는 잠시 멍한 기분이 들었다. 김현승 선생이 심사를 했고 평을 썼다. 너무 과하다 싶을 정도의 칭찬이 거기 있었다. 그때까지 나는 내 작품의 평가를 제대로 받아 본 적이 없었다. 있었다면 습작 훈련을 하던 학교 친구들과의 합평이 고작이었다. 그 무렵 학교엔 박제천, 문효치, 강희근, 정의홍 등등 훗날 등단한 시인 지망생들이 포진해 있었다.

당시 동국대학교는 세간에서 시인공화국이라고 불렸다. 학내에 재학생 시인이 많게는 육칠 명, 적게는 사오 명 정도가 늘 진을 치고 있었기 때문이다. 대략 삼사

학년 정도가 되면 학내 시인 지망생들은 너나없이 앞서거니 뒤서거니 등단을 했다. 그 무렵의 등단은 『현대문학』지 추천이거나 신춘문예 당선을 통하는 길밖에 없었다. 그런 형편이어선지 학내엔 문학 열기가 대단히 뜨거웠다. 여러 문학회가 있었고 동인 활동도 활발하게 전개되었다. 나는 '다다'란 동인에도 참여했지만 입영을 앞둔 처지였다. 자연 동인 모임에 소홀할 수밖에 없었다. 그러다 보니 습작품들에 대한 제대로 된 평가를 받을 기회가 없었던 것. 그런 처지에서 저 『시문학』지상(誌上)의 호평, 그것도 문단 중진의 칭찬은 나를 들뜨게 했다. 거기서 힘을 얻어 나는 더 부지런히 작품들을 썼고 또 투고했다.

그해 9월 호 잡지에는 드디어 김현승 선생의 2회 추천이 이뤄졌다. 그간의 연구 작품 선정이 아닌 정식 추천이었다. 「비유를 나무로 한 나의 노래는」이 그것이다. 그러나 입영 날짜는 어김없이 다가오고 있었다. 나는 추천을 끝내 놓고 싶었다. 그런 마음이 한결 절실해지곤 했다. 이 같은 초조함과 달리 주변에선 험구도 따랐다.

"야. 그 조그만 잡지 추천도 추천인 거야?"

가까운 몇 친구들이 이렇게 폄훼를 했던 것이다. 그러나 큰 잡지의 추천 위원들께 사사(師事)를 받은 바 없던 내 처지에서는 지면을 따질 계제가 아니었다. 또 그 시절 내로라하는 선생을 개인적으로 만나 지도를 받는다는 건 상상도 못했다. 언감생심이었다. 그때나 이제나 주변머리가 없기로는 매한가지였던 나였다. 내가 고작 할 수 있었던 일은 작품을 부지런히 만들어 『시문학』사에 보내는 일이었다.

서자(逝者)는 시간뿐이었다. 마침내 10월 5일이 왔다. 나는 수원역에서 논산행 입영열차에 몸을 실었다. 그리고 수용 연대를 거쳐 훈련병이 되었다. 각 훈련장으로 학과 출장을 오가며 훈련을 받았다. 늦가을 논산 산야는 황량했다. 햇볕이 도타웠으나 주변 야트막한 산과 들녘은 가을걷이다 이울어 가는 푸나무들로 휑뎅그렁했던 것이다. 그러던 어느 날이었다. 하루 훈련을 마치고 내무반으로 귀대를 했을 때였다. 내무반장이 우편물 하나를 건네주었다. 서울의 『시문학』사에서 온 편지였다. 내용은 추천 완료 소감을 보내 달라는 것이었다. 석식 뒤 자유 시간이 주어졌을 때 나는 침상 위에 엎드려 편지지에다 소감을 적기 시작했다. 낯모를 어느 여성을 빌어 내 소회를 적었던 것으로 기억된다. 그 밖에 무슨 언술을 했는가. 지금 기억엔 남아 있는 게 없다. 벌써 반세기 전 1965년 동짓달의 일인 데다 그나마 지금은 기억력도 자신 없는 탓이다. 아마 지금 그 소감을 읽는다면 틀림없이 마음속 어느 쥐구멍이라도 찾지 않을 것인지. 마지막 3회 추천 완료 작품은 「이미지 연습」이었다. 나는 이 작품이 이형기 선생에 의해 추천된 사실도 실은 제대 후에야 알았다. 그만큼 G.O.P 전방 군 생활은 황망하기만 했던 것.

　최전선 민통선 안에서의 군 복무를 마치고 나는 만기제대를 했다. 제대를 해 돌아온 서울은 왠지 서름서름했다. 먼저 등단지였던『시문학』이 경제난을 이유로 폐간돼 있었다. 1966년 12월호로 잡지가 종간을 고한 것. 나는 등 기댈 언덕이 없어진 듯 허망했다. 어떻게 해야 하나. 고백을 하자면 제대 직전 군에서 신춘문예 응모를 한 적도 있었다.『동아일보』최종심까지 올랐지만 허사였다. 그해 당선은 이성부 시인이었다. 이 씁쓸한 경험도 저 등단지의 폐간 탓이었노라고 해야 할 마련이다. 그만큼 갓 전입한 문학 동네에서 등단지가 없어진 사실은 충격 그 자체였던 것이다. 뿐만이 아니었다. 이왕지사 엎질러진 물이었다. 그래 나는『현대문학』에 다시 추천을 받아 보리라고 작심을 했다. 그렇게 마음을 정하자 김현승 선생이 떠올랐다.『시문학』에 추천을 해 주신 분이였지 않은가. 그때 믿을 분이라곤 선생뿐이었다. 하지만 그때까지 추천 인사도 못 드린 판국이었다. 학교를 복학한 뒤였다. 교정에서 만난 정의홍 시인을 따라 마침 선생 댁을 방문할 기회가 생겼다. 정의홍은 선생으로부터『현대문학』추천을 완료한 처지였다. 그는 자기와 함께 댁으로 가 뵙자고 했다. 인사를 드리고 나는 저간의 생각을 선생께 말씀드려 봤다. 선생은 손수 커피를 끓이시며 한참 나를 건너다보셨다.

　"홍 군 생각은 알겠네. 작품을 가지고 오게."

　그때부터 나는 몇 차례 작품을 보여 드렸다. 선생은 별말씀이 없었다. 그러면서 자네 작품은 산문취(散文趣)가 너무 강하다고 하셨다. 두서너 달 뒤였다. 내가 가져간 작품을 한참 읽어 보시던 선생은 "됐네"라고 흔쾌히 말씀하셨다. 그리고는『시문학』추천 완료를 2회 추천으로 간주하고 그 작품을 3회 완료 추천작으로 해 보겠노라고 했다. 나는 날아오를 것 같았다. 그런데 이젤까 저젤까 기다리던 나에게 선생은 달포 뒤 이런 말씀을 전해 주셨다.

"이미 등단했으면 작품 활동이나 열심히 하면 된다고 하네."

『현대문학』사에 들러 당신이 전후 사정을 설명했지만 대답은 그렇게 돌아왔다는 것. 나는 나름 낙담과 실망을 했다.

그런 일이 있고 한참 뒤였다. 나는 『시문학』지를 주관했던 문덕수 선생을 뵙게 됐다. 선생은 반가워했다. 그러면서 당신이 모임을 이끌던 『한국시』란 회지에 작품 발표 기회를 줬다. 그때 『한국시』는 한국시학회란 모임의 회지였다. 이는 뒷날 '한국시' 동인의 모태가 됐다.

얼마 뒤였다. 문덕수 선생은 『현대문학』을 갈 일이 있다고 했다. 그러면서 같이 가면 좋겠다는 뜻을 전했다. 그날 기억만은 지금도 생생한 바가 있다. 나는 문 선생과의 약속 장소로 나갔다. 『현대문학』사 사무실 인근의 다방이었다. 아침 녘 다방 안은 손님이 적어 한적했다. 마담이 달려와 조연현 선생께 깍듯하게 인사를 했다. 차 주문이 끝나자 문 선생이 인사를 드리라고 내게 일렀다.

"학교에서 뵙긴 했겠지만 그래도 인사드리세요."

"선생님, 홍신선 시인입니다."

이렇게 문 선생의 소개가 끝나자 나는 일어서서 조연현 선생께 허리를 꺾고 인사를 드렸다. 사실 조 선생은 학교 강의실에서 자주 뵈었던 처지였다. 하지만 사석에서 개인적으로 뵙는 건 처음이었다. 예나 이제나 숫기가 적은 나는 그렇게 모교 선생님도 어려워했던 것이다.

"홍 군, 얘기 들었다. 작품 있으면 우리 사무실 갔다 놔라."

조 선생은 별일도 아니란 듯 말씀을 건넸다. 그렇게 해서 나는 『현대문학』에 작품 발표를 하게 됐다. 「출정(出征)」이란 시였다. 김현승 선생께서 추천하겠다고 고르셨던 작품이었다. 당시 『현대문학』은 유일한 이 나라 종합문예지였다. 발행 부수도 일만 몇천 부를 기록하고 있었다. 그 지면에 나는 작품을 선보였고 보다 많은 독자들과 대면하게 됐던 것이다. 이후로 나는 여러 문인들과 상면하면서 차츰 문학 동네에 적응을 해 나갔다. 실의와 막막하기만 했던 등단 전후 시절은 그렇게 지나가고 있었다.

어찌 잊겠는가, 김현승, 조연현, 문덕수, 이형기 그리고 여러 고마운 선생님들을. 이 또한 벌써 반세기 전 1970년대 초의 일들이다.

술, 혹은 독서와 스포츠
—박제천의 젊은 날 초상

개강 직후엔 휴강이 많았다. 교재 준비나 등록 등 수업 분위기가 제대로 잡히지 않았기 때문이다. 더구나 난방이 없던 강의실은 유난히 썰렁하기만 했다. 그날도 오전 수업 한 강좌가 휴강이었다. 나는 친구나 만나야겠다고 학교를 나섰다. 충무로 5가부터 청계천 방향으로 천천히 걷기 시작했다. 햇볕이 거리엔 두껍게 깔려 있었지만 바람이 심했다. 봄바람치곤 사나웠다. 차도엔 먼지가 자주 일었다. 친구 집은 을지로 5가와 청계천 사이 그 어름에 있었다. 상가 건물 2층이 그의 집이었다.
"어, 오랜만이다. 들와라."
친구는 보던 책을 접고 반겼다.
"야 이거 이용악의 오랑캐꽃인데 기막힌 작품이네."
좌정을 하자 그는 읽던 책을 내보였다. 월북 시인 이용악의 시집이었다. 당시 금서 취급을 받던 흔치 않은 시집이었다. 얼뜬 문청이던 내게 이용악은 신대륙이었다. 그날 이용악이란 시인도 오랑캐꽃 시도 나는 처음 알았다. 시를 쓰는 동배들 가운데서 박제천은 가장 많은 장서를, 독서량을 자랑하곤 했다. 아마도 청계천 6, 7가에 빼곡하던 헌책방들을 무시로 드나들었을 터였다. 집과 중고 서점 거리가 지척인 한동네였으니 그럴 마련이었다.
희귀본 시집과 그 시 얘기를 듣느라 나는 시간을 깜박했다. 점심시간을 넘긴 것이다. 때마침,

"얘 제천아 상 받아라."

그의 어머니가 방문을 열고 점심상을 들여놓았다. 비빔국수였다. 체면 불고하고 나는 그렇게 점심을 에웠다. 그의 어머니는 막내아들 학교 친구들을 늘 반겨 주셨다. 그리고 밥때가 되면 국수를 맛깔나게 삶아 주셨다. 이미 50여 년 저쪽 일이지만 나는 지금도 그 어머니 생각을 하면 눈가가 뜨겁다.

박제천과 나는 그렇게 문청 시절을 넘겼다. 이즘도 기억에 새롭다. 그는 독서와 작품에 대한 열정이 남달랐다. 그 탓에 학교 동배들보다 늘 한 발 앞섰다. 남들이 관심 밖에 둔 동양 고전을 탐독한 일도 그 한 예일 터이다. 그는 청장년 시절부터 시단 현장의 추세나 시류와는 무관했다. 그만큼 자기만의 유니크한 시 세계를 열어 갔다. 되레 이 점이 젊은 시인 박제천으로 하여금 시단의 주목을 받고 높은 평가를 받게끔 했다. 그러고 보면 그의 시력 50여 년을 떠받치는 큰 기둥 역시 이 동양사상의 온축과 관법인 것을.

"야, 한 모금 해 봐."

그가 손에 든 술병을 건넸다. 스테인리스로 만든 작고 납작한 포켓용 술병이었다. 야전에서 군인들이 사용하는 물건이라고 했다. 그는 당시로는 보기 드문 홈스펀 상의을 입었는데 그 주머니에 그걸 넣고 다녔다. 주로 짐빔 같은 외제 위스키가 거기 담겼다.

겨울 날씨답게 밤공기는 차가웠다. 어한(禦寒)을 한다고 거리에서 그는 포켓병을 꺼내 한 모금을 했다. 그리곤 이내 내게도 건네준 것이었다. 양복 깃을 올려 세운 채 그는 특유의 곱슬머리를 쓸어 넘겼다. 지난 1960년대 그는 우리 가운데 그렇게 여유가 있었다. 아마도 대갓집 마님 같은 풍신 좋은 어머니 덕이었을 터였다. 그의 아호 방산재(芳山齋)도, 그 시절 내가 즐겨 찾았던, 그 집 동네에서 유래한 것이 아닌가.

그는 지금도 술을 즐겨 마신다. 말 그대로 애주가라 할 것이다.

"우리는 자면서도 시를 쓴다."거나,

"글쟁이 스포츠가 뭐 있냐? 술 마시는 게 스포츠지."

그 한창 시절의 일갈(一喝)이 나는 지금도 쟁쟁하다. 그런데 어즈버, 그가 즐기는 주종(酒種)은 이제 많이 바뀐 것으로 알고 있다. 위스키, 소주에서 한때는 정종, 이제는 와인으로 바뀐 것이다. 개인차가 있겠지만 세월과 함께 술의 종류도 으레 바뀔 마련이다. 나이를 먹는 데 따라 기력과 구미가 달라지기 때문이리라.

지금도 시인 박제천의 풍모란, 내게는, 저 20대 혈기 방장한 홍안에 멈춰 있다. 그렇다. 어찌 우리의 그 시절 청춘이 아름답지 않았을 것이랴.

강직한 기개와 미완의 꿈들
— 정의홍의 인간적 면모

늦여름 개학을 앞둔 교정에는 불볕이 타고 있었다. 교정 둘레 나무 그늘마다 학생들 몇몇이 그 불볕을 망연히 지켜보고 있었다. 막 고향에서 상경한 나도 그들 틈에 끼어 앉아 있었다.

"이거 홍 형 아니요."

그때 어디선가 내 망연함을 깨는 목소리가 날아왔다. 순간적으로 나는 고개를 돌렸다. 교문에서 교정으로 올라오는 가파른 언덕길에서 그는 손을 흔들었다. 껑충한 키에 예의 초록색 베레모를 쓴 정의홍이었다. 나도 덩달아 손을 흔들었다. 이내 우리는 반갑게 손을 맞잡았다. 그도 고향에서 어제 상경한 길이라 했다. 방학 내내 떨어져 지낸 우리는 서로의 근황을 물었고 이내 말머리는 시 얘기로 옮겨 갔다.

"작품 많이 못 썼어요. 공연히 이레이레 돌아만 다니고."

이내 시 얘기에 이르자 그의 '촉 바른 소리, 장광설'이 시작됐다. 지금도 기억에 또렷한 것은 정의홍의 촉 바른 소리였다. 그는 선후배 간에 피차 껄끄러워하거나 싫어할 얘기도 필요하다면 직설적으로 돌직구처럼 날렸다. 그래서 주변 사람들로부터 이따금 안 받아도 좋을 눈총을 받기도 했다. 아마도 이런 그의 성격은 경상도 남자 특유의 강직한 기질일 터였다.

방학이면 으레 시골 궁벽한 고향 마을에서 지내야 했던 나 역시 작품에 집중하기란 쉽지 않은 일이었다.

"제천이 형(박제천, 필자)은 나는 자면서도 시를 쓴다고 뻥뻥 대는데 난 도대체가 안 그러니 참."

점심을 하자고 일어섰을 때 정의홍은 혼잣소리 비슷하게 말꼬리를 흐렸다. 그 무렵 우리는 학내 문학 동인인 '다다'에 참가하고 있었다. 막 서라벌 예대에서 편입한 문청들과 함께 기존 재학생이 모여 만든 문학 동인이었다. 박제천, 정의홍, 선원빈, 천기철, 명기환, 그리고 필자 등등이 그 면면이었다. 다다란 동인 명칭은 이게 다다, 우리의 모든 것이란 의미였다. 교정에서 무시로 우리는 만났다. 만나면 주로 새로 쓴 각자의 작품을 읽어 주거나 읽고 평가하는 일이었다. 지난 1960년대 저 곤핍한 황량함 속에서 우리가 의지할 데란 문학밖에 달리 더 없었던 것. 그 시절 그렇게 상당수 젊은이들은 문학을 앓았다.

신길동 어딘가 냉면 맛이 일품이란 곳으로 정의홍은 앞장을 섰다. 전차를 타고 가는 내내 그는 쉬지 않고 화제를 이어 갔다. 그와 내가 공감을 깔고 이어 간 화제는 두 가지였다. 그 하나는 시는 새로워야 한다, 새롭게 써야 한다는 사실이었다. 특히 쉬르에 매혹당한 우리였다. 당시 학교 강의에서 미당 선생님은 가슴에서 우러난 시를 그것도 우리 토박이말로 써야 한다고 늘 강조했다. 이른바 서정시를 그것도 전통적 어법으로 쓸 것을 강조한 것. 젊은 날 특유의 패(혹은 객?)기들로 무장한 우리에게 이 말씀은 왠지 성에 차지 않았다. 모르긴 해도 새로운 시 운운한 일은 그 말씀에 대한 반발심도 일정 정도는 작용했던 것이리라.

그날 나는 정의홍이 김현승 선생에게 작품 사사를 받는다는 사실을 처음 알았다. 그는 작품을 써 가지고 한 달에 한두 번 선생을 찾아뵙고 지도를 받는다고 했다. 그러면서 웬만하면 나도 같이 가지 않겠느냐고 넌즛 의중을 떠오기도 했다. 당시 문단 진출 길이란 주로 유일한 문학지인 『현대문학』에서 추천을 받는 것이었다. 물론 신춘문예를 통하거나 여타 종합지의 신인상을 거치는 방법도 있었다. 드물게는 기성 시인들의 동인 활동에 참여하거나 시집 출간으로 데뷔한 사례도 있었다. 하지만 『현대문학』지에 선배 시인들의 추천을 받아 등단하는 길이 일반적인 경우였다.

정의홍은 등단의 길을 일찌감치 생각한 끝에 김현승 선생을 자주 뵙는 눈치였다. 그날 나는 정의홍이 고향 장학금을 받았다고 한턱 쏜 냉면을 꽤나 맛있게 먹었다. 그리고는 늦더위가 심한 거리에서 헤어졌다. 벌써 반세기 전 일이다.

피차가 시인 동네로 주민등록을 옮긴 처지에 정의홍을 다시 만난 것은 '한국시' 동인에서다. 한국시 동인은 『현대문학』 등단 시인과 필자처럼 『시문학』 등단 시인들이 그 면면이었다. 그러나 이 동인에서의 만남도 그리 길지는 않았다. 내가 '시법'이란 동인으로 활동 공간을 옮긴 탓이었다. 그런가 하면 졸업 후 정의홍은 지방 학교 교사로 서울을 비우고 있었다.

"홍 형, 내 이레 열나 과외라도 하는 건 꼭 한번 잡지를 할 생각 때문야."

서울 학교로 옮겨 온 뒤 만난 정의홍은 그 다변의 기질이 별로 변한 게 없었다. 어느 날 이문동 그의 집을 방문했을 때 그는 열에 뜬 목소리로 이런 얘기를 했다. 그 무렵 문학 동네는 계간지를 중심으로 그 장(場)이 급격히 재편되고 있었다. 계간 문학지 창비와 문지가 대표적인 사례였다. 이즘 말로 문학 권력이 그 잡지를 중심으로 새로 만들어지고 있었던 것.

이 같은 문학판 추세를 간파한 정의홍은 자신이 직접 문학지를 내고 싶어 했다. 그 무렵 그는 명문 사립고교에서 꽤나 인기 있는 국어 선생님이 되어 있었다. 그의 말로는 과외도 하는 모양이었다. 잘나가는 과외 선생님이기도 했던 것이다.

오랜만에 만난 우리는 그의 아내가 내온 차를 마시며 문학 얘기를 시작했다. 나는 왜 그렇게 직장 일에만 매달리느냐고 물었다. 당시 그는 작품 활동이 별로 활발한 편이 아니었다. 내가 보기에는 그랬다.

"간행물 허가도 쉽지 않을 텐데. 꼭 잡지를 해야 하는 건 아니잖나."

"아니. 홍 형도 더 잘 알 거 아니요. 잡지를 통해 에꼴 형성을 해야지. 그리고 문학판도 바꿔야 하지 않아요?"

그날 우리는 문학 얘기를 상당 시간 주고받았지만 지금도 선명하게 기억하는 것은 잡지 간행의 일이었다. 그의 말로는 적금을 들어 기금을 일정 규모로 만든다고도 했고 그의 아내도 흔쾌히 동의했다고 했다. 그 시절 경제적 궁핍에 시달리던 나로서는 엄두도 닿지 않던 얘기가 아닐 수 없었다.

　그러나 이 야심 찬 푸른 소망을 정의홍은 끝내 이루지 못했다. 많은 어려움 끝에 터 잡은 대학 교수 일에 충실해야 했고 교통사고로 유명을 달리했기 때문이다. 뿐만인가. 뜻하지 않은 때 이른 나이의 하세(下世)는 시업(詩業) 자체가 미완으로 남고 만 것이었다. 생전에 낸 시집 두 권과 정리되지 못한 상당수 작품들이 깊이 묻힌 광맥처럼 그대로 남아 있기 때문이다.

　서자(逝者)는 세월이라 했던가. 고 정의홍이 올해로 20주기를 맞는다고 한다. 부디 그의 시정신이 긴 시간을 넘어 더욱 푸르기를 삼가 기대해 본다.

*정의홍의 작품 세계는 「내면의 역사 서른 해의 그 긴 길」(홍신선 산문집, 『말의 결 삶의 결』, 산맥, 2005)에서 간략하게 살펴본 바 이 글은 그와의 만남만을 적어 둔다.

글의 서슬과 은일의 정신
— 조정권의 삶과 시

1.

안국동 네거리에서 인사동으로 접어들면 이내 한정식 골목에 닿는다. 왼쪽으로 난 좁은 두 번째 골목길이 그것이다. 이 골목을 들어와 조금 가면 이모집이 있다. 오래된 한옥 건물로 넓지 않은 마당엔 수도가 있다. 그 수도를 중심으로 방들이 몇 있다. 방 안엔 앉은뱅이 탁자들이 두셋씩 놓여 있고 둘레로는 방석을 깐 좌석이 배치돼 있다. 그렇게 일반 음식점 이모집은 손님들을 받는다. 간단한 그러면서 값싼 안주들이 이 집의 메뉴다. 식사용 우거지국밥과 몇 가지 단품 안주들이 그것이다.

그 시절 우리는 이 집에서 자주 모이곤 했었다. 가까운 글쟁이끼리 모여 안주를 시켜 놓고 술들을 마셨다. 무슨 특별한 일이나 문제가 있어 모임을 갖는 게 아니었다. 때로는 오랜만이라고 보고 싶다고 때로는 술 생각이 들어 모였던 것이었다. 정례적인 것도 또 모이는 사람들이 정해진 것도 아니었다. 임의롭게 그때그때 모임이 이뤄진 것이었다. 두서너 가지 안주를 시켜 놓고 술은 주로 소주를 마셨다. 화제는 정해진 것이 있을 리 없었다.

"야 이달 잡지 좀 봤어?"

"아. 그 아무개 시 좋던데."

이런 식의 시 얘기거나 시국에 관련한 풍문들도 나누었다. 유신 체제가 막바지로 향하고 있던 무렵이었다. 그러다 주흥이 돌면 노래들을 불렀다. 옆자리 다른 손님들 눈치도 봐야 했지만 대개는 시간이 이슥할 무렵이어서 그럴 필요가 없었다. 되레 이 노래판에 얼굴을 찡그린 이들은 홀 서빙 여성들이었다. 눈짐작으로 봐도 사오십 줄에 들어선 아주머니들이었다. 그러나 고성방가 수준도 아닌 노래판이어서 어느 때는 이들도 귀를 모으곤 했다. 나는 이 노래판 한구석에 웅크릴 마련이었다. 그때나 지금이나 음치에 가까운 내 귀였기 때문이다. 이 노래판의 주인공은 단연 조정권이었다. 그는 타고난 미성으로 가곡이면 가곡, 대중가요면 대중가요를 멋들어지게 불러 제꼈다. 그럴 때마다 좌중은 그의 노래에 홀린 듯 귀를 모으곤 했다. 주흥(酒興)에다 노래 흥이 더해져 그런 술판은 통금 시간 가까이서 끝나기 일쑤였다.

그 무렵 이런 식 술판에 자주 끼었던 내 기억엔 노래로 이름을 떨친 분들이 몇 더 있다. 박재삼 선생이나 조정권, 김명인 그리고 평론가 정현기 등이 그 이름들이다. 물론 이 이름 정도를 들먹이는 것은 내 과문한 탓이 클 터이다. 그밖에도 얼마나 많은 이들이 글쟁이들 술판과 노래판을 휘어잡았을 것인가.

내가 아는 한 박재삼 선생은 주로 뽕짝이란 트로트를 구성지게 잘 불렀다. 그것도 흘러간 노래들이 주 종목이었다. 그는 술자리에서 흥이 오르면 몇 곡이든 내리뽑았다. 그런 경우 동석한 우리는 주로 젓가락 장단으로 나름 추임새를 넣는다. 그 시절 무교동, 관철동, 청진동 등지엔 목로술집들이 많았다. 그 술집 가운데서도 글쟁이들은 피마골목 열차집을 자주 들락거렸다. 빈대떡이 일품이기도 했지만 값이 헐한 편이었다. 글 값이 부실했던 시절이었다. 그런저런 사정으로 봐도 이 집은 큰 부담이 없었다. 그 집에서 나는 한참 선배였던 선생을 몇 번 뵈었고 구성진 그의 노래를 들을 수 있었던 것이다.

그러나 우리 연배의 글쟁이들은 이모집을 더 선호했고 자주 드나든 편이었다. 그 면면들 가운데 김여정, 정진규, 강우식, 박제천, 박상천, 이상호, 윤석산 등등이 기억에 남아 있다. 지난 세기 1970년대 중반 무렵이었다.

2.

술판을 화제로 삼았으니 조금 더 술 얘기를 해 보자. 누구나 알듯이 술은 글쟁이와 예로부터 대단한 친연(親緣) 관계에 있었다. 특히 동양권에서 지난날 한시들 상당수는 술 얘기로 점철돼 있다. 그리고 시인들은 취중 몽환을 즐긴 것으로 전해진다. 그렇다면 과연 조선조나 그 이전 시대의 문인들만 그랬던가. 멀리 갈 일도 아닌 것이 우리 근대문학사에서도 술과 관련한 얘기들은 어김없이 등장한다. 시절이 일제강점기이기도 했지만 몇몇 근대 문인들은 명정(酩酊) 속을 헤매기 일쑤였다. 또 누구는 호기롭게 『명정사십년(酩酊四十年)』을 남겨 놓기도 하지 않았던가.

지금도 실제로 술과 시는 동전의 두 면처럼 짝해 있다. 나와 조정권의 만남의 자리도 거의 술자리에서였다. 그러나 그와의 첫 만남은 전봉건 선생이 하던 현대시학사에서였다. 당시 현대시학사는 서대문 로터리 우체국 옆 골목길을 한참 올라가서 있었다. 골목 끝 인창고교 담장 못 미쳐 낡은 이층집 건물이 그 사무실이었다. 사무실은 삐걱거리는 나무 계단을 올라가야 했다. 나는 마침 무슨 원고를 들고 간 길이었는데 선방객(先訪客)이 있었다.

"홍 형, 인사하시오. 우리 잡지로 등단한 조정권 시인인데."

내가 자리를 잡은 뒤 전 선생은 이렇게 선방객과의 수인사를 터 주었다. 지금도 내 기억에 생생한 것은 그가 홍안의 미남이었다는 점이었다. 그 무렵 그는 아직 문청 티가 채 가시지 않은 앳된 모습이었다. 얼마간 장발에다 균형 잡힌 반듯한 얼굴에 안색이 좋아 보였다. 그와 나는 이내 사무실을 나와 차 한잔을 나누고 헤어졌다. 그때 나는 커피잔을 앞에 하고 설익은 시 얘기를 나름 한참 했던 것 같다. 헌데 무슨 내용의 얘기였는지 반세기 지난 지금의 내 기억엔 남아 있는 게 없다.

조정권과의 만남은 대개 이런 식이었다. 오가다 뜻하지 않게, 또는 모임에서—주로 술판이었지만—마주치곤 했던 것이다. 아마도 나와는 연차도 적잖이 있었고 학연 또한 달라 교우 관계가 많이 어긋났던 탓이었을 것이다. 그러다가 1970년대 중반 저 이모집의 술 모임부터 우리는 자주 대면했던 것이다.

세상의 일컬음대로 그와의 더 잦은 상면은 사당패 모임에서였다. 그 무렵 하응백은 서울 북녘 노원구에 살았다. 그 비슷한 권역에 최동호, 조정권이 또한 살고 있었다. 이들은 하응백과 함께 우리 사당 모임에 종종 합류했다. 돌이켜 보면 사오십 줄의 한창 시절이었다. 사당 모임 자리는 주로 저녁 식사와 술을 같이하곤 했다. 지금은 그렇지도 못하지만 그 시절엔 외국산 위스키를 주로 마셨다. 그것도 소주잔에 스트레이트로 마셨다. 모임의 좌장인 황동규 선생이 특히 위스키를 즐겼다. 여느 때는 물론 소주를 주로 마셨지만. 허나 우리 모임엔 회원들이 위스키 병을 자주 들고 나왔다. 마침 자유로워진 해외여행 탓에 면세점 아니면 기내에서 구입한 것들이었다. 황 선생은 위스키 술판이 벌어지면

"아, 이거 간에 좋은 술이야."

라고 그다운 농담을 던져 우리를 웃기곤 했다. 그런데 홀로 이 위스키 판에 소주를 마시는 사람이 있었다. 조정권이었다. 그는 우리가 권하는 위스키 대신 굳이 소주를 시켜 마셨다. 그의 이런 태도는 한결같았다. 오죽하면 황 선생이

"저러다 잘못하면 앨콜리즘이 될 수도 있는데……."

하며 적잖이 걱정을 하기도 했다. 이 같은 주종(酒種) 고집은 내가 아는 한 변함이 없었다. 조정권은 그런 남자였다. 술에 있어서뿐이랴. 그는 삶이나 시에 있어서도 결코 자신의 소신이나 태도를 바꾸지 않았다. 이를테면 한창 당년에 "삶을 분질러" 치악산에 들어가 평생 은거한 원천석을 기리던 태도도 한 본보기일 터이다. 그의 산문집 『청빙』을 읽으며 나는 그의 이런 태도를 새삼 확인했다.

3.

한때 조정권은 『공간』지 편집장으로 일을 했다. 그 무렵 나는 그와 필자/편집자로 엮였던 적이 있다. 『공간』지에 짤막한 번역을 해 달란 부탁을 그가 해 왔기 때문이다. 원고를 들고 그를 공간 사옥 지하 찻집에서 만났다. 차를 시켜 놓고 늘 그렇듯 우리는 이런저런 화제를 이어 갔다. 어느 말끝에 그는

"요즘 편집쟁이들 겁이 없어요. 필자 원고를 지들 맘대로 고쳐 놓고 있어요. 필자 원고는 획 하나도 못 고친다고 혼을 냈는데. 나 참."

하며 목소리를 높였다. 그의 얘기는 이랬다. 얼마 전 새로 들인 편집 사원이 있는데 기본이 안됐다는 것이었다. 그가 본 교정지를 확인하다 보니 필자 원고를 나름 뜯

어고쳤다고 했다. 나는

"비문이 좀 있었나 보지."

라고 무심결에 대꾸했다. 그러나 조정권은 꽤는 진지했다. 그는 정색을 하며 말을 이었다.

"신선이 형. 비문도 비문 나름이지. 난 그것도 고쳐선 안 된다고 봐."

그는 한번 자신이 옳다고 생각한 원칙이나 주장은 결코 바꾸지 않았다. 그런 면에서 그는 강직한 원칙주의자였다. 지금도 이런 그의 모습은 기억에 뚜렷하다. 겉으로는 온순하지만 안으로는 꽤나 서슬이 섰던 사내란 생각이 든다. 그는 자기주장이나 의견을 펼칠 때 말에 열기가 돌곤 했다. 시나 문학과 관련한 문제에 있어서는 더더욱 그러했다. 어찌 그렇지 않겠는가. 그가, 아니 우리네가 모든 것을 걸었던(賭) 시였고 문학이었던 것을. 두루 알려진 대로 평생을 이고 지고 오로지 모시고 갈 수 있었던 것이 그 세대에게는 바로 시였고 문학이었다. 그런 형편에서 가다듬는 문학정신 혹은 예술혼이란 차고 냉엄할 밖에 없었다. 거기 어디에 어설픈 속기나 속물근성이 끼어들겠는가. 나는 산문집 『청빙』을 읽다 그의 생전 이런 정신적 엄격성과 서슬을 이곳저곳 행간에서 발견하곤 했다.

그러나 여느 때의 조정권은 남의 얘기를 잘 듣는 편이었다. 과묵하다 할 정도로 말수도 적었다. 대개의 모임에서 그는 좌중의 화제에 끼어들기보다는 귀 기울여 잘 들어주는 편이었다. 그럴 때면 그는 입가에 알릴락 말락 웃음기를 곧잘 물었다. 차 한잔으로 얘기의 열기가 식자 그는 곧 있을 '공간 시 낭송 모임'엘 가 봐야 한다며 자리에서 일어섰다. 나는 그와 헤어져 저녁 거리를 천천히 걸었다. 그의 단호한 어조가 귓가를 맴돌았고 저물녘 공기는 유난히 선선했다.

이 무렵 그는 많은 화가들과 어울린다고 했다. 그도 그럴 것이 당시 『공간』지는 미술 잡지로 굴지의 권위를 누리고 있었다. 그런 매체의 책임자답게 그는 화가들과의 교유가 활발할 수밖에 없었을 것이다. 그 무렵의 시집 『시편(詩篇)』의 해설을 유명 미술인이 썼던 사실도 그 한 예일 터이다. 그렇게 그는 여덟 해를 공간사에서 보냈다. 차(嗟)라. 이 시기 과도한 음주 탓이었을까. 그는 얼마 뒤 간(肝) 결절 진단을 받았다고 한다. 시냐, 삶이냐 두 갈래 길 앞에서 그는 시를 선택했다고 썼다. 그래서 죽음의 공포와 싸우며 전력투구한 작품이 그의 대표작 『산정묘지』인 것은 널리 알려진 그대로다.

그는 문학뿐 아니라 음악과 미술 등에도 상당한 소양을 갖추고 살았다. 인사동 이모집에서 듣던 그의 감칠맛 돌던 노래가 그랬듯 그는 여느 때도 클래식 음악에 깊이 빠져 지냈다. 특히 브루크너나 구스타프 말러를 즐겨 들었다고 한다. 그리고 보면 그는 시뿐만 아니라 음악과 미술의 세계에도 흠뻑 빠져 산 듯하다. 과연 누군가 있어 그만큼 예술을 생활로 두루 살아 냈을 것인가. 말이 쉽지 세 갈래 예술에서 일정한 경지를 연다는 것은 결코 흔한 일은 아닐 것이다.

4.

이쯤서 내 개인적인 고백을 하나 더 덧붙여 보자. 나는 그의 시집 가운데 『허심송(虛心頌)』을 울림 깊게 읽고 또 좋아했다. 그의 이전 시편들과 다르게 이 시집은 내 나름 편하게 읽혔기 때문이다. 마치 느긋하고 편한 자리여서 허리끈을 풀고 찻잔을 비우는 경우와 같았다고나 할까. 그는 이 시집에서도 줄곧 적요와 빈 마음을 얘기한다. 그러면서 그가 지향하는 고답과 은일을 작품 행간 곳곳에 박아 놓았다. 이는 아마도 내 개인적 성향과도 꽤 근거리에 있는 것. 물론 그는 이 시집 이후 다시 산정을 올라 더 높은 정신적 경지로 등정해 갔지만 말이다. 이렇듯 나는 그와의 정신적 친연성을 늘 많이 느꼈다. 특히 이는 내가 선불교의 공부를 틈틈이 한 덕이리라. 그러나 나는 지난 1980년대 이후 지방대학으로 일터를 옮긴 탓에 그와의 상면이 뜸할 수밖에 없었다. 굳이 따지자면 이 또한 무슨 숙연(宿緣)이 아닐까.

그가 홀연 간 지도 세 해째라 한다. 지금은 산정 아닌 성운(星雲) 더 높이서 이 땅 위 덧없는 사부대중들이라도 굽어보고 있는지. 맹호연이 갔을 때 왕유는 이렇게 곡을 했다.

故人不可見 漢水日東流 고인은 더는 볼 수 없고 한수는 하루같이 동으로 흐르는 것을.

借問襄陽老 江山空蔡州 양양 땅 늙은 축들에 물으니 채주의 강산이 텅 비었다 하네.

— 王維,「哭 孟浩然」

근본 성찰과 시인의 농사
―장옥관 시의 한 독법

"무논에 백일홍 경작이라니, 뭐 이런 농사도 있나."

이번 수상작으로 올린 장옥관의 「무논에 백일홍을 심다」를 읽으며 나는 문득 이런 생각을 했다. 그리곤 시 읽기에서 가외의 생각임이 분명한 농업에 관한 이런저런 저간의 담론들을 떠올렸다.

왜 농업인가. 그것도 지구촌 운운의 때에 하필은 농업인가. 근본생태주의자들은 농업이 경제적 측면에서만 접근할 일은 아니라고 한다. 그보다는 오랜 기간 농업을 통해 기획되고 만들어진 고유한 전통적 가치나 삶의 방식들에 더 주목할 필요가 있단다. 반면 경제적인 면에 무게중심을 두는 사람들은 이즘 시대에 걸맞게 농업의 근본 틀을 바꿔야 한다고 말한다. 특수작물이나 경작 방식을 바꾸는 등 농업의 패러다임 자체를 바탕서부터 해체 재구성할 필요가 있다는 것이다.

그래서일까. 장옥관 시인도 "누구로부터나 혼날 일"임에도 무논에 백일홍을 심어 경작하겠단다. 그러면 과연 몇백 년 벼나 심어 먹던 무논에 나무 백일홍 따위를 심어 뭘 하자는 건가. 작품 겉 문맥만 따라 읽자면 그 사정은 이렇다. 꽃이 피면 그 그늘을 덮고, 꽃이 지면 거기 북카페를 열 작정이란 것. 말이 카페지, 누구도 찾아오지 않는, 책이나 나뒹구는 그런 카페. 시인은 바람과 적막, 그리고 아버지가 남긴 여백에 삶의 값과 의미들을 되메우며 그곳을 지킬 터이다. 그러는 한편 목백일홍 농사가 과연 제대로 된 농업인지 그 근본도 새삼 되짚을 것이다.

이런 독법으로 작품을 읽고 나면 비로소 이 농사가 무슨 농사인가를 나름대로 가늠케 된다. 그렇지. 무릇 서생(書生)의 농사란, 언제 어디서나, 이 같을 수밖에 더 있겠는가. 현실과 삶의 구경적 의미를 궁구하고 그 의미의 집인 카페나 경영하는 일—시인이 할 수 있는 농사란 이 일 빼고 달리 더 무엇이 있을까.
　남달리 능숙한 말 부림 탓에 장옥관의 시들은 일단 미문처럼 섬세하고 화사하게 읽힌다. 그런가 하면 '무논에 백일홍을 심는' 파격의 발상 전환이 이 화사함을 웅숭깊게 안받침해 준다.
　이 같은 시적 개성이 이십몇 년의 시력을 통해 구축돼 있어 나로서는 그동안 튼실한 시인 중의 한 사람으로 줄곧 장옥관을 읽어 왔다. 거듭 수상을 축하하며 장차 우리 시의 논밭에 더욱 큰 파격의 백일홍 농사를 지어 주실 것을 기대한다.

설국 또는 한 편의 추억
— 이홍섭과의 만남

 꽤는 반가웠습니다. 지면을 통해서나마 소식 듣고 보니 기뻤습니다. 학교 일을 접고 이 낯선 시골에 온 뒤 너무 오래 격조했지요. 마침 이 지면도 새로 면모를 일신한다고 해 뜻하지 않게 답신도 늦어졌습니다. 실은 그간 전화로 목소리라도 들을까 싶었는데 그마저 여의치 않았습니다. 몇 군데 전화번호를 알아봤으나 소득이 없었습니다. 이 모두 내 불찰인데 그동안 문학 동네와 너무 뜨막하게 지낸 탓이라고 생각했습니다.
 다시 이 지면을 빌려 답신을 할 수 있게 돼 이도 분복의 하나가 아닐까 싶습니다. 지난번 편지에서 옛 얘기들을 들려주었으니 나도 한 편만 꺼내도록 하겠습니다. 오래전 일입니다. 이 시인 주선으로 시를 공부하는 몇 사람이 강원도 여행을 떠났던 적이 있었습니다. 설악산 인근에 숙소를 잡고 들었는데 크게 폭설이 치는 날이었습니다. 일박 뒤 새벽녘 창밖을 내다본 나는 놀랐습니다. 일본 작가의 소설 제목으로나 알던 『설국』이 거기 펼쳐져 있었습니다. 산 능선과 비탈, 골짜기가 완전 희디흰 눈 세상을 이루고 있었습니다. 뭇 것들이 적설에 묻힌 일망무제 순백색만의 풍광이었습니다.
 우리 일행은 조반 뒤 신흥사까지의 길을 걸었습니다. 마침 설청(雪晴)이라 햇볕도 통랑한 데다 잠풍하기까지 했습니다. 나는 이 시인으로부터 조오현 스님 근황이라든지 인근 사찰에 관한 얘기들을 길동무 삼아 두루 들었습니다. 나 역시 불교에 문외한만은 아니어서 관심 있는 화제들이었습니다. 그러나 이날 내가 인상 깊게 들었던, 그리고 한동안 잊지 않는 이야기는 이런 것이었습니다.

"저 보십시오. 나무들이 숨구멍 터 놓은 것들을."

이런 말끝에 이 시인이 가리킨 것은 이 나무 저 나무 밑동에 둥글게 녹은 작은 공간이었습니다. 뭇 나무들이 적설 속에 마련한 저 숨구멍—나는 그만 속으로 탄복하고 말았습니다. 이런 게 자연이고 생명의 힘이구나. 더도 덜도 말고 이런 감동 속에 묻힌 것이지요. 이 시인의 이 일깨움은 얼마 뒤 졸시「나무들은 겨우내 숨구멍을 뚫는다」의 밑그림이 됐습니다. 이른 아침 숙소의 창문을 통해 본, 뭇 것들이 마치 '백상지 수백 련 적설'에 묻힌 듯하던 정경이 그제야 서서히 본래 모습들을 되찾아 가고 있었던 것입니다. 헤아리건대 벌써 이십여 년 저쪽의 일이군요.

뒤돌아보면 우리가 처음 만난 것은 만해 마을에서였습니다. 편지에서 말한 바로 그 횟집입니다. 그리고 대학 강의실에서 교탁을 사이에 두고 만난 것은 또 한참 뒤의 일이고요. 그러나 내 나름 정작 이 시인과의 상면은 그보다 먼저 시의 길을 함께 가는 도반(道伴)으로서였지요. 이 시인의 작품들이 보여 주는 저 진솔한 서정에 공감한 탓입니다. 특히 오랜 심학(心學)—마음공부가 안받침된 삶의 얘기들이 값져 보였던 것입니다. 누군가 말했습니다. 글이 곧 그 사람이라고. 세속적 연이 깊어지면서 나는 이 시인의 인품과 천성이 역시 작품에서 본 그대로 진솔하고 무봉(無縫)한 것임을 알았습니다.

산자수명한 고향 강릉에서의 나날이 여전여일(如前如一)하다니 반갑습니다. 그리고 고맙습니다. 나는 여기 당진 우거(寓居)로 귀촌한 지도 어느덧 십 년이 다 돼 갑니다. 동탄 신도시 개발로 실향민이 된 신세여서 선대 조고비(祖考妣)를 이안(移安)한 이곳에다 터전을 마련한 것이지요. 이곳 생활에도 그럭저럭 적응이 돼 갑니다. 이즘 깊은 겨울에는 마른 푸설에 숨어 부는 바람 소리나 마을 뒷산 먹을 게 없어 허기에 우는 고라니 울음의 적적함도 있습니다. 어느 겨를 이제 나도 팔십 노질(老耋)이 된 터여서 한창 당년처럼 여행이나 나들이는 꿈도 못 꾸지요. 하지만 지나는 바람결에라도 이 시인 소식 들을 수 있기를 기대합니다.

이 시인! 반가웠습니다. 부디 두둑한 시업 성취와 함께 평안한 나날 되시기 바랍니다.

일상과 기억
— 김린주의 시를 읽고

왜 일상인가. 탈이념 담론이 횡행한 지도 벌써 한 세대쯤 지났다. 공허한 논리들을 사슬처럼 꿴 이념이란 게 사라진 자리는, 당연한 귀결이지만, 일상성 담론이 꿰찼다. 추상 아닌 구체성이, 논리 아닌 나날의 번쇄함이 그 자리에 등장한 것이다. 흔한 말로 거대 담론 아닌 미시 담론이 주류가 된 것이다. 그 탓일 게다. 시 또한 그 중심에 일상성 담론이 자리 지켜온 지 오래인 것.

꽤는 오랜만에 접한 김린주의 시를 통독하며 나는 문득 이런 트렌드를 떠올렸다. 그의 시 역시 일상성에 무젖어 있다. 선불교는 도(道)란 초월적인 시공에 존재하는 게 아닌 일상 가운데 있다라고 말한다. 이 경우 일상이란 누추하고 쇄말한 것. 김린주는 일상성에 무젖어 있으면서 두 축을 중심으로 그것을 성찰한다. 그 두 축은 바로 음악과 자아 정체성이다. 먼저 음악은 "은밀한 신이 내재"하는 경외의 대상이자 '사랑과 자유로의 여행길에서 듣는 청결함'의 기호란다. 옛부터 음악은 어울림과 해조(諧調)의 표상인 것. 그런데 이 같은 음악 옆에 그림이 또한 놓인다. 이는 누추하고 쇄말한 일상을 벗어나고자 하는 시인의 심미적 노력의 일환이 아닐까. 역설적이게도 이런 노력은 그 일상에 대한 성찰과 탐구의 다른 반증이기도 하다.

나이가 들면 인간은 지난날을 뒤돌아본다. 그러면서 여러 기억들을 소환할 마련인데 이는 기억을 통해 '나'란 '내 삶은 무엇이었는가'를 살피고 묻는 행위이다. 밤박하게 말해 자기 정체성을 찾고 거듭 확인하는 것. 이번 시집의 상당수 시편들이 그렇게 읽히고 있다. 이는 앞서 말한 두 번째 축일 터이다. 또한 이 축의 확대된 자리엔 꽃이나 나무들 시편이 놓여 있다. 아마도 김린주 시의 이 같은 두 축은 독자들에게 뜻깊게 읽히리라. 다시 한번 뒤늦게 선보이는 이번 시집의 상자(上梓)를 응원한다.